"十二五"职业教育国家规划教材
经全国职业教育教材审定委员会审定
普通高等教育"十一五"国家级规划教材
国家文化产业资金支持媒体融合重大项目
高等职业教育教学改革特色教材 · 财经通识课

经济法概论

（第八版）

华本良 毛颖善 主编

Jingjifa Gailun

东北财经大学出版社
Dongbei University of Finance & Economics Press
大连

图书在版编目（CIP）数据

经济法概论 / 华本良，毛颖善主编．—8版．—大连：东北财经大学出版社，2022.2

（高等职业教育教学改革特色教材·财经通识课）

ISBN 978-7-5654-4425-8

Ⅰ．经…　Ⅱ．①华…②毛…　Ⅲ．经济法-概论-中国-高等职业教育-教材　Ⅳ．D922.29

中国版本图书馆CIP数据核字（2022）第008486号

东北财经大学出版社出版

（大连市黑石礁尖山街217号　邮政编码　116025）

网　　址：http：//www.dufep.cn

读者信箱：dufep@dufe.edu.cn

大连永盛印业有限公司印刷　东北财经大学出版社发行

幅面尺寸：185mm×260mm　字数：436千字　印张：20.25

2022年2月第8版　2022年2月第1次印刷

责任编辑：张晓鹏　龚小晖　责任校对：张晓鹏

封面设计：冀贵收　版式设计：钟福建

定价：43.00元

教学支持　售后服务　联系电话：（0411）84710309

如有印装质量问题，请联系营销部：（0411）84710711

第八版前言

本次修订充分考虑到高职高专课程设置的特点，考虑到职业资格证书考试的需要，仍然坚持大经济法的概念，编入实体法26种以及税法的相关内容，并介绍了仲裁法与民事诉讼法的相关知识，以利于教师根据学生情况选择教学。新版教材根据国家最新法律、法规修订了民法典的法人、物权编、合同编，对外商投资法、公司法、商标法、专利法、反不正当竞争法、产品质量法、预算法、税法、会计法、劳动法、仲裁法、民事诉讼法的内容进行了修正，并修订了其他章节。

本教材引用的相关法律、法规截止到2021年10月，教学中请以最新法规为准。

本教材由珠海城市职业技术学院华本良教授、毛颖善教授任主编，中共广州市委党校林柳琳博士任副主编。参加本次修订的人员有：毛颖善（第四、八、十九章）、林柳琳（第十二、十七章）、吉林大学珠海学院王凯宏教授（第九、十八章）、吉林大学珠海学院华欣然老师（第十、十一章），其他章节均由华本良编写、修订。最后由华本良总纂定稿。

编　者

2022年1月

目 录

第一章

经济法基础理论

内容提要

本章主要介绍了经济法的产生和发展的过程、经济法的概念和调整对象、经济法律关系的概念和要素以及有关法人的概念；重点阐述了经济法的调整对象、经济法律关系的构成，并对有关法人的设立、变更和终止进行了释义。

导入案例

2018年3月，某市远大运输等4家货运企业共同发起设立了宏图物流有限公司。同年6月，宏图物流有限公司与本市运输个体户赵某签订协议，由赵某承运宏图物流有限公司指定货物，截至同年8月底，赵某为宏图物流有限公司运输货物的运费款项共计20.75万元，宏图物流有限公司已支付3.75万元，尚欠17万元。而此时宏图物流有限公司因经营不善出现巨额亏损，拖欠赵某等大量费用无法偿还。无奈中赵某发现远大运输等4家货运公司都是本市知名企业，大都经营良好。于是赵某以远大运输等4家货运企业为被告向当地人民法院起诉，要求这4家货运企业承担支付运输款项17万元的责任。

思考：远大运输等4家货运企业是否应当给付赵某运费？你认为本案应如何处理？

资料来源　根据网络相关内容编写。

第一节　经济法的概念和调整对象

一、经济法的历史沿革

经济法同其他法律一样，是人类社会经济、政治发展到一定历史阶段的产物。它随着生产力的发展、社会政治制度的变迁，经历了一个产生、发展的历史演变过程，并随着经济关系的复杂化而逐步充实和完善。

（一）古代诸法合体中调整经济关系的法律规范

中外古代奴隶制与封建制国家的法律都是诸法合体，以刑法为主的。例如，古巴比伦王国的《汉谟拉比法典》和我国封建社会的《秦律》等。虽然这些法律在篇章、结构上各不相同，并反映着各自的历史时代与民族特点，但有一点是共同的，即把法律调整的所有关系都容纳在一起，而没有按照调整的对象划分部门。当然，诸法合体中也包含着后来的经济法的因素，规定有单独调整某些特定经济关系的经济法律规范。罗马法对所有权的取得、变更和处分就有详细的规定，对地役权、永佃权、抵押权等也加以严格保护，同时为了更好地维护有利于奴隶主阶级的经济秩序，更有效地调整农业和手工业生产，也对当时的商品交换关系做了详细的规定。

（二）自由资本主义时期的经济立法

资产阶级革命后，生产力得到了很大的发展，商品经济日趋发达，经济生活更加繁荣。取得了胜利的资产阶级要求更多地以法律手段来保障其已经获得的资本投放和商品买卖等经济活动的自由，反对由国家出面对社会经济生活进行过多的干预。为适应这一要求，反映在资产阶级立法上，主要是大量制定以“财产私有”和“平等对价、契约自由”为原则的民法和商法。

民法作为独立的法的部门出现，是法律发展史上的重大进步。民法确认了平等、契约自由、私人财产神圣不可侵犯等原则，排斥外界对私人经济的干预，反映了当时发展商品经济的需要。

这一时期，调整经济关系的经济立法仍然存在，为了保护贸易和关税，促进工商业的发展，维护资本主义制度，也颁布了一些国家干预和管理经济的法律制度。例如，西欧诸国为了剥夺农民土地而制定了土地法规。英国为了管制主要谷物进出口，保护国内生产者，从16世纪中叶陆续制定了一系列谷物法规。法国为保护自由竞争制定了《粮食限价法》（1873年）。美国为了保护关税制定了《莫里尔法》（1862年）和《国家银行法》（1863年）等。

（三）资本主义发展到垄断时期产生了资本主义经济法

资本主义经济法是在资本主义进入垄断时期，因国家干预社会经济生活而形成的。

在自由资本主义时期，社会经济生活主要依靠的是“看不见的手”，即依靠价值规律的自发调节。这种调节的法律手段主要是民法和商法。

当资本主义进入垄断阶段之后，社会基本矛盾进一步尖锐化，社会生产的无政府状态、周期性经济危机的出现和对外扩张的战争，需要宏观经济意志化，需要国家干预和管理经济。为了解决由于垄断而引起的各种社会经济矛盾的尖锐对立，以及满足对外扩张的贪欲，资产阶级国家不得不求助于“国家之手”来干预和管理经济，制定了许多国家干预和管理经济的法律规范，经济法作为干预和管理经济的“国家之手”的法律手段出现了。

在立法操作上出现了以德国战时法和美国反危机对策法为代表的国家干预经济生活之法。尽管作为对策具有明显的临时性和应急性，但作为一种反思后得出的结论却是普遍的、较为长久的，国家干预和管理经济的“国家之手”，对市场而言，不但是必要的而且是必需的。

“经济法”一词，最早出现在18世纪的法国空想社会主义者摩莱里的《自然法典》中，具有现代意义的经济法概念，则是20世纪初由德国法学家提出的。

推动经济立法迅速发展的是第一次世界大战。战争一开始，垄断资产阶级趁机垄断市场，控制物资，哄抬物价，大发战争横财，使国家征集战争物资出现了相当困难的局面。战争需要严格管理国家经济生活，使其服从于夺取战争胜利这一根本目的。为此，德国政府在战争期间先后颁布了《关于限制契约最高价格的通知》和《确保战时国民粮食措施令》等经济法规。第一次世界大战以后，当时建立起来的魏玛共和国，为振兴遭受战争破坏的国家经济，除继续沿袭国家干预经济的立法体制外，还直接以经济法命名颁布了《煤炭经济法》和《钾盐经济法》。这些经济立法突破了资产阶级“私有财产神圣不可侵犯”和“契约自由”的原则，确立了国家对社会经济生活进行干预和管理的新制度。这一立法动向，引起了德国法学界的广泛注意和深入研究，把它称为“经济法”。德国的经济立法也影响着其他国家，许多国家认识到，通过经济立法对社会经济进行必要的干预是可取的，于是经济法就成了资本主义国家在不同时期用以确立有利于自身国家经济发展的重要法律形式。例如，美国罗斯福实行“新政”时期，为反危机而制定了70多个经济法规，体现了国家对社会经济生活的全面干预和管理。

经济法自20世纪产生以来，经历了两次世界大战及其间隙的和平时期的发展，从临时性措施到经常性立法，从确立独立的法的部门到形成完备的法的体系，逐渐走向成熟。

二、经济法的概念

经济法，是指因国家干预和管理经济而形成的，调整国家在调控和规制经济活动过程中所发生的经济关系的法律规范的总称。

经济法的概念引入我国法学研究领域之后，一开始就存在着激烈的争论，一系列争鸣的结果，确认了经济法是一个独立的法的部门的地位，但对经济法概念问题的认识仍然存在着较大的分歧。比较典型的有两种观点：一种是经济调控法，强调国家对经济的调控、对市场主体的规制，即纵向关系说。另一种是经济协调法，认为经济法既是国家调控经济活动的法律规范，又是协调市场主体经营活动的法律规范，即纵横统一说。两种观点都是从调整对象的角度对经济法概念的界定。

经济法是调整市场经济关系的一个独立的法的部门，但不是所有的市场经济关系都由经济法规范和调整。由于市场经济关系有不同种类和性质，因此存在着调整它们的不同的法的部门，与经济法部门直接相关的主要是民法和商法。

经济法的本质体现国家意志，是国家干预、管理经济之法，国家在干预和管理经济活动过程中所产生的特定的经济关系属于经济法的调整范畴。经济法从整个国民经济的全面协调可持续发展和社会整体利益出发，宏观调控经济，平衡经济利益关系，维护市场公平公正的竞争秩序，保障国家和市场主体的利益，其立法宗旨以国家和社会整体利益为本位，在任何情况下都以维护国家和社会整体利益为重心。

民法区别于经济法的显著特征在于其本质体现个体权利本位，其调整范畴是平等主体的公民之间、法人之间、公民和法人之间的财产关系和人身关系。民法以民事法律行为和意思表示制度为核心，其基本原则均由市场经济内在的自由、公正、平等竞争所决定，其立法宗旨以个体权利为本位，维护自由经济秩序，保障平等主体之间在经济活动中的正当权益。

商法是私法的特别法，在民商法分立的大陆法系国家，商法是与私法普通法的民法平行的一个法的部门。中国目前并没有在民法、经济法之外独立设置商法，而是在民事立法上形成了民商法合一的立法模式。

民商法和经济法在调整市场经济关系中各有其价值和作用，调整的范畴也有明显差别。经济法确认与调整问题的基点不在于如民法那样具体的设定和保障某种权利，而是从整个国民经济发展和社会整体利益出发，体现国家对经济的调控和管理，其本质是国家意志在经济领域中的具体表现，是国家干预和管理经济、实现其经济管理职能的重要工具。

三、经济法的调整对象

社会主义市场经济是法治经济，市场经济运行是以一系列法律规范为基础的，受到法律的规范、引导、制约、保障，市场经济关系几乎是所有法律部门诸如宪法、民法、经济法、劳动法等调整的领域。因此，笼统地将市场经济关系作为经济法的调整对象是不适当的，必须把法的调整对象和法的对象所在的领域区别开来。经济法的调整范围只能是市场经济领域中特定的经济关系。

经济法的调整对象，是指由于国家干预和管理经济而形成的，以国家或者国家机关为一方主体同其他各方主体之间的特定的经济关系，包括经济组织关系、市场管理关系、宏观调控关系和经济监督关系。

（一）经济组织关系

经济组织关系，是指国家为满足社会经济协调性要求，在干预和管理经济活动中所形成的关系。

国家组织经济的职能，是协调社会经济活动的需要。社会经济活动的协调性不但需要市场机制“无形之手”自发地加以调整，也需要国家干预“有形之手”，即“国家之手”加以调整。

经济组织关系补充确认经济法主体的资格，规范经济法主体的权利、义务及行为，包括在企业的设立、变更、终止过程中发生的经济管理关系和企业内部管理过程中发生的经济关系。

市场经济关系主体多元化，必然要求确立保护各种主体的合法利益、处理他们之间的相互关系和法律地位的法律制度。只有明晰市场主体的权利和义务，才能为市场经济运行提供稳定的法律环境。

由于国家以财产所有者和国家公权者的双重身份参加市场经济关系，因此国家或者国家机关成为经济法主体，而对这种经济关系，作为以平等主体的公民之间、法人之间、公民和法人之间的财产关系和人身关系为调整对象的民法，不能全面完整地加以规范。因此，经济法又具有作为民法特别法的功能，填补民法遗留的法律不足，补充确认经济法主体资格，规范经济法主体的权利、义务和行为。

由于经济法与民商法存在着千丝万缕的联系，因而存在着经济法与民商法交叉重叠的现象，尤其是中国民商法和经济法都尚在建立和完善过程中，重叠现象不可避免，因此，很难从绝对意义上来划分经济法和民商法各自的调整范围。

（二）市场管理关系

市场管理关系，是指国家为实现市场经济秩序化，在干预和管理经济活动中所形成的关系。

市场经济运行需要适度的国家干预。国家对经济运行的调整，体现了国家管理经济的职能。在市场经济中，契约自由与国家干预这一矛盾始终存在，没有契约自由，就没有市场经济，没有国家适度干预，也就没有市场经济秩序和真正的契约自由，因此，市场经济要求适度的国家干预。国家从国民经济整体利益出发，为了实现经济秩序化，以维护市场公正自由的竞争秩序，也必然要对市场经济运行实施适度的干预和管理，由此与经济组织之间必然形成具有特定内涵的市场管理关系。所以，从这个意义上说，经济法也被称为经济秩序之法。

（三）宏观调控关系

宏观调控关系，是指国家为实现经济协调稳定发展，在对国民经济实施宏观调控过程中所形成的关系。

在市场经济条件下，宏观调控的实质在于国家通过市场机制的作用，运用各种经济杠杆，间接地引导、约束市场经济组织的经济活动。市场经济强调个体经济自由发展和维护个体经济利益原则，但在协调国民经济发展过程中，经常出现失灵现象，而民法所能维持的只能是个体经济所要求的自由发展和权利本位的法律秩序。国家从国家利益和社会公共利益出发，对国民经济实施必要的宏观调控，则是要借助“国家之手”针对“无形之手”失灵采取补救措施，以促进国民经济协调稳定发展。

经济法实现了宏观调控与法的功能的有机结合，规范和调整宏观调控关系，并以法的规范性、强制性和客观性，有效地满足了宏观调控的需要。

（四）经济监督关系

经济监督关系，是指国家通过经济监控手段，在对市场经济活动实施监督的过程中所形成的关系。

在市场经济活动中，由于人们追求私利，往往会有作伪、欺诈等行为，损害国家和社会公共利益以及当事人合法权益，因此，必须建立经济监控手段，并使之与法的功能相结合，才能维护市场经济正常运行。

四、经济法的地位、原则、作用

（一）经济法的地位

经济法的地位，即经济法在现行法的体系中的定位，主要是指这样一个问题：在法的体系中，经济法是不是一个独立的法的部门。

经济法是不是一个独立的法的部门，主要取决于经济法是否具有特定的调整对象。经济法的调整对象，是指由于国家干预和管理经济而形成的，以国家或者国家机关为一方主体同其他各方主体之间的特定的经济关系，包括经济组织关系、市场管理关系、宏观调控关系和经济监督关系。其范围是特定的，与其他法的部门的调整对象是有区别的。

经济法与民法的区别在于：

（1）调整对象不同。经济法的调整对象，是指由于国家干预和管理经济而形成的，以国家或者国家机关为一方主体同其他各方主体之间的特定的经济关系。民法的调整对象，是指平等主体的公民之间、法人之间、公民和法人之间的财产关系和人身关系。

（2）调整角度不同。经济法从社会经济整体的角度，调整各方利益，维护社会经济秩序，保障社会经济协调稳定发展。民法是从个体经济的角度，保障每一个体的活动自由并维护每一个体的利益，由此达到维护社会经济有序性的目的。

（3）调整方法不同。经济法以积极主动的方式调整社会经济活动，运用宏观调控和经济监督等手段，不仅有惩罚，而且有奖励。民法则以平等协商，不告不究的方式调整个体经济活动，一般不采取奖励的方式。就惩罚而言，经济法采取的追究经济责任、行政责任、刑事责任与民事制裁也是不同的。

（4）主体不同。国家和国家机关是经济法主体，而不是民事主体。

国家以社会代表的身份，根据社会化大生产的需要，对整个社会经济活动进行干预，因而形成国家干预社会经济活动的法律规范，与民事法律规范已有显著不同。就其实质来说，不能把它纳入民法之中，而需要独立于民法之外，成为独立的法的部门。

经济法与行政法的区别在于：

（1）调整对象不同。行政法调整的对象，是指调整国家行政机关内部，以及国家行政机关与企业事业单位、社会团体和公民个人之间在国家行政管理活动中所形成的各种社会关系。

（2）调整角度不同。行政法从行政管理的角度，调整行政效益或者行政效能，保障行政权力的组织性和有效性。

（3）调整方法不同。行政法以行政手段，即国家行政机关依行政区划、行政层次下达命令的方式，直接作用于被管理者。

（二）经济法的原则

经济法的原则，是指确立、适用经济法律规范必须遵守的基本准则。只有正确确定经济法的原则，才能保证经济立法、经济执法的科学性和准确性。

1.国有资产神圣不可侵犯的原则。

任何国家机关、企业事业单位和其他经济组织或者公民个人，在从事经济管理和经营活动中，都不能以任何理由、任何方式侵犯国有资产。

法律保护任何性质的财产所有权。民法将保护公民、法人的合法权益不受侵犯确定为基本原则之一。经济法则负责保护国家利益不受侵犯。经济法一方面要保护国有资产的安全，另一方面也要保障国有资产的保值和增值。

2.经济权利与经济责任相统一的原则。

经济法主体必须按照法律规定的范围和方式行使权利，同时必须按照法律规定或者约定履行其经济职责和经济义务。

在经济管理和经营活动中，经济法保障经济法主体依法和正当行使权利及获得的相应经济利益，同时又要求经济法主体必须对其行为及后果承担相应的责任，未履行其职责和义务或者利用经济权利谋求不正当利益的将受到相应的处罚。

3.遵循经济规律的原则。

经济规律是不以人的意志为转移的客观规律，是经济活动中普遍存在的、本质的、必然的内在联系。人们不能消灭或者创造经济规律，但可以认识和利用经济规律。经济立法和经济执法必须符合经济规律，诸如价值规律、竞争规律的要求，制定、确认或者调整人们在经济活动中的经济行为，才能保证实现经济法的目标，充分发挥经济法的作用。

（三）经济法的作用

1.确认、规范和调整市场经济条件下的各种基本经济关系。

随着社会主义市场经济的建立和不断完善，新的基本经济关系将伴随着经济体制及其运行机制的转变，逐渐替代旧的基本经济关系。新的经济关系的建立是一个渐次演化的过程，它的实现必然需要法律及时确认、规范和巩固，因此，实现经济立法与市场经济改革与发展的密切结合，可以将市场经济关系和市场经济活动准则以法律的形式固定下来，克服消极现象，巩固成功经验，从法律上保障市场经济的健康发展。

2.明晰经济法主体的权利和义务，保护其合法权益。

市场经济关系主体多元化，必然要求建立能够确立各类主体地位、处理他们相互之间关系、尊重和保护他们财产经营权利、保护他们合法权益的法律制度。经济法的作用就在于赋予各类主体平等的法律地位，明晰主体的权利和义务，从而为市场经济运行提供有序的法律环境。

3.维持市场经济秩序。

市场经济在自身的运行过程中，存在着增长与波动的矛盾。市场主体为利益所驱动，往往与社会整体利益相冲突，而市场在建立和维护竞争秩序和社会秩序方面是软弱无效的，需要法律加以维护和引导。为了使市场主体在追求各自相对独立的经济利益时，不至于损害国家的、社会的或者其他人的利益，对其经济行为必须用法律加以规范，使之纳入市场经济秩序轨道。

4.促进市场经济协调稳定发展。

市场虽然能在资源配置中有效地发挥作用，但市场不是万能的，也有其弱点和不足之处，即存在“市场失灵”的问题。为促进市场经济稳定增长，政府必然要对市场经济进行干预，主要是通过法律规范的调整，规定市场运行制度和市场行为准则，消除垄断和封锁，促进公平竞争，把经济活动纳入法制轨道，使其协调稳定发展。

第二节 经济法律关系

一、经济法律关系的概念和特征

（一）经济法律关系的概念

经济法律关系，是指由于国家干预和管理经济活动而形成的，由经济法确认和调整的经济权利和经济义务的关系。

法律关系，是指由法律规范确认和调整的人们基于权利和义务而形成的特殊社会关系。一定的社会关系，由法律加以确认或者调整以后，即形成一定的法律关系。可以说，一定的社会关系，是法律调整的对象。而一定的法律关系，又是法律对社会关系加以确认和调整的结果。由于各种法律规范所调整的社会关系不同，因而形成了性质和内容各不相同的法律关系。

经济法律关系以相应的经济法律规范作为自身存在的前提，由经济法律规范予以确认和调整。经济法是国家自觉发挥组织和管理经济职能并使之法制化、制度化的产物，由于国家参与并凭借公权力干预和管理经济活动，行使国家管理经济的职能，必然形成以国家或者国家机关为主体一方同其他有关各方之间的各种经济关系，这种经济关系由经济法律规范确认和调整而形成经济法律关系。

经济法律关系不同于经济关系。在社会经济活动中，随时都将形成各种经济关系。经济关系属于经济基础范畴，是不以人们的意志为转移的。国家为了促进国民经济协调稳定发展，保障社会经济秩序，必然要通过相应的经济法律规范对存在于社会经济活动中的具体的经济关系，有利的加以确认，不利的加以调整，使之转化为具有法定权利义务性质的经济法律关系。

经济法律关系具有一般法律关系的特征，同其他法律关系一样，经济法律关系的本质也是一种社会意志关系，属于上层建筑的范畴。

（二）经济法律关系的特征

经济法律关系首先是一种法律关系，具备法律关系的一般特征。同时经济法律关系又有其自身的特性，具体表现为：

1.经济法律关系主体的特殊性。

经济法律关系主体的特殊性，表现为国家作为经济法律关系的主体参与并干预和管理经济活动，行使国家管理经济的职能。

国家以当事人的身份直接参与经济活动，最明显的参与是国家通过税收、预算等方式直接参与国民收入分配和再分配活动，并同有关各方发生分配领域中的经济关系，这种关系的实质是经济利益关系。国家还通过国家投资方式，直接参与社会经济活动，并以财产所有者的身份对国家经济进行管理。

国家干预和管理经济，是指国家凭借公权力，以行政权、立法权和司法权为依据，对经济活动进行干预和管理。

国家以财产所有者和公权者双重身份参加经济法律关系，反映了经济法律关系主体的特殊性。

2.经济法律关系内容的特殊性。

经济法律关系内容的特殊性，表现为经济法主体的经济权利和经济义务具有统一性。

在经济法律关系中，经济权利和经济义务是相互对等的，经济权利的实现，以经济义务的履行为条件，享有经济权利的同时必须承担相应的经济义务，而且经济权利一般是不能抛弃和放弃的，经济义务一般也是不能规避的，而民事权利则是可以抛弃和放弃的。

在经济法律关系中，突出表现为国家经济管理机关依法享有的经济权利和经济义务，直接体现为国家意志和社会公共意志，其经济权利不能随意抛弃，其经济义务不能随意转让。国家机关依法所拥有的经济管理权利，对国家来说又是其应尽的职责，放弃国家赋予的权利，就是失职行为，是法律所不能允许的。

3.经济法律关系客体的特殊性。

经济法律关系客体的特殊性，表现为经济行为，特别是国家或者国家机关在干预经济活动中的经济管理行为，是经济法律关系的重要客体。

二、经济法律关系的构成

任何经济法律关系都是由主体、内容、客体三个要素所组成的。三个要素互相联系，缺一不可。

（一）经济法律关系的主体

1.经济法律关系主体的概念。

经济法律关系主体，又称经济法主体，是指经济法律关系的参加者，即参与经济法律关系、依法享有经济权利、承担经济义务并能因此而独立承担经济法律责任的当事人。

作为经济法律关系主体，必须具备一定的法律资格，即依法享有经济权利、进行经济活动并能承担法律责任的资格。

经济法律关系主体依法享有经济权利的资格，称为权利能力。经济法律关系主体的权利能力与民事法律关系主体的权利能力不同，其权利能力是特定的。民事法律关系主体的权利能力基本上是一致的，而经济法律关系主体的权利能力则彼此有别。

经济法律关系主体依法进行某种行为的资格，称为行为能力。其行为能力与权利能力是一致的。

经济法律关系主体依法承担法律责任的资格，称为责任能力。在经济法律关系中，不存在无行为能力和无责任能力的主体。

2.经济法律关系主体的范围。

经济法律关系主体的范围是由经济法调整的对象范围决定的，主要包括国家、国家机关、企业事业单位和其他经济组织、个体工商户和农村承包经营户。在特定条件下，公民个人也可成为经济法律关系的主体。

国家以国家财产所有者的身份参与国民经济活动，以国家公权者的身份对国民经济进行干预和管理。

国家机关，主要是指国家经济管理机关。国家经济管理机关根据法律和国家权力机关的决定而设立，并相应具有一定范围的经济管理职责。根据职责不同，国家经济管理机关可以分为综合经济管理机关，如财政部门、税务部门、中国人民银行等机关。行业管理机关，如农业、工业、商业、交通运输业等主管部门。经济监督机关，如审计部门、工商行政部门、计量部门、统计部门等机关，当然，综合经济管理机关，如财政部门、税务部门、中国人民银行等也执行相应的经济监督职能。

企业事业单位和其他经济组织，包括依法具有法人资格的公司、企业和事业单位，也包括不具有法人资格的、实行独立核算、自由经营的经济实体，例如，某些经济组织、二级公司等。

公民个人基于法律规定，或者为实现一定经济目的与其他经济法律关系主体发生经济关系，而成为经济法律关系主体。例如，根据税法规定，有应税所得的个人即为个人所得税的纳税主体。

（二）经济法律关系的内容

经济法律关系的内容，是指经济法律关系主体所享有的经济权利和承担的经济义务。

经济权利，是指经济法律关系主体依法享有的自己能够为或者不为一定行为，要求他人为或者不为一定行为的资格。也就是说，权利主体可以在法定范围内根据自己意愿为或者不为一定行为，也可以要求义务主体为或者不为一定行为，以便实现自己的经济权利或者不影响自己经济权利的实现。因他人的行为而使自己的经济权利不能实现时，有权请求国家强制机关加以保护。

经济权利一般有固有权利和取得权利之分。固有权利，是指经济法律关系主体依照法律、法令、章程的规定而享有的权利。例如，法律赋予国家机关的监督管理职权。取得权利，是指经济法律关系主体因经济法律关系而获得的权利。例如，经济法律关系主体通过签订合同而取得的权利。

经济法律关系主体的经济权利，是固有权利和取得权利的总和。

经济义务，是指经济法律关系主体依法具有的自己为或者不为一定行为的责任。也就是说，义务主体必须在法定范围内依法为或者不为一定行为，以便实现权利主体的经济权利或者不影响权利主体的经济权利的实现，不履行或者不适当履行，将受到法律的制裁。

同经济权利一样，经济义务也有固有义务和取得义务之分。固有义务，是指经济法律关系主体依照法律、法令、章程的规定而必须承担的义务。取得义务，是指经济法律关系主体因经济法律关系而相应承担的义务。

经济权利和经济义务二者相互依存。没有经济权利，就不会有经济义务。经济法律关系主体不能只享有经济权利而不承担经济义务，也不能只承担经济义务而不享有经济权利。

（三）经济法律关系的客体

经济法律关系的客体，是指经济法律关系主体享有的经济权利和承担的经济义务所指向的事物。没有经济法律关系的客体，经济权利和经济义务就失去了依附的目标和载体，也就无法实现。经济法律关系客体的存在形式，可以是物，可以是行为，也可以是智力成果。

物，是指能够为人们控制和支配的，具有一定经济价值的、用来满足某种需要的物质财产，包括自然物和人类劳动产品，以及固定充当一般等价物的货币和有价证券等。除了法律限制和禁止流转物外，大多数物都能作为经济法律关系的客体。

行为，是指经济法律关系主体为实现一定经济目的所进行的有意识的活动，因此，也称经济行为，包括经济管理行为和经营行为。行为可以分为完成一定的工作和提供一定的劳务。例如，勘察、设计行为属于完成一定的工作；运输、仓储行为属于提供一定的劳务。

智力成果又称非物质财富，是指人们从事智力劳动所创造的成果，包括知识产权、专有技术和经济信息等。智力成果一般不具备物质形态，但有价值和使用价值，是一种无形财产。随着社会经济和科学技术的不断发展，以无形财产作为客体的经济法律关系越来越广泛。

课堂讨论 1-1

某企业由于经营管理不善，效益不好，为改善局面实行承包责任制，与企业内销售部门签订了书面承包合同。合同规定，年终销售部门所得利润与企业按3∶7分成，承包合同期5年。经企业销售部门努力，销售利润当年大幅增长，第2年企业提出将分成比例更改为2∶8，销售部门不同意，企业便终止了合同。你认为企业可以更改承包合同吗？如果销售部门不服企业决定，可以向法院起诉吗？

三、经济法律关系的设立、变更和终止

（一）经济法律关系设立、变更和终止的概念

经济法律关系所确认、调整的经济法律关系主体之间的经济权利和经济义务，是依据一定条件，以一定的形式在社会经济生活中实现的，包括经济法律关系的设立、变更和终止三种不同的情况。

经济法律关系的设立，是指由经济法律规范所确认的、经济法律关系主体之间形成的经济权利与经济义务关系。

经济法律关系的变更，是指原有的经济法律关系中部分或者全部要素发生改变。

经济法律关系的终止，是指经济法律主体之间已有的经济权利与经济义务关系的消灭。

（二）经济法律关系设立、变更和终止的条件

经济法律关系的设立、变更和终止不是自动发生的，需要以经济法律规范的存在和

法律事实的出现为前提条件。

1.经济法律规范的颁布与实施。

经济法律规范，是指由国家制定或者认可的，并以国家强制力保证实施的，调整经济法律关系的行为规则。经济法律规范的颁布与实施，是确认、调整经济法主体行为的前提条件。如果在某一经济领域国家未颁布和实施经济法律，则在这一经济领域中就不会有经济法律关系存在，当然也不会有经济法律关系的变更和终止。

2.法律事实的存在和出现。

法律事实，是指能够引起经济法律关系设立、变更和终止的客观情况。经济法律关系不会自然产生，仅有经济法律规范，不能直接在经济法主体之间产生具体的经济法律关系，或者导致具体的经济法律关系的变更或者终止。只有当一定的法律事实出现时，才能在经济法主体之间产生一定的经济法律关系或者使原有的经济法律关系发生变更或者终止。

法律事实依照其发生与当事人的意志有无关系，可以分为事件和行为。

（1）事件。事件，是指与经济法律关系主体意志无关的法律事实，即这些事实的出现与否，是当事人无法预见或者控制的。

事件可能是自然现象引起的，即绝对事件，如自然灾害的发生引起财产关系变更或者终止以及保险赔偿责任的发生。事件也可能是社会现象引起的，即相对事件，如战争导致合同无法履行等。事件的主要特征表现为其发生是不以人们的意志为转移的，是不能避免也不能抗拒的客观情况，因而，通常在法律上又称为不可抗力。

（2）行为。行为，是指人的有意识的活动。作为经济法主体所为的经济行为，可以分为经济合法行为和经济违法行为。

经济合法行为，是指经济法主体有意识进行的、符合经济法规定的行为，包括经济管理行为和经营行为。经济合法行为必须具备以下条件：行为人的资格应当符合法律规定；行为人的行为应当符合其特定的权利能力和行为能力；行为人的意思表示必须真实、自愿。

经济违法行为，是指经济法主体违反经济法律规范的行为。经济违法行为将导致行为人承担经济法律责任的不利后果。

依据法律规定或者当事人约定，当一个经济法律关系的设立、变更或者终止，需要两个或者两个以上的法律事实时，则只有当这些法律事实全部出现时，该经济法律关系才能设立、变更或者终止。

四、经济法律责任

（一）经济法律责任的概念

经济法律责任，是指经济法主体违反经济法律规范或者未履行经济义务时，必须承担的法律后果。

经济法律责任是一种特殊的法律责任，它是经济责任、行政责任、刑事责任的综合统一体，追究责任的机关也是多元的，并且经济责任的处罚具有双重性，既要对违反经济法的法人予以处罚，又要对直接责任者予以制裁。

经济法律责任的确立，可以使经济法主体明确实施经济违法行为和不履行经济义务应当承担什么法律后果，增强其遵守法律的观念，也有利于经济执法机关处罚经济违法行为，保障经济执法活动的顺利进行，保护经济法主体的合法权益。

（二）经济法律责任的要件

经济法主体承担经济法律责任，必须具备法律规定的责任构成条件，即要件。只有具备了法律规定的要件，才能追究其法律责任，并适用法律制裁。

经济法律责任的要件有：其一，经济法主体有违反经济法律规范或者未履行经济义务的行为。其二，经济法主体有过错，即违反经济法律规范或者未履行经济义务的行为是因行为人主观过错所造成的。

（三）承担经济法律责任的原则

过错责任原则是我国经济法确认的，在追究违法主体的经济法律责任时普遍适用的一项原则。过错责任原则，是指认定行为人在主观上存在故意或者过失时追究其法律责任的司法原则。过错，是指行为人能够预见到自己行为的危害后果，但仍然实施其行为，希望或者放任危害结果的发生。过失，是指行为人应当预见或者能够预见自己行为的危害结果，但由于疏忽而没有预见或者虽然预见却轻信可以避免，致使危害结果发生。行为人故意或者过失违反经济法律时，应当承担经济法律责任。而行为人虽然有违反经济法律的客观事实，但主观上并无故意或者过失，则不一定承担经济法律责任。

虽然过错责任原则是承担经济责任的一般要件，但也不排除在特殊情况下，经济法主体在无过错的情况下也需承担经济责任的情形。此项责任是一种特殊的经济法律责任形式，不以因果关系为构成要件，只要有法律规定，经济法主体就要对损害承担补偿责任。这一责任形式的确立，可以使因实行过错责任原则得不到应有补偿的受害人得以补偿，使经济法律责任的承担更加公平合理。

（四）经济法律责任的形式

经济法律责任是一个法律责任范畴，并不专指经济责任，而是泛指经济法主体违反经济法所承担的一切责任，包括经济责任、行政责任和刑事责任。

1.经济责任。

经济责任，是指对违反经济法的单位或者个人依法采取的财产责罚。经济责罚的主要形式包括支付违约金、支付赔偿金、罚款、强制收购、没收财产。

2.行政责任。

行政责任，是指对违反经济法的单位或者个人依法采取的行政处分。行政处罚的主要形式包括：

（1）对违反经济法的单位可以采取警告、罚款、没收违法所得、没收非法财物、责令停产停业、暂扣或者吊销许可证、暂扣或者吊销执照以及法律和行政法规规定的其他行政处罚。

（2）对违反经济法的个人可以采取警告、记过、记大过、降职、撤职、留用察看、开除等处罚。

3.刑事责任。

刑事责任，是指国家司法机关对违反经济法律、情节严重、构成犯罪的直接责任人员给予的刑罚。刑罚分为主刑和附加刑。

主刑有管制、拘役、有期徒刑、无期徒刑、死刑。附加刑有罚金、剥夺政治权利、没收财产。附加刑的各种刑罚既可以作为主刑的附加刑适用，也可以独立适用。

经济法律责任具有不可分割性，在具体追究经济法律责任时，上述各种责任形式既可以单独适用，又可以同时适用。

法人或者其他经济组织实施危害社会的行为，法律规定为单位犯罪的，应当负刑事责任。单位犯罪的，对单位判处罚金，并对直接负责的主管人员和其他直接责任人员判处刑罚。

第三节 法人

一、法人的概念

《民法典》规定：法人是具有民事权利能力和民事行为能力，依法独立享有民事权利并承担民事义务的组织。

法人制度是民事法律的一项基本制度。法人与自然人不同，它不是以生命和血缘为其存在特征的个人，而是一种组织，是自然人的集合体。之所以称之为法人，是因为它具有法律拟制的人格。也可以说，法人是社会组织在法律上的人格化。

《民法典》将法人分为营利法人、非营利法人和特别法人三类。

营利法人，是指以取得利润并分配给股东等出资人为目的成立的法人，包括有限责任公司、股份有限公司和其他企业法人等。

非营利法人，是指为公益目的或者其他非营利目的成立，不向出资人、设立人或者会员分配所取得利润的法人，包括事业单位、社会团体、基金会、社会服务机构等。

特别法人，特指机关法人、农村集体经济组织法人、城镇农村的合作经济组织法人、基层群众性自治组织法人等。

二、法人的成立

《民法典》第五十八条规定了法人成立的原则、条件和程序。

（一）法人成立的原则

法人应当依法成立。法人依法成立原则，表明法人的设立不遵循自由设立原则，不论任何组织取得任何类型的法人资格，都必须依照法律规定。因为一般情况下民事主体承担的是无限责任，有限责任只是责任形式的例外。而法人则不同，法人依法独立承担民事责任，意味着法人只承担有限责任，所以法律要求法人必须依法成立，不得自行设立。

（二）法人成立的条件

法人应当有自己的名称、组织机构、住所、财产或者经费。法人成立的具体条件和程序，依照法律、行政法规的规定。

法人成立必须具备自己的名称、组织机构、住所、财产或者经费四项实体条件。

1.自己的名称。为了明确交易对象和方便国家监管，并与其他法人、非法人组织和自然人相区别，法律要求法人必须有自己的名称。

2.组织机构。法人的团体意志只有通过一定的组织机构才能形成并实现，所以法律要求任何组织若要成为法人，必须有自己的组织机构。

3.住所。住所是确定债务履行、登记管辖、诉讼管辖、法律文书送达等的地点。为确定与法人有关的民事关系及法律事实的空间要素，法律确定某一固定地点为法人的所在，即为法人住所。《民法典》第六十三条规定：法人以其主要办事机构所在地为住所。依法需要办理法人登记的，应当将主要办事机构所在地登记为住所。

4.财产或者经费。财产主要是针对营利法人而言的，而经费主要是针对非营利法人的要求。财产和经费是法人享有民事权利和承担民事义务的物质基础，也是其独立承担民事责任的重要保障。

（三）法人设立的审批

设立法人，法律、行政法规规定须经有关机关批准的，依照其规定。

鉴于不同类型的法人，其成立的实体要件和程序要件存在差异，我国的民法典关于法人的设立以准则主义为原则，以许可主义为例外。凡须经有关机关批准才能成立法人的，必须依照其规定审批后，方可成立。

三、法人的民事权利能力和民事行为能力

（一）法人的民事权利能力和民事行为能力的产生与消灭

法人的民事权利能力，是指法人作为民事主体参与民事活动、享受民事权利、承担民事义务的资格。法人的民事权利能力既是法人作为民事主体参加民事活动的前提，也是法人依法取得权利和承担义务的资格。法人的权利能力限制在由法律或者法人章程规定的范围内，法人设立的目的和功能不同，决定其所具有的民事权利能力大小和范围亦不相同。

法人的民事行为能力，是指法人以自己的意思独立进行民事活动、行使民事权利、承担民事义务的资格。法人的民事行为能力和民事权利能力在范围上一致，同时产生，同时消灭。

自然人的权利能力始于出生、终于死亡，法人与自然人相似，其权利能力也存在于其存续期间内。《民法典》第五十九条规定：法人的民事权利能力和民事行为能力，从法人成立时产生，到法人终止时消灭。

（二）法人的法定代表人

法人的法定代表人，是指依照法律或者法人章程的规定，代表法人从事民事活动的负责人。

法定代表人以法人名义从事的民事活动，其法律后果由法人承受。法定代表人因执行职务造成他人损害的，由法人承担民事责任。法人承担民事责任后，依照法律或者法人章程的规定，可以向有过错的法定代表人追偿。

法人章程或者法人权力机构对法定代表人代表权的限制，不得对抗善意相对人。

四、法人的变更登记、终止、解散和清算

（一）法人的变更登记

法人的变更登记，是指有关法人将其变更的事项向登记机关申请变更，并办理变更手续。

法人的变更类型包括法人人格变更，如法人的合并和分立；法人组织形态的变更，如有限责任公司变更为股份有限公司；法人其他重要事项变更，如名称、住所、法定代表人、经营范围、经营期限、注册资本、分支机构等发生变化。

法人的变更可能会对债权人、出资人的利益产生重大影响。因此，法人存续期间登记事项发生变化的，应当依法向登记机关申请变更登记。

法人合并的，其权利和义务由合并后的法人享有和承担。法人分立的，其权利和义务由分立后的法人享有连带债权，承担连带债务，但是债权人和债务人另有约定的除外。

（二）法人终止

法人终止，是法人不再具有民事权利能力与民事行为能力的一种状态，也即法人丧失其民事主体资格。

《民法典》第六十八条规定：有下列原因之一并依法完成清算、注销登记的，法人终止：

（1）法人解散；

（2）法人被宣告破产；

（3）法律规定的其他原因。

法人终止，法律、行政法规规定须经有关机关批准的，依照其规定。

（三）法人解散

法人解散，是指已经成立的法人，因法人章程规定或法定事由出现而停止经营活动，开始进行清算，使法人人格消灭的行为。

《民法典》第六十九条规定：有下列情形之一的，法人解散：

（1）法人章程规定的存续期间届满或者法人章程规定的其他解散事由出现；

（2）法人的权力机构决议解散；

（3）因法人合并或者分立需要解散；

（4）法人依法被吊销营业执照、登记证书，被责令关闭或者被撤销；

（5）法律规定的其他情形。

（四）法人清算

法人清算，是指清算组织在法人终止时，依据职权清理并消灭法人的全部财产关系

的程序。

法人清算分为破产清算和非破产清算。法人被宣告破产的，依法进行破产清算并完成法人注销登记时，法人终止。法人解散的，除合并或者分立的情形外，清算义务人应当及时组成清算组进行清算。

法人的董事、理事等执行机构或者决策机构的成员为清算义务人。法律、行政法规另有规定的，依照其规定。清算义务人未及时履行清算义务，造成损害的，应当承担民事责任；主管机关或者利害关系人可以申请人民法院指定有关人员组成清算组进行清算。

法人的清算程序和清算组职权，依照有关法律的规定；没有规定的，参照适用公司法的有关规定。

清算期间法人存续，但是不得从事与清算无关的活动。法人清算后的剩余财产，按照法人章程的规定或者法人权力机构的决议处理。法律另有规定的，依照其规定。清算结束并完成法人注销登记时，法人终止；依法不需要办理法人登记的，清算结束时，法人终止。

复习思考题

1.什么是经济法？其调整对象是什么？

2.经济法的原则是什么？

3.经济法律关系具有什么特征？

4.承担经济法律责任的要件和原则是什么？

5.法人设立的条件有哪些？

6.法人终止的原因有哪些？

第二章

民法典·物权编

内容提要

本章主要介绍了物权的基本概念，《民法典》调整物权的原则，物权的设立、变更、转让和消灭，物权的保护等法律规定，并分别阐述了《民法典》对所有权、用益物权和担保物权的规定。

导入案例

甲不慎将价值6万元的名表遗失，被酒店服务员拾得并交给公安机关，公安机关在发布失物招领公告后6个月内无人认领，遂按有关规定将该表拍卖，乙通过拍卖买下该表。后乙游泳时将该表放在更衣室，被丙偷走，并以600元的价格卖给了丁，丁不知该表为丙盗窃所得。后丙被公安机关抓获并供述了盗表且出售的事实。公安机关遂要求丁将该表交出，并发布了认领公告，甲、乙均前来认领，丁也提出该表是自己花钱买的，要求拥有该表。

思考：甲、乙、丁谁拥有该表的所有权？

资料来源　摘自2008年企业法律顾问考试试卷民商与经济法律知识部分。

第一节　物权概述

一、物的概念

物，即实物，是指存在于人身之外，能够为人力所支配，能够满足人的某种需要的有体物及自然力。

随着现代科学技术的发展，人类利用自然资源的能力日益提高，自然力开始成为稀缺性资源，如电、热、声、光等也被视为物。

物是民事法律关系最主要、最普遍的客体，涉及一切财产关系。在民事法律关系中，物权关系的客体只能是物，债权关系的客体大多数也是物，继承权关系的客体也主要是物。

物的分类有多种，《民法典》涉及物的种类主要有不动产与动产、主物与从物、原物与孳息、可分物与不可分物四类。

（1）不动产与动产。不动产，是指土地、海域以及房屋、林木等定着物。动产，是指不动产以外的物。动产的物权变动以交付为原则，不动产则须登记。

（2）主物与从物。以物与物之间是否具有从属关系为标准，可以把物区分为主物和从物。凡两种以上的物相互配合、按一定经济目的组合在一起，起主要作用的物为主物；配合主物的作用而起辅助作用的为从物。区分主物与从物的意义在于，当主物的所有权转移时，从物的所有权也随同主物转移，除非当事人另有约定。

（3）原物与孳息。原物是指原已存在之物。孳息是由原物所产生的收益。孳息分为天然孳息和法定孳息。天然孳息，是指因物的自然属性而获得的收益。法定孳息，是指因法律关系所获得的收益。区分原物与孳息的意义在于确定孳息的归属。

（4）可分物与不可分物。根据物能否分割的特点，可分为可分物与不可分物。可分物是可以分割，分割后不影响其性质、用途，也不降低其经济价值的物。不可分物，即不能分割或分割后会改变其原有性质、用途和经济价值的物。区分可分物与不可分物的意义在于可以确定财产的分割方式。如果是可分物，当事人可以进行实物分割；如果是不可分物，则当事人只能采用折价补偿或变卖财产后分割价款的方式进行分割。

二、物权的概念

物权，是指权利人依法对特定的物享有直接支配和排他的权利，包括所有权、用益物权和担保物权。

物权是支配权、绝对权，具有支配性和排他性。

所有权是指所有人对自己的不动产或者动产，依法享有占有、使用、收益和处分的权利。用益物权是指权利人依法对他人的物享有占有、使用和收益的权利。担保物权是指为了确保债务履行而设立的物权，包括抵押权、质权和留置权。

物权的观念起源于罗马法。1811年，《奥地利普通民法典》首次以立法的形式确认了物权的概念，其第三百零七条规定：物权，属于个人财产上的权利，可以对抗任何人。

为调整因物的归属和利用产生的民事关系。2020年5月28日第十三届全国人民代表大会第三次会议通过了《中华人民共和国民法典》，自2021年1月1日起施行。《中华人民共和国物权法》同时废止。

三、《民法典》调整物权的基本原则

（一）平等保护物权原则

《民法典》第二百零六条规定：国家坚持和完善公有制为主体、多种所有制经济共同发展，按劳分配为主体、多种分配方式并存，社会主义市场经济体制等社会主义基本经济制度。国家巩固和发展公有制经济，鼓励、支持和引导非公有制经济的发展。国家实行社会主义市场经济，保障一切市场主体的平等法律地位和发展权利。

《民法典》第二百零七条规定：国家、集体、私人的物权和其他权利人的物权受法律平等保护，任何组织或者个人不得侵犯。

（二）物权法定原则

《民法典》第一百一十六条规定：物权的种类和内容，由法律规定。

（三）物权公示原则

《民法典》第二百零八条规定：不动产物权的设立、变更、转让和消灭，应当依照法律规定登记。动产物权的设立和转让，应当依照法律规定交付。

第二节　物权的设立、变更、转让和消灭

（一）不动产物权登记制度

《民法典》第二百一十条规定，国家对不动产实行统一登记制度。统一登记的范围、登记机构和登记办法，由法律、行政法规规定。

《民法典》第二百零九条规定：不动产物权的设立、变更、转让和消灭，经依法登记，发生效力；未经登记，不发生效力，但是法律另有规定的除外。

不动产物权与不动产登记制度紧密关联，法律另有规定的除外，不动产物权的设立、变更、转让和消灭，经依法登记，发生效力；未经登记，不发生效力。这表明，不动产登记原则上是不动产物权的法定公示手段，是不动产物权的设立、变更、转让和消灭的生效要件。

不动产物权的设立、变更、转让和消灭，依照法律规定应当登记的，自记载于不动产登记簿时发生效力。

当事人之间订立有关设立、变更、转让和消灭不动产物权的合同，除法律另有规定或者当事人另有约定外，自合同成立时生效；未办理物权登记的，不影响合同效力。

法律另有规定的主要包括三个方面的内容：

（1）依法属于国家所有的自然资源，所有权可以不登记。

（2）《民法典》第二百二十九条至第二百三十条规定的特殊情况：一是因人民法院、仲裁机构的法律文书或者人民政府的征收决定等，导致物权设立、变更、转让或者消灭的，自法律文书或者征收决定等生效时发生效力；二是因继承取得物权的，自继承开始时发生效力；三是因合法建造、拆除房屋等事实行为设立或者消灭物权的，自事实行为成就时发生效力。

（3）考虑到现行法律规定以及现实情况，对有些不动产物权的设立、变更、转让和消灭，并没有一概规定必须经依法登记才发生效力，如土地承包经营权一章规定：土地承包经营权自土地承包经营权合同生效时设立。

（二）不动产登记机构

不动产登记，由不动产所在地的登记机构办理。各地不动产登记中心是负责不动产登记工作的专门机构，隶属当地国土资源部门。

1.不动产登记机构的职责：

（1）查验申请人提供的权属证明和其他必要材料；

（2）就有关登记事项询问申请人；

（3）如实、及时登记有关事项；

（4）法律、行政法规规定的其他职责。

当事人申请登记，应当根据不同登记事项提供权属证明和不动产界址、面积等必要材料。当事人提供虚假材料申请登记，造成他人损害的，应当承担赔偿责任。申请登记的不动产的有关情况需要进一步证明的，登记机构可以要求申请人补充材料，必要时可以实地查看。

因登记错误，造成他人损害的，登记机构应当承担赔偿责任。登记机构赔偿后，可以向造成登记错误的人追偿。

2.登记机构不得有下列行为：

（1）要求对不动产进行评估；

（2）以年检等名义进行重复登记；

（3）超出登记职责范围的其他行为。

（三）不动产登记簿与不动产权属证书

不动产登记簿是物权归属和内容的根据。不动产登记簿由登记机构管理。

不动产权属证书是权利人享有该不动产物权的证明。不动产权属证书记载的事项，应当与不动产登记簿一致；记载不一致的，除有证据证明不动产登记簿确有错误外，以不动产登记簿为准。

权利人、利害关系人可以申请查询、复制不动产登记资料，登记机构应当提供。但利害关系人不得公开、非法使用权利人的不动产登记资料。

权利人、利害关系人认为不动产登记簿记载的事项错误的，可以申请更正登记。不动产登记簿记载的权利人书面同意更正或者有证据证明登记确有错误的，登记机构应当予以更正。不动产登记簿记载的权利人不同意更正的，利害关系人可以申请异议登记。登记机构予以异议登记，申请人自异议登记之日起十五日内不提起诉讼的，异议登记失效。异议登记不当，造成权利人损害的，权利人可以向申请人请求损害赔偿。

第三节　动产交付

一、动产物权的设立和转让

由于我国现在没有动产登记制度，所以动产物权只规定了设立和转让两种情况，没有规定变更和消灭。

《民法典》第二百二十四条规定：动产物权的设立和转让，自交付时发生效力，但是法律另有规定的除外。例如船舶、航空器和机动车等的物权的设立、变更、转让和消灭，未经登记，不得对抗善意第三人。

不动产物权的设立、变更、转让和消灭，应当依法登记。而动产物权的设立和转让，则是依法交付。交付一旦生效，即标志着动产物权的转移，对当事人产生拘束力，当事人就不得任意变更或者撤销交付，也不能任意反悔。交付一旦完成，也标志着孳息的转移。

二、动产物权的先占规则

《民法典》第二百二十六条规定：动产物权设立和转让前，权利人已经占有该动产的，物权自民事法律行为生效时发生效力。

先占，属于取得所有权的法律事实之一，强调先占人先于他人占有无主动产。即先占有动产的，不以交付为生效条件，而以占有为生效条件，即以引起占有的民事法律行为发生效力时间确定动产设立和转让的生效时间。

与先占规则相关的交付形式有简易交付、指示交付和占有改定。

简易交付是买受人事先占有该动产的，合同生效后视为交付。

指示交付是动产物权设立和转让前，第三人依法占有该动产的，负有交付义务的人可以通过转让请求第三人返还原物的权利代替交付。

占有改定是动产物权转让时，当事人又约定由出让人继续占有该动产的，物权自该约定生效时发生效力。

第四节　其他规定

因人民法院、仲裁机构的法律文书或者人民政府的征收决定等，导致物权设立、变更、转让或者消灭的，自法律文书或者征收决定等生效时发生效力。

因继承取得物权的，自继承开始时发生效力。

因合法建造、拆除房屋等事实行为设立或者消灭物权的，自事实行为成就时发生效力。

处分非因上述法律行为享有的不动产物权，依照法律规定需要办理登记的，未经登记，不发生物权效力。

第五节　物权的保护

一、物权的保护途径

《民法典》第二百三十三条规定：物权受到侵害的，权利人可以通过和解、调解、仲裁、诉讼等途径解决。

二、物权的保护方式

（一）请求确认权利

因物权的归属、内容发生争议的，利害关系人可以请求确认权利。

（二）请求返还原物

无权占有不动产或者动产的，权利人可以请求返还原物。

（三）请求排除妨害或者消除危险

妨害物权或者可能妨害物权的，权利人可以请求排除妨害或者消除危险。

（四）请求修理、重作、更换或者恢复原状

造成不动产或者动产毁损的，权利人可以依法请求修理、重作、更换或者恢复原状。

（五）请求损害赔偿及请求承担其他民事责任

侵害物权，造成权利人损害的，权利人可以依法请求损害赔偿，也可以依法请求承担其他民事责任。

《民法典》规定的物权保护方式，可以单独适用，也可以根据权利被侵害的情形合并适用。

课堂讨论 2-1

王某购买了一套64.73平方米的商品房自住。后某房地产公司经批准在与该商品房相邻处建成一栋高层，两楼间距仅2米左右。该高层建成后，王某住房采光度极低，与房地产公司多次协调无效，遂以侵犯采光权为由，向法院提起诉讼。经鉴定，该高层楼确实给王某住房的自然采光造成了影响。房地产商称，其建筑系经有关部门合法批准，手续齐全，故不应承担民事责任。你认为应如何处理？

资料来源　作者根据相关资料整理。

第六节　所有权

一、所有权的概念和特征

（一）所有权的概念

所有权，是指所有权人对自己的不动产或者动产，依法享有占有、使用、收益和处分的权利。

所有权人也可以设立他物权，所有权人有权在自己的不动产或者动产上设立用益物权和担保物权。用益物权人、担保物权人行使权利，不得损害所有权人的权益。

法律规定专属于国家所有的不动产和动产，任何组织或者个人不能取得所有权。为了公共利益的需要，依照法律规定的权限和程序可以征收集体所有的土地和组织、个人的房屋以及其他不动产。

（二）所有权的特征

（1）完全性，是指所有人对所有物具有完全的支配权，包括占有、使用、收益和处分。

（2）整体性，是指所有权不是占有、使用、收益和处分等各种权能在量上的总和，而是一个整体的权利，不能在内容或者时间上加以分割。

（3）恒久性，是指所有权不因时效而消灭。

（4）弹力性，是指所有人在其所有物上为他人设定权利，即使所有权的已知表征权利均被剥夺，但仍潜在保留其完整性，待剥夺终止后，所有权当然地重新恢复其圆满状态。

（5）排他性，是指所有权人有权排除他人对其行使权利的干涉，并且同一物上只能存在一个所有权，而不能并存两个以上的所有权。

二、所有权的内容

（一）占有

占有，是指对于所有物事实上的管领和控制。占有权能在一定条件下可以与所有权分离，因此，占有可分为所有人占有和非所有人占有。非所有人占有可分为合法占有与非法占有。合法占有，即依照法律规定或者所有人的意志而占有他人所有物。非法占有，即没有法律规定或者未经所有人同意而占有他人所有物。在非法占有中又可分为善意的非法占有和恶意的非法占有。占有人不知或者无须知道其占有是非法的，为善意占有。占有人知道或者应当知道其占有是非法的，为恶意占有。善意占有和恶意占有所产生的法律后果不同。

（二）使用

使用，是指对于所有物的事实上的支配和运用。使用权的行使以占有为前提，但享有物的占有权却并不一定享有物的使用权。如质权人只能占有标的物，而不能使用标的物。使用权与建设用地使用权、宅基地使用权等不同。前者只是所有权的一项权能，不是一项独立的财产权利；而后者属于一项独立的财产权利。使用权也可以与所有权分离。使用人可以依照法律规定或者与所有权人约定取得物的使用权。依此而取得的使用权，可以有偿，也可以无偿。使用人需依法律规定或者与所有人约定的方式使用财产，如因使用不当而致使用物毁损和灭失的，需对所有权人负损害赔偿责任。

（三）收益

收益，是指收取标的物的孳息。收益权也可以与所有权发生分离。收益权既是所有权的权能之一，也是用益物权的权能之一，因此，两者就可能发生冲突。根据《民法典》第三百二十一条规定，天然孳息，由所有权人取得；既有所有权人又有用益物权人的，由用益物权人取得。当事人另有约定的，按照其约定。法定孳息，当事人有约定的，按照约定取得；没有约定或者约定不明确的，按照交易习惯取得。

（四）处分

处分，是指依法对标的物进行处置、决定标的物命运的权能。处分权能是所有权最基本的权能，是所有权的核心内容。处分包括事实上的处分和法律上的处分。前者是指对标的物进行物理上处置的事实行为；后者是指使标的物的所有权发生变动的法律行为。处分权通常由所有人自己行使，在法律有特别规定或当事人有约定的场合，非所有人才能处分他人所有的财产。

三、所有权的种类

所有权包含国家所有权、集体所有权和个人所有权、营利法人及非营利法人所有权等多种法律形态。

（一）国家所有权

1.国家所有权的概念。

国家所有权是我国社会主义全民所有制在法律上的表现，是国家对国有财产，依法享有占有、使用、收益和处分的权利。

国家所有权不同于一般意义上的所有权，法律规定属于国家所有的财产，属于国家所有，即全民所有。国有财产由国务院代表国家行使所有权。

国家所有权是法定的，具有主体唯一性、客体广泛性、客体专有性和管理特殊性等特点，这是其他形态的所有权所无法比拟的，体现了国家所有权的特殊性。

国家机关对其直接支配的不动产和动产，享有占有、使用以及依照法律和国务院的有关规定处分的权利。

国家举办的事业单位对其直接支配的不动产或者动产，享有占有、使用以及依照法律和国务院的有关规定收益、处分的权利。

国家出资的企业，由国务院、地方人民政府依照法律、行政法规规定分别代表国家履行出资人职责，享有出资人权益。

2.国家所有权的范围。

（1）矿藏、水流、海域属于国家所有。

（2）无居民海岛属于国家所有，国务院代表国家行使无居民海岛所有权。

（3）城市的土地，属于国家所有。法律规定属于国家所有的农村和城市郊区的土地，属于国家所有。

（4）森林、山岭、草原、荒地、滩涂等自然资源，属于国家所有，但是法律规定属于集体所有的除外。

（5）法律规定属于国家所有的野生动植物资源，属于国家所有。

（6）无线电频谱资源属于国家所有。

（7）法律规定属于国家所有的文物，属于国家所有。

（8）国防资产属于国家所有。

（9）铁路、公路、电力设施、电信设施和油气管道等基础设施，依照法律规定为国家所有的，属于国家所有。

3.国家所有权的保护。

国家所有的财产受法律保护，禁止任何组织或者个人侵占、哄抢、私分、截留、破坏。

履行国有财产管理、监督职责的机构及其工作人员，应当依法加强对国有财产的管理、监督，促进国有财产保值增值，防止国有财产损失；滥用职权，玩忽职守，造成国有财产损失的，应当依法承担法律责任。

违反国有财产管理规定，在企业改制、合并分立、关联交易等过程中，低价转让、合谋私分、擅自担保或者以其他方式造成国有财产损失的，应当依法承担法律责任。

（二）集体所有权

1.集体所有权的概念。

集体所有权，是指集体成员对集体所有的财产，依法享有占有、使用、收益和处分的权利。

集体所有权具有主体多元化、客体限定性和所有权取得方式特殊性的法律特征。农民集体所有的不动产和动产，属于本集体成员集体所有。

2.集体财产的范围。

集体所有的不动产和动产包括：

（1）法律规定属于集体所有的土地和森林、山岭、草原、荒地、滩涂；

（2）集体所有的建筑物、生产设施、农田水利设施；

（3）集体所有的教育、科学、文化、卫生、体育等设施；

（4）集体所有的其他不动产和动产。

3.集体所有权的保护。

集体所有的财产受法律保护，禁止任何组织或者个人侵占、哄抢、私分、破坏。

农村集体经济组织、村民委员会或者其负责人作出的决定侵害集体成员合法权益的，受侵害的集体成员可以请求人民法院予以撤销。

（三）私人所有权

1.私人所有权的概念。

私人所有权，是指私人对其所有的财产依法进行占有、使用、收益和处分的权利。

私人所有权是人类历史上最古老的所有权形态。私人所有权中的“私人”，是与国家、集体相对应的物权主体，不但包括我国公民，也包括在我国合法取得财产的外国人和无国籍人；不仅包括自然人，也包括营利法人和非营利法人。

2.私人所有权的客体。

私人对其合法的收入、房屋、生活用品、生产工具、原材料等不动产和动产享有所有权。

3.私人所有权的保护。

私人的合法财产受法律保护，禁止任何组织或者个人侵占、哄抢、破坏。

国家、集体和私人依法可以出资设立有限责任公司、股份有限公司或者其他企业。国家、集体和私人所有的不动产或者动产投到企业的，由出资人按照约定或者出资比例享有资产收益、重大决策以及选择经营管理者等权利并履行义务。

营利法人对其不动产和动产依照法律、行政法规以及章程享有占有、使用、收益和处分的权利。

营利法人以外的法人，对其不动产和动产的权利，适用有关法律、行政法规以及章程的规定。

社会团体法人、捐助法人依法所有的不动产和动产，受法律保护。

四、相邻关系

（一）相邻关系的概念

相邻关系，是指不动产的相邻各方在行使所有权或者其他物权时，而发生的权利义务关系。相邻的不动产权利人，不仅包括不动产所有人，而且包括不动产用益物权人或者占有人。

相邻关系的基本内容是相邻一方要求他方为自己行使不动产所有权或者使用权给予必要方便的权利，以及他方应当给予必要方便的义务。因此，其核心是给予相邻方行使权利的方便，因为只有这样，才能够保证不动产权利的行使。

（二）相邻关系的处理原则

（1）不动产的相邻权利人应当按照有利生产、方便生活、团结互助、公平合理的原则，正确处理相邻关系。

（2）法律、法规对处埋相邻关系有规定的，依照其规定；法律、法规没有规定的，可以按照当地习惯。

（3）不动产权利人应当为相邻权利人用水、排水提供必要的便利。对自然流水的利用，应当在不动产的相邻权利人之间合理分配。对自然流水的排放，应当尊重自然流向。

（4）不动产权利人对相邻权利人因通行等必须利用其土地的，应当提供必要的便利。

（5）不动产权利人因建造、修缮建筑物以及铺设电线、电缆、水管、暖气和燃气管线等必须利用相邻土地、建筑物的，该土地、建筑物的权利人应当提供必要的便利。

（6）建造建筑物，不得违反国家有关工程建设标准，不得妨碍相邻建筑物的通风、采光和日照。

（7）不动产权利人不得违反国家规定弃置固体废物，排放大气污染物、水污染物、土壤污染物、噪声、光辐射、电磁辐射等有害物质。

（8）不动产权利人挖掘土地、建造建筑物、铺设管线以及安装设备等，不得危及相邻不动产的安全。

（9）不动产权利人因用水、排水、通行、铺设管线等利用相邻不动产的，应当尽量避免对相邻的不动产权利人造成损害。

五、共有

（一）共有的概念

共有，是指由两个以上组织、个人对同一不动产或者动产共同享有所有权。共有包括按份共有和共同共有。

按份共有，是指按份共有人对共有的不动产或者动产按照其份额享有所有权。按份共有人享有的份额，没有约定或者约定不明确的，按照出资额确定，不能确定出资额的，视为等额享有。

共同共有，是指共同共有人对共有的不动产或者动产共同享有所有权。其基本特征是共同共有根据共同关系而产生，以共同关系存在为前提，一般情形下，共同共有财产不分份额。共同共有的形式有夫妻共有、家庭共有和遗产分割前共有。

共有人对共有的不动产或者动产没有约定为按份共有或者共同共有，或者约定不明确的，除共有人具有家庭关系等外，视为按份共有。

按份共有人对共有的不动产或者动产享有的份额，没有约定或者约定不明确的，按照出资额确定；不能确定出资额的，视为等额享有。

（二）共有物的管理

共有人按照约定管理共有的不动产或者动产；没有约定或者约定不明确的，各共有人都有管理的权利和义务。

（三）共有物的处分

处分共有的不动产或者动产以及对共有的不动产或者动产作重大修缮、变更性质或者用途的，应当经占份额2/3以上的按份共有人或者全体共同共有人同意，但是共有人之间另有约定的除外。

（四）共有物的费用负担

共有人对共有物的管理费用以及其他负担，有约定的，按照其约定；没有约定或者约定不明确的，按份共有人按照其份额负担，共同共有人共同负担。

（五）共有财产的分割

共有人约定不得分割共有的不动产或者动产，以维持共有关系的，应当按照约定，但是共有人有重大理由需要分割的，可以请求分割；没有约定或者约定不明确的，按份共有人可以随时请求分割，共同共有人在共有的基础丧失或者有重大理由需要分割时可以请求分割。因分割造成其他共有人损害的，应当给予赔偿。

共有人可以协商确定分割方式。达不成协议，共有的不动产或者动产可以分割且不会因分割减损价值的，应当对实物予以分割；难以分割或者因分割会减损价值的，应当对折价或者拍卖、变卖取得的价款予以分割。

共有人分割所得的不动产或者动产有瑕疵的，其他共有人应当分担损失。

（六）共有人的优先购买权

按份共有人可以转让其享有的共有的不动产或者动产份额。其他共有人在同等条件下享有优先购买的权利。

按份共有人转让其享有的共有的不动产或者动产份额的，应当将转让条件及时通知其他共有人。其他共有人应当在合理期限内行使优先购买权。

两个以上其他共有人主张行使优先购买权的，协商确定各自的购买比例；协商不成的，按照转让时各自的共有份额比例行使优先购买权。

（七）共有人的债权债务关系

因共有的不动产或者动产产生的债权债务，在对外关系上，共有人享有连带债权、承担连带债务，但是法律另有规定或者第三人知道共有人不具有连带债权债务关系的除外；在共有人内部关系上，除共有人另有约定外，按份共有人按照份额享有债权、承担债务，共同共有人共同享有债权、承担债务。偿还债务超过自己应当承担份额的按份共有人，有权向其他共有人追偿。

第七节　用益物权和担保物权

一、用益物权

（一）用益物权的概念

用益物权，是指用益物权人对他人所有的不动产或者动产，依法享有占有、使用和收益的权利。其具有以下法律特征：

（1）用益物权是由所有权派生的物权，属于他物权、定限物权、有期限物权。

（2）用益物权以对物的实际占有为前提，没有占有则无法实现用益目的。

（3）用益物权以对物的使用、收益为内容，用益性是用益物权的基本属性，也是用益物权区别于担保物权的基本标志。

（4）用益物权一般以不动产为客体。用益物权制度的建立，对社会经济发展具有重要意义。归结起来，一是可以促进资源的有效利用，二是可以维护资源的有序利用。用益物权制度，可以使得用益物权人在不能或者不必取得土地等资源以及他人之物的所有权的情况下，通过对土地等资源以及他人之物的占有、使用而获得收益，由此所有人也可以不使用其所有物获得收益。

用益物权是以一定范围内的使用、收益为目的而在他人之物上设立的定限物权。比如土地承包经营权、建设用地使用权、宅基地使用权、地役权、居住权、自然资源使用权（海域使用权、探矿权、采矿权、取水权和使用水域、滩涂从事养殖、捕捞的权利）。

（二）用益物权的保护

用益物权人行使权利，应当遵守法律有关保护和合理开发利用资源、保护生态环境的规定。所有权人不得干涉用益物权人行使权利。

因不动产或者动产被征收、征用致使用益物权消灭或者影响用益物权行使的，用益物权人有权依据法律规定获得相应补偿。

二、担保物权

（一）担保物权的概念

担保物权，是指担保物权人在债务人不履行到期债务或者发生当事人约定的实现担保物权的情形，依法享有就担保财产优先受偿的权利。

债权人在借贷、买卖等民事活动中，为保障实现其债权，需要担保的，可以依照本法和其他法律的规定设立担保物权。第三人为债务人向债权人提供担保的，可以要求债务人提供反担保。

担保物权具有以下法律特征：

（1）以确保债权人的债权得到完全清偿为目的。这是担保物权与其他物权的最大区别。

（2）债务人既可以用自己的财产，也可以用第三人的财产为债权设定担保物权。

（3）附条件性。担保物权是一种附停止条件的民事权利，只有当在债务人不履行到期债务或者发生当事人约定的实现担保物权的情形时，才能行使的权利。

（4）优先受偿性。担保物权具有优先受偿的效力。

（5）物上代位性。担保财产即使毁损、灭失，但代替该财产的交换价值还存在，担保物权的效力仍然存在，即转移到该代替物上。担保期间，担保财产毁损、灭失或者被征收等，担保物权人可以就获得的保险金、赔偿金或者补偿金等优先受偿。被担保债权的履行期未届满的，也可以提存该保险金、赔偿金或者补偿金等。

（二）担保物权的种类

1.抵押权。

抵押权，是指为担保债务的履行，债务人或者第三人不转移财产的占有，将该财产抵押给债权人，在债务人不履行到期债务或者发生当事人约定的实现抵押权的情形时，债权人有权就该财产优先受偿的权利。其中，债务人或者第三人为抵押人，债权人为抵押权人，提供担保的财产为抵押财产。抵押财产的范围包括：建筑物和其他土地附着物；建设用地使用权；以招标、拍卖、公开协商等方式取得的荒地等土地承包经营权；生产设备、原材料、半成品、产品；正在建造的建筑物、船舶、航空器；交通运输工具；法律、行政法规未禁止抵押的其他财产。下列财产不得抵押：土地所有权；耕地、宅基地、自留地、自留山等集体所有的土地使用权，但法律规定可以抵押的除外；学校、幼儿园、医院等以公益为目的的事业单位；社会团体的教育设施、医疗卫生设施和其他社会公益设施；所有权、使用权不明或者有争议的财产；依法被查封、扣押、监管的财产；法律、行政法规规定不得抵押的其他财产。

2.质权。

质权，又称质押权，是指为担保债务的清偿，债务人或者第三人将其动产或者权利交付给债权人占有，在债务人不履行到期债务或者发生当事人约定的情形时，债权人有权就该动产或者权利优先受偿的权利。其中，债务人或者第三人为出质人，债权人为质权人，交付的动产或者权利为质押财产。质权包括动产质权和权利质权。法律、行政法规禁止转让的动产不得出质。下列权利可以出质：汇票、支票、本票；债券、存款单；仓单、提单；可以转让的基金份额、股权；可以转让的注册商标专用权、专利权、著作权等知识产权中的财产权；应收账款；法律、行政法规规定可以出质的其他财产权利。质权自出质人交付质押财产时设立。

3.留置权。

留置权，是指债务人不履行到期债务时，债权人可以留置已经合法占有的债务人的动产，并有权就该财产优先受偿的权利。其中，债权人为留置权人，占有的动产为留置财产。留置权的标的物以动产为限，债权人留置的动产，应当与债权属于同一法律关系，但企业之间留置的除外。法律规定或者当事人约定不得留置的动产，不得留置。留置权人对留置财产丧失占有或者留置权人接受债务人另行提供担保的，留置权消灭。

复习思考题

1.《民法典》调整物权的基本原则是什么？

2.物权的保护方式有哪些？

3.什么是物权先占？与先占规则相关的交付形式有哪些？

4.什么是用益物权？用益物权具有什么法律特征？

5.什么是担保物权？担保物权具有什么法律特征？

6.担保物权有哪些种类？

第三章

企业国有资产法

内容提要

本章主要介绍了国有资产的概念、国有资产法的基本内容；重点阐述了履行出资人职责的机构、国家出资企业、国家出资企业管理者、关系国有资产出资人权益的重大事项、国有资产监督等，并对违反国有资产法的法律责任进行了解释。

导入案例

某国有企业总经理赵某在没有报经主管部门和当地国有资产管理局审批同意的情况下，与当地某公司签订了买卖合同，将土地使用权、旧设备、旧房屋等国有资产擅自以40万元的低价转让。当地人民检察院接到群众举报后，委托资产评估事务所对上述转让财产进行了评估，评估总价为500多万元，造成国有资产流失460多万元。为保护国有资产不受侵犯，当地国有资产管理部门诉至法院。

思考：你认为该案违反了哪些法律规定？应如何处理此案？

资料来源　作者根据相关资料整理。

第一节　企业国有资产法概述

一、企业国有资产的概念

企业国有资产，是指国家对企业各种形式的出资所形成的权益。国有资产属于国家所有即全民所有。国务院代表国家行使国有资产所有权。国有资产可分为经营性国有资产、行政事业性国有资产和资源性国有资产。

经营性国有资产，是指基于国家出资，企业依法占有、使用的，以营利为主要目的，从事商品生产、销售和服务等经营活动的，其产权属于国家所有的一切财产。

行政事业性国有资产，是指基于国家拨款，行政事业单位依法占有、使用的，以实现行政、公共服务职能的各类资产。

资源性国有资产，是指以资源形态存在的，并能带来一定经济价值的，根据法律规定属于国家所有的各种自然资源。

基于以上分类，国有资产立法有两个视角：一个是广义的国有资产法，即“大国有资产法”，包括以上三个组成部分；另一个是狭义的国有资产法，即“小国有资产法”，即《中华人民共和国国有资产法》（以下简称《国有资产法》），它所规定的企业国有资产（以下简称“国有资产”）仅指经营性国有资产。

二、企业国有资产法的概念

企业国有资产法，是指调整在国家管理国有资产过程中所发生的经济关系的法律规范的总称。

为了维护国家基本经济制度，巩固和发展国有经济，加强对国有资产的保护，发挥国有经济在国民经济中的主导作用，促进社会主义市场经济发展，第十一届全国人民代表大会常务委员会第五次会议于2008年10月28日通过了《国有资产法》，自2009年5月1日起施行。

国有资产受法律保护，任何单位和个人不得侵害。

第二节　履行出资人职责的机构

一、履行出资人职责的分级代表制度

根据《国有资产法》第四条规定，国务院和地方人民政府依照法律、行政法规的规定，分别代表国家对国家出资企业履行出资人职责，享有出资人权益。

国有资产出资人是国家，但国有资产的形成却是多元的，既有中央政府的直接投资，也有地方政府的直接投资，还有企业依靠贷款和积累形成的资产。由国务院和地方人民政府分别代表国家履行出资人职责，享有出资人权益，从体制上落实了国有资产权利主体和责任主体，有利于发挥地方政府对国有资产管理与监督的积极性，也可以使中央政府集中精力管理和监督国家一级的国有资产。

二、履行出资人职责的机构设置

（一）国务院国有资产监督管理机构

国务院国有资产监督管理委员会代表国务院对国家出资企业履行出资人职责。按照分级代表制度，其监督管理范围确定为：属于关系国民经济命脉和国家安全的大型国家出资企业、重要基础设施和重要自然资源等领域的国家出资企业。

（二）地方人民政府国有资产监督管理机构

各级地方国有资产监督管理委员会代表本级人民政府对国家出资企业履行出资人职责。按照分级代表制度，其监督管理范围为国务院国有资产监督管理委员会监督管理的领域之外的其他国家出资企业。

（三）其他部门

国务院和地方人民政府根据需要，可以授权其他部门、机构代表本级人民政府对国家出资企业履行出资人职责。

三、履行出资人职责机构的权利和义务

（一）履行出资人职责机构的权利

根据《国有资产法》第十二条规定，履行出资人职责的机构代表本级人民政府对国家出资企业依法享有资产收益、参与重大决策和选择管理者等出资人权利。

（1）资产收益。资产收益的权利集中体现在出资人在国有出资企业经营过程中分配红利和清算时分配剩余财产的权利。

（2）参与重大决策。履行出资人职责的机构委派的股东代表参加国有资本控股公司、国有资本参股公司召开的股东会会议、股东大会会议，按照委派机构的指示对公司的重大决策提出提案、发表意见、行使表决权，并将其履行职责的情况和结果及时报告委派机构。

（3）选择管理者。选择管理者是出资人的一项重要权利，这一权利由履行出资人职责机构代表本级人民政府行使。

（4）制定或者参与制定国家出资企业的章程。履行出资人职责的机构依照法律、行政法规的规定，制定或者参与制定国家出资企业的章程。

（二）履行出资人职责机构的义务

1.保障出资人权益，防止国有资产损失。

履行出资人职责的机构应当依照法律、行政法规以及企业章程履行出资人职责，保障出资人权益，防止国有资产损失。

2.不得干预企业经营活动。

履行出资人职责的机构应当维护企业作为市场主体依法享有的权利，除依法履行出资人职责外，不得干预企业经营活动。

3.对国有资产的保值增值负责。

履行出资人职责的机构对本级人民政府负责，向本级人民政府报告履行出资人职责的情况，接受本级人民政府的监督和考核，对国有资产的保值增值负责。

4.定期报告。

履行出资人职责的机构应当按照国家有关规定，定期向本级人民政府报告有关国有资产总量、结构、变动、收益等汇总分析的情况。

5.重大事项报批制度。

履行出资人职责的机构对法律、行政法规和本级人民政府规定须经本级人民政府批准的履行出资人职责的重大事项，应当报请本级人民政府批准。

第三节　国家出资企业

一、国家出资企业类型

国家出资企业，是指国家出资的国有独资企业、国有独资公司，以及国有资本控股公司、国有资本参股公司。

（一）国有独资企业

国有独资企业，是指国家作为唯一出资人设立的企业，如全民所有制工业企业，是依法自主经营、自负盈亏、独立核算的社会主义商品生产和经营单位，企业的财产属于全民所有，国家依照所有权和经营权分离的原则授予企业经营管理权。企业对国家授予其经营管理的财产享有占有、使用和依法处分的权利。

（二）国有独资公司

国有独资公司，是指国家单独出资、由国务院或者地方人民政府授权本级人民政府国有资产监督管理机构履行出资人职责的有限责任公司。国有独资公司符合有限责任公司的一般特征，但又具有特殊性：公司全部资本由国家单独出资，出资人只有1个。

（三）国有资本控股公司和国有资本参股公司

国有资本控股公司，是指国有股份在公司总股本中占相对多数的公司。在国有企业改制过程中，大量的国有企业根据《中华人民共和国公司法》（以下简称《公司法》）改制成为有限责任公司或者股份有限公司，形成国有资本控股公司或者参股公司。国有资本控股公司又可分为绝对控股公司和相对控股公司，前者指国有资本在公司的股份占到50%以上；后者指国有资本在公司的股份尽管占50%以下，但仍处于控股地位。国有资本在公司的股份未占有控股地位的，为国有资本参股公司。

二、国家出资企业的权利义务

（一）国家出资企业的权利

1.法人财产权。

国家出资企业对其动产、不动产和其他财产依照法律、行政法规以及企业章程享有占有、使用、收益和处分的权利。这一规定与《物权法》第六十八条规定的“企业法人对其不动产和动产依照法律、行政法规以及章程享有占有、使用、收益和处分的权利”完全符合，表明国有出资企业的法人财产权的完整性。

2.经营自主权。

经营自主权，是指国有出资企业在法律、行政法规的规定范围内有权自行决定企业经营事务的权利。

3.其他合法权益。

国家出资企业依法享有的经营自主权和其他合法权益受法律保护。

（二）国家出资企业的义务

1.经营活动应当符合国家的原则要求。

根据《国有资产法》第十七条规定，国家出资企业从事经营活动，应当遵守法律、行政法规，加强经营管理，提高经济效益，接受人民政府及其有关部门、机构依法实施的管理和监督，接受社会公众的监督，承担社会责任，对出资人负责。

2.应当依法建立和完善法人治理结构，建立健全内部监督管理和风险控制制度。

3.应当建立健全财务、会计制度。

国有出资企业应当依照法律、行政法规和国务院财政部门的规定，建立健全财务、会计制度，设置会计账簿，进行会计核算，依照法律、行政法规以及企业章程的规定向出资人提供真实、完整的财务、会计信息。

4.向出资人分配利润。

国家出资企业应当依照法律、行政法规以及企业章程的规定，向出资人分配利润。

5.设立监事会。

国有独资公司、国有资本控股公司和国有资本参股公司应依照《公司法》的规定设立监事会。国有独资企业由履行出资人职责的机构按照国务院的规定委派监事组成监事会。国家出资企业的监事会依照法律、行政法规以及企业章程的规定，对董事、高级管理人员执行职务的行为进行监督，对企业财务进行监督检查。

6.实行民主管理。

国家出资企业依照法律规定，通过职工代表大会或者以其他形式，实行民主管理。

7.管理其所出资企业，维护其出资人权益。

国家出资企业对其所出资企业依法享有资产收益、参与重大决策和选择管理者等出资人权利。国家出资企业对其所出资企业，应当依照法律、行政法规的规定，通过制定或者参与制定所出资企业的章程，建立权责明确、有效制衡的企业内部监督管理和风险控制制度，维护其出资人权益。

三、国家出资企业管理者的选择与考核

（一）国家出资企业管理者的任免或者建议任免权

根据《国有资产法》第二十二条规定，履行出资人职责的机构依照法律、行政法规以及企业章程的规定，任免或者建议任免国家出资企业的下列人员：

（1）任免国有独资企业的经理、副经理、财务负责人和其他高级管理人员；

（2）任免国有独资公司的董事长、副董事长、董事、监事会主席和监事；

（3）向国有资本控股公司、国有资本参股公司的股东会、股东大会提出董事、监事人选。

国家出资企业中应当由职工代表出任的董事、监事，依照有关法律、行政法规的规定由职工民主选举产生。

履行出资人职责的机构对拟任命或者建议任命的董事、监事、高级管理人员的人

选，应当按照规定的条件和程序进行考察。考察合格的，按照规定的权限和程序任命或者建议任命。

（二）国家出资企业管理者的任职条件

根据《国有资产法》第二十三条规定，履行出资人职责的机构任命或者建议任命的董事、监事、高级管理人员，应当具备下列条件：

（1）有良好的品行；

（2）有符合职位要求的专业知识和工作能力；

（3）有能够正常履行职责的身体条件；

（4）法律、行政法规规定的其他条件。

董事、监事、高级管理人员在任职期间出现不符合以上规定情形或者出现《公司法》规定的不得担任公司董事、监事、高级管理人员情形的，履行出资人职责的机构应当依法予以免职或者提出免职建议。

（三）国家出资企业管理者兼职的规制

1.未经履行出资人职责的机构同意，国有独资企业、国有独资公司的董事、高级管理人员不得在其他企业兼职。

2.未经股东会、股东大会同意，国有资本控股公司、国有资本参股公司的董事、高级管理人员不得在经营同类业务的其他企业兼职。

3.未经履行出资人职责的机构同意，国有独资公司的董事长不得兼任经理。

4.未经股东会、股东大会同意，国有资本控股公司的董事长不得兼任经理。

5.董事、高级管理人员不得兼任监事。

（四）国家出资企业管理者的忠实义务和勤勉义务

根据《国有资产法》第二十六条规定，国家出资企业的董事、监事、高级管理人员，应当遵守法律、行政法规以及企业章程，对企业负有忠实义务和勤勉义务，不得利用职权收受贿赂或者取得其他非法收入和不当利益，不得侵占、挪用企业资产，不得超越职权或者违反程序决定企业重大事项，不得有其他侵害国有资产出资人权益的行为。

（五）国家出资企业管理者经营业绩考核及薪酬

1.经营业绩考核制度。

国家建立国家出资企业管理者经营业绩考核制度。履行出资人职责的机构应当对其任命的企业管理者进行年度和任期考核，并依据考核结果决定对企业管理者的奖惩。

2.任期经济责任审计制度。

国有独资企业、国有独资公司和国有资本控股公司的主要负责人，应当接受依法进行的任期经济责任审计。

3.薪酬标准。

履行出资人职责的机构应当按照国家有关规定，确定其任命的国家出资企业管理者的薪酬标准。

课堂讨论 3-1

中航油新加坡公司是中国航空油料集团有限公司的海外控股子公司，经国家有关部门批准，中航油新加坡公司在取得中国航空油料集团有限公司授权后，自2003年开始做油品套期保值业务。在此期间，其总裁陈某擅自扩大业务范围，从事石油衍生品期权交易。陈某和日本三井住友银行、法国兴业银行、英国巴克莱银行、新加坡发展银行和新加坡麦戈利银行等在期货交易场外签订了合同。2004年10月以来，中航油新加坡公司所持石油衍生品盘位已远远超过预期价格。根据其合同，需向交易对方（银行和金融机构）支付保证金。每桶油价每上涨1美元，中航油新加坡公司要向银行支付5 000万美元的保证金，导致中航油新加坡公司现金流枯竭，账面实际损失和潜在损失总计约5.54亿美元。你认为该事件违反了哪些法律规定？

资料来源　根据百度文库——企业国有资产法案例分析相关资料整理。

第四节　关系国有资产出资人权益的重大事项

一、关系国有资产出资人权益的重大事项的一般规定

（一）重大事项的范围

根据《国有资产法》第三十条规定，关系国有资产出资人权益的重大事项可以分为以下4类：

（1）国家出资企业合并、分立、改制、上市，增加或者减少注册资本等关系企业组织形式变更的事项。

（2）发行债券，进行重大投资，为他人提供大额担保，转让重大财产，进行大额捐赠等对企业经营可能产生重大影响的事项。

（3）分配利润等直接关系出资人收益的事项。

（4）解散、申请破产等关系企业存续与否的事项。

（二）重大事项的决定与操作

关系国有资产出资人权益的重大事项的处理，应当遵守法律、行政法规以及企业章程的规定，不得损害出资人和债权人的权益。

1.国有独资企业、国有独资公司有关重大事项的决定。

国有独资企业、国有独资公司合并、分立，增加或者减少注册资本，发行债券，分配利润，以及解散、申请破产，由履行出资人职责的机构决定。其他重大事项属国有独资企业的由企业负责人集体讨论决定，属国有独资公司的由董事会决定。

2.国有资本控股公司、国有资本参股公司有关重大事项的决定。

国有资本控股公司、国有资本参股公司有关重大事项，依照法律、行政法规以及公司章程的规定，由公司股东会、股东大会或者董事会决定。

由股东会、股东大会决定的，履行出资人职责的机构委派的股东代表应当按照委派机构的指示，对公司的重大事项的决定提出提案、发表意见、行使表决权，并将其履行职责的情况和结果及时报告委派机构。

3.重要的国家出资企业的有关重大事项事先报请制度。

重要的国有独资企业、国有独资公司、国有资本控股公司的合并、分立、解散、申请破产以及法律、行政法规和本级人民政府规定应当由履行出资人职责的机构报经本级人民政府批准的重大事项，履行出资人职责的机构在作出决定或者向其委派参加国有资本控股公司股东会会议、股东大会会议的股东代表作出指示前，应当报请本级人民政府批准。

4.国家出资企业发行债券、投资等事项，有关法律、行政法规规定应当报经人民政府或者人民政府有关部门、机构批准、核准或者备案的，依照其规定。国家出资企业投资应当符合国家产业政策，并按照国家规定进行可行性研究。与他人交易应当公平、有偿，取得合理对价。

5.国家出资企业的合并、分立、改制、解散、申请破产等重大事项，应当听取企业工会的意见，并通过职工代表大会或者其他形式听取职工的意见和建议。

二、企业改制

（一）企业改制的类型

企业改制，是指企业经营机制的转变和企业制度的创新，包括企业组织形态的变更。《国有资产法》所称企业改制限定在国家出资企业组织形态的变更，具体包括3种类型：

（1）国有独资企业改为国有独资公司；

（2）国有独资企业、国有独资公司改为国有资本控股公司或者非国有资本控股公司；

（3）国有资本控股公司改为非国有资本控股公司。

（二）企业改制的决定机制

企业改制应当依照法定程序，由履行出资人职责的机构决定或者由公司股东会、股东大会决定。

重要的国有独资企业、国有独资公司、国有资本控股公司的改制，履行出资人职责的机构在作出决定或者向其委派参加国有资本控股公司股东会会议、股东大会会议的股东代表作出指示前，应当将改制方案报请本级人民政府批准。

（三）企业改制方案

企业改制应当制订改制方案。改制方案应当载明：改制后的企业组织形式；企业资产和债权债务处理方案；股权变动方案；改制的操作程序；资产评估和财务审计等中介机构的选聘等事项。

企业改制涉及重新安置企业职工的，还应当制订职工安置方案，并经职工代表大会或者职工大会审议通过。

（四）企业改制中资产价值的确定

国有资产流失既存在着体制型流失，也存在着交易型流失。企业改制必然涉及国有资产的产权交易，为防止国有资产交易型流失，企业改制应当按照规定进行清产核资、财务审计、资产评估，准确界定和核实资产，客观、公正地确定资产的价值。

企业改制涉及以企业的实物、知识产权、土地使用权等非货币财产折算为国有资本出资或者股份的，应当按照规定对折价财产进行评估，以评估确认价格作为确定国有资本出资额或者股份数额的依据。不得将财产低价折股或者有其他损害出资人权益的行为。

三、与关联方的交易

（一）关联方的界定

《国有资产法》所称关联方，是指本企业的董事、监事、高级管理人员及其近亲属，以及这些人员所有或者实际控制的企业。

界定关联方的实质是排除可能导致国家出资企业利益转移的关系，实际上包括两类：一类是国家出资企业的董事、监事、高级管理人员及其近亲属所有的企业，一般应当是控股股东，这类企业比较容易认定。另一类是国家出资企业的董事、监事、高级管理人员及其近亲属实际控制的企业，他们虽然不是名义上的控股股东，却通过投资关系、协议关系或者人事关系实际控制企业，这类企业不容易认定。

（二）禁止关联方利用关联交易谋取不当利益

根据《国有资产法》第四十三条规定，国家出资企业的关联方不得利用与国家出资企业之间的交易，谋取不当利益，损害国家出资企业利益。

《国有资产法》并不禁止国家出资企业与关联方交易，只是禁止损害国家出资企业利益的关联交易，具体包括：

（1）国有独资企业、国有独资公司、国有资本控股公司不得无偿向关联方提供资金、商品、服务或者其他资产。

（2）不得以不公平的价格与关联方进行交易。

（3）未经履行出资人职责的机构同意，国有独资企业、国有独资公司不得有下列行为：①与关联方订立财产转让、借款的协议；②为关联方提供担保；③与关联方共同出资设立企业，或者向董事、监事、高级管理人员或者其近亲属所有或者实际控制的企业投资。

国有资本控股公司、国有资本参股公司与关联方的交易，依照《公司法》和有关行政法规以及公司章程的规定，由公司股东会、股东大会或者董事会决定。由公司股东会、股东大会决定的，履行出资人职责的机构委派的股东代表，应当依照《国有资产法》行使权利。

公司董事会对公司与关联方的交易作出决议时，该交易涉及的董事不得行使表决权，也不得代理其他董事行使表决权。

四、资产评估

（一）应当进行资产评估的情形

国有独资企业、国有独资公司和国有资本控股公司合并、分立、改制，转让重大财产，以非货币财产对外投资，清算或者有法律、行政法规以及企业章程规定应当进行资产评估的其他情形的，应当按照规定对有关资产进行评估。

上述规定应当进行资产评估的情形，都是涉及界定和核实资产、确定资产价值的重大事项。

（二）资产评估机构的委托

国有独资企业、国有独资公司和国有资本控股公司应当委托依法设立的符合条件的资产评估机构进行资产评估。涉及应当报经履行出资人职责的机构决定的事项的，应当将委托资产评估机构的情况向履行出资人职责的机构报告。

国有独资企业、国有独资公司、国有资本控股公司及其董事、监事、高级管理人员应当向资产评估机构如实提供有关情况和资料，不得与资产评估机构串通评估作价。

资产评估机构及其工作人员受托评估有关资产，应当遵守法律、行政法规以及评估执业准则，独立、客观、公正地对受托评估的资产进行评估。资产评估机构应当对其出具的评估报告负责。

五、国有资产转让

（一）国有资产转让的含义

国有资产转让，是指依法将国家对企业的出资所形成的权益转移给其他单位或者个人的行为，按照国家规定无偿划转国有资产的除外。

（二）国有资产转让的原则要求

1.国有资产转让应当有利于国有经济布局和结构的战略性调整，防止国有资产损失，不得损害交易各方的合法权益。

2.国有资产转让由履行出资人职责的机构决定。履行出资人职责的机构决定转让全部国有资产的，或者转让部分国有资产致使国家对该企业不再具有控股地位的，应当报请本级人民政府批准。

3.国有资产转让应当遵循等价有偿和公开、公平、公正的原则。除按照国家规定可以直接协议转让的以外，国有资产转让应当在依法设立的产权交易场所公开进行。转让方应当如实披露有关信息，征集受让方。征集产生的受让方为两个以上的，转让应当采取公开竞价的方式进行。

4.确定最低转让价格。国有资产转让应当以依法评估的、经履行出资人职责的机构认可或者由履行出资人职责的机构报经本级人民政府核准的价格为依据，合理确定最低转让价格。

5.关联方交易的规制。法律、行政法规或者国务院国有资产监督管理机构规定可以向本企业的董事、监事、高级管理人员或者其近亲属，或者这些人员所有或者实际控制的企业转让的国有资产，在转让时，上述人员或者企业参与受让的，应当与其他受让参与者平等竞买。转让方应当按照国家有关规定，如实披露有关信息。相关的董事、监事和高级管理人员不得参与转让方案的制订和组织实施的各项工作。

6.国有资产向境外投资者转让的，应当遵守国家有关规定，不得危害国家安全和社会公共利益。

第五节　国有资产监督与法律责任

一、国有资产监督

各级人民代表大会常务委员会、国务院和各级人民政府、各级预算机关、各级审计机关、社会公众以及会计师事务所等中介机构有权对国有资产实施监督。

（一）各级人民代表大会常务委员会的监督

各级人民代表大会常务委员会通过听取和审议本级人民政府履行出资人职责的情况和国有资产监督管理情况的专项工作报告，组织对《国有资产法》实施情况的执法检查等，依法行使监督职权。

（二）国务院和地方人民政府的监督

国务院和地方人民政府应当对其授权履行出资人职责的机构履行职责的情况进行监督。

（三）预算监督

国家建立健全国有资本经营预算制度，对取得的国有资本收入及其支出实行预算管理。国有资本经营预算是国家加强国有资产管理，防止国有资产流失，保证国有资产保值增值的重要手段。

（四）审计监督

国务院和地方人民政府审计机关依照《中华人民共和国审计法》的规定，对国有资本经营预算的执行情况和属于审计监督对象的国家出资企业进行审计监督。

履行出资人职责的机构根据需要，可以委托会计师事务所对国有独资企业、国有独资公司的年度财务会计报告进行审计，或者通过国有资本控股公司的股东会、股东大会决议，由国有资本控股公司聘请会计师事务所对公司的年度财务会计报告进行审计，维护出资人权益。

（五）社会公众监督

国务院和地方人民政府应当依法向社会公布国有资产状况和国有资产监督管理工作情况，接受社会公众的监督。任何单位和个人有权对造成国有资产损失的行为进行检举和控告。

二、法律责任

（一）履行出资人职责机构有关人员的违法责任

1.履行出资人职责的机构有下列行为之一的，对其直接负责的主管人员和其他直接责任人员依法给予处分：不按照法定的任职条件，任命或者建议任命国家出资企业管理者的；侵占、截留、挪用国家出资企业的资金或者应当上缴的国有资本收入的；违反法定的权限、程序，决定国家出资企业重大事项，造成国有资产损失的；有其他不依法履行出资人职责的行为，造成国有资产损失的。

2.履行出资人职责的机构的工作人员玩忽职守、滥用职权、徇私舞弊，尚不构成犯罪的，依法给予处分。

3.履行出资人职责的机构委派的股东代表未按照委派机构的指示履行职责，造成国有资产损失的，依法承担赔偿责任；属于国家工作人员的，并依法给予处分。

（二）国家出资企业管理者的违法责任

国家出资企业的董事、监事、高级管理人员有下列行为之一，造成国有资产损失的，依法承担赔偿责任，属于国家工作人员的，并依法给予处分：利用职权收受贿赂或者取得其他非法收入和不当利益的；侵占、挪用企业资产的；在企业改制、财产转让等过程中，违反法律、行政法规和公平交易规则，将企业财产低价转让、低价折股的；违反《国有资产法》规定与本企业进行交易的；不如实向资产评估机构、会计师事务所提供有关情况和资料，或者与资产评估机构、会计师事务所串通出具虚假资产评估报告、审计报告的；违反法律、行政法规和企业章程规定的决策程序，决定企业重大事项的；有其他违反法律、行政法规和企业章程执行职务行为的。

国家出资企业的董事、监事、高级管理人员因以上所列行为取得的收入，依法予以追缴或者归国家出资企业所有。

国有独资企业、国有独资公司、国有资本控股公司的董事、监事、高级管理人员违反《国有资产法》规定，造成国有资产重大损失，被免职的，自免职之日起五年内不得担任国有独资企业、国有独资公司、国有资本控股公司的董事、监事、高级管理人员。造成国有资产特别重大损失，或者因贪污、贿赂、侵占财产、挪用财产或者破坏社会主义市场经济秩序被判处刑罚的，终身不得担任国有独资企业、国有独资公司、国有资本控股公司的董事、监事、高级管理人员。

（三）受托中介机构的违法责任

接受委托对国家出资企业进行资产评估、财务审计的资产评估机构、会计师事务所违反法律、行政法规的规定和执业准则，出具虚假的资产评估报告或者审计报告的，依照有关法律、行政法规的规定追究法律责任。

（四）刑事责任

违反《国有资产法》规定，构成犯罪的，依法追究刑事责任。

复习思考题

1.国有资产分为哪几类？企业国有资产属于哪一类？
2.履行出资人职责机构的权利有哪些？
3.履行出资人职责机构的义务有哪些？
4.国家出资企业有哪些类型？
5.国家出资企业管理者的任职条件是什么？
6.关系国有资产出资人权益的重大事项包括哪些？

第四章

公司法

内容提要

本章主要介绍了公司的基本概念，有限责任公司、股份有限公司的基本知识及公司的合并、分立、解散和清算等法律规定的内容；重点阐述了有限责任公司、股份有限公司的设立，股东的权利和义务，公司的组织机构，并对违反《公司法》的法律责任进行了讲解。

导入案例

A国某企业与B国某企业决定共同作为发起人成立股份有限公司。股份有限公司章程规定公司注册资本为人民币5 000万元。A企业以厂房、机器设备和土地使用权出资，评估作价400万元。B企业以原材料出资，经评估作价200万元。另外，B企业还以本厂的商标及专利技术出资，经评估作价1 100万元，该专利技术并非高新技术。公司将以募集方式设立，除了发起人按规定认购的股份以外，其余股份准备向社会公开募集。

思考：

1.发起人是否符合法定人数？

2.公司注册资本是否符合法定最低限额？

3.发起人的出资是否符合法律规定？

4.股份的公开募集是否符合《公司法》的规定？

资料来源　作者根据相关资料整理。

第一节　公司法概述

一、公司的概念与分类

（一）公司的概念

公司，是依照《公司法》在中国境内设立的以营利为目的的企业法人，包括有限责任公司和股份有限公司。其一般具有以下特征：

1.公司是企业法人。

企业法人有别于机关、事业单位和社会团体等非企业法人，也有别于不具备法人资格的个人独资企业、合伙企业等非法人企业，依照《公司法》设立，有独立的法人财产，享有法人财产权，有组织章程、组织机构和场所，以其全部财产对公司的债务承担责任。有限责任公司的股东以其认缴的出资额为限对公司承担责任。股份有限公司的股东以其认购的股份为限对公司承担责任。

2.公司以营利为目的，具有营利性。

公司的营利性是公司区别于非营利性法人组织的重要特征。营利法人的宗旨是获取利润并将利润分配于成员（出资人或股东）；而非营利法人的宗旨是发展公益、慈善、宗教、学术事业，它们即使从事商业活动、赚取利润，也只是以营利为手段，旨在实现与营利无关的目的，而且其营利所得不能直接分配于成员。

3.公司是社团组织，具有社团性。

公司的社团性表现为它通常由两个或两个以上的股东出资组成。股份有限公司具有完全的社团性，其股东为2人以上。有限责任公司同样体现了公司的社团性，只是法律允许存在例外情形。社团性除了含有社员因素外，还含有团体组织性，即不同于单个的个人的特性，而是一个组织体。公司股东依法享有资产收益、参与重大决策和选择管理者等权利。

（二）公司的分类

依照不同的标准，公司可以分为不同的种类：

（1）以股东责任为标准，公司可分为无限责任公司、有限责任公司、两合公司、股份有限公司、股份两合公司。无限责任公司是股东对公司债务负无限连带清偿责任的公司。有限责任公司是股东对公司债务，仅以出资额为限承担有限责任的公司。两合公司是由一个以上的无限责任股东和一个以上的有限责任股东组成的公司。股份有限公司是指将公司的全部资本划分为等额股份，股东按其所认购的股份对公司债务承担责任的公司。股份两合公司是股份有限公司与无限责任公司的组合，无限责任股东对公司债务负无限连带责任，有限责任部分的资本则划分为股份，可以发行股票，其股东仅以其认购的股份对公司债务负责。

（2）以公司信用为标准，公司可分为人合公司、资合公司和人合兼资合公司三种。人合公司是以股东个人信用为基础的公司，无限责任公司是最典型的人合公司。资合公司是以公司资本信用为基础的公司，股份有限公司是最典型的资合公司。人合兼资合公司是指公司的信用基础兼具股东个人信用和公司资本信用两个方面，如有限责任公司。

（3）以公司的行业性质为标准，公司可分为工业公司、商业公司、咨询服务公司、房地产开发公司、物资供销公司、服务公司以及金融和信托投资公司、保险公司、交通运输公司、外贸公司等多种类型。

（4）以公司的国籍为标准，公司可分为本国公司和外国公司。本国公司，即依照本国法律，在本国批准登记设立的公司。凡依照我国公司法规定的条件和程序设立的公司即为我国的本国公司。外国公司，是依照外国法律设立登记的公司。

（5）根据公司在控制与被控制关系中所处地位的差异，公司可分为母公司、子公司。母公司指的是通过掌握其他公司的股份而实际控制其他公司生产经营活动的公司。子公司指的是生产经营活动受母公司影响、控制的公司，是一个独立的法人。

（6）根据公司在管辖与被管辖关系中所处地位的不同，公司可分为总公司与分公司。分公司是总公司的分支机构或附属机构，分公司不具有法人资格，其民事责任由总公司承担。

二、公司的设立

（一）登记

设立公司，应当依法向公司登记机关申请设立登记。符合《公司法》规定的设立条件的，由公司登记机关分别登记为有限责任公司或者股份有限公司。依法设立的有限责任公司，必须在公司名称中标明有限责任公司或者有限公司字样。依法设立的股份有限公司，必须在公司名称中标明股份有限公司或者股份公司字样。

设立公司必须依法制定公司章程。公司章程对公司、股东、董事、监事、高级管理人员具有约束力。

公司的经营范围由公司章程规定，并依法登记。公司可以修改公司章程，改变经营范围，但是应当办理变更登记。公司的经营范围中属于法律、行政法规规定须经批准的项目，应当依法经过批准。

法律、行政法规规定设立公司必须报经批准的，应当在公司登记前依法办理批准手续。

（二）签发营业执照

依法设立的公司，由公司登记机关发给公司营业执照。公司营业执照签发日期为公司成立日期。公司营业执照应当载明公司的名称、住所、注册资本、实收资本、经营范围、法定代表人姓名等事项。公司营业执照记载的事项发生变更的，公司应当依法办理变更登记，由公司登记机关换发营业执照。

公司以其主要办事机构所在地为住所。

公司法定代表人依照公司章程的规定，由董事长、执行董事或者经理担任，并依法登记。公司法定代表人变更，应当办理变更登记。

外国公司在中国境内设立分支机构，必须向中国主管机关提出申请，并提交其公司章程、所属国的公司登记证书等有关文件，经批准后，向公司登记机关依法办理登记，领取营业执照。

三、公司法的概念

公司法，是指调整公司在其设立、组织、管理、变更、解散过程中所发生的社会关系的法律规范的总称。

为了规范公司的组织和行为，保护公司、股东和债权人的合法权益，维护社会经济秩序，促进社会主义市场经济的发展，《公司法》由中华人民共和国第八届全国人民代表大会常务委员会第五次会议于1993年12月29日通过，自1994年7月1日起施行。分别于1999年、2004年、2005年、2013年、2018年多次修正修订。现行版本根据2018年10月26日第十三届全国人民代表大会常务委员会第六次会议《关于修改〈中华人民共和国公司法〉的决定》修正。

第二节　有限责任公司

一、有限责任公司的概念

有限责任公司，也称有限公司，是指依照《公司法》设立的，股东以其出资额为限对公司承担有限责任，公司以其全部资产对其债务承担责任的公司。有限责任公司具有以下特征：

（1）责任的有限性。责任的有限性是有限责任公司的基本特征。“有限责任”包括两层含义：一是股东责任有限，股东以其出资额为限对公司承担有限责任；二是公司责任有限，公司以其全部资产对其债务承担责任。

（2）筹资与经营的封闭性。有限责任公司不发行股票，不向社会公开募集资本，股东人数有法定限制且相对稳定，经营状况不涉及社会公众利益，无须向社会公开其财务状况。

（3）程序的简便性。有限责任公司的设立方式只有发起设立，设立程序因此较为简便。

（4）资合与人合的结合性。有限责任公司是资合公司，同时也具有人合公司的特点。

二、有限责任公司的设立

（一）设立条件

《公司法》第二十三条规定，设立有限责任公司，应当具备下列条件：

（1）股东符合法定人数。有限责任公司由50个以下股东出资设立。

（2）有符合公司章程规定的全体股东认缴的出资额。有限责任公司注册资本为公司在登记机关登记的全体股东认缴的出资额，除了法律、行政法规以及国务院决定对有限责任公司注册资本实缴、注册资本最低限额另有规定的外，《公司法》没有规定有限责任公司的最低注册资本限额和出资期限，一切遵守公司章程的约定。

（3）股东共同制定公司章程。有限责任公司章程应当载明下列事项：①公司名称和住所；②公司经营范围；③公司注册资本；④股东的姓名或者名称；⑤股东的出资方式、出资额和出资时间；⑥公司的机构及其产生办法、职权、议事规则；⑦公司法定代表人；⑧股东会会议认为需要规定的其他事项。股东应当在公司章程上签名、盖章。

（4）有公司名称，建立符合有限责任公司要求的组织机构。

（5）有公司住所。

（二）出资方式

股东可以用货币出资，也可以用实物、知识产权、土地使用权等可以用货币估价并可以依法转让的非货币财产作价出资。但是，法律、行政法规规定不得作为出资的财产除外。

对作为出资的非货币财产应当评估作价，核实财产，不得高估或者低估作价。法律、行政法规对评估作价有规定的，从其规定。

股东应当按期足额缴纳公司章程中规定的各自所认缴的出资额。股东以货币出资的，应当将货币出资足额存入有限责任公司在银行开设的账户。以非货币财产出资的，应当依法办理其财产权的转移手续。股东不按照前款规定缴纳出资的，除应当向公司足额缴纳外，还应当向已按期足额缴纳出资的股东承担违约责任。

股东认足公司章程规定的出资后，由全体股东指定的代表或者共同委托的代理人向公司登记机关报送公司登记申请书、公司章程等文件，申请设立登记。

有限责任公司成立后，发现作为设立公司出资的非货币财产的实际价额显著低于公司章程所定价额的，应当由交付该出资的股东补足其差额。公司设立时的其他股东承担连带责任。

有限责任公司设立后，应当向股东签发出资证明书。

三、有限责任公司的股东

有限责任公司的股东即公司的出资人。除国家有禁止或限制的特别规定外，公民、法人、国家以及外国投资者均可以成为有限责任公司的股东。但当国家成为股东时，应通过国家授权投资的部门或者机构进行。

有限责任公司成立后，有限责任公司应当置备股东名册，记载于股东名册的股东，可以依股东名册主张行使股东权利。

股东有权查阅、复制公司章程、股东会会议记录、董事会会议决议、监事会会议决议和财务会计报告。

股东可以要求查阅公司会计账簿。股东要求查阅公司会计账簿的，应当向公司提出书面请求，说明目的。公司有合理根据认为股东查阅会计账簿有不正当目的，可能损害公司合法利益的，可以拒绝提供查阅，并应当自股东提出书面请求之日起15日内书面答复股东并说明理由。公司拒绝提供查阅的，股东可以请求人民法院要求公司提供查阅。

股东按照实缴的出资比例分取红利。公司新增资本时，股东有权优先按照实缴的出资比例认缴出资。但是，全体股东约定不按照出资比例分取红利或者不按照出资比例优先认缴出资的除外。

公司成立后，股东不得抽逃出资。

四、有限责任公司的组织机构

有限责任公司的组织机构包括股东会、董事会、经理、监事会。其中股东会是公司的最高权力机构，董事会是公司的经营管理执行机构，经理受董事会聘任，负责公司的生产经营管理工作，监事会是公司经营活动的监督机构。

（一）股东会

有限责任公司股东会由全体股东组成。股东会是公司的权力机构，依照公司法行使职权。股东会行使下列职权：

（1）决定公司的经营方针和投资计划。

（2）选举和更换非由职工代表担任的董事、监事，决定有关董事、监事的报酬事项。

（3）审议批准董事会的报告。

（4）审议批准监事会或者监事的报告。

（5）审议批准公司的年度财务预算方案、决算方案。

（6）审议批准公司的利润分配方案和弥补亏损方案。

（7）对公司增加或者减少注册资本作出决议。

（8）对发行公司债券作出决议。

（9）对公司合并、分立、解散、清算或者变更公司形式作出决议。

（10）修改公司章程。

（11）公司章程规定的其他职权。

对前款所列事项股东以书面形式一致表示同意的，可以不召开股东会会议，直接作出决定，并由全体股东在决定文件上签名、盖章。

首次股东会会议由出资最多的股东召集和主持，依照公司法规定行使职权。

股东会会议分为定期会议和临时会议。定期会议应当依照公司章程的规定按时召开。代表1/10以上表决权的股东、1/3以上的董事、监事会或者不设监事会的公司的监事提议召开临时会议的，应当召开临时会议。

有限责任公司设立董事会的，股东会会议由董事会召集，董事长主持。董事长不能履行职务或者不履行职务的，由副董事长主持。副董事长不能履行职务或者不履行职务的，由半数以上董事共同推举1名董事主持。有限责任公司不设董事会的，股东会会议由执行董事召集和主持。董事会或者执行董事不能履行或者不履行召集股东会会议职责的，由监事会或者不设监事会的公司的监事召集和主持。监事会或者监事不召集和主持的，代表1/10以上表决权的股东可以自行召集和主持。

召开股东会会议，应当于会议召开15日前通知全体股东。但是，公司章程另有规定或者全体股东另有约定的除外。

股东会会议由股东按照出资比例行使表决权。但是，公司章程另有规定的除外。

股东会会议作出修改公司章程、增加或者减少注册资本的决议，以及公司合并、分立、解散或者变更公司形式的决议，必须经代表2/3以上表决权的股东通过。

（二）董事会

有限责任公司设董事会，其成员为3～13人，但是公司法另有规定的除外。

两个以上的国有企业或者两个以上的其他国有投资主体投资设立的有限责任公司，其董事会成员中应当有公司职工代表。其他有限责任公司董事会成员中可以有公司职工代表。董事会中的职工代表由公司职工通过职工代表大会、职工大会或者其他形式民主选举产生。

董事会设董事长1人，可以设副董事长。董事长、副董事长的产生办法由公司章程规定。

董事任期由公司章程规定，但每届任期不得超过3年。董事任期届满，连选可以连任。

董事任期届满未及时改选，或者董事在任期内辞职导致董事会成员低于法定人数的，在改选出的董事就任前，原董事仍应当依照法律、行政法规和公司章程的规定，履行董事职务。

董事会对股东会负责，行使下列职权：

（1）召集股东会会议，并向股东会报告工作。

（2）执行股东会的决议。

（3）决定公司的经营计划和投资方案。

（4）制订公司的年度财务预算方案、决算方案。

（5）制订公司的利润分配方案和弥补亏损方案。

（6）制订公司增加或者减少注册资本以及发行公司债券的方案。

（7）制订公司合并、分立、解散或者变更公司形式的方案。

（8）决定公司内部管理机构的设置。

（9）决定聘任或者解聘公司经理及其报酬事项，并根据经理的提名决定聘任或者解聘公司副经理、财务负责人及其报酬事项。

（10）制定公司的基本管理制度。

（11）公司章程规定的其他职权。

董事会会议由董事长召集和主持。董事长不能履行职务或者不履行职务的，由副董事长召集和主持。副董事长不能履行职务或者不履行职务的，由半数以上董事共同推举1名董事召集和主持。

董事会的议事方式和表决程序，除公司法另有规定的外，由公司章程规定。

董事会决议的表决，实行1人1票。

（三）经理

有限责任公司可以设经理，由董事会决定聘任或者解聘。经理对董事会负责，行使下列职权：

（1）主持公司的生产经营管理工作，组织实施董事会决议。

（2）组织实施公司年度经营计划和投资方案。

（3）拟订公司内部管理机构设置方案。

（4）拟定公司的基本管理制度。

（5）制定公司的具体规章。

（6）提请聘任或者解聘公司副经理、财务负责人。

（7）决定聘任或者解聘除应由董事会决定聘任或者解聘以外的负责管理人员。

（8）董事会授予的其他职权。

公司章程对经理职权另有规定的，从其规定。

经理列席董事会会议。

股东人数较少或者规模较小的有限责任公司，可以设1名执行董事，不设董事会。执行董事可以兼任公司经理。执行董事的职权由公司章程规定。

（四）监事会

有限责任公司设监事会，其成员不得少于3人。股东人数较少或者规模较小的有限责任公司，可以设1~2名监事，不设监事会。

监事会应当包括股东代表和适当比例的公司职工代表，其中职工代表的比例不得低于1/3，具体比例由公司章程规定。监事会中的职工代表由公司职工通过职工代表大会、职工大会或者其他形式民主选举产生。

监事会设主席1人，由全体监事过半数选举产生。监事会主席召集和主持监事会会议。监事会主席不能履行职务或者不履行职务的，由半数以上监事共同推举1名监事召集和主持监事会会议。

董事、高级管理人员不得兼任监事。

监事的任期每届为3年。监事任期届满，连选可以连任。

监事任期届满未及时改选，或者监事在任期内辞职导致监事会成员低于法定人数的，在改选出的监事就任前，原监事仍应当依照法律、行政法规和公司章程的规定，履行监事职务。

监事会、不设监事会的公司的监事行使下列职权：

（1）检查公司财务。

（2）对董事、高级管理人员执行公司职务的行为进行监督，对违反法律、行政法规、公司章程或者股东会决议的董事、高级管理人员提出罢免的建议。

（3）当董事、高级管理人员的行为损害公司的利益时，要求董事、高级管理人员予以纠正。

（4）提议召开临时股东会会议，在董事会不履行公司法规定的召集和主持股东会会议职责时召集和主持股东会会议。

（5）向股东会会议提出提案。

（6）依照公司法规定，对董事、高级管理人员提起诉讼。

（7）公司章程规定的其他职权。

监事可以列席董事会会议，并对董事会决议事项提出质询或者建议。监事会、不设监事会的公司的监事发现公司经营情况异常，可以进行调查。必要时，可以聘请会计师事务所等协助其工作，费用由公司承担。

监事会每年度至少召开1次会议，监事可以提议召开临时监事会会议。监事会的议事方式和表决程序，除公司法另有规定的外，由公司章程规定。

监事会决议应当经半数以上监事通过。

五、一人有限责任公司

一人有限责任公司，是指只有一个自然人股东或者一个法人股东的有限责任公司。

一个自然人只能投资设立一个一人有限责任公司。该一人有限责任公司不能投资设立新的一人有限责任公司。一人有限责任公司应当在公司登记中注明自然人独资或者法人独资，并在公司营业执照中载明。一人有限责任公司章程由股东制定。

一人有限责任公司的股东不能证明公司财产独立于股东自己的财产的，应当对公司债务承担连带责任。

六、国有独资公司

国有独资公司，是指国家单独出资、由国务院或者地方人民政府授权本级人民政府国有资产监督管理机构履行出资人职责的有限责任公司。

国有独资公司章程由国有资产监督管理机构制定，或者由董事会制定报国有资产监督管理机构批准。

国有独资公司不设股东会，由国有资产监督管理机构行使股东会职权。国有资产监督管理机构可以授权公司董事会行使股东会的部分职权，决定公司的重大事项，但公司的合并、分立、解散、增加或者减少注册资本和发行公司债券，必须由国有资产监督管理机构决定，其中，重要的国有独资公司合并、分立、解散、申请破产的，应当由国有资产监督管理机构审核后，报本级人民政府批准。

国有独资公司设董事会，董事每届任期不得超过3年。董事会成员中应当有公司职工代表。董事会成员由国有资产监督管理机构委派；但是，董事会成员中的职工代表由公司职工代表大会选举产生。董事会设董事长1人，可以设副董事长。董事长、副董事长由国有资产监督管理机构从董事会成员中指定。

国有独资公司设经理，由董事会聘任或者解聘。

经国有资产监督管理机构同意，董事会成员可以兼任经理。

国有独资公司的董事长、副董事长、董事、高级管理人员，未经国有资产监督管理机构同意，不得在其他有限责任公司、股份有限公司或者其他经济组织兼职。

国有独资公司监事会成员不得少于5人，其中职工代表的比例不得低于1/3，具体比例由公司章程规定。监事会成员由国有资产监督管理机构委派；但是，监事会成员中的职工代表由公司职工代表大会选举产生。监事会主席由国有资产监督管理机构从监事会成员中指定。

七、有限责任公司的股权转让

有限责任公司的股东之间可以相互转让其全部或者部分股权。股东向股东以外的人转让股权，应当经其他股东过半数同意。股东应就其股权转让事项书面通知其他股东征求同意，其他股东自接到书面通知之日起满30日未答复的，视为同意转让。其他股东半数以上不同意转让的，不同意的股东应当购买该转让的股权；不购买的，视为同意转让。经股东同意转让的股权，在同等条件下，其他股东有优先购买权。两个以上股东主张行使优先购买权的，协商确定各自的购买比例；协商不成的，按照转让时各自的出资比例行使优先购买权。

人民法院依照法律规定的强制执行程序转让股东的股权时，应当通知公司及全体股东，其他股东在同等条件下有优先购买权。其他股东自人民法院通知之日起满20日不行使优先购买权的，视为放弃优先购买权。

有下列情形之一的，对股东会决议投反对票的股东可以请求公司按照合理的价格收购其股权：①公司连续5年不向股东分配利润，而公司该5年连续盈利，并且符合《公司法》规定的分配利润条件的；②公司合并、分立、转让主要财产的；③公司章程规定的营业期限届满或者章程规定的其他解散事由出现，股东会会议通过决议修改章程使公司存续的。

自股东会会议决议通过之日起60日内，股东与公司不能达成股权收购协议的，股东可以自股东会会议决议通过之日起90日内向人民法院提起诉讼。

自然人股东死亡后，其合法继承人可以继承股东资格；但是，公司章程另有规定的除外。

第三节 股份有限公司

一、股份有限公司的概念和特征

股份有限公司是指全部资本划分为等额股份，股东以其所持有的股份为限对公司承担责任，公司以其全部资产对公司的债务承担责任的公司。

股份有限公司是典型的资合公司，具有以下特征：

（1）责任的有限性。股份有限公司的股东以其所持有的股份为限对公司承担责任；公司以其全部资产对其债务承担责任。

（2）筹资与经营的公开性。有限责任公司可以向社会公众发行股票，向社会公开募集资本，股东广泛而不确定，经营状况涉及社会公众利益，公司的经营状况和财务状况必须向社会公开。

（3）股份的等额性。股份是构成股份有限公司资本、表示股东权利义务的基本单位。为了便于股份的募集、流通、转让以及股利的分派、表决权的行使，股份有限公司的资本均划分为股份，每股金额相等。

（4）公司的资合性。股份有限公司是典型的资合公司，公司信用基础完全在于资本而不在于股东。

（5）所有权与经营权的分离性。股份有限公司的股东不直接从事公司的经营管理工作，公司资本的支配、运营等权利归属其公司，由专门机构实施管理。

二、股份有限公司的设立

（一）设立条件

《公司法》第七十六条规定，设立股份有限公司，应当具备下列条件：

（1）发起人符合法定人数。设立股份有限公司，应当有2人以上200人以下为发起人，其中须有半数以上的发起人在中国境内有住所。股份有限公司发起人承担公司筹办事务。

（2）有符合公司章程规定的全体发起人认购的股本总额或者募集的实收股本总额。我国法律规定，采取发起设立方式设立股份有限公司的，注册资本为在公司登记机关登记的全体发起人认购的股本总额。在发起人认购的股份缴足前，不得向他人募集股份。采取募集方式设立股份有限公司的，注册资本为在公司登记机关登记的实收股本总额。法律、行政法规以及国务院决定对股份有限公司注册资本实缴、注册资本最低限额另有规定的，从其规定。

（3）股份发行、筹办事项符合法律规定。

（4）发起人制定公司章程，采用募集方式设立的经创立大会通过。股份有限公司章程应当载明下列事项：①公司名称和住所；②公司经营范围；③公司设立方式；④公司股份总数、每股金额和注册资本；⑤发起人的姓名或者名称、认购的股份数、出资方式和出资时间；⑥董事会的组成、职权和议事规则；⑦公司法定代表人；⑧监事会的组成、职权和议事规则；⑨公司利润分配办法；⑩公司的解散事由与清算办法；⑪公司的通知和公告办法；⑫股东大会会议认为需要规定的其他事项。

（5）有公司名称，建立符合股份有限公司要求的组织机构。

（6）有公司住所。

（二）设立方式

股份有限公司的设立，可以采取发起设立或者募集设立的方式。

1.发起设立。

发起设立，是指由发起人认购公司应发行的全部股份而设立公司。采取发起设立方式设立股份有限公司的，发起人应书面认足公司章程规定其认购的股份并缴纳出资。

发起人认足出资后，应当选举董事会和监事会，建立公司的组织机构。

董事会设立后，负责向公司登记机关报送公司章程以及法律、行政法规规定的其他文件，申请设立登记。依法获得营业执照的，公司成立。

2.募集设立。

募集设立，是指由发起人认购公司应发行股份的一部分，其余股份向社会公开募集或者向特定对象募集而设立公司。

以募集设立方式设立股份有限公司的，发起人认购的股份不得少于公司股份总数的35%；但是，法律、行政法规另有规定的，从其规定。

发起人向社会公开募集股份，必须公告招股说明书，并制作认股书。认股人按照所认购股数缴纳股款。

发起人向社会公开募集股份，应当由依法设立的证券公司承销，签订承销协议。

发行股份的股款缴足后，必须经依法设立的验资机构验资并出具证明。发起人应当自股款缴足之日起30日内主持召开公司创立大会。创立大会由发起人、认股人组成。

发行的股份超过招股说明书规定的截止期限尚未募足的，或者发行股份的股款缴足后，发起人在30日内未召开创立大会的，认股人可以按照所缴股款并加算银行同期存款利息，要求发起人返还。

发起人、认股人缴纳股款或者交付抵作股款的出资后，除未按期募足股份、发起人未按期召开创立大会或者创立大会决议不设立公司的情形外，不得抽回其股本。

以募集方式设立股份有限公司公开发行股票的，还应当向公司登记机关报送国务院证券监督管理机构的核准文件。

（三）发起人的责任

1.股份有限公司成立后，发起人未按照公司章程的规定缴足出资的，应当补缴，其他发起人承担连带责任。

2.股份有限公司成立后，发现作为设立公司出资的非货币财产的实际价额显著低于公司章程所定价额的，应当由交付该出资的发起人补足其差额；其他发起人承担连带责任。

3.公司不能成立时，对设立行为所产生的债务和费用负连带责任。

4.公司不能成立时，对认股人已缴纳的股款，负返还股款并加算银行同期存款利息的连带责任。

5.在公司设立过程中，由于发起人的过失致使公司利益受到损害的，应当对公司承担赔偿责任。

三、股东大会

股份有限公司股东大会由全体股东组成。股东大会是公司的权力机构，依照公司法行使职权。

股东大会应当每年召开一次年会。有下列情形之一的，应当在两个月内召开临时股东大会：董事人数不足《公司法》规定人数或者公司章程所定人数的2/3时；公司未弥补的亏损达实收股本总额1/3时；单独或者合计持有公司10%以上股份的股东请求时；董事会认为必要时；监事会提议召开时；公司章程规定的其他情形。

股东大会会议由董事会召集，董事长主持；董事长不能履行职务或者不履行职务的，由副董事长主持；副董事长不能履行职务或者不履行职务的，由半数以上董事共同推举1名董事主持。董事会不能履行或者不履行召集股东大会会议职责的，监事会应当及时召集和主持；监事会不召集和主持的，连续90日以上单独或者合计持有公司10%以上股份的股东可以自行召集和主持。

单独或者合计持有公司3%以上股份的股东，可以在股东大会召开10日前提出临时提案并书面提交董事会；董事会应当在收到提案后2日内通知其他股东，并将该临时提案提交股东大会审议。临时提案的内容应当属于股东大会职权范围，并有明确议题和具体决议事项。

股东出席股东大会会议，所持每一股份有一表决权。但是，公司持有的本公司股份没有表决权。

股东大会作出决议，必须经出席会议的股东所持表决权过半数通过。但是，股东大会作出修改公司章程、增加或者减少注册资本的决议，以及公司合并、分立、解散或者变更公司形式的决议，必须经出席会议的股东所持表决权的2/3以上通过。

公司转让、受让重大资产或者对外提供担保等事项必须经股东大会作出决议的，董事会应当及时召集股东大会会议，由股东大会就上述事项进行表决。

股东大会选举董事、监事，可以依照公司章程的规定或者股东大会的决议，实行累积投票制。累积投票制，是指股东大会选举董事或者监事时，每一股份拥有与应选董事或者监事人数相同的表决权，股东拥有的表决权可以集中使用。

股东可以委托代理人出席股东大会会议，代理人应当向公司提交股东授权委托书，并在授权范围内行使表决权。

四、董事会、经理

股份有限公司设董事会，其成员为5～19人。

董事会成员中可以有公司职工代表。董事会中的职工代表由公司职工通过职工代表大会、职工大会或者其他形式民主选举产生。

《公司法》关于有限责任公司董事任期的规定，适用于股份有限公司董事；关于有限责任公司董事会职权的规定，适用于股份有限公司董事会。

董事会设董事长1人，可以设副董事长。董事长和副董事长由董事会以全体董事的过半数选举产生。

董事长召集和主持董事会会议，检查董事会决议的实施情况。副董事长协助董事长工作，董事长不能履行职务或者不履行职务的，由副董事长履行职务；副董事长不能履行职务或者不履行职务的，由半数以上董事共同推举1名董事履行职务。

董事会每年度至少召开两次会议，每次会议应当于会议召开10日前通知全体董事和监事。

代表1/10以上表决权的股东、1/3以上董事或者监事会，可以提议召开董事会临时会议。董事长应当自接到提议后10日内，召集和主持董事会会议。

董事会会议应有过半数的董事出席方可举行。董事会作出决议，必须经全体董事的过半数通过。董事会决议的表决，实行1人1票。

董事会会议，应由董事本人出席；董事因故不能出席，可以书面委托其他董事代为出席，委托书中应载明授权范围。

董事应当对董事会的决议承担责任。董事会的决议违反法律、行政法规或者公司章程、股东大会决议，致使公司遭受严重损失的，参与决议的董事对公司负赔偿责任。但经证明在表决时曾表明异议并记载于会议记录的，该董事可以免除责任。

股份有限公司设经理，由董事会决定聘任或者解聘。《公司法》关于有限责任公司经理职权的规定，适用于股份有限公司经理。公司董事会可以决定由董事会成员兼任经理。

五、监事会

股份有限公司设监事会，其成员不得少于3人。

监事会应当包括股东代表和适当比例的公司职工代表，其中职工代表的比例不得低于1/3，具体比例由公司章程规定。监事会中的职工代表由公司职工通过职工代表大会、职工大会或者其他形式民主选举产生。

监事会设主席1人，可以设副主席。监事会主席和副主席由全体监事过半数选举产生。监事会主席召集和主持监事会会议；监事会主席不能履行职务或者不履行职务的，由监事会副主席召集和主持监事会会议；监事会副主席不能履行职务或者不履行职务的，由半数以上监事共同推举1名监事召集和主持监事会会议。

董事、高级管理人员不得兼任监事。

《公司法》关于有限责任公司监事任期的规定，适用于股份有限公司监事。关于有限责任公司监事会职权的规定，适用于股份有限公司监事会。

监事会每6个月至少召开1次会议。监事可以提议召开临时监事会会议。监事会决议应当经半数以上监事通过。

六、上市公司组织机构的特别规定

上市公司，是指其股票在证券交易所上市交易的股份有限公司。

上市公司在1年内购买、出售重大资产或者担保金额超过公司资产总额30%的，应当由股东大会作出决议，并经出席会议的股东所持表决权的2/3以上通过。

上市公司设立独立董事，具体办法由国务院规定。

上市公司设董事会秘书，负责公司股东大会和董事会会议的筹备、文件保管以及公司股东资料的管理，办理信息披露事务等事宜。

上市公司董事与董事会会议决议事项所涉及的企业有关联关系的，不得对该项决议行使表决权，也不得代理其他董事行使表决权。该董事会会议由过半数的无关联关系董事出席即可举行，董事会会议所作决议须经无关联关系董事过半数通过。出席董事会的无关联关系董事人数不足3人的，应将该事项提交上市公司股东大会审议。

七、股份有限公司的股份发行和转让

（一）股份

股份有限公司的资本划分为股份，每一股的金额相等。公司的股份采取股票的形式。

股份有限公司的股份，是指均分公司全部资本的、表示股东权利义务的最基本的计算单位。股份具有两种含义：一是指公司资本的组成单位，是公司全部资本划分成的均等份额，全部股份金额的总和即为公司资本总额；二是指股东权利义务产生的根据，股东权利义务的大小取决于其拥有的股份数额。

股票是公司签发的证明股东所持股份的凭证。股份是股票的实质内容，股票是股份的证券形式。

从不同的角度和标准，可对股份进行不同的划分：

依股份所反映的股东权为标准，股份可分为普通股与优先股。普通股是公司发行的无特别权利的股份，这是公司资本构成的基本股份，普通股股利在支付优先股股利之后分配，其股利不固定。优先股是比普通股享有优先权的股份。公司对优先股的股利须按约定的利率支付，不受公司盈利大小的影响，在公司清算时优先股股东先于普通股股东取得公司剩余财产。依股票票面上是否标明股份金额，股份可分为额面股与无额面股。依股票上是否载有股东的姓名，股份可分为记名股与无记名股。公司向发起人、法人发行的股票，应当为记名股票，并应当记载该发起人、法人的名称或者姓名，不得另立户名或者以代表人姓名记名，发行无记名股票的，公司应当记载其股票数量、编号及发行日期。依投资主体不同，股份又可分国家股、法人股、个人股和外资股。

（二）股份发行

股份发行，是指股份有限公司通过法定方式向社会发行公司股份的行为。因为股份必须采取股票的形式，因而股份的发行实际上就是股份有限公司股票的发行。

股份的发行，实行公平、公正的原则，同种类的每一股份应当具有同等权利。同次发行的同种类股票，每股的发行条件和价格应当相同；任何单位或者个人所认购的股份，每股应当支付相同价额。

股票发行价格可以等于票面金额，也可以超过票面金额，但不得低于票面金额。

（三）股份转让

股份转让，即股份所有人依一定程序将股份出让给受让人，受让人因此取得股份并成为公司股东的行为。

股东持有的股份可以依法转让。股东转让其股份，应当在依法设立的证券交易场所进行或者按照国务院规定的其他方式进行。

记名股票，由股东以背书方式或者法律、行政法规规定的其他方式转让；转让后由公司将受让人的姓名或者名称及住所记载于股东名册。无记名股票的转让，由股东将该股票交付给受让人后即发生转让的效力。

发起人持有的本公司股份，自公司成立之日起1年内不得转让。公司公开发行股份前已发行的股份，自公司股票在证券交易所上市交易之日起1年内不得转让。

公司董事、监事、高级管理人员应当向公司申报所持有的本公司的股份及其变动情况，在任职期间每年转让的股份不得超过其所持有本公司股份总数的25%；所持本公司股份自公司股票上市交易之日起1年内不得转让。上述人员离职后半年内，不得转让其所持有的本公司股份。公司章程可以对公司董事、监事、高级管理人员转让其所持有的本公司股份作出其他限制性规定。

公司不得收购本公司股份，但是，有下列情形之一的除外：①减少公司注册资本；②与持有本公司股份的其他公司合并；③将股份用于员工持股计划或者股权激励；④股东因对股东大会作出的公司合并、分立决议持异议，要求公司收购其股份；⑤将股份用于转换上市公司发行的可转换为股票的公司债券；⑥上市公司为维护公司价值及股东权益所必需。

公司因以上第①项、第②项规定的情形收购本公司股份的，应当经股东大会决议；公司因第③项、第⑤项、第⑥项规定的情形收购本公司股份的，可以依照公司章程的规定或者股东大会的授权，经2/3以上董事出席的董事会会议决议。

公司依照规定收购本公司股份后，属于第①项情形的，应当自收购之日起10日内注销；属于第②项、第④项情形的，应当在6个月内转让或者注销；属于第③项、第⑤项、第⑥项情形的，公司合计持有的本公司股份数不得超过本公司已发行股份总额的10%，并应当在3年内转让或者注销。

公司不得接受本公司的股票作为质押权的标的。

上市公司收购本公司股份的，应当依照证券法的规定履行信息披露义务。上市公司因第③项、第⑤项、第⑥项规定的情形收购本公司股份的，应当通过公开的集中交易方式进行。上市公司的股票，依照有关法律、行政法规及证券交易所交易规则上市交易。

上市公司必须依照法律、行政法规的规定，公开其财务状况、经营情况及重大诉讼，在每会计年度内半年公布1次财务会计报告。

第四节　公司董事、监事、高级管理人员的资格和义务

一、公司董事、监事、高级管理人员的资格

根据《公司法》第一百四十六条规定，有下列情形之一的，不得担任公司的董事、监事、高级管理人员：

（1）无民事行为能力或者限制民事行为能力。

（2）因贪污、贿赂、侵占财产、挪用财产或者破坏社会主义市场经济秩序，被判处刑罚，执行期满未逾5年，或者因犯罪被剥夺政治权利，执行期满未逾5年。

（3）担任破产清算的公司、企业的董事或者厂长、经理，对该公司、企业的破产负有个人责任的，自该公司、企业破产清算完结之日起未逾3年。

（4）担任因违法被吊销营业执照、责令关闭的公司、企业的法定代表人，并负有个人责任的，自该公司、企业被吊销营业执照之日起未逾3年。

（5）个人所负数额较大的债务到期未清偿。

公司违反前款规定选举、委派董事、监事或者聘任高级管理人员的，该选举、委派或者聘任无效。董事、监事、高级管理人员在任职期间出现情形（1）的，公司应当解除其职务。

二、公司董事、监事、高级管理人员的义务

董事、监事、高级管理人员应当遵守法律、行政法规和公司章程，对公司负有忠实义务和勤勉义务。董事、监事、高级管理人员不得利用职权收受贿赂或者其他非法收入，不得侵占公司的财产。

董事、高级管理人员不得有下列行为：①挪用公司资金；②将公司资金以其个人名义或者以其他个人名义开立账户存储；③违反公司章程的规定，未经股东会、股东大会或者董事会同意，将公司资金借贷给他人或者以公司财产为他人提供担保；④违反公司章程的规定或者未经股东会、股东大会同意，与本公司订立合同或者进行交易；⑤未经股东会或者股东大会同意，利用职务便利为自己或者他人谋取属于公司的商业机会，自营或者为他人经营与所任职公司同类的业务；⑥接受他人与公司交易的佣金归为己有；⑦擅自披露公司秘密；⑧违反对公司忠实义务的其他行为。

董事、高级管理人员违反以上规定所得的收入应当归公司所有。

董事、监事、高级管理人员执行公司职务时违反法律、行政法规或者公司章程的规定，给公司造成损失的，应当承担赔偿责任。

股东会或者股东大会要求董事、监事、高级管理人员列席会议的，董事、监事、高级管理人员应当列席并接受股东的质询。

董事、高级管理人员应当如实向监事会或者不设监事会的有限责任公司的监事提供有关情况和资料，不得妨碍监事会或者监事行使职权。

董事、高级管理人员有违反《公司法》规定的情形的，有限责任公司的股东、股份有限公司连续180日以上单独或者合计持有公司1%以上股份的股东，可以书面请求监事会或者不设监事会的有限责任公司的监事向人民法院提起诉讼；监事有违反《公司法》规定的情形的，前述股东可以书面请求董事会或者不设董事会的有限责任公司的执行董事向人民法院提起诉讼。监事会、不设监事会的有限责任公司的监事，或者董事会、执行董事收到前款规定的股东书面请求后拒绝提起诉讼，或者自收到请求之日起30日内未提起诉讼，或者情况紧急、不立即提起诉讼将会使公司利益受到难以弥补的损害的，前款规定的股东有权为了公司的利益以自己的名义直接向人民法院提起诉讼。

他人侵犯公司合法权益，给公司造成损失的，股东可以向人民法院提起诉讼。

董事、高级管理人员违反法律、行政法规或者公司章程的规定，损害股东利益的，股东可以向人民法院提起诉讼。

课堂讨论 4-1

2009—2012年，孙某受聘为A服饰有限公司（以下简称A公司）生产部经理，期间孙某向A公司隐瞒其为B服装加工公司（以下简称B公司）法定代表人和主要股东的事实，孙某以A公司名义与B公司签订了多笔加工合同，其中，2010年，A公司向B公司支付了加工款59万余元，B公司获利15万余元。2011年，A公司向B公司支付了加工

款23万余元，B公司获利6万余元。后孙某离职，一个偶然的机会，A公司得知过去孙某为B公司主要股东及法定代表人的事实，决定通过法律手段维权。你认为应如何处理此案？

资料来源 臧小丽. 公司纠纷——公司起诉董事竞业禁止、自我交易［EB/OL］.［2010-09-02］. http://danbao.lawtime.cn/yxqhy/201009026982.html.

第五节 公司债券

一、公司债券的概念

公司为了扩大经营规模，在不增加股权的情况下聚集资金，提高股本创值能力的主要方式，一种是银行贷款，另一种是发行债券。

公司债券，是指公司依照法定程序发行、约定在一定期限还本付息的有价证券。

债券与股票都是有价证券，二者的主要区别是：第一，性质不同。股票表示的是股东权，是股权凭证；债券表示的是债权，是债权凭证。第二，收益不同。股票持有人是从公司利润中分取股息、红利；债券持有人则不论公司是否盈利，都有权依事先约定的利率计取利息。第三，承担的风险不同。债券持有人承担的风险相对于股票持有人要小。第四，对公司经营管理享有的权利不同。债券持有人无权参与公司经营管理；股票持有人则可通过在股东大会上行使表决权参与公司的经营管理。

二、公司债券的发行

公司发行公司债券应当符合《中华人民共和国证券法》（以下简称《证券法》）规定的发行条件。

发行公司债券的申请经国务院授权的部门核准后，应当公告公司债券募集办法。公司债券募集办法中应当载明下列主要事项：公司名称；债券募集资金的用途；债券总额和债券的票面金额；债券利率的确定方式；还本付息的期限和方式；债券担保情况；债券的发行价格、发行的起止日期；公司净资产额；已发行的尚未到期的公司债券总额；公司债券的承销机构。

公司以实物券方式发行公司债券的，必须在债券上载明公司名称、债券票面金额、利率、偿还期限等事项，并由法定代表人签名，公司盖章。

三、公司债券的转让

公司债券，可以为记名债券，也可以为无记名债券。

公司债券可以转让，转让价格由转让人与受让人约定。

公司债券在证券交易所上市交易的，按照证券交易所的交易规则转让。

记名公司债券，由债券持有人以背书方式或者法律、行政法规规定的其他方式转让。转让后由公司将受让人的姓名或者名称及住所记载于公司债券存根簿。无记名公司债券的转让，由债券持有人将该债券交付给受让人后即发生转让的效力。

四、可转换公司债券

上市公司经股东大会决议可以发行可转换为股票的公司债券，并在公司债券募集办法中规定具体的转换办法。上市公司发行可转换为股票的公司债券，应当报国务院证券监督管理机构核准。发行可转换为股票的公司债券，应当在债券上标明“可转换公司债券”字样，并在公司债券存根簿上载明可转换公司债券的数额。发行可转换为股票的公司债券的，公司应当按照其转换办法向债券持有人换发股票，但债券持有人对转换股票或者不转换股票有选择权。

第六节　公司财务、会计

一、公司财务、会计制度

公司应当依照法律、行政法规和国务院财政部门的规定建立本公司的财务、会计制度。

公司应当在每一会计年度终了时编制财务会计报告，并依法经会计师事务所审计。财务会计报告应当依照法律、行政法规和国务院财政部门的规定制作。

有限责任公司应当依照公司章程规定的期限将财务会计报告送交各股东。

股份有限公司的财务会计报告应当在召开股东大会年会的20日前置备于本公司，供股东查阅；公开发行股票的股份有限公司必须公告其财务会计报告。

二、公司税后利润分配

公司分配当年税后利润时，应当提取利润的10%列入公司法定公积金。公司法定公积金累计额为公司注册资本的50%以上的，可以不再提取。公司的法定公积金不足以弥补以前年度亏损的，在提取法定公积金之前，应当先用当年利润弥补亏损。

股份有限公司以超过股票票面金额的发行价格发行股份所得的溢价款以及国务院财政部门规定列入资本公积金的其他收入，应当列为公司资本公积金。

公司的法定公积金用于弥补公司的亏损、扩大公司生产经营或者转为增加公司资本。但是，资本公积金不得用于弥补公司的亏损。

法定公积金转为资本时，所留存的该项公积金不得少于转增前公司注册资本的25%。

公司从税后利润中提取法定公积金后，经股东会或者股东大会决议，还可以从税后利润中提取任意公积金。

公司弥补亏损和提取公积金后所余税后利润，有限责任公司按照实缴的出资比例分配；股份有限公司按照股东持有的股份比例分配，但公司章程规定不按照出资比例或者不按持股比例分配的除外。

股东会、股东大会或者董事会违反前款规定，在公司弥补亏损和提取法定公积金之前向股东分配利润的，股东必须将违反规定分配的利润退还公司。

公司持有的本公司股份不得分配利润。

第七节 公司合并、分立、变更和解散

一、公司合并、分立

公司合并，是指两个以上公司依照法定程序合并为一个公司的法律行为。合并可以采取吸收合并或者新设合并的形式。一个公司吸收其他公司为吸收合并，被吸收的公司解散。两个以上公司合并设立一个新的公司为新设合并，合并各方解散。

公司合并，应当由合并各方签订合并协议，并编制资产负债表及财产清单。公司合并时，合并各方的债权、债务，应当由合并后存续的公司或者新设的公司承继。

公司分立，是指一个公司依照法定程序分立为两个以上公司的法律行为。

公司分立，其财产作相应的分割，并应当编制资产负债表及财产清单。公司分立前的债务由分立后的公司承担连带责任。但是，公司在分立前与债权人就债务清偿达成的书面协议另有约定的除外。

二、公司变更

有限责任公司增加注册资本时，股东认缴新增资本的出资，依照设立有限责任公司缴纳出资的有关规定执行。股份有限公司为增加注册资本发行新股时，股东认购新股，依照设立股份有限公司缴纳股款的有关规定执行。

公司需要减少注册资本时，必须编制资产负债表及财产清单。公司应当自作出减少注册资本决议之日起10日内通知债权人，并于30日内在报纸上公告。债权人自接到通知书之日起30日内，未接到通知书的自公告之日起45日内，有权要求公司清偿债务或者提供相应的担保。

公司合并或者分立，登记事项发生变更的，应当依法向公司登记机关办理变更登记；公司解散的，应当依法办理公司注销登记；设立新公司的，应当依法办理公司设立登记。公司增加或者减少注册资本，应当依法向公司登记机关办理变更登记。

三、公司解散

公司解散是一种丧失法人资格的行为，这种行为的结果是公司丧失了经营活动的能力。公司因下列原因解散：公司章程规定的营业期限届满或者公司章程规定的其他解散事由出现；股东会或者股东大会决议解散；因公司合并或者分立需要解散；依法被吊销营业执照、责令关闭或者被撤销；人民法院依照《公司法》第一百八十二条的规定予以解散：公司经营管理发生严重困难，继续存续会使股东利益受到重大损失，通过其他途径不能解决的，持有公司全部股东表决权10%以上的股东，可以请求人民法院解散

公司。

公司解散应当在解散事由出现之日起15日内成立清算组，开始清算。有限责任公司的清算组由股东组成，股份有限公司的清算组由董事或者股东大会确定的人员组成。逾期不成立清算组进行清算的，债权人可以申请人民法院指定有关人员组成清算组进行清算。人民法院应当受理该申请，并及时组织清算组进行清算。

清算组在清算期间行使下列职权：清理公司财产，分别编制资产负债表和财产清单；通知、公告债权人；处理与清算有关的公司未了结的业务；清缴所欠税款以及清算过程中产生的税款；清理债权、债务；处理公司清偿债务后的剩余财产；代表公司参与民事诉讼活动。

清算组在清理公司财产，编制资产负债表和财产清单后，应当制订清算方案，并报股东会、股东大会或者人民法院确认。

公司财产在分别支付清算费用、职工的工资、社会保险费用和法定补偿金，缴纳所欠税款，清偿公司债务后的剩余财产，有限责任公司按照股东的出资比例分配，股份有限公司按照股东持有的股份比例分配。

清算期间，公司存续，但不得开展与清算无关的经营活动。公司财产在未依照前款规定清偿前，不得分配给股东。

清算组在清理公司财产，编制资产负债表和财产清单后，发现公司财产不足清偿债务的，应当依法向人民法院申请宣告破产。公司经人民法院裁定宣告破产后，清算组应当将清算事务移交给人民法院。

公司清算结束后，清算组应当制作清算报告，报股东会、股东大会或者人民法院确认，并报送公司登记机关，申请注销公司登记，公告公司终止。

公司被依法宣告破产的，依照有关企业破产的法律实施破产清算。

第八节　违反《公司法》的法律责任

公司违反《公司法》规定，虚报注册资本、提交虚假材料或者采取其他欺诈手段隐瞒重要事实取得公司登记的，由公司登记机关责令改正，对虚报注册资本的公司，处以虚报注册资本金额5%以上15%以下的罚款；对提交虚假材料或者采取其他欺诈手段隐瞒重要事实的公司，处以5万元以上50万元以下的罚款；情节严重的，撤销公司登记或者吊销营业执照。

公司的发起人、股东虚假出资，未交付或者未按期交付作为出资的货币或者非货币财产的，由公司登记机关责令改正，处以虚假出资金额5%以上15%以下的罚款。公司的发起人、股东在公司成立后，抽逃其出资的，由公司登记机关责令改正，处以所抽逃出资金额5%以上15%以下的罚款。

公司违反《公司法》规定，在法定的会计账簿以外另立会计账簿的，由县级以上人民政府财政部门责令改正，处以5万元以上50万元以下的罚款。公司在依法向有关主管部门提供的财务会计报告等材料上做虚假记载或者隐瞒重要事实的，由有关主管部门对直接负责的主管人员和其他直接责任人员处以3万元以上30万元以下的罚款。公司不依照《公司法》规定提取法定公积金的，由县级以上人民政府财政部门责令如数补足应当提取的金额，可以对公司处以20万元以下的罚款。

公司在合并、分立、减少注册资本或者进行清算时，不依照《公司法》规定通知或者公告债权人的，由公司登记机关责令改正，对公司处以1万元以上10万元以下的罚款。公司在进行清算时，隐匿财产，对资产负债表或者财产清单作虚假记载或者在未清偿债务前分配公司财产的，由公司登记机关责令改正，对公司处以隐匿财产或者未清偿债务前分配公司财产金额5%以上10%以下的罚款；对直接负责的主管人员和其他直接责任人员处以1万元以上10万元以下的罚款。公司在清算期间开展与清算无关的经营活动的，由公司登记机关予以警告，没收违法所得。清算组不依照《公司法》规定向公司登记机关报送清算报告，或者报送清算报告隐瞒重要事实或者有重大遗漏的，由公司登记机关责令改正。清算组成员利用职权徇私舞弊、谋取非法收入或者侵占公司财产的，由公司登记机关责令退还公司财产，没收违法所得，并可以处以违法所得1倍以上5倍以下的罚款。

承担资产评估、验资或者验证的机构提供虚假材料的，由公司登记机关没收违法所得，处以违法所得1倍以上5倍以下的罚款，并可以由有关主管部门依法责令该机构停业、吊销直接责任人员的资格证书，吊销营业执照。承担资产评估、验资或者验证的机构因过失提供有重大遗漏的报告的，由公司登记机关责令改正，情节较重的，处以所得收入1倍以上5倍以下的罚款，并可以由有关主管部门依法责令该机构停业、吊销直接责任人员的资格证书，吊销营业执照。承担资产评估、验资或者验证的机构因其出具的评估结果、验资或者验证证明不实，给公司债权人造成损失的，除能够证明自己没有过错的以外，在其评估或者证明不实的金额范围内承担赔偿责任。

公司登记机关对不符合《公司法》规定条件的登记申请予以登记，或者对符合《公司法》规定条件的登记申请不予登记的，对直接负责的主管人员和其他直接责任人员，依法给予行政处分。公司登记机关的上级部门强令公司登记机关对不符合《公司法》规定条件的登记申请予以登记，或者对符合《公司法》规定条件的登记申请不予登记，或者对违法登记进行包庇的，对直接负责的主管人员和其他直接责任人员依法给予行政处分。

未依法登记为有限责任公司或者股份有限公司，而冒用有限责任公司或者股份有限公司名义的，或者未依法登记为有限责任公司或者股份有限公司的分公司，而冒用有限责任公司或者股份有限公司的分公司名义的，由公司登记机关责令改正或者予以取缔，可以并处10万元以下的罚款。

公司成立后无正当理由超过6个月未开业的，或者开业后自行停业连续6个月以上的，可以由公司登记机关吊销营业执照。

公司登记事项发生变更时，未依照《公司法》规定办理有关变更登记的，由公司登记机关责令限期登记；逾期不登记的，处以1万元以上10万元以下的罚款。

外国公司违反《公司法》规定，擅自在中国境内设立分支机构的，由公司登记机关责令改正或者关闭，可以并处5万元以上20万元以下的罚款。

利用公司名义从事危害国家安全、社会公共利益的严重违法行为的，吊销营业执照。

公司违反《公司法》规定，应当承担民事赔偿责任和缴纳罚款、罚金的，其财产不足以支付时，先承担民事赔偿责任。

违反《公司法》规定，构成犯罪的，依法追究刑事责任。

复习思考题

1.有限责任公司的主要特征是什么？

2.设立有限责任公司应当具备哪些条件？

3.股份有限公司的主要特征是什么？

4.设立股份有限公司应当具备哪些条件？

5.股票和债券有什么不同？

6.股票上市交易的条件是什么？

第五章

合伙企业法、个人独资企业法

内容提要

本章主要介绍了合伙企业法、个人独资企业法规定的内容；重点阐述了有关普通合伙企业、有限合伙企业、个人独资企业的设立、解散与清算，企业的事务执行，并对合伙企业、个人独资企业相关的权利和义务进行了解释。

导入案例

2018年，赵某、钱某、孙某和李某四人共同出资成立了一个普通合伙企业，主要从事粮油生产、销售，四人共同决定赵某为合伙企业的对外事务执行人，其他三人负责企业的内部生产和管理事务。第二年，钱某未经其他合伙人同意擅自与一个体商户吴某签订了一份菜籽油购销合同，约定一个月内向对方提供600千克菜籽油。后因情势发生变化，无法履行合同。吴某要求赔偿损失。

思考：

1. 钱某与吴某签订的合同是否有效？

2. 应当由谁来赔偿吴某的损失？

第一节　合伙企业法

一、合伙企业法概述

（一）合伙企业的概念

合伙企业，是指自然人、法人和其他组织依法在中国境内设立的普通合伙企业和有限合伙企业。

普通合伙企业由普通合伙人组成，合伙人对合伙企业债务承担无限连带责任。法律对普通合伙人承担责任的形式有特别规定的，从其规定。

有限合伙企业由普通合伙人和有限合伙人组成，普通合伙人对合伙企业债务承担无限连带责任，有限合伙人以其认缴的出资额为限对合伙企业债务承担责任。

国有独资公司、国有企业、上市公司以及公益性的事业单位、社会团体不得成为普通合伙人。

合伙企业具有以下法律特征：

（1）合伙企业为契约式组织，不具备法人资格。

（2）设立合伙企业，全体合伙人必须协商一致、以书面形式订立合伙协议。

（3）合伙企业的生产经营所得和其他所得，由合伙人分别缴纳所得税。

（4）普通合伙人对合伙企业债务承担无限连带责任。

申请设立合伙企业，应当向企业登记机关提交登记申请书、合伙协议书、合伙人身份证明等文件。合伙企业的营业执照签发日期，为合伙企业成立日期。

（二）合伙企业法的概念

合伙企业法，是指调整合伙企业在设立、经营、变更、终止过程中形成的各种社会关系的法律规范的总称。《中华人民共和国合伙企业法》（以下简称《合伙企业法》）于1997年2月23日第八届全国人民代表大会常务委员会第二十四次会议通过，2006年8月27日第十届全国人民代表大会常务委员会第二十三次会议修订，自2007年6月1日起施行。《合伙企业法》的制定与施行对于规范合伙企业的行为，保护合伙企业及其合伙人、债权人的合法权益，维护社会经济秩序，促进社会主义市场经济的发展具有重要意义。

二、普通合伙企业

（一）普通合伙企业的设立

根据《合伙企业法》第十四条规定，设立合伙企业，应当具备下列条件：

（1）有两个以上合伙人。合伙人为自然人的，应当具有完全民事行为能力。

（2）有书面合伙协议。

（3）有合伙人认缴或者实际缴付的出资。

（4）有合伙企业的名称和生产经营场所。

（5）法律、行政法规规定的其他条件。

合伙企业名称中应当标明“普通合伙”字样。

（二）普通合伙人的出资

根据《合伙企业法》第十六条规定，合伙人可以用货币、实物、知识产权、土地使用权或者其他财产权利出资，也可以用劳务出资。

合伙人应当按照合伙协议约定的出资方式、数额和缴付期限，履行出资义务。

（三）合伙协议

设立合伙企业，全体合伙人必须协商一致、以书面形式订立合伙协议。合伙协议应当载明下列事项：

（1）合伙企业的名称和主要经营场所的地点。

（2）合伙目的和合伙经营范围。

（3）合伙人的姓名或者名称、住所。

（4）合伙人的出资方式、数额和缴付期限。

（5）利润分配、亏损分担方式。

（6）合伙事务的执行。

（7）入伙与退伙。

（8）争议解决办法。

（9）合伙企业的解散与清算。

（10）违约责任。

合伙协议经全体合伙人签名、盖章后生效。合伙人按照合伙协议享有权利，履行义务。

（四）合伙企业财产

合伙人的出资、以合伙企业名义取得的收益和依法取得的其他财产，均为合伙企业的财产。合伙人在合伙企业清算前，除法律另有规定外，不得请求分割合伙企业的财产。合伙人在合伙企业清算前私自转移或者处分合伙企业财产的，合伙企业不得以此对抗善意第三人。

除合伙协议另有约定外，合伙人向合伙人以外的人转让其在合伙企业中的全部或者部分财产份额时，须经其他合伙人一致同意。在同等条件下，其他合伙人有优先购买权。合伙人以外的人依法受让合伙人在合伙企业中的财产份额的，经修改合伙协议即成为合伙企业的合伙人，依照《合伙企业法》和修改后的合伙协议享有权利，履行义务。

合伙人以其在合伙企业中的财产份额出质的，须经其他合伙人一致同意。未经其他合伙人一致同意，其行为无效，由此给善意第三人造成损失的，由行为人依法承担赔偿责任。

（五）合伙事务执行

根据《合伙企业法》第二十六条规定，合伙人对执行合伙事务享有同等的权利。

按照合伙协议的约定或者经全体合伙人决定，可以委托一个或者数个合伙人对外代表合伙企业，执行合伙事务，其他合伙人不再执行合伙事务。

由一个或者数个合伙人执行合伙事务的，执行事务合伙人应当定期向其他合伙人报告事务执行情况以及合伙企业的经营和财务状况，其执行合伙事务所产生的收益归合伙企业，所产生的费用和亏损由合伙企业承担。受委托执行合伙事务的合伙人不按照合伙协议或者全体合伙人的决定执行事务的，其他合伙人可以决定撤销该委托。

合伙人对合伙企业有关事项作出决议，按照合伙协议约定的表决办法办理。合伙协议未约定或者约定不明确的，实行合伙人一人一票并经全体合伙人过半数通过的表决办法。除合伙协议另有约定外，合伙企业的下列事项应当经全体合伙人一致同意：改变合伙企业的名称；改变合伙企业的经营范围、主要经营场所的地点；处分合伙企业的不动产；转让或者处分合伙企业的知识产权和其他财产权利；以合伙企业名义为他人提供担保；聘任合伙人以外的人担任合伙企业的经营管理人员。

（六）竞业禁止

合伙人不得自营或者同他人合作经营与本合伙企业相竞争的业务。除合伙协议另有约定或者经全体合伙人一致同意外，合伙人不得同本合伙企业进行交易。合伙人不得从事损害本合伙企业利益的活动。

（七）利润分配、亏损分担

合伙企业的利润分配、亏损分担，按照合伙协议的约定办理；合伙协议未约定或者约定不明确的，由合伙人协商决定；协商不成的，由合伙人按照实缴出资比例分配、分担；无法确定出资比例的，由合伙人平均分配、分担。合伙协议不得约定将全部利润分配给部分合伙人或者由部分合伙人承担全部亏损。

（八）合伙企业与第三人关系

合伙企业对合伙人执行合伙事务以及对外代表合伙企业权利的限制，不得对抗善意第三人。合伙企业对其债务，应先以其全部财产进行清偿。合伙企业不能清偿到期债务的，合伙人承担无限连带责任。合伙人由于承担无限连带责任，清偿数额超过其亏损分担比例的，有权向其他合伙人追偿。

合伙人发生与合伙企业无关的债务，相关债权人不得以其债权抵消其对合伙企业的债务，也不得代位行使合伙人在合伙企业中的权利。合伙人的自有财产不足清偿其与合伙企业无关的债务的，该合伙人可以以其从合伙企业中分取的收益用于清偿；债权人也可以依法请求人民法院强制执行该合伙人在合伙企业中的财产份额用于清偿。人民法院强制执行合伙人的财产份额时，应当通知全体合伙人，其他合伙人有优先购买权；其他合伙人未购买，又不同意将该财产份额转让给他人的，依照本法的规定为该合伙人办理退伙结算，或者办理削减该合伙人相应财产份额的结算。

（九）入伙、退伙

1.入伙。

新合伙人入伙，除合伙协议另有约定外，应当经全体合伙人一致同意，并依法订立书面入伙协议。订立入伙协议时，原合伙人应当向新合伙人如实告知原合伙企业的经营状况和财务状况。入伙的新合伙人与原合伙人享有同等权利，承担同等责任。入伙协议另有约定的，从其约定。新合伙人对入伙前合伙企业的债务承担无限连带责任。

2.退伙。

合伙协议约定合伙期限的，在合伙企业存续期间，有下列情形之一的，合伙人可以退伙：合伙协议约定的退伙事由出现；经全体合伙人一致同意；发生合伙人难以继续参加合伙的事由；其他合伙人严重违反合伙协议约定的义务。

合伙协议未约定合伙期限的，合伙人在不给合伙企业事务执行造成不利影响的情况下，可以退伙，但应当提前30日通知其他合伙人。

合伙人违反以上规定退伙的，应当赔偿由此给合伙企业造成的损失。

合伙人有下列情形之一的，当然退伙：作为合伙人的自然人死亡或者被依法宣告死亡；个人丧失偿债能力；作为合伙人的法人或者其他组织依法被吊销营业执照、责令关闭、撤销，或者被宣告破产；法律规定或者合伙协议约定合伙人必须具有相关资格而丧失该资格；合伙人在合伙企业中的全部财产份额被人民法院强制执行。

合伙人有下列情形之一的，经其他合伙人一致同意，可以决议将其除名：未履行出资义务；因故意或者重大过失给合伙企业造成损失；执行合伙事务时有不正当行为；发生合伙协议约定的事由。对合伙人的除名决议应当书面通知被除名人；被除名人接到除名通知之日，除名生效，被除名人退伙。

合伙人死亡或者被依法宣告死亡的，对该合伙人在合伙企业中的财产份额享有合法继承权的继承人，按照合伙协议的约定或者经全体合伙人一致同意，从继承开始之日起，取得该合伙企业的合伙人资格。

有下列情形之一的，合伙企业应当向合伙人的继承人退还被继承合伙人的财产份额：继承人不愿意成为合伙人；法律规定或者合伙协议约定合伙人必须具有相关资格，而该继承人未取得该资格；合伙协议约定不能成为合伙人的其他情形。

合伙人退伙，其他合伙人应当与该退伙人按照退伙时的合伙企业财产状况进行结算，退还退伙人的财产份额。退伙人对给合伙企业造成的损失负有赔偿责任的，相应扣减其应当赔偿的数额。退伙人对基于其退伙前的原因发生的合伙企业债务，承担无限连带责任。

（十）特殊的普通合伙企业

以专业知识和专门技能为客户提供有偿服务的专业服务机构，可以设立为特殊的普通合伙企业。特殊的普通合伙企业名称中应当标明“特殊普通合伙”字样。

三、有限合伙企业

（一）有限合伙企业的设立

有限合伙企业由2个以上50个以下合伙人设立；有限合伙企业至少应当有1个普通合伙人。有限合伙企业名称中应当标明“有限合伙”字样。

（二）有限合伙协议

有限合伙协议除符合有关合伙协议的规定外，还应当载明下列事项：

（1）普通合伙人和有限合伙人的姓名或者名称、住所。

（2）执行事务合伙人应具备的条件和选择程序。

（3）执行事务合伙人权限与违约处理办法。

（4）执行事务合伙人的除名条件和更换程序。

（5）有限合伙人入伙、退伙的条件、程序以及相关责任。

（6）有限合伙人和普通合伙人相互转变程序。

（三）有限合伙企业的出资

有限合伙人可以用货币、实物、知识产权、土地使用权或者其他财产权利作价出资。有限合伙人不得以劳务出资。

（四）有限合伙企业事务

有限合伙企业由普通合伙人执行合伙事务。有限合伙人不执行合伙事务，不得对外代表有限合伙企业。

有限合伙人可以同本有限合伙企业进行交易，有限合伙人也可以自营或者同他人合作经营与本有限合伙企业相竞争的业务，但合伙协议另有约定的除外。

（五）入伙、退伙

新入伙的有限合伙人对入伙前有限合伙企业的债务，以其认缴的出资额为限承担责任。

有限合伙人有下列情形之一的，当然退伙：作为合伙人的自然人死亡或者被依法宣告死亡；作为合伙人的法人或者其他组织依法被吊销营业执照、责令关闭、撤销，或者被宣告破产；法律规定或者合伙协议约定合伙人必须具有相关资格而丧失该资格；合伙人在合伙企业中的全部财产份额被人民法院强制执行。

有限合伙人退伙后，对基于其退伙前的原因发生的有限合伙企业债务，以其退伙时从有限合伙企业中取回的财产承担责任。

除合伙协议另有约定外，普通合伙人转变为有限合伙人，或者有限合伙人转变为普通合伙人，应当经全体合伙人一致同意。有限合伙人转变为普通合伙人的，对其作为有限合伙人期间有限合伙企业发生的债务承担无限连带责任。普通合伙人转变为有限合伙人的，对其作为普通合伙人期间合伙企业发生的债务承担无限连带责任。

有限合伙企业仅剩有限合伙人的，应当解散；有限合伙企业仅剩普通合伙人的，转为普通合伙企业。

四、合伙企业解散、清算

根据《合伙企业法》第八十五条规定，合伙企业有下列情形之一的，应当解散：

（1）合伙期限届满，合伙人决定不再经营。

（2）合伙协议约定的解散事由出现。

（3）全体合伙人决定解散。

（4）合伙人已不具备法定人数满30天。

（5）合伙协议约定的合伙目的已经实现或者无法实现。

（6）依法被吊销营业执照、责令关闭或者被撤销。

（7）法律、行政法规规定的其他原因。

合伙企业解散，应当由清算人进行清算。清算人由全体合伙人担任。经全体合伙人过半数同意，可以自合伙企业解散事由出现后15日内指定一个或者数个合伙人，或者委托第三人，担任清算人。自合伙企业解散事由出现之日起15日内未确定清算人的，合伙人或者其他利害关系人可以申请人民法院指定清算人。

合伙企业注销后，原普通合伙人对合伙企业存续期间的债务仍应承担无限连带责任。合伙企业不能清偿到期债务的，债权人可以依法向人民法院提出破产清算申请，也可以要求普通合伙人清偿。合伙企业依法被宣告破产的，普通合伙人对合伙企业债务仍应承担无限连带责任。

课堂讨论5-1

郑某、王某、蒋某三人于2017年达成协议，集资70万元共同开设一家超市，其中郑某出资20万元，王某出资20万元，蒋某出资30万元。三方在当月交清全部投资并经核准登记领取营业执照。2018年郑某个人贷款从事鲜活商品贩卖，但经营不善，亏欠渔场20万元。2019年，郑某私自与陈某商量把自己在超市中的20万元财产份额转让给陈某，但王某、蒋某不同意。在王某、蒋某不同意的情况下，郑某私自取走了自己出资的20万元。当年年终结算该合伙超市共亏损60万元，合伙难以维持，决定散伙。王某、蒋某要求郑某分摊超市亏损，郑某以自己已退伙，应由陈某分摊为由拒绝分摊。你认为应当如何处理此案?

资料来源　根据法律快车网资料整理。

第二节　个人独资企业法

一、个人独资企业法概述

（一）个人独资企业的概念

个人独资企业，是指依照个人独资企业法在中国境内设立，由一个自然人投资，财产为投资人个人所有，投资人以其个人财产对企业债务承担无限责任的经营实体。其具有以下特征：

（1）个人独资企业由一个自然人投资，有别于合伙和公司的多元投资主体。

（2）个人独资企业的财产为投资者个人所有，不同于合伙企业的财产按份共有，也没有公司股东的财产与公司的财产严格的界限。

（3）个人独资企业的投资人以其个人财产对企业债务承担无限责任。

（二）个人独资企业法的概念

个人独资企业法，是指国家在管理个人独资企业以及个人独资企业在生产经营中形成的各种经济关系的法律规范的总称。《中华人民共和国个人独资企业法》（以下简称《个人独资企业法》）于1999年8月30日在第九届全国人民代表大会常务委员会第十一次会议上通过，自2000年1月1日起施行。《个人独资企业法》的制定与施行，对规范个人独资企业的行为，保护个人独资企业投资人和债权人的合法权益，维护社会经济秩序，促进社会主义市场经济的发展具有重要意义。

二、个人独资企业的设立、解散和清算

（一）个人独资企业设立的条件

根据《个人独资企业法》第八条规定，设立个人独资企业应当具备下列条件：投资人为一个自然人；有合法的企业名称；有投资人申报的出资；有固定的生产经营场所和必要的生产经营条件；有必要的从业人员。

（二）个人独资企业设立的程序

申请设立个人独资企业，应当由投资人或者其委托的代理人向个人独资企业所在地的登记机关提交设立申请书、投资人身份证明、生产经营场所使用证明等文件。委托代理人申请设立登记时，应当出具投资人的委托书和代理人的合法证明。

个人独资企业设立申请书应当载明下列事项：企业的名称和住所；投资人的姓名和居所；投资人的出资额和出资方式；经营范围。

个人独资企业的名称应当与其责任形式及从事的营业相符合。

个人独资企业不得从事法律、行政法规禁止经营的业务；从事法律、行政法规规定须报经有关部门审批的业务，应当在申请设立登记时提交有关部门的批准文件。

登记机关应当在收到设立申请文件之日起15日内，作出核准登记或不予登记的决定。予以核准登记的发给营业执照。不予登记的，给予书面答复，说明理由。在领取个人独资企业营业执照前，投资者不得以个人独资企业名义从事经营活动。

个人独资企业存续期间登记事项发生变更的，应当在作出变更决定之日起的15日内依法向登记机关申请办理变更登记。

（三）个人独资企业的解散和清算

根据《个人独资企业法》第二十六条规定，个人独资企业有下列情形之一时，应当解散：投资人决定解散；投资人死亡或者被宣告死亡，无继承人或者继承人决定放弃继承；被依法吊销营业执照；法律、行政法规规定的其他情形。

个人独资企业解散，由投资人自行清算或者由债权人申请人民法院指定清算人进行清算。投资人自行清算的，应当在清算前15日内书面通知债权人，无法通知的，应当予以公告。债权人应当在接到通知之日起30日内，未接到通知的应当在公告之日起60日内，向投资人申报其债权。

个人独资企业的投资人对企业债务承担无限责任，个人独资企业解散后，原投资人对个人独资企业存续期间的债务仍承担偿还责任，但债权人在5年内未向债务人提出偿债要求的，该责任消灭。个人独资企业财产不足以清偿债务的，投资人应当以其个人的其他财产予以清偿。

根据《个人独资企业法》第二十九条规定，个人独资企业解散的，财产应当按照下列顺序清偿：所欠职工工资和社会保险费用→所欠税款→其他债务。

清算期间，个人独资企业不得开展与清算目的无关的经营活动。在清偿债务前，投资人不得转移、隐匿财产。

个人独资企业清算结束后，投资人或者人民法院指定的清算人应当编制清算报告，并于15日内到登记机关办理注销手续。

课堂讨论 5-2

魏某投资30万元开办一家个人独资企业，因经营不善，亏损严重，欠供应商货款50万元，后企业解散，清偿后企业资产抵偿债务15万元，尚欠供应商35万元。魏某以企业破产为由拒不还款，供应商诉至法院。你认为魏某是否应继续偿还欠款？应如何偿还？

资料来源　根据百度文库相关资料整理。

三、个人独资企业的投资人及事务管理

（一）个人独资企业投资人

个人独资企业投资人，是指投资设立个人独资企业，负责或者委托他人负责独资企业经营事务的自然人，是个人独资企业的投资主体。

根据《个人独资企业法》第十六条规定，法律、行政法规禁止从事营利性活动的人，不得作为投资人申请设立个人独资企业。目前我国法律法规禁止从事营利活动的人主要包括不具有行为能力的人、国家公务员、警官、法官、检察官、商业银行的工作人员等。

（二）个人独资企业投资人的财产

个人独资企业投资人对本企业财产依法享有所有权，其有关权利可以依法进行转让或者继承。

个人独资企业投资人在申请企业设立登记时明确以其家庭共有财产作为个人出资的，应当依法以家庭共有财产对企业债务承担无限责任。

（三）个人独资企业事务

根据《个人独资企业法》第十九条规定，个人独资企业投资人可以自行管理企业事务，也可以委托或者聘用其他具有民事行为能力的人负责企业的事务管理。

投资人委托或者聘用他人管理个人投资企业事务，应当与受托人或者被聘用的人签订书面合同，明确委托的具体内容和授予的权利范围。受托人或者被聘用的人员应当履行诚信、勤勉的义务，按照与投资人签订的合同负责个人独资企业的事务管理，不得有下列行为：利用职务上的便利，索取或者收受贿赂；利用职务或者工作上的便利侵占企业财产；挪用企业的资金归个人使用或者借贷给他人；擅自将企业资金以个人名义或者以他人名义开立账户储存；擅自以企业财产提供担保；未经投资人同意，从事与本企业相竞争的业务；未经投资人同意，同本企业订立合同或者进行交易；未经投资人同意，擅自将企业商标或者其他知识产权转让给他人使用；泄露本企业的商业秘密；法律、行政法规禁止的其他行为。

投资人对受托人或者被聘用的人员职权的限制，不得对抗善意第三人。所谓第三人，是指投资人与受托人以外与个人独资企业发生各种业务关系的人，因独立于投资人与受托人以外，故称第三人。所谓善意第三人，相对于恶意而言，指第三人在与个人独资企业的交易中，没有从事与委托人或者受托人串通损害受托人或者委托人利益的行为。投资人委托管理人执行企业事务，对执行人的职权限制不得对抗善意第三人，如果管理事务人违反委托、越权管理事务、与不知情的第三人发生业务联系时，投资人及其企业不得以此为由拒绝承担由此产生的后果。当然，投资人及其企业由此造成的损失，可以要求管理人承担。

复习思考题

1.什么是合伙企业？其法律特征是什么？

2.设立合伙企业应当具备哪些条件？

3.合伙企业的事务是如何执行的？

4.合伙企业在什么情形下可以解散？

5.什么是个人独资企业？其法律特征是什么？

6.个人独资企业的投资人如何清偿债务？

第六章

外商投资法

内容提要

本章主要介绍了外商投资、外商投资法的概念以及外商投资立法的原则；重点阐述了外商投资促进制度、外商投资保护制度、外商投资管理制度，并对违反外商投资法的法律责任进行了释义。

导入案例

2018年，中国A影业邀请好莱坞演员M.R合作拍摄了两部电影之后，M.R看到中国电影市场发展迅猛，十分看好中国电影市场，于是便以M.R演艺工作室（个体）的名义投资了A影业，A影业与M.R演艺工作室（个体）签下战略合作协议，M.R演艺工作室（个体）投资1.5亿美元，收购A影业5%股份，M.R演艺工作室（个体）及其旗下艺人参与A影业电影制作、欧美市场宣传发行等项目。

思考：A影业与M.R演艺工作室（个体）签订战略合作协议是否有效？

第一节　外商投资法概述

一、外商投资的概念

外商投资，是指外国的自然人、企业或者其他组织（以下称外国投资者）直接或者间接在中国境内进行的投资活动，包括下列情形：

（1）外国投资者单独或者与其他投资者共同在中国境内设立外商投资企业；

（2）外国投资者取得中国境内企业的股份、股权、财产份额或者其他类似权益；

（3）外国投资者单独或者与其他投资者共同在中国境内投资新建项目；

（4）法律、行政法规或者国务院规定的其他方式的投资。

外商投资企业，是指全部或者部分由外国投资者投资，依照中国法律在中国境内经登记注册设立的企业。

二、外商投资法的概念

外商投资法，是指国家调整有关外商投资准入、促进、保护、管理等活动的法律规范的总称。

外商投资法是新时代国家关于外商投资活动全面的、基本的法律规范，确立了有关外商投资的概念、基本形式、法律原则、投资促进、投资保护、投资管理等方面的基本框架、基本规则、基本规范，是一部外资领域新的基础性法律，为进一步扩大对外开放、积极促进外商投资、保护外商投资合法权益、规范外商投资管理提供了更加有力的制度保障。

中国改革开放以来的第一部外商投资立法是1979年7月制定的《中华人民共和国中外合资经营企业法》（以下简称《中外合资经营企业法》），标志着中国打开大门引进外资、实行对外开放，具有重大政治和法律意义。1986年和1988年，又先后制定了《中华人民共和国外资企业法》（以下简称《外资企业法》）和《中华人民共和国中外合作经营企业法》（以下简称《中外合作经营企业法》）。上述“外资三法”，为外商投资企业在我国发展创造了良好的法治环境，对推动改革开放伟大历史进程发挥了重要作用。但在新的形势下，“外资三法”已难以适应新时代改革开放实践的需要。“外资三法”主要规范外商投资企业的组织形式、组织机构和生产经营活动准则，随着社会主义市场经济体制和中国特色社会主义法律体系的建立和不断完善，“外资三法”的相关规范已逐步为公司法、合伙企业法、民法总则、物权法、合同法等市场主体和市场交易方面的法律所涵盖；同时，新形势下全面加强对外商投资的促进和保护、进一步规范外商投资管理的要求，也大大超出了“外资三法”的调整范围。

为了进一步扩大对外开放，积极促进外商投资，保护外商投资合法权益，规范外商投资管理，推动形成全面开放新格局，促进社会主义市场经济健康发展，2019年3月15日，第十三届全国人民代表大会第二次会议通过了《中华人民共和国外商投资法》（以下简称《外商投资法》），自2020年1月1日起施行。《中外合资经营企业法》《外资企业法》《中外合作经营企业法》同时废止。

三、外商投资立法的原则

（一）坚持对外开放，促进外国投资

《外商投资法》第三条规定，国家坚持对外开放的基本国策，鼓励外国投资者依法在中国境内投资。国家实行高水平投资自由化便利化政策，建立和完善外商投资促进机制，营造稳定、透明、可预期和公平竞争的市场环境。

《外商投资法》坚持积极扩大对外开放和促进外商投资的主基调，就是要在新的历史条件下通过国家立法表明将改革开放进行到底的决心和意志，展现新时代中国积极的对外开放姿态，顺应时代发展潮流，体现推动新一轮高水平对外开放、营造国际一流营商环境的精神和要求，使这部法律成为一部外商投资的促进法、保护法。

（二）实行准入前国民待遇加负面清单管理制度

准入前国民待遇，是指在投资准入阶段给予外国投资者及其投资不低于本国投资者及其投资的待遇。

负面清单，是指国家规定在特定领域对外商投资实施的准入特别管理措施。负面清单由国务院发布或者批准发布。

准入负面清单将区分禁止外商投资领域和限制外商投资领域，其中禁止投资领域，外国投资者不得投资；限制投资领域，外国投资者进行投资应当符合负面清单规定的条件；外商投资准入负面清单以外的领域，按照内外资一致的原则实施管理，也就是给予国民待遇。

“外资三法”确立的是“一事一批”“层层审批”的投资规定和外商投资准入产业指导目录“正面清单”。虽然在自由贸易试验区内暂时调整“外资三法”关于外商投资企业审批的规定和试行准入前国民待遇加负面清单，但是仍有内外资差别待遇，外资企业“超国民待遇”等问题。《外商投资法》正式实施后，根据其第四条的规定，国家对外商投资实行准入前国民待遇加负面清单管理制度。至此，“外资三法”时代的逐案审批制被取代。对于禁止和限制外国投资者投资的领域，将以清单方式明确列出，清单之外充分开放，中外投资企业将享有同等待遇。同时，由于金融行业的特殊性，明确金融行业外资的进入另有规定，这也符合当前实践中的做法。

负面清单制度的实施，为外商投资企业提供了一个更熟悉、更透明、更便利、更可控的规则，并明确外商投资准入负面清单以外的领域，按照内外资一致的原则实施管理，明确了中国政府对市场开放的承诺。2019年版的外商投资准入负面清单只有40条，比2018年版的负面清单缩减了8条，比2017年版的负面清单缩减了23条，可见，对于外资准入的限制已经大幅缩减，预计负面清单范围随着未来市场开放程度的提高将会进一步缩小。

（三）体现内外资一致

《外商投资法》规定，国家对负面清单之外的外商投资，给予国民待遇。国家对内资和外资的监督管理，适用相同的法律制度和规则，并按照市场化、法治化、国际化的改革方向，在行政审批改革、加强产权平等保护等方面进一步完善相关法律制度，努力打造内外资公平竞争的市场环境，依靠改善投资环境吸引更多外商投资。

中华人民共和国缔结或者参加的国际条约、协定对外国投资者准入待遇有更优惠规定的，可以按照相关规定执行。这一规定注意与国际通行的投资规则、营商环境相衔接，努力构建既符合我国基本国情和实际又顺应国际通行规则、惯常做法的外商投资法律制度。

（四）保护外商投资者合法权益

《外商投资法》第五条规定，国家依法保护外国投资者在中国境内的投资、收益和其他合法权益。

《外商投资法》强调对外国投资者和外商投资企业知识产权、商业秘密、合同等的保护，并建立外商投资企业投诉机制。要求国务院商务主管部门、投资主管部门按照职责分工，开展外商投资促进、保护和管理工作，国务院其他有关部门在各自职责范围内，负责外商投资促进、保护和管理的相关工作，县级以上地方人民政府有关部门依照法律法规和本级人民政府确定的职责分工，开展外商投资促进、保护和管理工作。

《外商投资法》同时强调，在中国境内进行投资活动的外国投资者、外商投资企业，应当遵守中国法律法规，不得危害中国国家安全、损害社会公共利益。

第二节 投资促进

为了积极促进外商投资，国家坚持对外开放的基本国策，鼓励外国投资者依法在中国境内投资，国家实行高水平投资自由化便利化政策，建立和完善外商投资促进机制，努力营造稳定、透明、可预期和公平竞争的市场环境。

一、提高外商投资政策法规的透明度

《外商投资法》第十条规定，制定与外商投资有关的法律、法规、规章，应当采取适当方式征求外商投资企业的意见和建议。与外商投资有关的规范性文件、裁判文书等，应当依法及时公布。这一规定提高了外国投资者对我国外商投资政策法规制定的参与度和透明度，有利于提升外国投资者在中国境内投资的信心，积极促进外国投资者直接或者间接在中国境内进行的投资活动。

二、国家保障外商投资企业平等参与市场竞争

外资企业对中国市场的关注，除了市场准入之外，最关心的就是进入中国市场之后的公平竞争问题。《外商投资法》第九条、第十五条、第十六条、第十七条等都体现了外商投资企业平等参与、内外资规则一致的原则。

（一）外商投资企业依法平等适用国家支持企业发展的各项政策

为促进经济发展、支持战略性新兴产业、推进企业技术创新、扶持中小企业，国家和地方政府对企业发展的支持政策种类越来越多，惠及越来越广，包括资金扶持、税费减免优惠、政策性补贴、资质认证等多种方式，而且政策的优惠力度也在不断加大。依照《外商投资法》规定，在中国境内设立的外商投资企业，可以与内资企业一样平等享受国家支持企业发展的各项政策。

该条规定旨在保障外商投资企业平等参与市场竞争，贯彻内外资规则一致的精神。通过立法保护外商投资企业准入后可以同等享受政府支持政策，将增强中国市场对外资的吸引力，促使外商投资企业深度本地化，在当前的背景下，是非常具有针对性的规定。

（二）国家保障外商投资企业依法平等参与标准制定工作

依照《中华人民共和国标准化法》规定，标准包括国家标准、行业标准、地方标准和团体标准、企业标准。国家标准分为强制性标准、推荐性标准。行业标准、地方标准是推荐性标准。强制性标准必须执行，国家制定的强制性标准平等适用于外商投资企

业。国家鼓励采用推荐性标准。

国家标准在中国由国务院标准化行政主管部门制定，行业标准由国务院有关行政主管部门制定，企业生产的产品没有国家标准和行业标准的，应当制定企业标准，作为组织生产的依据，并报有关部门备案。

依照《外商投资法》规定，国家保障外商投资企业依法平等参与标准制定工作，强制性标准文本应当免费向社会公开，县级以上人民政府标准化行政主管部门、有关行政主管部门依据法定职责，对标准的制定进行指导和监督，对标准的实施进行监督检查，强化标准制定的信息公开和社会监督。

（三）国家保障外商投资企业依法通过公平竞争参与政府采购活动

政府采购依法对外商投资企业在中国境内生产的产品、提供的服务平等对待。

政府采购是指各级政府为了开展日常政务活动或为公众提供服务，在财政的监督下，以法定的方式、方法和程序，通过公开招标、公平竞争，由财政部门以直接向供应商付款的方式，从国内外市场上为政府部门或所属团体购买货物、工程和劳务的行为。

由于政府采购的主体是政府，是一个国家内最大的单一消费者，购买力非常大。因此政府采购对社会经济有着非常大的影响，采购规模的扩大或缩小，采购结构的变化对社会经济发展状况、产业结构以及公众生活环境都有着十分明显的影响。正是由于政府采购对社会经济有着其他采购主体不可替代的影响，它已成为各国政府经常使用的一种宏观经济调控手段。

依照《外商投资法》规定，国家没有将外商投资企业排斥于政府采购之外，而是依法保障包括外商投资企业在内的各类市场主体平等参与政府采购活动的权利。

（四）外商投资企业可以依法通过公开发行股票、公司债券等证券和其他方式进行融资

在当前国内外经济背景下，支持外商投资企业依法依规在我国通过公开发行股票、公司债券等证券和其他方式进行融资，表明我国深化改革、扩大对外开放的立场，以及外商投资企业平等参与、内外资规则一致的原则。支持外资企业在境内上市融资有助于提升我国资本市场的开放度，增强外资企业在华扩大再生产的能力，也给更多投资者提供了直接投资优质外资企业的机会。

三、国家建立健全外商投资服务体系

国家建立健全外商投资服务体系，为外国投资者和外商投资企业提供法律法规、政策措施、投资项目信息等方面的咨询和服务。各级人民政府及其有关部门应当按照便利、高效、透明的原则，简化办事程序，提高办事效率，优化政务服务，进一步提高外商投资服务水平。有关主管部门应当编制和公布外商投资指引，为外国投资者和外商投资企业提供服务和便利。

四、鼓励和引导外国投资

国家与其他国家和地区、国际组织建立多边、双边投资促进合作机制，加强投资领

域的国际交流与合作。积极发挥桥梁纽带作用，促进“引进来”和“走出去”，推动对外投资和外国投资协调发展及互惠互利的多边、双边投资合作关系，不断提升中国对外开放水平。

国家根据需要，设立特殊经济区域，或者在部分地区实行外商投资试验性政策措施，促进外商投资，扩大对外开放。

国家根据国民经济和社会发展需要，鼓励和引导外国投资者在特定行业、领域、地区投资。外国投资者、外商投资企业可以依照法律、行政法规或者国务院的规定享受优惠待遇。县级以上地方人民政府可以根据法律、行政法规、地方性法规的规定，在法定权限内制定外商投资促进和便利化政策措施。

第三节　投资保护

一、国家对外国投资者的投资不实行征收

《外商投资法》第二十条规定，国家对外国投资者的投资不实行征收。在特殊情况下，国家为了公共利益的需要，可以依照法律规定对外国投资者的投资实行征收或者征用。征收、征用应当依照法定程序进行，并及时给予公平、合理的补偿。

外商投资法加强了对外商投资企业的产权保护。相对于“外资三法”的规定，《外商投资法》删除了“国有化”等带有计划经济时代色彩的表述，同时强调“依照法律”征收或征用，“及时”给予“公平、合理”的补偿。

二、外国投资者可以依法自由汇入、汇出人民币或者外汇

《外商投资法》第二十一条规定，外国投资者在中国境内的出资、利润、资本收益、资产处置所得、知识产权许可使用费、依法获得的补偿或者赔偿、清算所得等，可以依法以人民币或者外汇自由汇入、汇出。

相对于“外资三法”的规定，《外商投资法》明确了外汇可以自由流动，明确了外商可以向境外转出的财产类型，增加了“出资”“资本收益”“依法获得的补偿和赔偿”，明确列举了“知识产权使用费”，并且强调了外国投资者可以依法自由汇入、汇出人民币或者外汇，有助于提升外国投资者的信心，积极促进外商投资。

三、国家保护外国投资者和外商投资企业的知识产权

《外商投资法》第二十二条规定，国家保护外国投资者和外商投资企业的知识产权，保护知识产权权利人和相关权利人的合法权益；对知识产权侵权行为，严格依法追究法律责任。国家鼓励在外商投资过程中基于自愿原则和商业规则开展技术合作。技术合作的条件由投资各方遵循公平原则平等协商确定。行政机关及其工作人员不得利用行政手段强制转让技术。

知识产权保护一直是外国投资者非常关注的领域。《外商投资法》加强了对外国投

资者和外商投资企业的知识产权保护，并强调行政机关及其工作人员不得利用行政手段强制转让技术，对外国投资者普遍关注的知识产权与技术合作问题进行了回应，也是对外商质疑的有力回复，有助于增强外商投资的信心。

四、国家规范各级政府及其工作人员涉及外商投资行为

《外商投资法》明确了各级人民政府及其工作人员涉及外商投资的行为规范，确立了外国投资者、外商投资企业的商业秘密的保密制度，强化了对涉及外商投资规范性文件制定的约束，加强了地方政府政策承诺以及依法订立的各类合同的履行。

《外商投资法》规定，行政机关及其工作人员对于履行职责过程中知悉的外国投资者、外商投资企业的商业秘密，应当依法予以保密，不得泄露或者非法向他人提供。

各级人民政府及其有关部门制定涉及外商投资的规范性文件，应当符合法律法规的规定；没有法律、行政法规依据的，不得减损外商投资企业的合法权益或者增加其义务，不得设置市场准入和退出条件，不得干预外商投资企业的正常生产经营活动。

地方各级人民政府及其有关部门应当履行向外国投资者、外商投资企业依法作出的政策承诺以及依法订立的各类合同。因国家利益、社会公共利益需要改变政策承诺、合同约定的，应当依照法定权限和程序进行，并依法对外国投资者、外商投资企业因此受到的损失予以补偿。

五、国家建立外商投资企业投诉工作机制

《外商投资法》第二十六条规定，国家建立外商投资企业投诉工作机制，及时处理外商投资企业或者其投资者反映的问题，协调完善相关政策措施。外商投资企业或者其投资者认为行政机关及其工作人员的行政行为侵犯其合法权益的，可以通过外商投资企业投诉工作机制申请协调解决。外商投资企业或者其投资者认为行政机关及其工作人员的行政行为侵犯其合法权益的，除依照前款规定通过外商投资企业投诉工作机制申请协调解决外，还可以依法申请行政复议、提起行政诉讼。

第四节　投资管理

一、实行外商投资准入负面清单管理

《外商投资法》第二十八条规定，外商投资准入负面清单规定禁止投资的领域，外国投资者不得投资。外商投资准入负面清单规定限制投资的领域，外国投资者进行投资应当符合负面清单规定的条件。外商投资准入负面清单以外的领域，按照内外资一致的原则实施管理。

二、实行外商投资项目核准、备案制度和行业许可制度

《外商投资法》取消了逐案审批制度，明确了外资项目核准与备案制度和行业许可

制度。外商投资需要办理投资项目核准、备案的，按照国家有关规定执行，外国投资者在依法需要取得许可的行业、领域进行投资的，应当依法办理相关许可手续，有关主管部门应当按照与内资一致的条件和程序，审核外国投资者的许可申请，法律、行政法规另有规定的除外。

《外商投资法》规定，外商投资企业的组织形式、组织机构及其活动准则，适用《公司法》《合伙企业法》等法律的规定。外国投资者并购中国境内企业或者以其他方式参与经营者集中的，应当依照《中华人民共和国反垄断法》（以下简称《反垄断法》）的规定接受经营者集中审查。

外商投资企业开展生产经营活动，应当遵守法律、行政法规有关劳动保护、社会保险的规定，依照法律、行政法规和国家有关规定办理税收、会计、外汇等事宜，并接受相关主管部门依法实施的监督检查。

三、国家建立外商投资信息报告制度

《外商投资法》第三十四条规定，国家建立外商投资信息报告制度。外国投资者或者外商投资企业应当通过企业登记系统以及企业信用信息公示系统向商务主管部门报送投资信息。外商投资信息报告的内容和范围按照确有必要的原则确定；通过部门信息共享能够获得的投资信息，不得再行要求报送。

建立外商投资信息报告制度和外商信用信息公示平台，旨在提升外商投资管理和服务水平，按照“确有必要、严格控制”原则限制信息报告的范围，实施外商投资活动的监管，以优化法治化、自由化、便利化的市场环境。

四、国家建立外商投资安全审查制度

《外商投资法》第三十五条规定，国家建立外商投资安全审查制度，对影响或者可能影响国家安全的外商投资进行安全审查。依法作出的安全审查决定为最终决定。

国家主权利益高于一切。因此，对于涉及国家安全的外商投资，将按照《中华人民共和国国家安全法》的规定进行审查。对于安全审查的有关内容，将有配套的具体规定。值得注意的是依法作出的安全审查决定为最终决定，意味着一旦作出决定将不可进行复议等法律救济活动。

第五节 法律责任

一、外国投资者违反外商投资准入负面清单规定的法律责任

《外商投资法》第三十六条规定，外国投资者投资外商投资准入负面清单规定禁止投资的领域的，由有关主管部门责令停止投资活动，限期处分股份、资产或者采取其他必要措施，恢复到实施投资前的状态；有违法所得的，没收违法所得。

外国投资者的投资活动违反外商投资准入负面清单规定的限制性准入特别管理措施

的，由有关主管部门责令限期改正，采取必要措施满足准入特别管理措施的要求；逾期不改正的，依照前款规定处理。

外国投资者的投资活动违反外商投资准入负面清单规定的，除依照前两款规定处理外，还应当依法承担相应的法律责任。

二、外国投资者违反外商投资信息报告制度的法律责任

《外商投资法》第三十七条规定，外国投资者、外商投资企业违反《外商投资法》规定，未按照外商投资信息报告制度的要求报送投资信息的，由商务主管部门责令限期改正；逾期不改正的，处10万元以上50万元以下的罚款。

三、对外国投资者、外商投资企业违反法律、法规的行为，由有关部门依法查处，并按照国家有关规定纳入信用信息系统

四、行政机关工作人员违反《外商投资法》规定的法律责任

《外商投资法》第三十九条规定，行政机关工作人员在外商投资促进、保护和管理工作中滥用职权、玩忽职守、徇私舞弊的，或者泄露、非法向他人提供履行职责过程中知悉的商业秘密的，依法给予处分；构成犯罪的，依法追究刑事责任。

复习思考题

1.什么是外商投资？在中国境内进行的外商投资活动包括哪些情形？

2.外商投资立法主要体现了什么原则？

3.什么是负面清单？外商投资实行负面清单制有什么意义？

4.如何保障外商投资企业平等参与市场竞争？

5.对外国投资者的投资保护措施主要有哪些？

6.外商投资者办理投资项目需要逐案审批吗？

第七章

企业破产法

内容提要

本章主要介绍了企业破产的原因、企业破产的申请与受理、债权人会议、重整、和解、破产程序终止等内容；重点阐述了有关债务人的义务、债务人财产、破产清算、破产财产分配顺序，并解释了有关破产的关联问题。

导入案例

某国有企业拥有固定资产1 000多万元，企业连年亏损，到2018年年底，累计负债额为1 850万元。政府及该企业主管部门试图采取一定措施来挽救该国有企业，但由于企业设备老化、产品单一，挽救措施没有收到预期的效果。由于债务问题，政府部门不愿再扶持，银行也不愿借款，企业生存无望，遂报上级主管部门同意后，向人民法院申请宣告破产。

思考：

1. 企业能否向法院申请破产？

2. 企业向法院申请破产后，可否再提起和解整顿程序？

资料来源　摘自中华会计网校“经济法——企业破产法”专题练习题。

第一节　企业破产法概述

一、破产的概念

破产，是指债务人不能清偿到期债务，并且资产不足以清偿全部债务或者明显缺乏清偿能力而被清算的法律后果。破产清算是破产的最终程序，但不是唯一程序，在破产宣告前，债务人可以提出重整、和解申请，进入复兴型破产程序。

二、破产原因

破产原因，又称破产界限，是债务人或者债权人提出破产申请的法律事实，是法院受理破产申请的法律根据。有下列情形之一的，均适用破产程序：

（1）债务人不能清偿到期债务，并且资产不足以清偿全部债务。不能清偿到期债务，即无力偿债，国际上称“现金流标准”，其含义为债务人已全面停止偿付到期债务，而且没有充足的现金流偿付正常营业过程中到期的现有债务。

资产不足以清偿全部债务，即资不抵债，国际上称为“资产负债表标准”，是指债务人的资产负债表上，全部资产之和小于其对外的全部债务。

（2）债务人不能清偿到期债务，并且明显缺乏清偿能力。债务人不能清偿到期债务，可能只是表明现金流或者清偿能力暂时出现问题，出现资不抵债，但如果仍然具备清偿能力，则有复兴的可能。此项标准的指导思想是避免过早裁定破产，鼓励适用复兴型的破产程序，即重整、和解程序。

三、企业破产法的概念

企业破产法，是指调整因企业破产而产生的权利义务关系和破产程序的法律规范的总称。企业破产法包括企业破产的实体规范和程序规范。

《中华人民共和国企业破产法》（以下简称《破产法》）由中华人民共和国第十届全国人民代表大会常务委员会第二十三次会议于2006年8月27日通过，自2007年6月1日起施行。《破产法》的制定与施行，对规范企业破产程序，公平清理债权债务，保护债权人和债务人的合法权益，维护社会主义市场经济秩序，具有重要意义。

《破产法》的适用范围限定为企业法人，其他法律规定企业法人以外的组织的清算，属于破产清算的，参照《破产法》规定的程序。因此，合伙企业、个人独资企业破产对《破产法》的适用，将由有关法律规定。

破产案件由债务人住所地人民法院管辖。破产案件审理程序，《破产法》没有规定的，适用民事诉讼法的有关规定。

第二节　破产申请和受理

一、申请

《破产法》实行受理开始主义，即破产程序只能在具有破产申请资格的当事人提出申请后，经人民法院受理而开始。破产申请是破产程序开始的必要条件。

（一）适用程序和申请人

根据《破产法》第七条规定，债务人可以向人民法院提出重整、和解或者破产清算申请。债务人不能清偿到期债务，债权人可以向人民法院提出对债务人进行重整或者破产清算的申请。企业法人已解散但未清算或者未清算完毕，资产不足以清偿债务的，依法负有清算责任的人应当向人民法院申请破产清算。

《破产法》明确了适用程序有重整、和解和破产清算三种；申请人包括债务人、债权人和清算人三方。

（二）申请文件

根据《破产法》第八条规定，向人民法院提出破产申请，应当提交破产申请书和有关证据。破产申请书应当载明下列事项：

（1）申请人、被申请人的基本情况。

（2）申请目的。

（3）申请的事实和理由。

（4）人民法院认为应当载明的其他事项。

债务人提出申请的，还应当向人民法院提交财产状况说明、债务清册、债权清册、有关财务会计报告、职工安置预案以及职工工资的支付和社会保险费用的缴纳情况。

二、受理

破产案件的受理，又称立案。法院裁定受理破产申请，是破产程序开始的标志。人民法院在收到破产申请后，应当在法定时限内对申请进行审查，包括形式审查和实质审查。法院经审查认为破产申请符合法定条件的，予以立案，否则裁定驳回。

（一）受理期限

根据《破产法》第十条规定，债权人提出破产申请的，人民法院应当自收到申请之日起5日内通知债务人。债务人对申请有异议的，应当自收到人民法院的通知之日起7日内向人民法院提出。人民法院应当自异议期满之日起10日内裁定是否受理。

除以上规定的情形外，人民法院应当自收到破产申请之日起15日内裁定是否受理。

有特殊情况需要延长以上规定的裁定受理期限的，经上一级人民法院批准，可以延长15日。

（二）送达、指定管理人、通知和公告

1.送达。

根据《破产法》第十一条规定，人民法院受理破产申请的，应当自裁定作出之日起5日内送达申请人。债权人提出申请的，人民法院应当自裁定作出之日起5日内送达债务人。债务人应当自裁定送达之日起15日内，向人民法院提交财产状况说明、债务清册、债权清册、有关财务会计报告以及职工工资的支付和社会保险费用的缴纳情况。

人民法院裁定不受理破产申请的，应当自裁定作出之日起5日内送达申请人并说明理由。申请人对裁定不服的，可以自裁定送达之日起10日内向上一级人民法院提起上诉。

人民法院受理破产申请后至破产宣告前，经审查发现债务人不符合有关破产条件的，可以裁定驳回申请。申请人对裁定不服的，可以自裁定送达之日起10日内向上一级人民法院提起上诉。

2.指定管理人。

人民法院裁定受理破产申请的，应当同时指定管理人。破产程序开始后，无论是重整、和解还是破产清算，都需要对债务人的财产、经营、权利行使进行管理。由于在破产清算的预期下，债务人及其管理层存在较高的道德风险，各当事人之间也存在一定的利益冲突，因此，有必要设立中立的专门机构，即破产管理人执行破产程序，管理债务人的财产和事务。

管理人由人民法院指定。管理人可以由有关部门、机构的人员组成的清算组或者依法设立的律师事务所、会计师事务所、破产清算事务所等社会中介机构担任。人民法院根据债务人的实际情况，也可以在征询有关社会中介机构的意见后，指定该机构具备相关专业知识并取得执业资格的人员担任管理人。

管理人依法执行职务，向人民法院报告工作，并接受债权人会议和债权人委员会的监督。其需要履行下列职责：①接管债务人的财产、印章和账簿、文书等资料；②调查债务人财产状况，制作财产状况报告；③决定债务人的内部管理事务；④决定债务人的日常开支和其他必要开支；⑤在第一次债权人会议召开之前，决定继续或者停止债务人的营业；⑥管理和处分债务人的财产；⑦代表债务人参加诉讼、仲裁或者其他法律程序；⑧提议召开债权人会议；⑨人民法院认为管理人应当履行的其他职责。

《破产法》对管理人的职责另有规定的，适用其规定。

3.通知和公告。

根据《破产法》第十四条规定，人民法院应当自裁定受理破产申请之日起25日内通知已知债权人，并予以公告。通知和公告应当载明下列事项：①申请人、被申请人的名称或者姓名；②人民法院受理破产申请的时间；③申报债权的期限、地点和注意事项；④管理人的名称或者姓名及其处理事务的地址；⑤债务人的债务人或者财产持有人应当向管理人清偿债务或者交付财产的要求；⑥第一次债权人会议召开的时间和地点；⑦人民法院认为应当通知和公告的其他事项。

三、债务人的义务

（一）有关人员的义务

根据《破产法》第十五条规定，自人民法院受理破产申请的裁定送达债务人之日起至破产程序终结之日，债务人的有关人员（包括企业法定代表人、财务管理人员和其他经营管理人员）承担下列义务：

（1）妥善保管其占有和管理的财产、印章和账簿、文书等资料。

（2）根据人民法院、管理人的要求进行工作，并如实回答询问。

（3）列席债权人会议并如实回答债权人的询问。

（4）未经人民法院许可，不得离开住所地。

（5）不得新任其他企业的董事、监事、高级管理人员。

（二）禁止个别清偿

人民法院受理破产申请后，债务人对个别债权人的债务清偿无效，管理人有权请求人民法院予以撤销。集体受偿是破产程序的一个显著特征，也是《破产法》的一项基本原则。在破产程序开始后，如果债务人对个别债权人单独清偿，必然造成债权人实际受偿的不平等，因此，《破产法》禁止个别清偿。

（三）对管理人的给付

人民法院受理破产申请后，债务人的债务人或者财产持有人应当向管理人清偿债务或者交付财产。债务人的债务人或者财产持有人故意违反规定向债务人清偿债务或者交付财产，使债权人受到损失的，不免除其清偿债务或者交付财产的义务，管理人仍有权请求其履行给付义务，给付义务在向管理人履行义务后，可向实际受领人追偿，并自行承担追偿不能的风险。

（四）未履行完毕合同的处理

人民法院受理破产申请后，管理人对破产申请受理前成立而债务人和对方当事人均未履行完毕的合同有权决定解除或者继续履行，并通知对方当事人。管理人决定继续履行合同的，对方当事人应当履行，但是对方当事人有权要求管理人提供担保。管理人不提供担保的，视为解除合同。

（五）债务人财产保全措施的处理

人民法院受理破产申请后，有关债务人财产的保全措施应当解除，执行程序应当中止。本着集体清偿和公平受偿的原则，债权人尚未实现的债权只能通过破产程序来实现，因此，服务于个别追债诉讼的保全措施应当解除，执行程序尚未完结的，应当无条件中止。

（六）民事诉讼或者仲裁的中止

人民法院受理破产申请后，已经开始而尚未终结的有关债务人的民事诉讼或者仲裁应当中止；在管理人接管债务人的财产后，该诉讼或者仲裁继续进行。

人民法院受理破产申请后，有关债务人的民事诉讼，只能向受理破产申请的人民法院提起。

第三节　债权人会议

一、债权申报

债权申报，是指债权人在破产案件受理后依照法定程序主张并证明其债权，以参加破产程序行使权利的法律行为。

（一）债权人申报债权的期限

债权申报期限自人民法院发布受理破产申请公告之日起计算，最短不得少于30日，最长不得超过3个月。

（二）有关债权申报的特别规定

1.未到期的债权，在破产申请受理时视为到期，附利息的债权自破产申请受理时起停止计息。

2.附条件、附期限的债权和诉讼、仲裁未决的债权，债权人可以申报。至于待确定的债权能否实现，取决于破产清算最后分配公告日其条件成就与否、期限届至与否、诉讼和仲裁胜诉与否的事实，债权人可以申报。

3. 职工债权不必申报，由管理人调查后列出清单并予以公示。职工债权包括债务人所欠职工的工资和医疗、伤残补助、抚恤费用，所欠的应当划入职工个人账户的基本养老保险、基本医疗保险费用，以及法律、行政法规规定应当支付给职工的补偿金。职工债权的特别规定旨在以优先权保护其债权。

4. 债权人申报债权时，应当书面说明债权的数额和有无财产担保，并提交有关证据。申报的债权是连带债权的，应当说明。

5. 连带债权人可以由其中一人代表全体连带债权人申报债权，也可以共同申报债权。

6. 债务人的保证人或者其他连带债务人已经代替债务人清偿债务的，以其对债务人的求偿权申报债权。债务人的保证人或者其他连带债务人尚未代替债务人清偿债务的，以其对债务人的将来求偿权申报债权。但是，债权人已经向管理人申报全部债权的除外。

7. 连带债务人数人被裁定适用《破产法》规定的程序的，其债权人有权就全部债权分别在各破产案件中申报债权。

8. 管理人或者债务人依照《破产法》规定解除合同的，对方当事人以因合同解除所产生的损害赔偿请求权申报债权。

9. 债务人是委托合同的委托人，被裁定适用《破产法》规定的程序，受托人不知该事实，继续处理委托事务的，受托人以由此产生的请求权申报债权。

10. 债务人是票据的出票人，被裁定适用《破产法》规定的程序，该票据的付款人继续付款或者承兑的，付款人以由此产生的请求权申报债权。

11. 在人民法院确定的债权申报期限内，债权人未申报债权的，可以在破产财产最后分配前补充申报。但是，此前已进行的分配，不再对其补充分配。为审查和确认补充申报债权的费用，由补充申报人承担。债权人未依照《破产法》规定申报债权的，不得依照《破产法》规定的程序行使权利。

管理人收到债权申报材料后，应当登记造册，对申报的债权进行审查，并编制债权表。债权表和债权申报材料由管理人保存，供利害关系人查阅。

二、债权人会议的组成

依法申报债权的债权人为债权人会议的成员，有权参加债权人会议，享有表决权。

债权尚未确定的债权人，除人民法院能够为其行使表决权而临时确定债权额的，不得行使表决权。对债务人的特定财产享有担保权的债权人，未放弃优先受偿权利的，对于和解协议和破产财产分配方案的决议不享有表决权。

债权人可以委托代理人出席债权人会议，行使表决权。代理人出席债权人会议，应当向人民法院或者债权人会议主席提交债权人的授权委托书。

债权人会议应当有债务人的职工和工会的代表参加，对有关事项发表意见。

债权人会议设主席一人，由人民法院从有表决权的债权人中指定。债权人会议主席主持债权人会议。

三、债权人会议的职权

根据《破产法》第六十一条规定，债权人会议行使下列职权：

（1）核查债权。

（2）申请人民法院更换管理人，审查管理人的费用和报酬。

（3）监督管理人。

（4）选任和更换债权人委员会成员。

（5）决定继续或者停止债务人的营业。

（6）通过重整计划。

（7）通过和解协议。

（8）通过债务人财产的管理方案。

（9）通过破产财产的变价方案。

（10）通过破产财产的分配方案。

（11）人民法院认为应当由债权人会议行使的其他职权。

四、债权人会议的决议

第一次债权人会议由人民法院召集，自债权申报期限届满之日起15日内召开。以后的债权人会议，在人民法院认为必要时，或者管理人、债权人委员会、占债权总额1/4以上的债权人向债权人会议主席提议时召开。召开债权人会议，管理人应当提前15日通知已知的债权人。

债权人会议的决议，由出席会议的有表决权的债权人过半数通过，并且其所代表的债权额占无财产担保债权总额的1/2以上，但是《破产法》另有规定的除外。

债权人认为债权人会议的决议违反法律规定，损害其利益的，可以自债权人会议作出决议之日起15日内，请求人民法院裁定撤销该决议，责令债权人会议依法重新作出决议。

债权人会议的决议，对于全体债权人均有约束力。

对于债权人财产的管理方案和破产财产的变价方案，经债权人会议表决未通过的，由人民法院裁定。对于破产财产的分配方案，经债权人会议两次表决仍未通过的，由人民法院裁定。

五、债权人委员会

债权人会议可以决定设立债权人委员会，代表债权人会议行使监督权以及其他权利。债权人委员会由债权人会议选任的债权人代表和1名债务人的职工代表或者工会代表组成。债权人委员会成员不得超过9人，并应当经人民法院书面决定认可。债权人委员会行使下列职权：

（1）监督债务人财产的管理和处分。

（2）监督破产财产分配。

（3）提议召开债权人会议。

（4）债权人会议委托的其他职权。

债权人委员会执行职务时，有权要求管理人、债务人的有关人员对其职权范围内的事务作出说明或者提供有关文件。

第四节 重整与和解

一、重整

重整，是指在企业法人不能清偿到期债务，濒临破产的情况下，为拯救企业，依照法定程序启动的调整债务、治理企业、维持经营，以期摆脱危机、实现复兴的债务清理制度。

（一）重整申请

债务人或者债权人可以依照《破产法》规定，直接向人民法院申请对债务人进行重整。债权人申请对债务人进行破产清算的，在人民法院受理破产申请后、宣告债务人破产前，债务人或者出资额占债务人注册资本1/10以上的出资人，可以向人民法院申请重整。人民法院经审查认为重整申请符合《破产法》规定的，应当裁定债务人重整，并予以公告。

（二）重整期间的管理

自人民法院裁定债务人重整之日起至重整程序终止，为重整期间。

1.债务人自行管理。

在重整期间，经债务人申请，人民法院批准，债务人可以在管理人的监督下自行管理财产和营业事务。在此情形下，依照《破产法》规定已接管债务人财产和营业事务的管理人应当向债务人移交财产和营业事务，《破产法》规定的管理人的职权由债务人行使。

2.管理人负责管理。

管理人负责管理财产和营业事务的，可以聘任债务人的经营管理人员负责营业事务。

在重整期间，对债务人的特定财产享有的担保权暂停行使，但是，担保物有损坏或者价值明显减少的可能，足以危害担保权人权利的，担保权人可以向人民法院请求恢复行使担保权。债务人或者管理人为继续营业而借款的，可以为该借款设定担保。债务人合法占有的他人财产，该财产的权利人在重整期间要求取回的，应当符合事先约定的条件。债务人的出资人不得请求投资收益分配。债务人的董事、监事、高级管理人员不得向第三人转让其持有的债务人的股权，但是经人民法院同意的除外。

（三）重整计划

债务人自行管理财产和营业事务的，由债务人制作重整计划草案；管理人负责管理财产和营业事务的，由管理人制作重整计划草案。

债务人或者管理人应当自人民法院裁定债务人重整之日起6个月内，同时向人民法院和债权人会议提交重整计划草案。经债务人或者管理人请求，有正当理由的，人民法院可以裁定延期3个月。债务人或者管理人未按期提交重整计划草案的，人民法院应当裁定终止重整程序，并宣告债务人破产。

人民法院应当自收到重整计划草案之日起30日内召开债权人会议，对重整计划草案进行表决。出席会议的同一表决组的债权人过半数同意重整计划草案，并且其所代表的债权额占该组债权总额的2/3以上的，即为该组通过重整计划草案。

重整计划由债务人负责执行。按照重整计划减免的债务，自重整计划执行完毕时起，债务人不再承担清偿责任。

（四）重整程序的终止

根据《破产法》第七十八条规定，在重整期间，有下列情形之一的，经管理人或者利害关系人请求，人民法院应当裁定终止重整程序，并宣告债务人破产：

（1）债务人的经营状况和财产状况继续恶化，缺乏挽救的可能性。

（2）债务人有欺诈、恶意减少债务人财产或者其他显著不利于债权人的行为。

（3）由于债务人的行为致使管理人无法执行职务。

二、和解

和解，是指具备破产原因的债务人，为避免破产清算，请求并与债权人达成清偿债务的协议。和解以债权人让步，作出关于减少本金、放弃或者减少利息、延长偿债期限以及同意第三人承担债务为条件。

（一）和解申请

债务人可以依照法律规定，直接向人民法院申请和解；也可以在人民法院受理破产申请后、宣告债务人破产前，向人民法院申请和解。债务人申请和解，应当提出和解协议草案。

人民法院经审查认为和解申请符合法律规定的，应当裁定和解，予以公告，并召集债权人会议讨论和解协议草案。

对债务人的特定财产享有担保权的权利人，自人民法院裁定和解之日起可以行使权利。

（二）和解协议的生效

债权人会议通过和解协议的决议，由出席会议的有表决权的债权人过半数同意，并且其所代表的债权额占无财产担保债权总额的2/3以上。

债权人会议通过和解协议的，由人民法院裁定认可，终止和解程序，并予以公告。管理人应当向债务人移交财产和营业事务，并向人民法院提交执行职务的报告。

经人民法院裁定认可的和解协议，对债务人和全体和解债权人均有约束力。按照和解协议减免的债务，自和解协议执行完毕时起，债务人不再承担清偿责任。

和解协议草案经债权人会议表决未获得通过，或者已经债权人会议通过的和解协议未获得人民法院认可的，人民法院应当裁定终止和解程序，并宣告债务人破产。

（三）和解协议的无效

因债务人的欺诈或者其他违法行为而成立的和解协议，人民法院应当裁定无效，并宣告债务人破产。和解债权人因执行和解协议所受的清偿，在其他债权人所受清偿同等比例的范围内，不予返还。

债务人不能执行或者不执行和解协议的，人民法院经和解债权人请求，应当裁定终止和解协议的执行，并宣告债务人破产。人民法院裁定终止和解协议执行的，和解债权人在和解协议中作出的债权调整的承诺失去效力。和解债权人因执行和解协议所受的清偿仍然有效，和解债权未受清偿的部分作为破产债权。

第五节　破产清算

一、债务人财产

（一）债务人财产的范围

破产申请受理时属于债务人的全部财产，以及破产申请受理后至破产程序终结前债务人取得的财产，为债务人财产。

（二）可撤销的财产处置行为

人民法院受理破产申请前1年内，涉及债务人财产的下列行为，管理人有权请求人民法院予以撤销：

（1）无偿转让财产的。

（2）以明显不合理的价格进行交易的。

（3）对没有财产担保的债务提供财产担保的。

（4）对未到期的债务提前清偿的。

（5）放弃债权的。

人民法院受理破产申请前6个月内，债务人在不能清偿到期债务，并且资产不足以清偿全部债务或者明显缺乏清偿能力的情形下，仍对个别债权人进行清偿的，管理人有权请求人民法院予以撤销。但是，个别清偿使债务人财产受益的除外。

（三）无效的财产处置行为

涉及债务人财产的下列行为无效：

（1）为逃避债务而隐匿、转移财产的。

（2）虚构债务或者承认不真实的债务的。

（四）管理人的追回权与取回权

管理人对于因发生可撤销的财产损失处置行为、个别清偿行为、无效的财产处置行为而取得的债务人的财产，管理人有权追回。债务人的董事、监事和高级管理人员利用职权从企业获取的非正常收入和侵占的企业财产，管理人应当追回。

人民法院受理破产申请后，债务人的出资人尚未完全履行出资义务的，管理人应当要求该出资人补缴所认缴的出资，而不受出资期限的限制。

人民法院受理破产申请后，管理人可以通过清偿债务或者提供为债权人接受的担保，取回质物、留置物。

（五）破产抵销权的行使

债权人在破产申请受理前对债务人负有债务的，可以向管理人主张抵销。但是，有下列情形之一的，不得抵销：

（1）债务人的债务人在破产申请受理后取得他人对债务人的债权的。

（2）债权人已知债务人有不能清偿到期债务或者破产申请的事实，对债务人负担债务的。但是，债权人因为法律规定或者有破产申请1年前所发生的原因而负担债务的除外。

（3）债务人的债务人已知债务人有不能清偿到期债务或者破产申请的事实，对债务人取得债权的；但是，债务人的债务人因为法律规定或者有破产申请1年前所发生的原因而取得债权的除外。

课堂讨论 7-1

2018年，A公司向李某购买一项专利，尚欠李某19万元专利转让费未付。李某之子小李创办的B公司曾于当年11月向甲公司采购一批电子产品，尚欠甲公司货款21万元未付。人民法院受理甲公司破产申请后，李某与B公司协商一致，B公司在向李某支付19万元后，取得李某对A公司的19万元债权。B公司向管理人主张以19万元债权抵销其所欠甲公司相应债务。你认为B公司的主张可行吗？

资料来源　根据注册会计师考试经济法部分试题改编。

二、破产费用和共益债务

（一）破产费用

人民法院受理破产申请后发生的下列费用，为破产费用：破产案件的诉讼费用；管理、变价和分配债务人财产的费用；管理人执行职务的费用、报酬和聘用工作人员的费用。

（二）共益债务

人民法院受理破产申请后发生的下列债务，为共益债务：因管理人或者债务人请求对方当事人履行双方均未履行完毕的合同所产生的债务；债务人财产受无因管理所产生的债务；因债务人不当得利所产生的债务；为债务人继续营业而应支付的劳动报酬和社会保险费用以及由此产生的其他债务；管理人或者相关人员执行职务致人损害所产生的债务；债务人财产致人损害所产生的债务。

（三）破产费用和共益债务的清偿

破产费用和共益债务由债务人财产随时清偿。债务人财产不足以清偿所有破产费用和共益债务的，先行清偿破产费用。债务人财产不足以清偿所有破产费用或者共益债务的，按照比例清偿。

债务人财产不足以清偿破产费用的，管理人应当提请人民法院终结破产程序。人民法院应当自收到请求之日起15日内裁定终结破产程序，并予以公告。

三、破产宣告

破产宣告是一种司法行为，是法院对债务人具备破产原因的事实作出的具有法律效力的认定。人民法院依照《破产法》规定宣告债务人破产的，应当自裁定作出之日起5日内送达债务人和管理人，自裁定作出之日起10日内通知已知债权人，并予以公告。债务人被宣告破产后，债务人称为破产人，债务人财产称为破产财产，人民法院受理破产申请时对债务人享有的债权称为破产债权。

破产宣告前，有下列情形之一的，人民法院应当裁定终结破产程序，并予以公告：

（1）第三人为债务人提供足额担保或者为债务人清偿全部到期债务的。

（2）债务人已清偿全部到期债务的。

对破产人的特定财产享有担保权的权利人，对该特定财产享有优先受偿的权利。享有该权利的债权人行使优先受偿权利未能完全受偿的，其未受偿的债权作为普通债权；放弃优先受偿权利的，其债权作为普通债权。

四、破产财产变价

破产财产变价，是指管理人将非货币化的破产财产，通过合法方式加以出售，使之转化为货币形态，以便于破产财产的分配。

破产清算以货币分配为原则，破产财产的变价是贯彻货币分配原则的必要环节。

管理人应当及时拟订破产财产变价方案，提交债权人会议讨论。管理人应当按照债权人会议通过的或者人民法院依照法院裁定的破产财产变价方案，适时变价出售破产财产。破产企业可以全部或者部分变价出售。企业变价出售时，可以将其中的无形资产和其他财产单独变价出售。

变价出售破产财产一般应当通过拍卖进行。按照国家规定不能拍卖或者限制转让的财产，应当按照国家规定的方式处理。

五、破产财产分配

（一）破产财产分配的顺序

根据《破产法》第一百一十三条规定，破产财产在优先清偿破产费用和共益债务后，依照下列顺序清偿：

（1）破产人所欠职工的工资和医疗、伤残补助、抚恤费用，所欠的应当划入职工个人账户的基本养老保险、基本医疗保险费用，以及法律、行政法规规定应当支付给职工的补偿金。

（2）破产人欠缴的除第（1）项规定以外的社会保险费用和破产人所欠税款。

（3）普通破产债权。

破产财产不足以清偿同一顺序的清偿要求的，按照比例分配。

破产企业的董事、监事和高级管理人员的工资按照该企业职工的平均工资计算。

（二）破产财产分配方案

管理人应当及时拟订破产财产分配方案，提交债权人会议讨论。破产财产分配方案应当载明下列事项：

（1）参加破产财产分配的债权人名称或者姓名、住所。

（2）参加破产财产分配的债权额。

（3）可供分配的破产财产数额。

（4）破产财产分配的顺序、比例及数额。

（5）实施破产财产分配的方法。

债权人会议通过破产财产分配方案后，管理人将该方案提请人民法院裁定认可后，由管理人执行。

六、破产程序的终结

破产人无财产可供分配的，管理人应当请求人民法院裁定终结破产程序。管理人在最后分配完结后，应当及时向人民法院提交破产财产分配报告，并提请人民法院裁定终结破产程序。人民法院应当自收到管理人终结破产程序的请求之日起15日内作出是否终结破产程序的裁定。裁定终结的，应当予以公告。

管理人应当自破产程序终结之日起10日内，持人民法院终结破产程序的裁定，向破产人的原登记机关办理注销登记。

破产人的保证人和其他连带债务人，在破产程序终结后，对债权人依照破产清算程序未受清偿的债权，依法继续承担清偿责任。

企业董事、监事或者高级管理人员违反忠实义务、勤勉义务，致使所在企业破产的，依法承担民事责任，并自破产程序终结之日起3年内不得担任任何企业的董事、监事、高级管理人员。

复习思考题

1.企业破产的原因是什么？

2.如何理解《破产法》适用的三种程序？

3.职工债权包括哪些内容？

4.可撤销的财产处置行为有哪些？

5.破产财产分配的顺序是什么？

6.破产企业的管理层人员应当承担什么法律责任？

第八章

民法典·合同编

内容提要

本章主要介绍了民法典合同编中合同的概念及合同通则规定的内容；重点阐述了合同订立的形式、条款和方式，合同的法律效力，合同的履行，合同的保全，违反合同的民事责任，并对民法典合同通则中的合同的变更和转让、合同的权利义务终止进行了讲解。

导入案例

2019年5月10日，A公司与B公司签订了一份加工承揽合同。合同约定：由B公司为A公司制作办公桌椅1 000套，原材料由A公司提供，加工承揽报酬总额为200万元，违约金为报酬总额的10%。A公司应在2019年6月底前向B公司交付60%的原材料，B公司应在2019年9月底前完成600套桌椅制作并交货。A公司应在2019年10月底前交付剩余40%的原材料，B公司应在2019年年底前完成剩余桌椅制作并交货，A公司应在收到B公司交付的桌椅后3日内付清相应款项。为确保A公司履行付款义务，B公司要求其提供担保，D公司为此向A公司提供了盖有D公司公章及法定代表人签字的空白委托书和D公司的合同专用章。A公司遂利用上述空白委托书和合同专用章，将D公司列为该项加工承揽合同的连带保证人，与B公司签订了保证合同。首期合同顺利完成后B公司发生重组，加工型材的生产部门分立为C公司。到2019年10月底A公司未按约定向B公司或C公司交付40%的原材料，11月15日，C公司要求A公司继续履行其与B公司签订的加工承揽合同，A公司表示无法继续履行并要求解除合同。C公司遂向人民法院提起诉讼，要求判令A公司支付违约金并继续履行加工承揽合同，同时要求D公司承担连带责任。

思考：

1.A公司与B公司签订的加工承揽合同是否成立？

2.C公司要求判令A公司支付违约金并继续履行加工承揽合同的主张能否获得支持？

3.D公司应否承担保证责任？

资料来源　作者根据相关资料整理。

第一节　合同通则概述

一、合同的概念和分类

（一）合同的概念

合同，是指平等主体的自然人、法人、其他组织之间设立、变更、终止民事权利义务关系的协议。

自然人包括中国人、外国人和无国籍人；法人是指依法成立，能够独立享有民事权利和承担民事义务的组织，包括公司、企业事业单位、机关、团体等；其他组织是指不具备法人资格的合伙组织以及分支机构等。

民事权利义务关系，主要是指财产关系。

婚姻、收养、监护等身份关系，适用其他法律的规定。

（二）合同的分类

合同可以按照不同的标准进行分类。按照法律、法规是否对其名称作出明确规定，分为有名合同与无名合同；按照除双方意思表示一致外，是否尚需交付标的物才能成立，分为诺成合同与实践合同；按照法律、法规是否特别要求具备特定形式和手续，分为要式合同与不要式合同；按照双方是否互负义务，分为双务合同与单务合同；按照当事人权利的获得是否支付代价，分为有偿合同与无偿合同等。

合同通则按照其业务性质和权利义务内容的不同，将合同分为买卖合同，供用电、水、气、热力合同，赠与合同，借款合同，保证合同，租赁合同，融资租赁合同，保理合同，承揽合同，建设工程合同，运输合同，技术合同，保管合同，仓储合同，委托合同，物业服务合同，行纪合同，中介合同等共19类。

二、合同通则

合同通则，是指调整合同当事人之间因设立、变更、终止民事权利义务关系而产生的合同关系的法律规范的通用规则或总称。

合同制度是适应商品经济的发展而产生的，经过长期的发展已经逐步形成一种完整、配套的法律制度。我国在2021年1月1日之前的合同法律制度主要是1999年3月第九届全国人民代表大会第二次会议通过的《中华人民共和国合同法》（以下简称《合同法》）。2020年5月28日，第十三届全国人民代表大会第三次会议表决通过了《中华人民共和国民法典》（以下简称《民法典》），自2021年1月1日起施行，《合同法》同时废止。《中华人民共和国民法典》共7编、1 260条，第三编为合同部分，分为第一分编通则，第二分编典型合同，第三分编准合同。

三、合同通则的一般规定

《民法典》第三编合同部分调整因合同产生的民事关系。合同是民事主体之间设立、变更、终止民事法律关系的协议。婚姻、收养、监护等有关身份关系的协议，适用有关该身份关系的法律规定；没有规定的，可以根据其性质参照《民法典》第三编合同部分的相关规定。

依法成立的合同，受法律保护；依法成立的合同，仅对当事人具有法律约束力，但是法律另有规定的除外。

根据《民法典》第四百六十六条规定，当事人对合同条款的理解有争议的，应当依据《民法典》第一百四十二条第一款的规定，确定争议条款的含义。

合同文本采用两种以上文字订立并约定具有同等效力的，对各文本使用的词句推定具有相同含义。各文本使用的词句不一致的，应当根据合同的相关条款、性质、目的以及诚信原则等予以解释。

《民法典》或者其他法律没有明文规定的合同，适用《民法典》合同编通则的规定，并可以参照适用《民法典》合同编或者其他法律最相类似合同的规定。

在中华人民共和国境内履行的中外合资经营企业合同、中外合作经营企业合同、中外合作勘探开发自然资源合同，适用中华人民共和国法律。

根据《民法典》第四百六十八条规定，非因合同产生的债权债务关系，适用有关该债权债务关系的法律规定；没有规定的，适用《民法典》合同编通则的有关规定，但是根据其性质不能适用的除外。

第二节　合同的订立

一、合同订立的概念与形式

（一）合同订立的概念

合同的订立，是指两个或两个以上的当事人，依法对合同的主要条款经过协商一致，达成协议的法律行为。合同当事人既可以是自然人，也可以是法人或者其他组织，但都应当具有与订立合同相应的民事权利能力和民事行为能力。当事人也可以依法委托代理人订立合同。

（二）合同订立的形式

根据《民法典》第四百六十九条规定，当事人订立合同，可以采用书面形式、口头形式或者其他形式。书面形式是合同书、信件、电报、电传、传真等可以有形地表现所载内容的形式。以电子数据交换、电子邮件等方式能够有形地表现所载内容，并可以随时调取查用的数据电文，视为书面形式。

法律、行政法规规定采用书面形式的，应当采用书面形式。当事人约定采用书面形式的，应当采用书面形式。

书面形式，是指合同书、信件和数据电文（包括电报、电传、传真、电子数据交换和电子邮件）等可以有形地表现所载内容的形式。书面形式明确肯定，有据可查，有利于防止争议和解决纠纷。实践中，书面形式是当事人采用最为普遍的一种合同订立形式。

口头形式，是指当事人双方就合同内容面对面协商或者以通信设备交谈达成协议的形式。口头形式直接、简便、迅速，但发生争议时难以取证，不易分清责任。

二、合同的条款

合同的条款，是指合同中双方当事人协商一致，规定双方当事人权利义务的具体条文。

根据《民法典》第四百七十条规定，合同的内容由当事人约定，一般包括下列条款：①当事人的姓名或者名称和住所；②标的；③数量；④质量；⑤价款或者报酬；⑥履行期限、地点和方式；⑦违约责任；⑧解决争议的方法。

当事人可以参照各类合同的示范文本订立合同。实践中各类合同的示范文本，可以提示当事人在订立合同时更好地明确各自的权利和义务。

三、合同订立的方式

根据《民法典》第四百七十一条规定，当事人订立合同，可以采取要约、承诺方式或者其他方式。

要约与承诺制度的规定，使合同成立有了一个较为具体的标准，可以更好地分清各方当事人的责任，正确而恰当地确定合同的订立方式，有利于保障当事人的权益，鼓励交易，减少纠纷。

（一）要约

1.要约的概念。根据《民法典》第四百七十二条规定，要约是希望与他人订立合同的意思表示，该意思表示应当符合下列条件：①内容具体确定；②表明经受要约人承诺，要约人即受该意思表示约束。

发出要约的当事人为要约人，要约所指向的对方当事人则被称为受要约人。

要约是希望和他人订立合同的意思表示，因此，要约的内容必须具有足以使合同成立的条款，一经受约人承诺，合同即告成立。

2.要约邀请。根据《民法典》第四百七十三条规定，要约邀请是希望他人向自己发出要约的表示。拍卖公告、招标公告、招股说明书、债券募集办法、基金招募说明书、商业广告和宣传、寄送的价目表等为要约邀请。商业广告和宣传的内容符合要约条件的，构成要约。

要约邀请，又称要约引诱，与要约不同，要约邀请只是邀请或者引诱他人向自己发出订立合同的意思表示，自己承诺方可成立合同。

3.要约生效时间。根据《民法典》第四百七十四条规定，要约生效的时间适用《民法典》第一百三十七条的规定。以对话方式作出的意思表示，相对人知道其内容时生效。以非对话方式作出的意思表示，到达相对人时生效。以非对话方式作出的采用数据电文形式的意思表示，相对人指定特定系统接收数据电文的，该数据电文进入该特定系统时生效；未指定特定系统的，相对人知道或者应当知道该数据电文进入其系统时生效。当事人对采用数据电文形式的意思表示的生效时间另有约定的，按照其约定。

4.要约的撤回、撤销与失效。

（1）要约撤回。行为人可以撤回意思表示，撤回意思表示的通知应当在意思表示到达相对人前或者与意思表示同时到达相对人，即撤回要约的通知应当在要约到达受要约人之前或者与要约同时到达受要约人。合同通则之所以规定要约可以撤回，原因在于这时要约尚未发生法律效力，撤回要约不会对受要约人产生任何影响，也不会对交易秩序产生不良影响。

（2）要约撤销。撤销要约的通知应当在受要约人发出承诺通知之前到达受要约人。也就是说，要约已经到达受要约人，在受要约人作出承诺之前，要约人可以撤销要约。由于撤销要约可能会给受要约人带来不利影响，损害受要约人的利益，因此，《民法典》第四百七十六条规定，有下列情形之一的，要约不得撤销：①要约人以确定承诺期限或者其他形式明示要约不可撤销；②受要约人有理由认为要约不可撤销的，并已经为履行合同做了合理准备工作。

（3）要约失效。根据《民法典》第四百七十八条规定，有下列情形之一的，要约失效：①要约被拒绝；②要约被依法撤销；③承诺期限届满，受要约人未作出承诺；④受要约人对要约的内容作出实质性变更。

（二）承诺

1.承诺的概念。承诺是受要约人同意要约的意思表示。承诺应当具备以下条件：①承诺必须由受要约人作出，如由代理人作出承诺，则代理人须有合法的委托手续；②承诺必须向要约人作出；③承诺的内容必须与要约的内容一致；④承诺必须要在有效期限内作出。

2.承诺的方式。根据《民法典》第四百八十条规定，承诺应当以通知的方式作出；但是，根据交易习惯或者要约表明可以通过行为作出承诺的除外。

承诺方式是指受要约人将其承诺的意思表示传达给要约人所采用的方式。一般情况下，承诺应当以通知的方式作出，即采用明示的方法，以书面形式或者口头形式表示承诺，但根据交易习惯或者要约表明，承诺也可以通过行为作出，即也可采用默示的方法，以实施一定的行为或者以其他方式作出。

3.承诺的期限。根据《民法典》第四百八十一条规定，承诺应当在要约确定的期限内到达要约人。

要约没有确定承诺期限的，承诺应当依照下列规定到达：①要约以对话方式作出的，应当即时作出承诺；②要约以非对话方式作出的，承诺应当在合理期限内到达。

要约以信件或者电报作出的，承诺期限自信件载明的日期或者电报交发之日开始计算。信件未载明日期的，自投寄该信件的邮戳日期开始计算。要约以电话、传真、电子邮件等快速通讯方式作出的，承诺期限自要约到达受要约人时开始计算。

4.承诺的生效时间。根据《民法典》第四百八十三条规定，承诺生效时合同成立，但是法律另有规定或者当事人另有约定的除外。《民法典》第四百八十四条规定，以通知方式作出的承诺，生效的时间适用《民法典》第一百三十七条的规定。

承诺不需要通知的，根据交易习惯或者要约的要求作出承诺的行为时生效。

5.承诺的撤回。承诺可以撤回。撤回承诺的通知应当在承诺通知到达要约人之前或者与承诺通知同时到达要约人。

受要约人在承诺期限内发出承诺，按照通常情形能够及时到达要约人，但是因其他原因致使承诺到达要约人时超过承诺期限的，除要约人及时通知受要约人因承诺超过期限不接受该承诺外，该承诺有效。

受要约人超过承诺期限发出承诺，或者在承诺期限内发出承诺，按照通常情形不能及时到达要约人的，为新要约；但是，要约人及时通知受要约人该承诺有效的除外。

承诺的内容应当与要约的内容一致。受要约人对要约的内容作出实质性变更的，为新要约。有关合同标的、数量、质量、价款或者报酬、履行期限、履行地点和方式、违约责任和解决争议方法等的变更，是对要约内容的实质性变更。

承诺对要约的内容作出非实质性变更的，除要约人及时表示反对或者要约表明承诺不得对要约的内容作出任何变更外，该承诺有效，合同的内容以承诺的内容为准。

四、合同的成立

（一）合同成立的时间

1.当事人采用合同书形式订立合同的，自当事人均签名、盖章或者按指印时合同成立。

2.当事人采用信件、数据电文等形式订立合同要求签订确认书的，签订确认书时合同成立。

当事人一方通过互联网等信息网络发布的商品或者服务信息符合要约条件的，对方选择该商品或者服务并提交订单成功时合同成立，但是当事人另有约定的除外。

（二）合同成立的地点

1.承诺生效的地点为合同成立的地点。

采用数据电文形式订立合同的，收件人的主营业地为合同成立的地点；没有主营业地的，其住所地为合同成立的地点。当事人另有约定的，按照其约定。

当事人采用合同书形式订立合同的，最后签名、盖章或者按指印的地点为合同成立的地点，但是当事人另有约定的除外。

（三）合同的事实成立

1.法律、行政法规规定或者当事人约定采用书面形式订立合同，当事人未采用书面形式但一方已经履行主要义务，对方接受的，该合同成立。

2.采用合同书形式订立合同，在签名、盖章或者按指印之前，当事人一方已经履行主要义务，对方接受的，该合同成立。

五、缔约过失责任

根据《民法典》第五百条规定，当事人在订立合同过程中有下列情形之一，造成对方损失的，应当承担赔偿责任：

1.假借订立合同，恶意进行磋商。

2.故意隐瞒与订立合同有关的重要事实或者提供虚假情况。

3.有其他违背诚信原则的行为。

当事人在订立合同过程中知悉的商业秘密或者其他应当保密的信息，无论合同是否成立，不得泄露或者不正当地使用；泄露、不正当地使用该商业秘密或者信息，造成对方损失的，应当承担赔偿责任。

负有缔约过失责任的当事人，损害赔偿以受损害的当事人的损失为限，包括直接利益的减少和间接利益的损害。

第三节 合同的效力

合同的效力，即合同的法律效力，是指已经成立的合同在当事人之间产生的一定的法律约束力。有效合同对当事人具有法律约束力，国家法律予以保护，无效合同不具有法律约束力。

一、合同的生效

根据《民法典》第五百零二条规定，依法成立的合同，自成立时生效，但是法律另有规定或者当事人另有约定的除外。

依照法律、行政法规的规定，合同应当办理批准等手续的，依照其规定。未办理批准等手续影响合同生效的，不影响合同中履行报批等义务条款以及相关条款的效力。应当办理申请批准等手续的当事人未履行义务的，对方可以请求其承担违反该义务的责任。

依照法律、行政法规的规定，合同的变更、转让、解除等情形应当办理批准等手续的，适用以上规定。

合同生效后，对当事人具有法律约束力。当事人应当按照合同约定，享受权利，承担义务。任何单位和个人都不得侵犯当事人的合同权利，不得非法阻挠当事人履行合同义务。

当事人对合同的效力可以约定附条件，即附条件的合同。附生效条件的合同，自条件成就时生效；附解除条件的合同，自条件成就时失效。

当事人为自己的利益不正当地阻止条件成就的，视为条件已成就；不正当地促成条件成就的，视为条件不成就。

所附条件是指合同当事人自己约定的，未来有可能发生的，用来限定合同效力的附属意思表示，是合同的附属内容，所附条件必须是合法的事实。

当事人对合同的效力可以约定附期限，即附期限的合同。附生效期限的合同，自期限届至时生效；附终止期限的合同，自期限届满时失效。

二、无效合同

无效合同，是指不具有法律约束力和不发生履行效力的合同。无效合同自始没有法律约束力，国家不予承认和保护。

有下列情形之一的，合同无效：

1.一方以欺诈、胁迫的手段订立合同，损害国家利益。

2.恶意串通，损害国家、集体或者第三人利益。

3.以合法形式掩盖非法目的。

4.损害社会公共利益。

5.违反法律、行政法规的强制性规定。

所谓欺诈，是指故意隐瞒真实情况或者故意告知对方虚假的情况，欺骗对方，诱使对方作出错误的意思表示而与之订立合同。

所谓胁迫，是指行为人以将要发生的损害或者以直接实施损害相威胁，使对方当事人产生恐惧而与之订立合同。

所谓恶意串通，是指合同的双方当事人非法勾结，为牟取私利，损害国家、集体或者第三人利益而共同订立合同。

所谓以合法形式掩盖非法目的，是指行为人为达到非法目的以迂回的方法避开了法律或者行政法规的强制性规定而订立合同。

三、可撤销合同

可撤销合同，是指因合同当事人订立合同时意思表示不真实，经有撤销权的当事人行使撤销权，使已经生效的意思表示归于无效的合同。

可撤销合同具有以下特点：可撤销合同在被撤销前，是有效合同；可撤销合同一般是意思表示不真实的合同；可撤销合同的撤销，须由有撤销权的当事人通过行使撤销权来实现；可撤销合同的变更或者撤销，须由人民法院或者仲裁机构作出。

下列合同，当事人一方有权请求人民法院或者仲裁机构变更或者撤销：①因重大误解订立的；②在订立合同时显失公平的。

一方以欺诈、胁迫的手段或者乘人之危，使对方在违背真实意思的情况下订立的合同，受损害方有权请求人民法院或者仲裁机构变更或者撤销。

当事人请求变更的，人民法院或者仲裁机构不得撤销。

所谓重大误解，是指误解者作出意思表示时，对涉及合同法律效果的重要事项存在着认识上的显著缺陷，其后果是使误解者的利益受到较大损失，或者达不到误解者订立合同的目的。

所谓显失公平，是指一方当事人在紧迫或者缺乏经验的情况下订立合同，使当事人之间的权利义务严重不对等。

上述合同，造成合同当事人在经济利益上严重失衡，违反了公平合理的原则。当事人任何一方均有权请求变更或者撤销，但主要是误解方或者受损方行使请求权。

撤销权的行使是有一定限制的。有下列情形之一的，撤销权消灭：①具有撤销权的当事人自知道或者应当知道撤销事由之日起1年内没有行使撤销权；②具有撤销权的当事人知道撤销事由后明确表示或者以自己的行为放弃撤销权。

四、合同无效和被撤销的法律后果

无效合同或者被撤销的合同自始没有法律约束力。合同部分无效，不影响其他部分效力的，其他部分仍然有效。

合同无效、被撤销或者终止的，不影响合同中独立存在的有关解决争议方法的条款的效力。

合同无效或者被撤销后，因该合同取得的财产，应当予以返还；不能返还或者没有必要返还的，应当折价补偿。有过错的一方应当赔偿对方因此所受到的损失，双方都有过错的，应当各自承担相应的责任。

当事人恶意串通，损害国家、集体或者第三人利益的，因此取得的财产收归国家所有或者返还集体、第三人。

五、效力待定合同

对于某些方面不符合合同生效的要件，但并不属于上述无效合同或者可撤销合同，法律允许根据情况予以补救的合同，为效力待定合同。

1.限制民事行为能力人订立的合同，经法定代理人追认后，该合同有效，但纯获利益的合同或者与其年龄、智力、精神健康状况相适应而订立的合同，不必经法定代理人追认。相对人可以催告法定代理人在1个月内予以追认。法定代理人未作表示的，视为拒绝追认。合同被追认之前，善意相对人有撤销的权利。撤销应当以通知的方式作出。

2.行为人没有代理权、超越代理权或者代理权终止后以被代理人名义订立的合同，未经被代理人追认，对被代理人不发生效力，由行为人承担责任。相对人可以催告被代理人在1个月内予以追认。被代理人未作表示的，视为拒绝追认。合同被追认之前，善意相对人有撤销的权利。撤销应当以通知的方式作出。

3.无处分权的人处分他人财产，经权利人追认或者无处分权的人订立合同后取得处分权的，该合同有效。

第四节　合同的履行

一、合同履行的概念

合同的履行，是指合同生效后，双方当事人按照合同规定的各项条款，完成各自承担的义务和实现各自享受的权利，使双方当事人订立合同的目的得以实现的行为。

根据《民法典》第五百零九条规定，当事人应当按照约定全面履行自己的义务。

当事人应当遵循诚信原则，根据合同的性质、目的和交易习惯履行通知、协助、保密等义务。当事人在履行合同过程中，应当避免浪费资源、污染环境和破坏生态。

二、合同履行的规则

（一）当事人就有关合同约定不明确的履行规则

合同生效后，当事人就质量、价款或者报酬、履行地点等内容没有约定或者约定不明确的，可以协议补充；不能达成补充协议的，按照合同相关条款或者交易习惯确定。

当事人就有关合同内容约定不明确，依据上述规定仍不能确定的，适用下列规定：

1.质量要求不明确的，按照强制性国家标准履行；没有强制性国家标准的，按照推荐性国家标准履行；没有推荐性国家标准的，按照行业标准履行；没有国家标准、行业标准的，按照通常标准或者符合合同目的的特定标准履行。

2.价款或者报酬不明确的，按照订立合同时履行地的市场价格履行；依法应当执行政府定价或者政府指导价的，依照规定履行。

3.履行地点不明确，给付货币的，在接受货币一方所在地履行；交付不动产的，在不动产所在地履行；其他标的，在履行义务一方所在地履行。

4.履行期限不明确的，债务人可以随时履行，债权人也可以随时请求履行，但是应当给对方必要的准备时间。

5.履行方式不明确的，按照有利于实现合同目的的方式履行。

6.履行费用的负担不明确的，由履行义务一方负担；因债权人原因增加的履行费用，由债权人负担。

《民法典》第五百一十二条规定，通过互联网等信息网络订立的电子合同的标的为交付商品并采用快递物流方式交付的，收货人的签收时间为交付时间。电子合同的标的为提供服务的，生成的电子凭证或者实物凭证中载明的时间为提供服务时间；前述凭证没有载明时间或者载明时间与实际提供服务时间不一致的，以实际提供服务的时间为准。

电子合同的标的物为采用在线传输方式交付的，合同标的物进入对方当事人指定的特定系统且能够检索识别的时间为交付时间。

电子合同当事人对交付商品或者提供服务的方式、时间另有约定的，按照其约定。

（二）执行政府定价或者政府指导价的合同的履行规则

执行政府定价或者政府指导价的，在合同约定的交付期限内政府价格调整时，按照交付时的价格计价。逾期交付标的物的，遇价格上涨时，按照原价格执行；价格下降时，按照新价格执行。逾期提取标的物或者逾期付款的，遇价格上涨时，按照新价格执行；价格下降时，按照原价格执行。

（三）涉及第三人的合同履行规则

1.向第三人履行的合同。向第三人履行的合同，又称利他合同，是指债权人将自己所享有的债权转移至第三人，由债务人向该第三人履行债务的合同。

当事人约定由债务人向第三人履行债务的，债务人未向第三人履行债务或者履行债务不符合约定，债务人应当向原债权人承担违约责任。

2.由第三人履行的合同。由第三人履行的合同，又称第三人负担的合同，是指债务人将自己的债务转移至第三人，由第三人向债权人履行债务的合同。

当事人约定由第三人向债权人履行债务的，第三人不履行债务或者履行债务不符合约定的，应当由原债务人向债权人承担违约责任。

三、履行抗辩权

履行抗辩权，是指在双方合同中，一方当事人在另一方不履行责任或者履行不符合约定时，依法对抗对方要求或者拒绝对方权利主张的权利。《民法典》规定了同时履行抗辩权、后履行抗辩权和不安（先履行）抗辩权3种。

（一）同时履行抗辩权

根据《民法典》第五百二十五条规定，当事人互负债务，没有先后履行顺序的，应当同时履行。一方在对方履行之前有权拒绝其履行请求。一方在对方履行债务不符合约定时，有权拒绝其相应的履行请求。

（二）后履行抗辩权

根据《民法典》第五百二十六条规定，当事人互负债务，有先后履行顺序，应当先履行债务一方未履行的，后履行一方有权拒绝其履行要求。先履行一方履行债务不符合约定的，后履行一方有权拒绝其相应的履行请求。

（三）不安抗辩权

根据《民法典》第五百二十七条规定，应当先履行债务的当事人，有确切证据证明对方有下列情形之一的，可以中止履行：①经营状况严重恶化；②转移财产、抽逃资金，以逃避债务；③丧失商业信誉；④有丧失或者可能丧失履行债务能力的其他情形。

当事人没有确切证据中止履行的，应当承担违约责任。

当事人依据上述规定中止履行的，应当及时通知对方。对方提供适当担保的，应当恢复履行。中止履行后，对方在合理期限内未恢复履行能力且未提供适当担保的，视为以自己的行为表明不履行主要债务，中止履行的一方可以解除合同并可以请求对方承担违约责任。

课堂讨论8-1

甲、乙两公司订立了一份买卖合同，双方约定甲公司于8月31日前交货，并负责将货物运至乙公司，乙公司在收到货物后10日内付清货款。合同订立后双方均未签字盖章。7月28日，甲公司与丙运输公司订立货物运输合同，双方约定由丙公司将100台精密仪器运至乙公司。8月1日，丙公司先运了70台精密仪器至乙公司，乙公司全部收到，并于8月8日将70台精密仪器的货款付清。8月20日，甲公司掌握了乙公司转移财产、逃避债务的确切证据，随即通知丙公司暂停运输其余30台精密仪器，并通知乙公司中止交货，要求乙公司提供担保。乙公司及时提供了担保。8月26日，甲公司通知丙公司将其余30台精密仪器运往乙公司，丙公司在运输途中发生交通事故，30台精密仪器全部损毁，致使甲公司8月31日前不能按时全部交货。9月5日，乙公司要求甲公司承担违约责任。

甲、乙公司订立的买卖合同是否成立？甲公司中止履行合同的行为是否合法？乙公司要求甲公司承担违约责任的行为是否合法？丙公司对货物毁损应承担什么责任？

资料来源　摘自会计职称考试“中级经济法”预测试题。

第五节　合同的保全

为防止因债务人的财产不当减少而给债权人的债权带来危害，法律允许债权人为保全其债权的实现而采取的法律措施，称作合同的保全措施。保全措施包括代位权和撤销权两种。

（一）代位权

根据《民法典》第五百三十五条规定，因债务人怠于行使其债权或者与该债权有关的从权利，影响债权人的到期债权实现的，债权人可以向人民法院请求以自己的名义代位行使债务人对相对人的权利，但是该权利专属于债务人自身的除外。

代位权的行使范围以债权人的到期债权为限。债权人行使代位权的必要费用，由债务人负担。

相对人对债务人的抗辩，可以向债权人主张。

根据《民法典》第五百三十六条规定，债权人的债权到期前，债务人的债权或者与该债权有关的从权利存在诉讼时效期间即将届满或者未及时申报破产债权等情形，影响债权人的债权实现的，债权人可以代位向债务人的相对人请求其向债务人履行、向破产管理人申报或者作出其他必要的行为。

根据《民法典》第五百三十七条规定，人民法院认定代位权成立的，由债务人的相对人向债权人履行义务，债权人接受履行后，债权人与债务人、债务人与相对人之间相应的权利义务终止。债务人对相对人的债权或者与该债权有关的从权利被采取保全、执行措施，或者债务人破产的，依照相关法律的规定处理。

（二）撤销权

根据《民法典》第五百三十八条规定，债务人以放弃其债权、放弃债权担保、无偿转让财产等方式无偿处分财产权益，或者恶意延长其到期债权的履行期限，影响债权人的债权实现的，债权人可以请求人民法院撤销债务人的行为。

根据《民法典》第五百三十九条规定，债务人以明显不合理的低价转让财产、以明显不合理的高价受让他人财产或者为他人的债务提供担保，影响债权人的债权实现，债务人的相对人知道或者应当知道该情形的，债权人可以请求人民法院撤销债务人的行为。

撤销权的行使范围以债权人的债权为限。债权人行使撤销权的必要费用，由债务人负担。

撤销权自债权人知道或者应当知道撤销事由之日起1年内行使。自债务人的行为发生之日起5年内没有行使撤销权的，该撤销权消灭。

债务人影响债权人的债权实现的行为被撤销的，自始没有法律约束力。

第六节　合同的变更和转让

一、合同的变更

依法成立的合同，受法律保护，对当事人具有法律约束力。当事人应当按照约定履行自己的义务，不得擅自变更或者解除合同。然而，在合同的履行过程中，由于客观情况的变化，需要对双方的权利义务关系重新进行调整和规定时，合同当事人可以依法变更合同。

合同的变更，是指合同成立后，当事人双方根据客观情况的变化，经协商一致，依照法律规定的条件和程序，对原合同进行修改或者补充。

合同的变更是在合同的主体不改变的前提下，对合同内容或者标的的变更。当事人在变更合同时，应当本着协商一致的原则进行。合同变更后，变更后的内容取代了原合同的内容，当事人应当按照变更后的内容履行合同。当事人对合同变更的内容约定不明确的，推定为未变更。

二、合同的转让

合同的转让，是指合同当事人一方将其合同的权利和义务全部或者部分转让给第三人的行为。

（一）合同权利转让

合同权利转让，是指不改变合同权利的内容，由债权人将合同权利的全部或者部分转让给第三人。转让权利的人成为让与人，受让权利的人成为受让人。

合同权利全部转让的，原合同关系消灭，受让人取代原债权人的地位，成为新的债权人。合同权利部分转让的，受让人作为第三人加入到合同关系中，与原债权人共同享有债权。

有下列情形之一的，债权人不得转让合同权利：①根据合同性质不得转让；②根据当事人约定不得转让；③依照法律规定不得转让。

当事人约定非金钱债权不得转让的，不得对抗善意第三人。当事人约定金钱债权不得转让的，不得对抗第三人。

债权人转让权利的，应当通知债务人。未经通知，该转让对债务人不发生效力。

债权人转让权利的通知不得撤销，但经受让人同意的除外。

（二）合同义务转移

合同义务转移，是指经债权人同意，债务人将合同的义务全部或者部分转移给第三人。

债务人将合同的义务全部或者部分转移给第三人的，应当经债权人同意；否则，债务人转移合同义务的行为对债权人不发生效力，债权人有权拒绝第三人向其履行，同时有权要求债务人履行义务并承担迟延履行合同的法律责任。

债务人全部转移合同义务时，新的债务人完全取代了旧的债务人的地位，承担了全面履行合同义务的责任，享有债务人所应享有的抗辩权。同时，与所转移的主债务有关的从债务，也应当由新债务人承担，但该从债务专属于原债务人自身的除外。债务人部分转移合同义务时，新的债务人加入到合同关系中，与原债务人一起向债权人履行义务。

（三）合同权利义务的一并转让

合同权利义务的一并转让，是指当事人一方经对方同意，将自己在合同中的权利义务一并转让给第三人。

合同权利义务的一并转让，除经对方同意外，《民法典》第五百五十六条规定，合同的权利和义务一并转让的，适用债权转让、债务转移的有关规定。

当事人订立合同后合并的，由合并后的法人或者其他组织行使合同权利，履行合同义务。当事人订立合同后分立的，除债权人和债务人另有约定的以外，由分立的法人或者其他组织对合同的权利和义务享有连带债权，承担连带债务。

第七节　合同的权利义务终止

一、合同的权利义务终止的概念

合同的权利义务终止，是指依法生效的合同，因具备法定情形和当事人约定的情形，合同债权、债务归于消灭，债权人不再享有合同权利，债务人也不必再履行合同义务。

二、合同权利义务终止的具体情形

（一）债务已经按照约定履行

债务已经按照约定履行，是指债务人按照约定的标的、质量、数量、价款或者报酬、履行期限、地点和方式全面履行。以下情况也属于按照合同内容约定履行：

1.当事人约定的第三人按照合同履行。

2.债权人同意以他种给付代替合同原定给付。

3.当事人之外的第三人接受履行。

（二）合同解除

合同解除，是指合同有效成立后，当具备法律规定的合同解除条件时，因当事人一方或者双方意思表示而使合同关系归于消灭的行为。合同解除，有约定解除和法定解除两种情况。

1.约定解除。当事人协商一致，可以解除合同。

当事人可以约定一方解除合同的条件。解除合同的条件成就时，解除权人可以解除合同。

2.法定解除。根据《民法典》第五百六十三条规定，有下列情形之一的，当事人可以解除合同：①因不可抗力致使不能实现合同目的；②在履行期限届满前，当事人一方明确表示或者以自己的行为表明不履行主要债务；③当事人一方迟延履行主要债务，经催告后在合理期限内仍未履行；④当事人一方迟延履行债务或者有其他违约行为致使不能实现合同目的；⑤法律规定的其他情形。以持续履行的债务为内容的不定期合同，当事人可以随时解除合同，但是应当在合理期限之前通知对方。

当事人一方主张解除合同的，应当通知对方。合同自通知到达对方时解除。对方对解除合同有异议的，任何一方当事人均可以请求人民法院或者仲裁机构确认解除行为的效力。法律、行政法规规定解除合同应当办理批准、登记等手续的，依照其规定。合同解除后，尚未履行的，终止履行；已经履行的，根据履行情况和合同性质，当事人可以请求恢复原状或者采取其他补救措施，并有权请求赔偿损失。合同的权利义务关系终止，不影响合同中结算和清理条款的效力。

（三）债务相互抵销

当事人互负债务，该债务的标的物种类、品质相同的，任何一方可以将自己的债务与对方的到期债务抵销；但是，根据债务性质、依照当事人约定或者依照法律规定不得抵销的除外。

当事人主张抵销的，应当通知对方。通知自到达对方时生效。抵销不得附条件或者附期限。

当事人互负债务，标的物种类、品质不相同的，经协商一致，也可以抵销。

（四）债务人依法将标的物提存

提存，是指由于债权人的原因，债务人无法向其交付合同标的物而将该标的物交给提存机关，从而消灭合同的制度。

《民法典》第五百七十条规定，有下列情形之一，难以履行债务的，债务人可以将标的物提存：①债权人无正当理由拒绝受领；②债权人下落不明；③债权人死亡未确定继承人、遗产管理人，或者丧失民事行为能力未确定监护人；④法律规定的其他情形。标的物不适于提存或者提存费用过高的，债务人依法可以拍卖或者变卖标的物，提存所得的价款。

债务人将标的物或者将标的物依法拍卖、变卖所得价款交付提存部门时，提存成立。提存成立的，视为债务人在其提存范围内已经交付标的物。标的物提存后，债务人应当及时通知债权人或者债权人的继承人、遗产管理人、监护人、财产代管人。标的物提存后，毁损、灭失的风险由债权人承担。提存期间，标的物的孳息归债权人所有。提存费用由债权人负担。

债权人可以随时领取提存物。但是，债权人对债务人负有到期债务的，在债权人未履行债务或者提供担保之前，提存部门根据债务人的要求应当拒绝其领取提存物。

债权人领取提存物的权利，自提存之日起五年内不行使而消灭，提存物扣除提存费用后归国家所有。但是，债权人未履行对债务人的到期债务，或者债权人向提存部门书面表示放弃领取提存物权利的，债务人负担提存费用后有权取回提存物。

（五）债权人依法免除债务

根据《民法典》第五百七十五条规定，债权人免除债务人部分或者全部债务的，债权债务部分或者全部终止，但是债务人在合理期限内拒绝的除外。

（六）债权债务同归于一人

根据《民法典》第五百七十六条规定，债权和债务同归于一人的，债权债务终止，但是损害第三人利益的除外。

（七）法律规定或者当事人约定终止的其他情形

根据法律规定或者当事人约定终止的其他情形，可以解除合同。

第八节　违约责任

一、违约责任的概念

违约责任，即违反合同的民事责任，是指合同当事人一方不履行合同义务或者履行合同义务不符合约定时，依照法律规定或者合同约定所承担的法律责任。

一般来说，违约责任的追究，要在合同履行期限届满时才能进行，因为只有在履行期限届满时，才能明确债务人是否履行了合同或者履行义务是否符合约定，但在合同生效后，履行期限届满前，当事人一方明确表示或者以自己的行为表明不履行合同义务的，对方可以在履行期限届满之前要求其承担违约责任。

二、承担违约责任的主要形式

根据《民法典》第五百七十七条规定，当事人一方不履行合同义务或者履行合同义务不符合约定的，应当承担继续履行、采取补救措施或者赔偿损失等违约责任。

（一）继续履行

继续履行，既是为了实现合同目的，又是一种违约责任。当事人一方未支付价款或者报酬的，对方可以要求其支付价款或者报酬。

当事人一方不履行非金钱债务或者履行非金钱债务不符合约定的，对方可以请求履行，但是有下列情形之一的除外：①法律上或者事实上不能履行；②债务的标的不适于强制履行或者履行费用过高；③债权人在合理期限内未请求履行。有上述规定的除外情形之一，致使不能实现合同目的的，人民法院或者仲裁机构可以根据当事人的请求终止合同权利义务关系，但是不影响违约责任的承担。

（二）采取补救措施

履行不符合约定的，应当按照当事人的约定承担违约责任。对违约责任没有约定或者约定不明确，依据《民法典》第五百一十条的规定仍不能确定的，受损害方根据标的的性质以及损失的大小，可以合理选择请求对方承担修理、重作、更换、退货、减少价款或者报酬等违约责任。

（三）赔偿损失

当事人一方不履行合同义务或者履行合同义务不符合约定的，在履行义务或者采取补救措施后，对方还有其他损失的，应当赔偿损失。当事人一方不履行合同义务或者履行合同义务不符合约定，造成对方损失的，损失赔偿额应当相当于因违约所造成的损失，包括合同履行后可以获得的利益；但是，不得超过违约一方订立合同时预见到或者应当预见到的因违反可能造成的损失。

（四）支付违约金

当事人可以约定一方违约时应当根据违约情况向对方支付一定数额的违约金，也可以约定因违约产生的损失赔偿额的计算方法。

约定的违约金低于造成的损失的，人民法院或者仲裁机构可以根据当事人的请求予以增加；约定的违约金过分高于造成的损失的，人民法院或者仲裁机构可以根据当事人的请求予以适当减少。

当事人就迟延履行约定违约金的，违约方支付违约金后，还应当履行债务。

（五）定金

根据《民法典》第五百八十六条规定，当事人可以约定一方向对方给付定金作为债权的担保。定金合同自实际交付定金时成立。定金的数额由当事人约定；但是，不得超过主合同标的额的百分之二十，超过部分不产生定金的效力。实际交付的定金数额多于或者少于约定数额的，视为变更约定的定金数额。

债务人履行债务的，定金应当抵作价款或者收回。给付定金的一方不履行债务或者履行债务不符合约定，致使不能实现合同目的的，无权请求返还定金；收受定金的一方不履行债务或者履行债务不符合约定，致使不能实现合同目的的，应当双倍返还定金。

当事人既约定违约金，又约定定金的，一方违约时，对方可以选择适用违约金或者定金条款。定金不足以弥补一方违约造成的损失的，对方可以请求赔偿超过定金数额的损失。

三、违约责任的免除

合同订立后，一方当事人没有履行合同或者履行合同不符合约定的，应当向对方承担违约责任。但是，当事人一方违约是由于某些无法防止的客观原因造成的，则可以根据情况免除违约方的违约责任。

《民法典》第五百九十条规定，当事人一方因不可抗力不能履行合同的，根据不可抗力的影响，部分或者全部免除责任，但是法律另有规定的除外。因不可抗力不能履行合同的，应当及时通知对方，以减轻可能给对方造成的损失，并应当在合理期限内提供证明。

当事人迟延履行后发生不可抗力的，不免除其违约责任。

当事人一方违约后，对方应当采取适当措施防止损失的扩大；没有采取适当措施致使损失扩大的，不得就扩大的损失请求赔偿。

当事人因防止损失扩大而支出的合理费用，由违约方负担。

免责条款是指合同中的双方当事人在合同中约定的，为免除或者限制一方或者双方当事人未来责任的条款。在现代合同发展中，免责条款大量出现，对免责条款的效力，法律视不同情况采取了不同的做法。一般来说，当事人就经过充分协商确定的免责条款，只要是完全建立在当事人自愿的基础上，又不违反公共利益，法律就对其效力给予承认；但是对严重违反诚实信用原则和社会公共利益的免责条款，法律予以禁止。

复习思考题

1.合同通则的一般规定有哪些？
2.合同的主要条款有哪些？
3.无效合同有哪些种类？
4.在什么情况下可以中止合同？
5.解除合同的法定条件是什么？
6.违反合同约定应当承担什么法律责任？

第九章

知识产权法

内容提要

本章主要介绍了知识产权法的概念和特征，商标法、专利法、著作权法规定的内容；重点阐述了商标注册、注册商标的管理、专利法保护的对象、授予专利的条件、专利权人的权利和义务、著作权人及其权利等，并对著作权、商标权、专利权的保护进行了讲解。

导入案例

著名学者甲于1971年因病去世，甲于临终前将其回忆录手稿赠送给好友乙。该手稿扉页题有“吾将不久于人世，谨以此绝笔赠与挚友，望珍藏密室，令其永不面世”的字样。乙依遗嘱秘藏之。1991年乙病故，其继承人丙获得该手稿。1994年丙将该手稿借与学者丁，供其研究甲的生平时参考。丙在出借时声明“根据作者遗愿，手稿不得公之于世”，丁应允。1996年，丁在征得甲的继承人戊同意后，将手稿以“内部资料”的形式刊印400册，在一定范围内散发。

思考：

1. 甲的著作权此时是否仍受法律保护？
2. 手稿的所有权和著作权分别归谁享有？
3. 戊作为甲的继承人是否有权决定将手稿发表？
4. 丁在使用手稿时，应当尊重哪些人的著作权？

资料来源　根据2013年司法考试民法著作权部分试题改编。

第一节　知识产权法概述

一、知识产权的概念

知识产权，是指基于智力创造成果和工商业标记依法享有的专有权利，其保护范围主要包括著作权、专利权和商标权。因此，国内外著作对其普遍采用以下表述方式：知识产权是指著作权、专利权和商标权的统称。

知识产权是与人身权密切相关的民事财产权，较之于其他民事财产权具有以下特征：

1.对象不同。物权的对象通常是占有一定空间，表现为动产和不动产的、有形有体的“物”；债权的对象通常是以作为或者不作为方式存在的无形无体的“行为”；知识产权的对象通常是以创造性智力成果和工商业标记形式存在的有形无体的“知识财产”。

2.知识产权在独占性、专有性和排他性上的权利弱于物权和债权。当知识产权与物权发生冲突时，知识产权通常要让位于物权。

3.法律保护期限不同。知识产权的保护期限取决于法律规定，当法律规定的有效期限届满时，知识产权即失去法律效力，任何人都可以自由地、无偿地使用。而物权的期限取决于物的自然寿命。

4.地域法律效力不同。一国法律确认的知识产权原则上只在该国领域内有效，对其他国家则不发生法律效力，若要在他国获得保护，必须依照该国的法律申请并获得批准。而其他民事财产权原则上没有地域性限制，无论公民、法人还是其他社会组织合法带入他国的财产，均仍归财产权利人所有并受到该国法律保护。

二、知识产权的保护范围

1967年7月14日在斯德哥尔摩签订的《成立世界知识产权组织公约》第二条第八款规定，知识产权包括以下有关项目的权利：

1.文学艺术和科学作品。

2.表演艺术家的演出、录音制品和广播节目。

3.在人类一切活动领域内的发明。

4.科学发现。

5.工业品外观设计。

6.商标、服务标记、商号名称和标记。

7.禁止不正当竞争。

8.在工业、科学、文学或艺术领域内其他来自知识活动的权利。

1994年4月15日在摩洛哥的马拉喀什签署的《与贸易有关的知识产权协议》（简称《知识产权协议》，TRIPs）中列示的知识产权保护范围为：

1.版权及邻接权。

2.商标权。

3.地理标记权。

4.工业品外观设计权。

5.专利权。

6.集成电路布图设计权。

7.对未公开信息的保护权。

8.对许可合同中限制竞争行为的控制。

《知识产权协议》比《成立世界知识产权组织公约》所规定的保护对象有所增加。

我国知识产权法作为相对独立的法律制度，主要由《中华人民共和国商标法》《中华人民共和国专利法》《中华人民共和国著作权法》及其实施细则组成，其他法律、法规中有关调整知识产权的法律规范，亦属于知识产权法的范畴。

三、知识产权制度的历史沿革

科学技术和文学艺术是推动人类社会进步与发展的力量源泉。知识产权制度的建立，对保护创造者和发明人的合法权益，激发创造者和发明人的热情，促进社会进步和发展，促进和协调国际经济、科技和文化的交流合作具有重要意义。

世界上最早对发明创造给予专利保护的法规是1474年在威尼斯颁布的。较为系统的具有近代意义的专利制度则属1624年英国的《垄断法》，这部法律确立了专利制度的基本原则和框架，影响着后来各国专利制度的建立。18世纪末19世纪初，欧美各国也相继建立了专利保护制度。

世界上最早对作者权利给予著作权保护的法律是1709年英国的《安娜女王法》。其后，欧美各国也相继建立了著作权保护制度。

世界上最早的对商标、商号等工商业标记给予商标保护的法规是1803年法国的《关于工厂、制造场和作坊的法律》。1857年法国又颁布了《商标法》。其后，欧美各国也相继建立了商标保护制度。

科学技术和文学艺术对促进社会进步与发展具有重要意义。但是，由于法律保护的地域性限制，影响了它在国际间的交流。为了解决这一矛盾，国际社会通过签订国际条约和建立国际组织，逐步建立了知识产权的国际保护制度。

1883年签订的《保护工业产权巴黎公约》（以下简称《巴黎公约》）开创了工业产权国际保护的新纪元，从此，国际上签订了许多条约、协定。诸如：在商标保护方面，签订了《商标国际注册马德里协定》（以下简称《马德里协定》），缔结了《商标注册用商品与服务国际分类尼斯协定》；在著作权保护方面，缔结了《保护文学和艺术作品伯尔尼公约》（以下简称《伯尔尼公约》），后来又签订了《世界版权公约》；在专利保护方面，缔结了《专利合作条约》。

《巴黎公约》1883年3月20日签订于巴黎，该公约分为实体条文和行政条文两部分，实体条文规定了各成员国的国内立法应当遵循的若干共同准则。

《巴黎公约》规定的基本原则包括：

第一，国民待遇原则。各成员国必须在法律上给予其他成员国以本国国民能够享有的待遇。即使对于非成员国国民，只要他在某一成员国有住所或者营业场所，也可以享有同样的待遇。

第二，优先权原则。凡申请人就其发明创造或者注册商标第一次向某一成员国提出申请后，在一定时限内，又向其他成员国提出申请时，其申请日期可视同首次申请的日期。

第三，独立性原则。各成员国对某一商标权、专利权的申请，或者批准授予，或者驳回、撤销，彼此独立、互不影响，其他国家没有义务采取同样行动。

第四，强制许可原则。各成员国有权采取立法措施，对于专利权人不实施、也不允许他人实施专利的情况，或者某项专利必须借助他人专利才能实施的情况，向申请实施专利的人颁发强制许可证。

《巴黎公约》规定的工业产权保护对象有：发明、实用新型、工业品外观设计、商标、服务商标、厂商名称、产地标记或者产地名称以及制止不正当竞争的权利。

《马德里协定》于1891年4月14日在西班牙马德里签订，1892年7月15日正式生效。其参加者必须是《巴黎公约》成员国。

《马德里协定》的主要内容是为成员国提供商标国际注册的方便。国际注册，是指成员国中的任何申请人，在其国家就某一商标注册后，可以通过该国商标主管部门向《巴黎公约》的国际局申请该商标国际注册，经批准后，由国际局予以公布，并通知申请人要求受到保护的所有成员国。成员国在接到通知的1年内不向国际局提出驳回该商标的反对意见，该商标即可在要求得到保护的成员国获得注册。

《专利合作条约》1970年6月19日签订于华盛顿，1978年1月24日生效。《专利合作条约》的中心内容是：统一成员国的专利申请手续和审批程序以及在专利文献的检索工作和批准专利以前的初步审查工作等方面进行合作，以使一项发明通过一次国际申请便可同时在申请人选定的几个或者全部成员国获得批准。

《伯尔尼公约》于1886年签订，1887年12月5日生效。该公约几经修订，形成目前多数国家批准的1971年巴黎文本，是当今世界多数国家相互保护著作权的基础公约。

《世界版权公约》是由于以美国为代表的一些国家的国内法达不到《伯尔尼公约》的保护标准，在联合国教科文组织的主持下，于1952年通过，1955年生效的另一个著作权公约。按照公约序言，《世界版权公约》的建立是对现行著作权条约的补充。

此外，国际社会还通过建立国际组织来加强知识产权保护的国际交流与合作，1970年成立了世界知识产权组织，该组织1974年成为联合国的专门机构之一。世界知识产权组织的宗旨是：通过国家间的合作，在适当情况下，与其他国际组织进行合作，以促进在全世界范围内保护知识产权，并保证知识产权组织各联盟之间的行政合作。

世界贸易组织通过的《知识产权协议》，对世界各国知识产权制度建立和国际知识产权保护具有重大影响，该协议对知识产权的保护范围更为广泛，并强化了效力，明确了法律救济的措施和手段。

我国知识产权制度始建于清朝末年。清政府分别于1898年、1904年和1910年颁布了保护专利、商标和著作权的法律。此后的中华民国临时政府、北洋政府和国民党政府则是在此基础之上修订完善继续实施。

中华人民共和国成立后，于1982年、1984年和1990年先后颁布《中华人民共和国商标法》（以下简称《商标法》）、《中华人民共和国专利法》（以下简称《专利法》）、《中华人民共和国著作权法》（以下简称《著作权法》）。

我国于1980年加入了联合国世界知识产权组织，1985年加入《巴黎公约》，1992年加入《伯尔尼公约》和《世界版权公约》，2001年加入世界贸易组织。

第二节 商标法

一、商标与商标法的概念

（一）商标的概念

商标是商品生产者或经营者用以标明自己生产、销售的商品或提供的服务，与其他生产者或经营者生产、销售的同类商品或提供的同类服务相区别的标记。这种标记通常由文字、图形、字母、数字、三维标志、颜色组合、声音或者其组合构成。

商标可以标明商品或者服务项目的来源，便于宣传，有利于树立商品或者服务项目的信誉，提高市场竞争力。

（二）商标的种类

商标依据不同的标准可以进行不同的分类。

1.按商标的结构组成或形态划分，商标可分为文字商标、图形商标、三维商标、颜色组合商标、声音商标和组合商标。

（1）文字商标。这是由文字构成的商标。文字商标的构成可以是中文，也可以是外文、少数民族文字或者阿拉伯数字。例如，“蒙牛”牛奶、“SONY”电器。我国的文字商标以汉字为主，有的还加注汉语拼音字母或者辅以外国文字。

（2）图形商标。这是由平面图形构成的商标。例如，“飞马”电池，其商标就是一匹奔腾的马的形象。

（3）三维商标。它也叫立体商标，是由产品外形或者产品实体包装的立体标志构成的商标。这是一种三维立体结构的商标，近年因其形象性受到消费者和商家的欢迎和重视。

（4）颜色组合商标。这种形式一般是指与文字或图形组合起来使用的色块，不仅能给人以美感，而且具有显著性。

（5）声音商标。这是指将某种通过大量使用具有显著性的，成为大众所熟知的，有特定的指向性的声音作为商标。

（6）组合商标。这是用文字、图形、字母、数字、三维标志、颜色组合和声音等要素中任意两种或两种以上的要素组合而成的商标。它集各种商标要素的优点于一体，是商标构成的一种理想形式，使用广泛，数量最多。

2.按商标的使用者划分，商标可分为商品商标和服务商标。商品商标又可分为生产者的生产商标和销售者的商业商标。服务商标即服务性行业所使用的商标。

（1）生产商标。其又称制造商标，是商品的生产、加工、制造者在自己生产、加工、制造的商品上所使用的商标。

（2）商业商标。其又称销售商标，是商品的经营者在自己经销的商品上所使用的一种商标。

（3）服务商标。其又称服务标记，是服务项目的提供者所使用的商标。

服务商标与商品商标不同的是，它不使用在商品或者商品的包装上，也不可能使用在服务行为上，而只能用在服务场所、广告或其他有形载体上，以标记服务的提供者及其提供的服务。

3.按商标的作用划分，商标可分为集体商标、证明商标。

（1）集体商标。它是指由工商业团体、协会或者其他集体组织的成员所使用的商品商标或服务商标，用以表明商品的经营者或服务的提供者属于同一组织，体现其所生产的商品或者提供的服务具有某种共同的特征。

（2）证明商标。它又称保证商标，是指由对某种商品或者服务具有检测和监督能力的组织所控制，而由其以外的人使用在商品或服务上，用以证明该商品或服务的原产地、原料、制造方法、质量、精确度或其他特定品质的标志，如真皮标志、绿色食品标志。

4.按商品的知名度划分，商标可分为驰名商标、著名商标和知名商标。驰名商标是经国家市场监督管理总局认定的在市场上经过较长时间使用、商品销售量大、享有较高声誉、相关公众熟知的商标。著名商标是指由省级市场监督管理部门认可的，在该行政区域内具有较高声誉和市场知名度的商标。知名商标是指由市级市场监督管理部门认可的，在该行政区域内具有较高声誉和市场知名度的商标。

5.按商标是否受法律保护划分，商标可分为注册商标和非注册商标。经商标所有人申请，并得到国家知识产权局商标局（以下简称商标局）核准注册并予以公告的商标为注册商标。注册商标所有人对注册商标享有独占权，该权利受国家法律的保护。未经商标所有人申请或未被商标局核准注册的商标为非注册商标。非注册商标不受国家法律的保护，但受国家相关法律的调整。

（三）商标法的概念

商标法，是调整在商标注册、使用、管理和保护过程中所发生的各种社会关系的法律规范的总称。为了加强商标管理，保护商标专用权，促使生产、经营者保证商品和服务质量，维护商标信誉，以保障消费者和生产、经营者的利益，促进社会主义市场经济的发展，《中华人民共和国商标法》经1982年8月23日第五届全国人民代表大会常务委员会第二十四次会议审议通过，自1983年3月1日起施行，并于1993年2月、2001年10月、2013年8月3次修正，最新于2019年4月23日由第十三届全国人民代表大会常务委员会第十次会议修正。

《商标法》分总则，商标注册的申请，商标注册的审查和核准，注册商标的续展、变更、转让和使用许可，注册商标的无效宣告，商标使用的管理，注册商标专用权的保护，附则共八章七十三条。

二、商标注册的原则

（一）自愿注册与强制注册相结合的原则

自愿注册原则，是指商标使用人是否申请商标注册取决于其需要和意愿。与其相对应的是强制注册原则，是指国家对某种商品的生产、经营规定的必须使用注册商标的要求，未经核准注册的，不得生产、经营。我国《商标法》在实行自愿注册的同时，对某些商品采取强制注册原则。《商标法》规定，法律、行政法规规定必须使用注册商标的商品，必须申请商标注册，未经核准注册的，不得在市场销售。

（二）申请在先原则

申请在先原则，是指两个或者两个以上的申请人，在同一种商品或者类似商品上，以相同或者近似的商标申请注册的，申请在先的优先获得商标专用权。与其相对应的是使用在先原则，是指商标权的获得取决于商标的使用，使用在先的优先获得商标专用权。我国《商标法》实行申请在先原则。

《商标法》规定，两个或者两个以上的商标注册申请人，在同一种商品或者类似商品上，以相同或者近似的商标申请注册的，初步审定并公告申请在先的商标；同一天申请的，初步审定并公告使用在先的商标，驳回其他人的申请，不予公告。

申请商标注册不得损害他人现有的在先权利，也不得以不正当手段抢先注册他人已经使用并有一定影响的商标。

（三）优先权原则

所谓优先权，是指商标注册申请人对其商标注册在申请日期上享有的优先权。商标注册申请的优先权原则是《巴黎公约》和《知识产权协议》规定的一项重要原则：任何人或者其权利继承人已经在本联盟某一国正式提出商标注册申请的，自第一次申请之日起6个月内，对在其他国家提出的统一商标注册申请享有优先权。因为许多国家商标注册都实行申请在先原则，所以申请日期的提前对确定商标权利有重要意义。

《商标法》规定，商标注册申请人自其商标在外国第一次提出商标注册申请之日起6个月内，又在中国就相同商品以同一商标提出商标注册申请的，依照该外国同中国签订的协议或者共同参加的国际条约，或者按照相互承认优先权的原则，可以享有优先权。

商标在中国政府主办的或者承认的国际展览会展出的商品上首次使用的，自该商品展出之日起6个月内，该商标的注册申请人可以享有优先权。

三、商标注册的条件与禁止

（一）商标注册的条件

1.商标注册申请人的资格。

自然人、法人或者其他组织在生产经营活动中，对其商品或者服务需要取得商标专用权的，应当向商标局申请商标注册。不以使用为目的的恶意商标注册申请，应当予以驳回。

两个以上的自然人、法人或者其他组织可以共同向商标局申请注册同一商标，共同享有和行使该商标专用权。

2.申请注册商标的构成要件。

（1）申请注册的商标应当有区别标志。《商标法》规定，任何能够将自然人、法人或者其他组织的商品与他人的商品区别开的标志，包括文字、图形、字母、数字、三维标志、颜色组合和声音等，以及上述要素的组合，均可以作为商标申请注册。

（2）申请注册的商标应当有显著特征。《商标法》规定，申请注册的商标，应当有显著特征，便于识别，并不得与他人在先取得的合法权利相冲突。

商标注册人有权标明“注册商标”或者注册标记。

（二）商标的禁止

《商标法》第十条规定，下列标志不得作为商标使用：

1.同中华人民共和国的国家名称、国旗、国徽、国歌、军旗、军徽、军歌、勋章等相同或者近似的，以及同中央国家机关的名称、标志、所在地特定地点的名称或者标志性建筑物的名称、图形相同的。

2.同外国的国家名称、国旗、国徽、军旗等相同或者近似的，但经该国政府同意的除外。

3.同政府间国际组织的名称、旗帜、徽记等相同或者近似的，但经该组织同意或者不易误导公众的除外。

4.与表明实施控制、予以保证的官方标志、检验印记相同或者近似的，但经授权的除外。

5.同“红十字”“红新月”的名称、标志相同或者近似的。

6.带有民族歧视性的。

7.带有欺骗性，容易使公众对商品的质量等特点或者产地产生误认的。

8.有害于社会主义道德风尚或者有其他不良影响的。

县级以上行政区划的地名或者公众知晓的外国地名，不得作为商标。但是，地名具有其他含义或者作为集体商标、证明商标组成部分的除外。已经注册的使用地名的商标继续有效。

此外，《商标法》还规定了不予注册的几种情况：

第一，仅有本商品的通用名称、图形、型号的；仅直接表示商品的质量、主要原料、功能、用途、重量、数量及其他特点的；其他缺乏显著特征的，均不得作为商标注册。

第二，以三维标志申请注册商标的，仅由商品自身的性质产生的形状、为获得技术效果而需要的商品形状或者使商品具有实质性价值的形状，不得注册。

第三，商标中有商品的地理名称，而该商品并非来源于该标志所标志的地区，误导公众的，不予注册并禁止使用。

第四，申请商标注册不得违反我国法律关于驰名商标的规定。

（三）驰名商标

1.驰名商标的认定。

驰名商标是在市场上享有较高声誉并为相关公众所熟知的商标。认定驰名商标应当考虑下列因素：

（1）相关公众对该商标的知晓程度。

（2）该商标使用的持续时间。

（3）该商标任何宣传工作的持续时间、程度和地理范围。

（4）该商标作为驰名商标受保护的记录。

（5）该商标驰名的其他因素。

2.驰名商标的保护。

为相关公众所熟知的商标，持有人认为其权利受到侵害时，可以依照《商标法》的有关规定请求驰名商标保护。

（1）就相同或者类似商品申请注册的商标是复制、摹仿或者翻译他人未在中国注册的驰名商标，容易导致混淆的，不予注册并禁止使用。

（2）就不相同或者不相类似商品申请注册的商标是复制、摹仿或者翻译他人已经在中国注册的驰名商标，误导公众，致使该驰名商标注册人的利益可能受到损害的，不予注册并禁止使用。

3.驰名商标的限制。

《商标法》规定，生产、经营者不得将“驰名商标”字样用于商品、商品包装或者容器上，或者用于广告宣传、展览以及其他商业活动中。

课堂讨论 9-1

天津狗不理包子第四代传人高某与天龙阁饭店签订合作协议，建立以经营天津正宗“狗不理包子”为主的餐馆，由天龙阁饭店提供经营场所、营业执照及全部流动资金，高某提供制作天津狗不理包子的技术并进行正宗名称宣传。后天龙阁饭店开业，在店门上方悬挂由高某制作的写有“正宗天津狗不理包子第四代传人高某”字样牌匾一块。天津狗不理饮食公司对此认为：本公司早在1980年就对“天津狗不理包子”进行了商标注册登记。天龙阁饭店与高某协议合作建立以经营天津正宗“狗不理包子”为主的餐馆，并在该店门上方悬挂“天津狗不理包子”牌匾，系侵害其商标专用权的行为。遂向人民法院提起诉讼，要求两被告停止侵权行为，在报纸上公开道歉，赔偿经济损失。你认为此案应如何处理？

资料来源　根据110法律咨询网相关资料整理。

四、商标注册的申请、审查和核准

（一）商标注册的申请

《商标法》第三条规定，经商标局核准注册的商标为注册商标，包括商品商标、服务商标和集体商标、证明商标；商标注册人享有商标专用权，受法律保护。因此，商标所有人若要获得商标专用权并受法律保护，必须申请商标注册。

1.商标注册申请人应当按规定的商品分类表填报使用商标的商品类别和商品名称，提出注册申请。商标注册申请人可以通过一份申请就多个类别的商品申请注册同一商标。商标注册申请等有关文件，可以以书面方式或者数据电文方式提出。

2.注册商标需要在核定使用范围之外的商品上取得商标专用权的，应当另行提出注册申请。

3.注册商标需要改变其标志的，应当重新提出注册申请。

4.为申请商标注册所申报的事项和所提供的材料应当真实、准确、完整。

（二）商标注册的审查和核准

1.初步审定。

对申请注册的商标，商标局应当自收到商标注册申请文件之日起9个月内审查完毕，符合《商标法》有关规定的，予以初步审定公告。在审查过程中，商标局认为商标注册申请内容需要说明或者修正的，可以要求申请人作出说明或者修正。申请人未作出说明或者修正的，不影响商标局作出审查决定。

申请注册的商标，凡不符合《商标法》有关规定或者同他人在同一种商品或者类似商品上已经注册的或者初步审定的商标相同或者近似的，由商标局驳回申请，不予公告。

2.核准注册。

对初步审定公告的商标，自公告之日起3个月内，在先权利人、利害关系人认为商标局初步审定并予以公告的商标有违反法律规定的，可以向商标局提出异议。公告期满无异议的，予以核准注册，发给商标注册证，并予公告。

对初步审定公告的商标提出异议的，商标局应当听取异议人和被异议人陈述事实和理由，经调查核实后，自公告期满之日起12个月内作出是否准予注册的决定，并书面通知异议人和被异议人。有特殊情况需要延长的，经国家市场监督管理总局批准，可以延长6个月。

3.复审。

对驳回申请、不予公告的商标，商标局应当书面通知商标注册申请人。商标注册申请人不服的，可以自收到通知之日起15日内向商标评审机构申请复审。商标评审机构应当自收到申请之日起9个月内作出决定，并书面通知申请人。有特殊情况需要延长的，经国家市场监督管理总局批准，可以延长3个月。当事人对商标评审机构的决定不服的，可以自收到通知之日起30日内向人民法院起诉。

五、注册商标的续展、变更、转让和使用许可

（一）注册商标的续展

注册商标的有效期为10年，自核准注册之日起计算。注册商标有效期满，需要继续使用的，应当在有效期满前12个月内申请续展注册。

每次续展注册的有效期为10年。10年届满后，仍可以延续另一个10年。注册商标的续展，说明注册商标的专用期限是无限制的，可以一次又一次地续展。

注册商标续展的宽展期为6个月，在宽展期满仍未提出续展申请的，商标局将注销其注册商标。

（二）注册商标的变更和转让

注册商标需要变更注册人的名义、地址或者其他注册事项的，应当提出变更申请。转让注册商标的，转让人和受让人应当签订转让协议，并共同向商标局提出申请。受让人应当保证使用该注册商标的商品质量。转让注册商标的，商标注册人对其在同一种商品上注册的近似的商标，或者在类似商品上注册的相同或者近似的商标，应当一并转让。对容易导致混淆或者有其他不良影响的转让，商标局不予核准，书面通知申请人并说明理由。

转让注册商标经核准后，予以公告。受让人自公告之日起享有商标专用权。

（三）注册商标的使用许可

注册商标的使用许可，是指商标注册人将其注册商标许可他人使用。商标注册人为许可人，另一方为被许可人。注册商标许可他人使用，许可人并不丧失注册商标所有权，被许可人只是通过支付一定的使用费而取得该注册商标的使用权。

注册商标的使用许可包括以下三类：①独占使用许可，是指商标注册人在约定的期间、地域和以约定的方式，将该注册商标仅许可一个被许可人使用，商标注册人依约定不得使用该注册商标；②排他使用许可，是指商标注册人在约定的期间、地域和以约定的方式，将该注册商标仅许可一个被许可人使用，商标注册人依约定可以使用该注册商标但不得另行许可他人使用该注册商标；③普通使用许可，是指商标注册人在约定的期间、地域和以约定的方式，许可他人使用其注册商标，并可自行使用该注册商标和许可他人使用该注册商标。

商标注册人可以通过签订商标使用许可合同，许可他人使用其注册商标，许可人应当监督被许可人使用其注册商标的商品质量；被许可人应当保证使用该注册商标的商品质量。

经许可使用他人注册商标的，必须在使用该注册商标的商品上标明被许可人的名称和商品产地。

许可他人使用其注册商标的，许可人应当将其商标使用许可报商标局备案，由商标局公告。商标使用许可未经备案不得对抗善意第三人。

六、注册商标的无效宣告

已经注册的商标，属于恶意商标注册的、违反商标使用禁止规定的、商标代理机构违反诚实信用原则的，或者是以欺骗手段或者其他不正当手段取得注册的，由商标局宣告该注册商标无效。其他单位或者个人可以请求商标评审机构宣告该注册商标无效。

已经注册的商标，属于侵犯驰名商标的、商标代理人或者代表人侵权的、假冒地理标志误导公众的、申请注册的商标同他人在同一种商品或者类似商品上已经注册的或者初步审定的商标相同或者近似的、损害他人在先权利的、以不正当手段抢先注册他人已经使用并有一定影响的商标的，自商标注册之日起5年内，在先权利人或者利害关系人可以请求商标评审机构宣告该注册商标无效。对恶意注册的，驰名商标所有人不受5年的时间限制。

依法宣告无效的注册商标，由商标局予以公告，该注册商标专用权视为自始即不存在。

宣告注册商标无效的决定或者裁定，对宣告无效前人民法院作出并已执行的商标侵权案件的判决、裁定、调解书和商标局作出并已执行的商标侵权案件的处理决定以及已经履行的商标转让或者使用许可合同不具有追溯力。但是，因商标注册人的恶意给他人造成的损失，应当给予赔偿。明显违反公平原则的商标侵权赔偿金、商标转让费、商标使用费，应当全部或者部分返还。

七、商标使用的管理

国家知识产权局商标局主管全国商标注册和管理的工作，隶属国家市场监督管理总局国家知识产权局。

商标的使用，是将商标用于商品、商品包装或者容器以及商品交易文书上，或者将商标用于广告宣传、展览以及其他商业活动中，用于识别商品来源的行为。

（一）注册商标的使用管理

商标注册人在使用注册商标的过程中，自行改变注册商标、注册人名义、地址或者其他注册事项的，由地方市场监督管理部门责令限期改正；期满不改正的，由商标局撤销其注册商标。

注册商标成为其核定使用的商品的通用名称或者没有正当理由连续3年不使用的，任何单位或者个人可以向商标局申请撤销该注册商标。商标局应当自收到申请之日起9个月内做出决定。有特殊情况需要延长的，经国家市场监督管理总局批准，可以延长3个月。

注册商标被撤销、被宣告无效或者期满不再续展的，自撤销、宣告无效或者注销之日起1年内，商标局对与该商标相同或者近似的商标注册申请，不予核准。

（二）未注册商标使用的管理

法律、行政法规规定必须使用注册商标的商品，未经核准注册的，由地方市场监督管理部门责令限期申请注册，违法经营额5万元以上的，可以处违法经营额20%以下的罚款，没有违法经营额或者违法经营额不足5万元的，可以处1万元以下的罚款。

将未注册商标冒充注册商标使用的，或者使用未注册商标违反商标使用禁止规定的，由地方市场监督管理部门予以制止，限期改正，并可以予以通报，违法经营额5万元以上的，可以处违法经营额20%以下的罚款，没有违法经营额或者违法经营额不足5万元的，可以处1万元以下的罚款。

（三）驰名商标使用的管理

生产、经营者将“驰名商标”字样用于商品、商品包装或者容器上，或者用于广告宣传、展览以及其他商业活动中的，由地方市场监督管理部门责令改正，处10万元罚款。

（四）申请复审

对商标局撤销或者不予撤销注册商标的决定，当事人不服的，可以自收到通知之日起15日内向商标评审机构申请复审。商标评审机构应当自收到申请之日起9个月内做出决定，并书面通知当事人。有特殊情况需要延长的，经国家市场监督管理总局批准，可以延长3个月。当事人对商标评审机构的决定不服的，可以自收到通知之日起30日内向人民法院起诉。

法定期限届满，当事人对商标局做出的撤销注册商标的决定不申请复审或者对商标评审机构做出的复审决定不向人民法院起诉的，撤销注册商标的决定、复审决定生效。

被撤销的注册商标，由商标局予以公告，该注册商标专用权自公告之日起终止。

八、注册商标专用权的保护

《商标法》规定，注册商标的专用权，以核准注册的商标和核定使用的商品为限。

（一）侵犯注册商标专用权的行为

《商标法》规定，有下列行为之一的，均属侵犯注册商标专用权：

1.未经商标注册人的许可，在同一种商品上使用与其注册商标相同的商标的。

2.未经商标注册人的许可，在同一种商品上使用与其注册商标近似的商标，或者在类似商品上使用与其注册商标相同或者近似的商标，容易导致混淆的。

3.销售侵犯注册商标专用权的商品的。

4.伪造、擅自制造他人注册商标标志或者销售伪造、擅自制造的注册商标标志的。

5.未经商标注册人同意，更换其注册商标并将该更换商标的商品又投入市场的。

6.故意为侵犯他人商标专用权行为提供便利条件，帮助他人实施侵犯商标专用权行为的。

7.给他人的注册商标专用权造成其他损害的。

（二）商标侵权行为的处理

侵犯注册商标专用权行为，引起纠纷的，由当事人协商解决；不愿协商或者协商不成的，商标注册人或者利害关系人可以向人民法院起诉，也可以请求市场监督管理部门处理。

市场监督管理部门处理时，认定侵权行为成立的，责令立即停止侵权行为，没收、销毁侵权商品和主要用于制造侵权商品、伪造注册商标标识的工具，违法经营额5万元以上的，可以处违法经营额5倍以下的罚款，没有违法经营额或者违法经营额不足5万元的，可以处25万元以下的罚款。对5年内实施两次以上商标侵权行为或者有其他严重情节的，应当从重处罚。销售不知道是侵犯注册商标专用权的商品，能证明该商品是自己合法取得并说明提供者的，由市场监督管理部门责令停止销售。

对侵犯商标专用权的赔偿数额的争议，当事人可以请求进行处理的市场监督管理部门调解，也可以依照《中华人民共和国民事诉讼法》向人民法院起诉。经市场监督管理部门调解，当事人未达成协议或者调解书生效后不履行的，当事人可以依照《中华人民共和国民事诉讼法》向人民法院起诉。

侵犯商标专用权的赔偿数额，按照权利人因被侵权所受到的实际损失确定；实际损失难以确定的，可以按照侵权人因侵权所获得的利益确定；权利人的损失或者侵权人获得的利益难以确定的，参照该商标许可使用费的倍数合理确定。对恶意侵犯商标专用权，情节严重的，可以在按照上述方法确定数额的1倍以上3倍以下确定赔偿数额。赔偿数额应当包括权利人为制止侵权行为所支付的合理开支。

侵犯注册商标专用权，构成犯罪的，除赔偿被侵权人的损失外，依法追究刑事责任。

第三节　专利法

一、专利与专利法的概念

（一）专利的概念

专利即专利权，是指发明人或者专利权人在法律规定的期限内对其发明创造享有的专有权。专利是一种权利，既包括发明人或者专利权人对其发明创造依法具有的财产权利，又包括人身权利，而且这种权利具有独占性。

《专利法》第二条规定，本法所称的发明创造是指发明、实用新型和外观设计。因此，《专利法》保护的对象就是发明创造，即发明、实用新型和外观设计。对发明所授予的专利权为发明专利权。

发明，是指对产品、方法或者其改进所提出的新的技术方案。发明分为产品发明和方法发明，方法发明包括：操作方法、制造方法、工艺流程等技术方案。

实用新型，是指对产品的形状、构造或者其结合所提出的适于实用的新的技术方案。其独创性较发明低，要求也比发明低，因此，人们通常将其称为“小发明”。对实用新型所授予的专利权为实用新型专利权。

外观设计，是指对产品的形状、图案或者其结合以及色彩与形状、图案的结合所做出的富有美感并适于工业应用的新设计。其中，形状是外观设计的核心，图案、色彩是形状的从属因素。对外观设计所授予的专利权为外观设计专利权。

（二）专利法的概念

专利法是调整因确认、保护和行使发明创造专利权而产生的各种社会关系的法律规范的总称。

为了保护专利权人的合法权益，鼓励发明创造，推动发明创造的应用，提高创新能力，促进科学技术进步和经济社会发展，1984年3月12日，第六届全国人民代表大会常务委员会第四次会议通过了《中华人民共和国专利法》，自1985年4月1日起施行，并分别于1992年9月4日第七届全国人民代表大会常务委员会第二十七次会议、2000年8月25日第九届全国人民代表大会常务委员会第十七次会议、2008年12月27日第十一届全国人民代表大会常务委员会第六次会议予以3次修正。

二、授予专利权的条件

发明创造取得专利权，必须符合专利法规定的条件。专利法根据发明创造的类型规定了不同的条件，授予专利权的发明和实用新型，应当具备新颖性、创造性和实用性3个条件。授予外观设计专利权的条件只要求：应当同申请日以前在国内外出版物上公开发表过或者国内公开使用过的外观设计不相同或者不相近似，并不得与他人在先取得的合法权利相冲突。

（一）新颖性

新颖性，是指该发明或者实用新型不属于现有技术，也没有任何单位或者个人就同样的发明或者实用新型在申请日以前向国务院专利行政部门提出过申请，并记载在申请日以后公布的专利申请文件或者公告的专利文件中。

（二）创造性

创造性，是指同申请日以前已有的技术相比，该发明有突出的实质性特点和显著的进步，该实用新型有实质性特点和进步。

（三）实用性

实用性，是指该发明或者实用新型能够制造或者使用，并且能够产生积极效果。

但是，并不是具备上述条件的发明创造都能授予专利权。根据《专利法》第五条的规定，对违反法律、社会公德或者妨害公共利益的发明创造，不授予专利权。对违反法律、行政法规的规定获取或者利用遗传资源，并依赖该遗传资源完成的发明创造，不授予专利权。

根据《专利法》第二十五条的规定，对于下列各项，不授予专利权：

1.科学发现；

2.智力活动的规则和方法；

3.疾病的诊断和治疗方法；

4.动物和植物品种；

5.用原子核变换方法获得的物质；

6.对平面印刷品的图案、色彩或者二者的结合作出的主要起标识作用的设计。

但对动物和植物品种产品的生产方法，可以依照本法规定授予专利权。

三、专利的申请

（一）专利申请权与专利权的归属

发明人或者设计人作为发明创造者，从原则上讲，他们有权申请和获得专利，具有专利申请权与专利权。但是，考虑他们完成发明创造的前提和条件的因素，发明人和设计人在某些情况下，又不具有专利申请权与专利权。

根据《专利法》的有关规定，以下不同情况，专利申请权与专利权的归属有所不同：

1.职务发明创造。职务发明创造，是指发明人或者设计人执行本单位的任务或者主要是利用本单位的物质条件所完成的发明创造。

职务发明创造，申请专利的权利属于该单位；申请被批准后，该单位为专利权人。

2.非职务发明创造。非职务发明创造，是指发明人或者设计人自由完成的职务发明创造以外的发明创造。

非职务发明创造，申请专利的权利属于发明人或者设计人；申请被批准后，该发明人或者设计人为专利权人。

3.共同发明创造。共同发明创造，是指两个以上单位或者个人合作完成的发明创造、一个单位或者个人接受其他单位或者个人委托所完成的发明创造。

共同发明创造，除另有协议的以外，申请专利的权利属于完成或者共同完成的单位或者个人。申请被批准后，申请的单位或者个人为专利权人。

（二）专利的申请

申请发明或者实用新型专利的，应当提交请求书、说明书及其摘要和权利要求书等文件。

请求书应当写明发明或者实用新型的名称，发明人的姓名，申请人的姓名或者名称、地址，以及其他事项。

说明书应当对发明或者实用新型作出清楚、完整的说明，以所属技术领域的技术人员能够实现为准；必要的时候，应当有附图。摘要应当简要说明发明或者实用新型的技术要点。

权利要求书应当以说明书为依据，说明要求专利保护的范围。

依赖遗传资源完成的发明创造，申请人应当在专利申请文件中说明该遗传资源的直接来源和原始来源。申请人无法说明原始来源的，应当陈述理由。

申请外观设计专利的，应当提交请求书、该外观设计的图片或者照片以及对该外观设计的简要说明等文件。申请人提交的有关图片或者照片应当清楚地显示要求专利保护的产品的外观设计。

国务院专利行政部门收到专利申请文件之日为申请日。如果申请文件是邮寄的，以寄出的邮戳日为申请日。

在中国没有经常居所或者营业所的外国人、外国企业或者外国其他组织在中国申请专利和办理专利事务的，应当委托依法设立的专利代理机构办理。

申请人要求优先权的，应当在申请的时候提出书面声明，并且在3个月内提交第一次提出的专利申请文件的副本；未提出书面声明或者逾期未提交专利申请文件副本的，视为未要求优先权。

任何单位或者个人将在中国完成的发明或者实用新型向外国申请专利的，应当事先报经国务院专利行政部门进行保密审查。保密审查的程序、期限等按照国务院的规定执行。

中国单位或者个人可以根据中华人民共和国参加的有关国际条约提出专利国际申请。申请人提出专利国际申请的，应当遵守上述规定。

国务院专利行政部门依照中华人民共和国参加的有关国际条约、《专利法》和国务院有关规定处理专利国际申请。

对违反保密审查规定向外国申请专利的发明或者实用新型，在中国申请专利的，不授予专利权。

同样的发明创造只能授予一项专利权。但是，同一申请人同日对同样的发明创造既申请实用新型专利又申请发明专利，先获得的实用新型专利权尚未终止，且申请人声明放弃该实用新型专利权的，可以授予发明专利权。

两个以上的申请人分别就同样的发明创造申请专利的，专利权授予最先申请的人。

四、专利申请的审查和批准

对于专利申请的审查和批准，国际通行登记制、实质审查制、延迟审查制3种方式。我国《专利法》对发明专利申请采取早期公开、迟延审查制度。对实用新型、外观设计专利申请采取登记制度。

（一）发明专利申请的审批

一项发明专利申请受理后，经过初步审查、早期公开、实质审查、授权并公告等程序才能被授予专利权。

1.初步审查。它又称形式审查，国务院专利行政部门在收到发明专利申请后，对该申请是否符合《专利法》的规定进行审查。其内容主要包括：发明专利申请是否具备《专利法》所规定的请求书、说明书及摘要、权利要求书和其他必要文件，这些文件是否符合规定的格式。申请内容是否明显违反国家法律、社会公德或者妨害公共利益。申请专利的发明是否明显属于不授予专利权的范围。专利申请人是否符合申请人主体资格。有无申请人委托代理机构的委托书。发明专利申请是否符合“一项发明一个专利申请”的原则。

2.早期公开。国务院专利行政部门收到发明专利申请后，经初步审查符合法律要求的，自申请日起满18个月，即行公布。国务院专利行政部门可根据申请人的请求早日公布其申请。公布的内容主要涉及说明书及其摘要、权利要求书等项目。这是国务院专利行政部门在对此项专利申请给予临时性保护的情况下，早期向公众提供科技发明新信息，以免重复研究。

3.实质审查。发明专利申请自申请日起3年内，国务院专利行政部门可以根据申请人随时提出的请求，对其申请进行实质审查；申请人无正当理由逾期不请求实质审查的，该申请即被视为撤回。发明专利的申请人请求实质审查的时候，应当提交在申请日前与其发明有关的参考资料。

国务院专利行政部门认为必要的时候，可以自行对发明专利申请进行实质审查。

发明专利已经在外国提出过申请的，国务院专利行政部门可以要求申请人在指定期限内提交该国为审查其申请进行检索的资料或者审查结果的资料；无正当理由逾期不提交的，该申请即被视为撤回。

国务院专利行政部门对发明专利申请进行实质审查后，认为不符合《专利法》规定的，应当通知申请人，要求其在指定的期限内陈述意见，或者对其申请进行修改；无正当理由逾期不答复的，该申请即被视为撤回。发明专利申请经申请人陈述意见或者进行修改后，国务院专利行政部门仍然认为不符合《专利法》规定的，应当予以驳回。

4.授权并公告。发明专利申请经实质审查没有发现驳回理由的，由国务院专利行政部门作出授予发明专利权的决定，发给发明专利证书，同时予以登记和公告。发明专利权自公告之日起生效。

（二）实用新型和外观设计专利申请的审批

实用新型和外观设计专利申请经初步审查没有发现驳回理由的，由国务院专利行政部门作出授予实用新型专利权或者外观设计专利权的决定，发给相应的专利证书，同时予以登记和公告。实用新型专利权和外观设计专利权自公告之日起生效。

（三）专利申请的驳回与复审

1.专利申请的驳回。

国务院专利行政部门在对专利申请进行审查的过程中，发现有下列情况之一的，应当予以驳回：①申请的对象是《专利法》所称的发明创造以外的其他智力成果或者属于暂不受《专利法》保护的发明创造；②违反国家法律、社会公德或者妨害公共利益的发明创造；③不具有新颖性、创造性、实用性的发明创造；④他人已就同一发明创造申请在先的，或者两个以上申请人同日就相同发明创造申请专利而未能协商确定申请人的；⑤申请违反了单一性原则；⑥未依照《专利法》的要求充分公开其发明创造的内容；⑦权利要求书中提出的权利要求超出了说明书范围；⑧国务院专利行政部门经初步审查或实质审查认为申请不符合《专利法》有关规定，要求申请人陈述意见、补正或修改，申请人陈述意见、补正或修改后，国务院专利行政部门仍然认为不符合规定的。

2.专利申请的复审。

国务院专利行政部门设立专利复审委员会。专利申请人对国务院专利行政部门驳回申请的决定不服的，可以自收到通知之日起3个月内，向专利复审委员会请求复审。专利复审委员会复审后，作出决定，并通知专利申请人。

专利申请人对专利复审委员会的复审决定不服的，可以自收到通知之日起3个月内向人民法院起诉。

课堂讨论9-2

德国宝马汽车股份公司（以下简称宝马公司）是汽车行业久负盛名的公司。1999年8月，宝马向国家知识产权局提交了一款玩具汽车的外观设计专利申请书，申请名为“轿车”，得到了轿车类的外观设计专利权。2003年6月因发现申请有误，宝马提出更改，要求把“轿车”专利更改为“轿车模型”专利。国家知识产权局发布公告认可了宝马的变更申请。但在宝马获准更改的前两天，汕头市澄海区锦江玩具实业有限公司（以下简称锦江公司）申请了玩具汽车外观设计专利。宝马公司认为，锦江公司的玩具汽车和宝马的玩具汽车几乎一样，因此起诉专利复审委，要求宣告锦江公司的专利权无效。你认为应如何处理此案？

资料来源　佚名．专利少写“模型”　宝马公司败诉［EB/OL］．［2011-10-31］．https：//wenku.baidu.com/view/a5d1c9aadd3383c4bb4cd2b2.html.

五、专利权的期限、终止和无效

（一）专利权的期限

专利权的期限，是指专利权的保护期。

根据《专利法》第四十二条的规定，发明专利权的期限为20年，实用新型专利权和外观设计专利权的期限为10年，均自申请日起计算。专利权人应当自被授予专利权的当年开始缴纳年费。

专利权的期限届满时，专利权自行失效，专利权人不再享有专利的独占权，该发明创造成为社会公共财富，任何单位和个人都可以自由地、无偿地使用。

（二）专利权的终止

专利权的终止，是指由于专利权的期限届满以外的原因而提前失去法律效力。根据《专利法》第四十四条的规定，有下列情形之一的，专利权在期限届满前终止：

1.没有按照规定缴纳年费的。

2.专利权人以书面声明放弃专利权的。

专利权在期限届满前终止的，由国务院专利行政部门登记和公告。

（三）专利权的无效

专利权的无效，是指经专利复审委员会审查，对已经取得的专利权宣告无效。

自国务院专利行政部门公告授予专利权之日起，任何单位或者个人认为该专利权的授予不符合《专利法》有关规定的，可以请求专利复审委员会宣告该专利权无效。

专利复审委员会对宣告专利权无效的请求应当及时进行审查和作出决定，并通知请求人和专利权人。

对专利复审委员会宣告专利权无效或者维持专利权的决定不服的，请求人或专利权人可以自收到通知之日起3个月内向人民法院起诉。

宣告无效的专利权视为自始即不存在。

六、专利实施的强制许可

强制许可，是指国务院专利行政部门不经专利权人同意，允许或者指定具备实施条件的单位实施该专利的强制性措施。

强制许可分为不实施专利强制许可、从属专利强制许可和非正常强制许可3种形式。

不实施专利强制许可，是指专利权人未能在合理的时间内许可具备实施条件的单位以合理的条件实施其发明专利或者实用新型专利时，国务院专利行政部门根据该单位的申请，可以给予其实施该发明专利或者实用新型的强制许可。

从属专利强制许可，是指一项取得专利权的发明或者实用新型的实施，有赖于已经取得专利权的前一发明或者实用新型的实施的，国务院专利行政部门根据后一专利权人的申请，可以给予实施前一发明或者实用新型的强制许可。

非正常强制许可，是指在国家出现紧急状态或者非常情况时，或者为了公共利益的目的，国务院专利行政部门可以给予实施发明专利或者实用新型专利的强制许可。

专利实施的强制许可是国家凭借公权力授予被许可人实施他人专利，但被许可人也必须承担相应的义务。取得实施强制许可的单位和个人不享有独占的实施权，并且无权允许他人实施，同时应当付给专利权人合理的使用费，或者依照中华人民共和国参加的有关国际条约的规定处理使用费问题。付给使用费的，其数额由双方协商。双方不能达成协议的，由国务院专利行政部门裁决。

七、专利权的保护

专利权的保护，是指国家通过行政与司法程序，采取有效措施，制止侵犯专利权，保障专利权人权利的法律行为。

（一）专利权的保护范围

根据《专利法》第五十九条的规定，发明或者实用新型专利权的保护范围以其权利要求的内容为准，说明书及附图可以用于解释权利要求的内容。

外观设计专利权的保护范围以表示在图片或者照片中的该外观设计专利产品为准，简要说明可以用于解释图片或者照片所表示的该产品的外观设计。

（二）专利侵权行为及其处理

根据《专利法》第六十条的规定，未经专利权人许可，实施其专利，即侵犯其专利权，引起纠纷的，由当事人协商解决；不愿协商或者协商不成的，专利权人或者利害关系人可以向人民法院起诉，也可以请求管理专利工作的部门处理。

管理专利工作的部门处理时，认定侵权行为成立的，可以责令侵权人立即停止侵权行为，当事人不服的，可以自收到处理通知之日起15日内向人民法院起诉；侵权人期满不起诉又不停止侵权行为的，管理专利工作的部门可以申请人民法院强制执行。

进行处理的管理专利工作的部门应当事人的请求，可以就侵犯专利权的赔偿数额进行调解；调解不成的，当事人可以向人民法院起诉。

《专利法》第六十三条规定，假冒专利的，除依法承担民事责任外，由管理专利工作的部门责令改正并予公告，没收违法所得，可以并处违法所得4倍以下的罚款，没有违法所得的，可处以20万元以下的罚款；构成犯罪的，依法追究刑事责任。

（三）损害赔偿

侵犯专利权的赔偿数额按照权利人因被侵权所受到的实际损失确定；实际损失难以确定的，可以按照侵权人因侵权所获得的利益确定。权利人的损失或者侵权人获得的利益难以确定的，参照该专利许可使用费的倍数合理确定。赔偿数额还应当包括权利人为制止侵权行为所支付的合理开支。

权利人的损失、侵权人获得的利益和专利许可使用费均难以确定的，人民法院可以根据专利权的类型、侵权行为的性质和情节等因素，确定给予1万元以上100万元以下的赔偿。

侵犯专利权的诉讼时效为两年，自专利权人或者利害关系人得知或者应当得知侵权行为之日起计算。

（四）免责条件

根据《专利法》第六十九条的规定，有下列情形之一的，不视为侵犯专利权：

1.专利产品或者依照专利方法直接获得的产品，由专利权人或者经其许可的单位、个人售出后，使用、许诺销售、销售、进口该产品的。

2.在专利申请日前已经制造相同产品、使用相同方法或者已经做好制造、使用的必要准备，并且仅在原有范围内继续制造、使用的。

3.临时通过中国领陆、领水、领空的外国运输工具，依照其所属国同中国签订的协议或者共同参加的国际条约，或者依照互惠原则，为运输工具自身需要而在其装置和设备中使用有关专利的。

4.专为科学研究和实验而使用有关专利的。

5.为提供行政审批所需要的信息，制造、使用、进口专利药品或者专利医疗器械的，以及专门为其制造、进口专利药品或者专利医疗器械的。

为生产经营目的使用、许诺销售或者销售不知道是未经专利权人许可而制造并售出的专利侵权产品，能证明该产品合法来源的，不承担赔偿责任。

第四节　著作权法

一、著作权概述

（一）著作权的概念

著作权，是指作者基于文学、艺术和科学作品依法产生的权利。根据《中华人民共和国著作权法》（以下简称《著作权法》）第六十二条的规定：本法所称的著作权即版权。

著作权制度的起因可以追溯至英国的特许出版权。出版业的产生极大地促进了科学和文化的普及和交流，也为从事这一新兴产业的出版商带来了丰厚的利润，但随之而来的“盗版”等不正当竞争行为又严重损害了出版商的利益，出于竞争和维护自身利益的需求，出版商极力谋求对出版书籍的复制和发行垄断的权利。为满足出版商的要求和审查出版物的思想内容，英国政府实行了特许证制度，即由皇家特别授权，给予出版商及其他商人以出版书籍的特权。但此项制度只保护了出版商的权益而作者的利益却没有得到保障。在作者的强烈要求下，英国议会于1709年通过了一部旨在保护作者权利的法案，史称《安娜女王法》。该法案承认作者是著作权保护的本源，对已出版的著作采取有期限的保护。《安娜女王法》为现代著作权制度奠定了基石，被称为是人类历史上第一部著作权法。18世纪末，欧美各国相继建立了著作权保护制度。

我国著作权立法始于1910年的《大清著作权法》。此后北洋政府和国民党政府也相继颁布过著作权法。

（二）著作权法的概念

著作权法，是指调整因确认和保护著作权而产生的社会经济关系的法律规范的总称。

为了保护文学、艺术和科学作品作者的著作权，以及与著作权有关的权益，鼓励有益于社会主义精神文明、物质文明建设的作品的创造和传播，促进社会主义文化和科学事业的发展与繁荣，1990年9月7日第七届全国人民代表大会常务委员会第十五次会议通过了《著作权法》，自1991年6月1日起实施。2001年10月27日第九届全国人民代表大会常务委员会第二十四次会议第一次修正，2010年2月26日第十一届全国人民代表大会常务委员会第十三次会议第二次修正，2020年11月11日第十三届全国人民代表大会常务委员会第二十三次会议第三次修正。

（三）《著作权法》的适用范围

根据《著作权法》第二条的规定，中国公民、法人或者非法人组织的作品，不论是否发表，依照本法享有著作权。外国人、无国籍人的作品根据其作者所属国或者经常居住地国同中国签订的协议或者共同参加的国际条约享有的著作权，受本法保护。外国人、无国籍人的作品首先在中国境内出版的，依照本法享有著作权。未与中国签订协议或者共同参加国际条约的国家的作者以及无国籍人的作品首次在中国参加的国际条约的成员国出版的，或者在成员国和非成员国同时出版的，受本法保护。

（四）《著作权法》保护的作品

《著作权法》所称的作品，是指文学、艺术和科学领域内具有独创性并能以某种有形形式表现的智力成果。

根据世界贸易组织《知识产权协议》第九条第二款的规定，著作权保护应及于表达方式，但不延及思想、程序、操作方法或数学概念本身。

《著作权法》所称的作品包括：

1.文字作品。

2.口述作品。

3.音乐、戏剧、曲艺、舞蹈、杂技艺术作品。

4.美术、建筑作品。

5.摄影作品。

6.视听作品。

7.工程设计图、产品设计图、地图、示意图等图形作品和模型作品。

8.计算机软件。

9.符合作品特征的其他智力成果。

依法禁止出版、传播的作品，不受《著作权法》保护。

著作权人行使著作权，不得违反宪法和法律，不得损害公共利益。国家对作品的出版、传播依法进行监督管理。

《著作权法》第五条规定，本法不适用于：

1.法律、法规，国家机关的决议、决定、命令和其他具有立法、行政、司法性质的文件，及其官方正式译文。

2.单纯事实消息。

3.历法、通用数表、通用表格和公式。

二、著作权人及其权利

（一）著作权人

根据《著作权法》第九条的规定，著作权人包括：

1.作者。

2.其他依照《著作权法》享有著作权的自然人、法人或者非法人组织。

（二）著作权的内容

著作权包括人身权和财产权。

1.著作人身权，是指作者基于作品依法享有的以人身利益为内容的权利，包括以下四项：①发表权，即决定作品是否公之于众的权利；②署名权，即表明作者身份，在作品上署名的权利；③修改权，即修改或者授权他人修改作品的权利；④保护作品完整权，即保护作品不受歪曲、篡改的权利。

著作人身权是作者的专属权利，不能转让，其署名权、修改权、保护作品完整权的保护期也不受限制。

2.著作财产权，是指著作权人基于作品享有的财产收益权，包括以下13项：①复制权，即以印刷、复印、拓印、录音、录像、翻录、翻拍、数字化等方式将作品制作一份或者多份的权利；②发行权，即以出售或者赠与方式向公众提供作品的原件或者复制件的权利；③出租权，即有偿许可他人临时使用视听作品、计算机软件的原件或者复印件的权利，计算机软件不是出租的主要标的的除外；④展览权，即公开陈列美术作品、摄影作品的原件或者复制件的权利；⑤表演权，即公开表演作品，以及用各种手段公开播送作品的表演的权利；⑥放映权，即通过放映机、幻灯机等技术设备公开再现美术、摄影、视听作品等的权利；⑦广播权，即以无线方式公开传播或者转播作品，视听作品以及通过扩音器或者其他传送符号、声音、图像的类似工具向公众传播广播的作品的权利；⑧信息网络传播权，即以有线或者无线方式向公众提供作品，使公众可以在其个人选定的时间和地点获得作品的权利；⑨摄制权，即以摄制视听作品的方法将作品固定在载体上的权利；⑩改编权，即改变作品，创造出具有独创性的新作品的权利；⑪翻译权，即将作品从一种语言文字转换成另一种语言文字的权利；⑫汇编权，即将作品或者作品的片段通过选择或者编排，汇集成新作品的权利；⑬应当由著作权人享有的其他权利。

著作权人可以许可他人行使著作财产权，也可以全部或者部分转让著作财产权，并依照约定或者《著作权法》的有关规定获得报酬。

美术等作品原件所有权的转移，不视为作品著作权的转移，但美术作品原件的展览权由原件所有人享有。

（三）著作权归属

根据《著作权法》第十一条的规定，著作权属于作者，本法另有规定的除外。

著作权属于作者，是著作权归属的一般原则。作者既包括自然人，也包括法人或者其他组织。如无相反证明，在作品上署名的公民、法人或者其他组织为作者。

《著作权法》还进一步确认了不同情况下完成作品的作者。

1.创作作品。创作作品的自然人是作者。由法人或者非法人组织主持，代表法人或者其他组织意志创作，并由法人或者非法人组织承担责任的作品，法人或者非法人组织视为作者。

2.改编、翻译、注释、整理作品。改编、翻译、注释、整理已有作品而产生的作品，其著作权由改编、翻译、注释、整理人享有，但行使著作权时不得侵犯原作品的著作权。

改编权、翻译权、汇编权、注释权、整理权是著作权人享有的权利，其他人对已有作品的改编、翻译、汇编、注释、整理必须取得著作权人的许可，也可以通过转让方式取得上述权利。

3.合作作品。两人以上合作创作的作品，著作权由合作作者共同享有。合作作品可以分割使用的，作者对各自创作的部分可以单独享有著作权，但行使著作权时不得侵犯合作作品整体的著作权。

4.视听作品。视听作品中的电影作品、电视剧作品的著作权由制作者享有，但编剧、导演、摄影、作词、作曲的作者享有署名权，并有权按照与制片者签订的合同获得报酬。

视听作品中的剧本、音乐等可以单独使用的作品的作者有权单独行使其著作权。

5.职务作品。职务作品，是指自然人为完成法人或者其他组织工作任务所创作的作品。职务作品的著作权归属有两种情况：

一是著作权由作者享有，法人或者其他组织有权在其业务范围内优先使用，作者在作品完成两年内，未经单位同意不得许可第三人以与单位使用的相同方式使用该作品。

二是作者享有署名权，著作权的其他权利由法人或者非法人组织享有。《著作权法》第十八条规定有三种情形适用此情况：主要是利用法人或者其他组织的物质技术条件创作，并由法人或者非法人组织承担责任的工程设计图、产品设计图、地图、示意图、计算机软件等职务作品；报社、期刊社、通讯社、广播电台、电视台的工作人员创作的职务作品；法律、行政法规规定或者合同约定著作权由法人或者非法人组织享有的职务作品。

6.受委托创作的作品。受委托创作的作品，著作权的归属由委托人和受托人通过合同约定。合同未作明确约定或者没有订立合同的，著作权属于受托人。

（四）著作权的保护期

作者的署名权、修改权、保护作品完整权的保护期不受限制。

自然人的作品，其发表权、著作财产权的保护期为作者终生及其死亡后50年，截止于作者死亡后第50年的12月31日；合作作品以最后死亡的作者的死亡时间计算。

法人或者非法人组织的作品、著作权（署名权除外）由法人或者非法人组织享有的职务作品，其发表权的保护期为50年，截止于作品创作完成后第50年的12月31日，但作品自创作完成后50年内未发表的，《著作权法》不再予以保护。

视听作品，其发表权的保护期为50年，截止于作品创作完成后第50年的12月31日，但作品自创作完成后50年内未发表的，《著作权法》不再予以保护。

（五）权利的限制

《著作权法》第二十四条规定，在下列情况下使用作品，可以不经著作权人许可，不向其支付报酬，但应当指明作者姓名或者名称、作品名称，并且不得影响该作品的正常使用，也不得不合理地损害著作权人的合法权益：

1.为个人学习、研究或者欣赏，使用他人已经发表的作品。

2.为介绍、评论某一作品或者说明某一问题，在作品中适当引用他人已经发表的作品。

3.为报道新闻，在报纸、期刊、广播电台、电视台等媒体中不可避免地再现或者引用已经发表的作品。

4.报纸、期刊、广播电台、电视台等媒体刊登或者播放其他报纸、期刊、广播电台、电视台等媒体已经发表的关于政治、经济、宗教问题的时事性文章，但著作权人声明不许刊登、播放的除外。

5.报纸、期刊、广播电台、电视台等媒体刊登或者播放在公众集会上发表的讲话，但作者声明不许刊登、播放的除外。

6.为学校课堂教学或者科学研究，翻译、改编、汇编、播放或者少量复制已经发表的作品，供教学或者科研人员使用，但不得出版发行。

7.国家机关为执行公务在合理范围内使用已经发表的作品。

8.图书馆、档案馆、纪念馆、博物馆、美术馆、文化馆等为陈列或者保存版本的需要，复制本馆收藏的作品。

9.免费表演已经发表的作品，该表演未向公众收取费用，也未向表演者支付报酬，且不以营利为目的。

10.对设置或者陈列在公共场所的艺术作品进行临摹、绘制、摄影、录像。

11.将中国公民、法人或者其他组织已经发表的以国家通用语言文字创作的作品翻译成少数民族语言文字作品在国内出版发行。

12.将阅读障碍者能够感知的无障碍方式向其提供已经发表的作品。

根据《著作权法》第二十五条的规定，为实施义务教育规划而编写出版的教科书，可以不经著作权人许可，在教科书中汇编已经发表的作品片段或者短小的文字作品、音乐作品或者单幅的美术作品、摄影作品，但应当按照规定支付报酬。

以上规定适用于对与著作权有关的权利的限制。

课堂讨论9-3

2011年3月，50名作家发起了“反百度文库盗版侵权”行动。15日上午，由出版界路金波、张小波、贾平凹等50人联名发布《3·15中国作家讨百度书》，在新浪微博流传。该声讨书称，“百度已经彻底堕落成了一个窃贼公司，偷走了作家的作品，把百度文库变成了一个贼赃市场”。50名作家联名向百度公司旗下的百度文库发出“维权宣言”，并呼吁所有作家联合起来共同起诉百度。你怎么看待此事？

资料来源 佚名. 反百度文库盗版侵权［N］. 兰州晨报，2011.

三、著作权许可使用和转让合同

根据《著作权法》第二十六条的规定，使用他人作品应当同著作权人订立许可使用合同，《著作权法》规定可以不经许可的除外。许可使用合同包括下列主要内容：

1.许可使用的权利种类。

2.许可使用的权利是专有使用权或者非专有使用权。

3.许可使用的地域范围、期间。

4.付酬标准和办法。

5.违约责任。

6.双方认为需要约定的其他内容。

根据《著作权法》第二十七条的规定，转让发表权和著作财产权，应当订立书面合同。权利转让合同包括下列主要内容：

1.作品的名称。

2.转让的权利种类、地域范围。

3.转让价金。

4.交付转让价金的日期和方式。

5.违约责任。

6.双方认为需要约定的其他内容。

以著作权中的财产权出质的，由出质人和质权人依法办理出质登记。

在许可使用合同和转让合同中，著作权人未明确许可、转让的权利，未经著作权人同意，另一方当事人不得行使。

使用作品的付酬标准可以由当事人约定。

四、出版、表演、录音录像、播放

（一）图书，报纸、期刊的出版

1.图书出版。图书出版者出版图书应当和著作权人订立出版合同，并支付报酬。

著作权人应当按照合同约定期限交付作品。图书出版者应当按照合同约定的出版质量、期限出版图书。

图书出版者经作者许可，可以对作品修改、删节。

图书出版者重印、再版作品的，应当通知著作权人，并支付报酬。图书脱销后，图书出版者拒绝重印、再版的，著作权人有权终止合同。

图书出版者对著作权人交付出版的作品，按照合同约定享有的专有出版权受法律保护，他人不得出版该作品。

2.报纸、期刊出版。著作权人向报社、期刊社投稿的，自稿件发出之日起15日内未收到报社通知决定刊登的，或者自稿件发出之日起30日内未收到期刊社通知决定刊登的，可以将同一作品向其他报社、期刊社投稿。双方另有约定的除外。

报纸、期刊作品刊登后，除著作权人声明不得转载、摘编的外，其他报刊可以转载或者作为文摘、资料刊登，但应当按照规定向著作权人支付报酬。

报社、期刊社可以对作品作文字性修改、删节。对内容的修改，应当经作者许可。

3.出版者的版式设计权。出版者有权许可或者禁止他人使用其出版的图书、期刊的版式设计。

版式设计权利的保护期为10年，截止于使用该版式设计的图书、期刊首次出版后第10年的12月31日。

（二）表演

使用他人作品演出，表演者（演员、演出单位）应当取得著作权人许可，并支付报酬。演出组织者组织演出，由该组织者取得著作权人许可，并支付报酬。

表演者对其表演享有下列权利：

1.表明表演者身份。

2.保护表演形象不受歪曲。

3.许可他人从现场直播和公开传送其现场表演，并获得报酬。

4.许可他人录音录像，并获得报酬。

5.许可他人复制、发行、出租录有其表演的录音录像制品，并获得报酬。

6.许可他人通过信息网络向公众传播其表演，并获得报酬。

被许可人以上述第3～6项规定的方式使用作品的，还应当取得著作权人许可，并支付报酬。

（三）录音录像

录音录像制作者使用他人作品制作录音录像制品，应当取得著作权人许可，并支付报酬。

录音录像制作者使用他人已经合法录制为录音制品的音乐作品制作录音制品，可以不经著作权人许可，但应当按照规定支付报酬；著作权人声明不许使用的不得使用。

录音录像制作者对其制作的录音录像制品，享有许可他人复制、发行、出租、通过信息网络向公众传播并获得报酬的权利。

被许可人复制、发行、通过信息网络向公众传播录音录像制品，应当同时取得著作权人、表演者许可，并支付报酬。

（四）广播电台、电视台播放

广播电台、电视台播放他人未发表的作品，应当取得著作权人许可，并支付报酬。

广播电台、电视台播放他人已发表的作品，可以不经著作权人许可，但应当按照规定支付报酬。

电视台播放他人的视听作品、录像作品，应当取得视听作品著作权人或者录像制作者许可，并支付报酬。

广播电台、电视台有权禁止未经其许可的下列行为：

1.将其播放的广播、电视以有线或者无线方式转播。

2.将其播放的广播、电视录制以及复制。

3.将其播放的广播、电视通过信息网络向公众传播。

五、违反《著作权法》的法律责任

（一）侵犯著作权的民事责任

按照《著作权法》第五十二条的规定，有下列侵权行为的，应当根据情况，承担停止侵害、消除影响、赔礼道歉、赔偿损失等民事责任：

1.未经著作权人许可，发表其作品的。

2.未经合作作者许可，将与他人合作创作的作品当作自己单独创作的作品发表的。

3.没有参加创作，为谋取个人名利，在他人作品上署名的。

4.歪曲、篡改他人作品的。

5.剽窃他人作品的。

6.未经著作权人许可，以展览、摄制视听作品的方法使用作品，或者以改编、翻译、注释等方式使用作品的，《著作权法》另有规定的除外。

7.使用他人作品，应当支付报酬而未支付的。

8.未经视听作品、计算机软件、录音录像制品的著作权人、表演者或者录音录像制作者许可，出租其作品或者录音录像制品的原件或者复制件的，《著作权法》另有规定的除外。

9.未经出版者许可，使用其出版的图书、期刊的版式设计的。

10.未经表演者许可，从现场直播或者公开传送其现场表演，或者录制其表演的。

11.其他侵犯著作权以及与著作权有关的权利的行为。

（二）侵犯著作权的行政责任和刑事责任

按照《著作权法》第五十三条的规定，有下列侵权行为的，应当根据情况，承担停止侵害、消除影响、赔礼道歉、赔偿损失等民事责任；侵权行为同时损害公共利益的，由主管著作权的部门责令停止侵权行为，予以警告，没收违法所得，没收、无害化销毁处理侵权复制品以及主要用于制作侵权复制品的材料、工具、设备等；构成犯罪的，依法追究刑事责任（《著作权法》另有规定的除外）：

1.未经著作权人许可，复制、发行、表演、放映、广播、汇编、通过信息网络向公众传播其作品的。

2.出版他人享有专有出版权的图书的。

3.未经表演者许可，复制、发行录有其表演的录音录像制品，或者通过信息网络向公众传播其表演的。

4.未经录音录像制作者许可，复制、发行、通过信息网络向公众传播其制作的录音录像制品的。

5.未经许可，播放复制或者通过信息网络向公众传播广播、电视的。

6.未经著作权人或者与著作权有关的权利人许可，故意避开或者破坏技术措施的，故意制造、进口或者向他人提供主要用于避开、破坏技术措施的装置或者部件的，或者故意为他人避开或者破坏技术措施提供技术服务的。

7.未经著作权人或者与著作权有关的权利人许可，故意删除或者改变作品、版式设计、表演、录音录像制品或者广播、电视上的权利管理信息的，知道或者应当知道作品、版式设计、表演、录音录像制品或者广播、电视上的权利管理信息未经许可被删除或者改变，仍然向公众提供的。

8.制作、出售假冒他人署名的作品的。

（三）保全措施

1.财产保全。按照《著作权法》第五十六条的规定，著作权人或者与著作权有关的权利人证明他人正在实施或者即将实施侵犯其权利、妨碍其实现权利的行为，如不及时制止将会使其合法权益受到难以弥补的损害的，可以在起诉前依法向人民法院申请采取财产保全、责令作出一定行为或者禁止作出一定行为等措施。

2.证据保全。按照《著作权法》第五十七条的规定，为制止侵权行为，在证据可能灭失或者以后难以取得的情况下，著作权人或者与著作权有关的权利人可以在起诉前依法向人民法院申请保全证据。

（四）著作权纠纷的解决方式

著作权纠纷可以调解，也可以根据当事人达成的书面仲裁协议或者著作权合同中的仲裁条款，向仲裁机构申请仲裁。

当事人没有书面仲裁协议，也没有在著作权合同中订立仲裁条款的，可以直接向人民法院起诉。

复习思考题

1.什么是知识产权，其基本特征是什么？

2.著作人身权指的是什么？

3.商标注册的原则是什么？

4.哪些行为属于商标侵权行为？

5.授予专利权的条件是什么？

6.专利申请权和专利权的归属有哪些规定？

第十章

反垄断法、反不正当竞争法

内容提要

本章主要介绍了反垄断法、反不正当竞争法的概念及其法律规定的内容；重点阐述了垄断协议、滥用市场支配地位、经营者集中、行政垄断等垄断行为，不正当竞争行为及其特征，并对垄断行为、不正当竞争行为应当承担的法律责任进行了解释。

导入案例

唐山某公司是一家从事医药信息咨询服务的公司，其起诉百度公司称：由于其降低了对百度搜索竞价排名的投入，被告百度公司即对其所经营的全民医药网在自然排名结果中进行了全面屏蔽，从而导致了全民医药网访问量的大幅度降低。而百度公司这种利用中国搜索引擎市场的支配地位对其网站进行屏蔽的行为，违反了《中华人民共和国反垄断法》（以下简称《反垄断法》）的规定，构成滥用市场支配地位、强迫其进行竞价排名交易的行为。为此，该公司请求法院判令被告百度公司赔偿其经济损失人民币1 106 000元，解除对全民医药网的屏蔽并恢复全面收录。被告辩称首先其确实对原告公司所拥有的全民医药网采取了减少收录的措施，实施该措施的原因是该公司的网站设置了大量垃圾外链，搜索引擎自动对其进行了作弊处罚。但是，该项处罚措施针对的仅仅是百度搜索中的自然排名结果，与原告公司所称的竞价排名交易毫无关系，亦不会影响其竞价排名的结果。原告公司称百度公司具有《反垄断法》所称的市场支配地位缺乏事实依据。

思考：

1. 唐山某公司的诉讼请求能否获得法院支持？

2. 百度公司是否滥用市场支配地位？

资料来源 根据中国反垄断法网相关资料整理。

第一节 反垄断法

一、反垄断法概述

（一）垄断的概念

垄断，是指经营者凭借经济优势、行政权力，或者达成协议以及采取其他协同方式，滥用市场支配地位，旨在排除、限制竞争的行为。经营者包括从事商品生产、经营或者提供服务的自然人、法人和其他组织。

竞争是效率的最强诱因，竞争迫使经营者降低成本、提高产品和服务质量，并根据消费者需求不断开发新产品，使更多的消费者受益。而排除、限制竞争的垄断行为，阻碍技术进步，影响资源配置效率，仅仅保证少数经营者的利益。

（二）反垄断法的概念

反垄断法，是指调整在预防和制止垄断行为的过程中所产生的市场监管关系的法律规范的总称。

反垄断法产生的标志是美国1890年制定的《谢尔曼法》，它是保护市场公平竞争、维护市场公正秩序、发挥市场配置资源作用的重要法律制度，素有“经济宪法”之称。

为了预防和制止垄断行为，保护市场公平竞争，提高经济运行效率，维护消费者利益和社会公共利益，促进社会主义市场经济健康发展，第十届全国人民代表大会常务委员会第二十九次会议于2007年8月30日通过了《反垄断法》，自2008年8月1日起施行。

（三）垄断行为

《反垄断法》第三条规定的垄断行为包括：

1.经营者达成垄断协议。

2.经营者滥用市场支配地位。

3.具有或者可能具有排除、限制竞争效果的经营者集中。

同时，《反垄断法》第八条规定，行政机关和法律、法规授权的具有管理公共事务的组织不得滥用行政权力，排除、限制竞争。

（四）反垄断机构

1.反垄断委员会。《反垄断法》第九条规定，国务院设立反垄断委员会，负责组织、协调、指导反垄断工作，履行下列职责：研究拟定有关竞争政策；组织调查、评估市场总体竞争状况，发布评估报告；制定、发布反垄断指南；协调反垄断行政执法工作；国务院规定的其他职责。

2.反垄断执法机构。《反垄断法》第十条规定，国务院规定的承担反垄断执法职责的机构（以下统称国务院反垄断执法机构）依照《反垄断法》规定，负责反垄断执法工作。国务院反垄断执法机构根据工作需要，可以授权省、自治区、直辖市人民政府相应的机构，依照《反垄断法》规定负责有关反垄断执法工作。

随着《反垄断法》的实施，国务院反垄断执法机构经国务院批准组建，国家市场监督管理总局设立“反垄断与反不正当竞争执法局”，其职责是负责垄断协议、滥用市场支配地位、滥用行政权力排除、限制竞争方面的反垄断执法工作；商务部设立“反垄断调查局”，负责对经营者集中审查；发展和改革委员会的反垄断职能是负责查处价格垄断行为。

3.行业协会的反垄断义务。《反垄断法》第十一条规定，行业协会应当加强行业自律，引导本行业的经营者依法竞争，维护市场竞争秩序。

二、垄断协议

（一）垄断协议的含义

垄断协议，是指经营者之间达成的，旨在排除、限制竞争的协议、决定或者其他协同行为。

经营者之间达成垄断协议是一种比较典型的垄断行为，对其最常见的表述是“卡特尔”，是各国反垄断法重点规制的对象。按照参与主体不同，垄断协议分为横向垄断协议与纵向垄断协议。

（二）《反垄断法》禁止的垄断协议

1.横向垄断协议。横向垄断协议，是指具有竞争关系的经营者之间达成的垄断协议。具有竞争关系的经营者，是指在商品生产、经营或者提供服务过程中处于相同市场的经营者，如相同产品的生产商之间、零售商之间，他们生产、经营相同产品，处于相同市场，而且相互之间存在着竞争关系。

《反垄断法》第十三条规定禁止的横向垄断协议包括：固定或者变更商品价格的；限制商品的生产数量或者销售数量的；分割销售市场或者原材料采购市场的；限制购买新技术、新设备或者限制开发新技术、新产品的；联合抵制交易的；国务院反垄断执法机构认定的其他垄断协议。

2.纵向垄断协议。纵向垄断协议，是指经营者与交易相对人之间达成的垄断协议。纵向垄断协议发生在商品生产、经营或者提供服务过程中处于不同环节的经营者之间，如生产商与零售商之间，他们不仅不存在竞争关系，反而是相互合作、相互依存的关系。因此，经营者与交易相对人之间的协议，通常不受《反垄断法》的规制，只有具有排除、限制竞争的协议，才受《反垄断法》的规制。

《反垄断法》第十四条规定禁止的纵向垄断协议包括：固定向第三人转售商品的价格；限定向第三人转售商品的最低价格；国务院反垄断执法机构认定的其他垄断协议。

（三）垄断协议的豁免

《反垄断法》第十五条规定，经营者能够证明所达成的协议属于下列情形之一的，不适用《反垄断法》有关禁止垄断协议的规定：

1.为改进技术、研究开发新产品的。

2.为提高产品质量、降低成本、增进效率，统一产品价格、标准或者实行专业化分工的。

3. 为提高中小经营者经营效率，增强中小经营者竞争力的。

4. 为实现节约能源、保护环境、救灾救助等社会公共利益的。

5. 因经济不景气，为缓解销售量严重下降或者生产明显过剩的。

6. 为保障对外贸易和对外经济合作中的正当利益的。

7. 法律和国务院规定的其他情形。

实行垄断协议豁免制度，是许多国家、地区以及国际组织反垄断法律制度的一个重要组成部分，对于垄断协议同时具有积极与消极后果，法律作以区分，而非一概禁止。

三、滥用市场支配地位

（一）市场支配地位的含义

市场支配地位，是指经营者在相关市场内具有能够控制商品价格、数量或者其他交易条件，或者能够阻碍、影响其他经营者进入相关市场能力的市场地位。

《反垄断法》对滥用市场支配地位的规制，须以对经营者是否具有市场支配地位的认定为前提。《反垄断法》第十八条规定，认定经营者具有市场支配地位应当依据下列因素：该经营者在相关市场的市场份额，以及相关市场的竞争状况；该经营者控制销售市场或者原材料采购市场的能力；该经营者的财力和技术条件；其他经营者对该经营者在交易上的依赖程度；其他经营者进入相关市场的难易程度；与认定该经营者市场支配地位有关的其他因素。

《反垄断法》第十九条规定，有下列情形之一的，可以推定经营者具有市场支配地位：

1. 个经营者在相关市场的市场份额达到1/2的。

2. 个经营者在相关市场的市场份额合计达到2/3的。

3. 个经营者在相关市场的市场份额合计达到3/4的。

针对上述第二项、第三项规定的情形，其中有的经营者市场份额不足1/10的，不应当推定该经营者具有市场支配地位。

被推定具有市场支配地位的经营者，有证据证明不具有市场支配地位的，不应当认定其具有市场支配地位。

（二）禁止滥用市场支配地位的行为

《反垄断法》第十七条规定，禁止具有市场支配地位的经营者从事下列滥用市场支配地位的行为：

1. 以不公平的高价销售商品或者以不公平的低价购买商品。

2. 没有正当理由，以低于成本的价格销售商品。

3. 没有正当理由，拒绝与交易相对人进行交易。

4. 没有正当理由，限定交易相对人只能与其进行交易或者只能与其指定的经营者进行交易。

5. 没有正当理由搭售商品，或者在交易时附加其他不合理的交易条件。

6. 没有正当理由，对条件相同的交易相对人在交易价格等交易条件上实行差别待遇。

7.国务院反垄断执法机构认定的其他滥用市场支配地位的行为。

课堂讨论 10-1

2008年9月3日，可口可乐公司宣布，计划以24亿美元收购在香港上市的中国汇源果汁集团有限公司。2008年12月4日，商务部首次公开表态，已对可口可乐并购汇源申请进行立案受理，商务部2009年3月18日表示，可口可乐并购汇源未通过反垄断调查，因为收购会影响或限制竞争，不利于中国果汁行业的健康发展。商务部具体阐述了未通过审查的三个原因：第一，如果收购成功，可口可乐有能力把其在碳酸饮料行业的支配地位传导到果汁行业。第二，如果收购成功，可口可乐对果汁市场的控制力会明显增强，使其他企业没有能力再进入这个市场。第三，如果收购成功，会挤压国内中小企业的生存空间，抑制国内其他企业参与果汁市场的竞争。据悉，这是《反垄断法》自2008年8月1日实施以来首个未获通过的案例。你如何看待此案？

资料来源　根据人民网资料整理。

四、经营者集中

（一）经营者集中的含义

《反垄断法》第二十条规定，经营者集中是指下列情形：

1.经营者合并。

2.经营者通过取得股权或者资产的方式取得对其他经营者的控制权。

3.经营者通过合同等方式取得对其他经营者的控制权或者能够对其他经营者施加决定性影响。

经营者集中是普遍存在的一种经济现象，通过企业合并等方式的经营者集中，对于实施资产重组、优化产业结构、提高市场竞争能力具有推动和促进作用。但经营者集中通常会产生或者加强经营者市场支配地位，从而具有排除、限制竞争的效果或者可能，因此，《反垄断法》将其列为垄断行为。

（二）经营者集中的事先申报

《反垄断法》第二十一条规定，经营者集中达到国务院规定的申报标准的，经营者应当事先向国务院反垄断执法机构申报，未申报的不得实施集中。

经营者集中事先向国务院反垄断执法机构申报，应当提交：申报书；集中对相关市场竞争状况影响的说明；集中协议；参与集中的经营者经会计师事务所审计的上一会计年度财务会计报告；国务院反垄断执法机构规定的其他文件、资料。

申报书应当载明参与集中的经营者的名称、住所、经营范围、预定实施集中的日期和国务院反垄断执法机构规定的其他事项。经营者提交的文件、资料不完备的，应当在国务院反垄断执法机构规定的期限内补交文件、资料。经营者逾期未补交文件、资料的，视为未申报。

经营者集中有下列情形之一的，可以不向国务院反垄断执法机构申报：一是参与集中的一个经营者拥有其他每个经营者50%以上有表决权的股份或者资产的；二是参与集中的每个经营者50%以上有表决权的股份或者资产被同一个未参与集中的经营者拥有的。

经营者集中申报的豁免，主要是基于经营者之间原本已经存在的控制与被控制关系，即使集中，对相关市场的控制和影响并没有太大的改变。

（三）经营者集中的审查

1.初步审查。国务院反垄断执法机构应当自收到经营者提交的符合法定的文件、资料之日起30日内，对申报的经营者集中进行初步审查，作出是否实施进一步审查的决定，并书面通知经营者。国务院反垄断执法机构作出决定前，经营者不得实施集中。

国务院反垄断执法机构作出不实施进一步审查的决定或者逾期未作出决定的，经营者可以实施集中。

2.进一步审查。国务院反垄断执法机构决定实施进一步审查的，应当自决定之日起90日内审查完毕，作出是否禁止经营者集中的决定，并书面通知经营者。作出禁止经营者集中的决定，应当说明理由。审查期间，经营者不得实施集中。

审查经营者集中，应当考虑下列因素：参与集中的经营者在相关市场的市场份额及其对市场的控制力；相关市场的市场集中度；经营者集中对市场进入、技术进步的影响；经营者集中对消费者和其他有关经营者的影响；经营者集中对国民经济发展的影响；国务院反垄断执法机构认为应当考虑的影响市场竞争的其他因素。

（四）经营者集中的禁止与豁免

经营者集中具有或者可能具有排除、限制竞争效果的，国务院反垄断执法机构应当作出禁止经营者集中的决定。但是，经营者能够证明该集中对竞争产生的有利影响明显大于不利影响，或者符合社会公共利益的，国务院反垄断执法机构可以作出对经营者集中不予禁止的决定。

对外资并购境内企业或者以其他方式参与经营者集中，涉及国家安全的，除依照《反垄断法》的规定进行经营者集中审查外，还应当按照国家有关规定进行国家安全审查。

五、滥用行政权力排除、限制竞争

（一）滥用行政权力排除、限制竞争的含义

滥用行政权力排除、限制竞争，是指行政机关和法律、法规授权的具有管理公共事务职能的组织滥用行政权力，限制经营者的准入，排除、限制或者阻碍市场竞争的行为。

滥用行政权力排除、限制竞争，也称行政垄断。与经济垄断相比其显著特点是：实施主体为行政机关和法律、法规授权的具有管理公共事务职能的组织，而非经营者；形成行政垄断凭借行政权力，而非经济优势。因此，行政垄断的危害性较经济垄断更甚，实质上是一种超经济垄断，完全摆脱了市场规则的约束。

依照理论和国际通行做法，行政性排除、限制竞争主要不是《反垄断法》解决的问题，但行政垄断在我国存在原有体制的渊源，因此，从国情出发，《反垄断法》将禁止滥用行政权力排除、限制竞争的行为。

（二）禁止滥用行政权力排除、限制竞争的行为

1.限定商品。《反垄断法》第三十二条规定，行政机关和法律、法规授权的具有管理公共事务职能的组织不得滥用行政权力，限定或者变相限定单位或者个人经营、购买、使用其指定的经营者提供的商品。

2.妨碍商品流通。《反垄断法》第三十三条规定，行政机关和法律、法规授权的具有管理公共事务职能的组织不得滥用行政权力，实施下列行为，妨碍商品在地区之间的自由流通；对外地商品设定歧视性收费项目、实行歧视性收费标准，或者规定歧视性价格。对外地商品规定与本地同类商品不同的技术要求、检验标准，或者对外地商品采取重复检验、重复认证等歧视性技术措施，限制外地商品进入本地市场；采取专门针对外地商品的行政许可，限制外地商品进入本地市场；设置关卡或者采取其他手段，阻碍外地商品进入或者本地商品运出。妨碍商品在地区之间自由流通的其他行为。

3.排斥或者限制外地经营者参加本地的招标投标活动。《反垄断法》第三十四条规定，行政机关和法律、法规授权的具有管理公共事务职能的组织不得滥用行政权力，以设定歧视性资质要求、评审标准或者不依法发布信息等方式，排斥或者限制外地经营者参加本地的招标投标活动。

4.排斥或者限制外地经营者在本地投资或者设立分支机构。《反垄断法》第三十五条规定，行政机关和法律、法规授权的具有管理公共事务职能的组织不得滥用行政权力，采取与本地经营者不平等待遇等方式，排斥或者限制外地经营者在本地投资或者设立分支机构。

5.强制经营者从事垄断行为。《反垄断法》第三十六条规定，行政机关和法律、法规授权的具有管理公共事务职能的组织不得滥用行政权力，强制经营者从事本法规定的垄断行为。

6.制定含有排除、限制竞争内容的规定。《反垄断法》第三十七条规定，行政机关不得滥用行政权力，制定含有排除、限制竞争内容的规定。

六、对涉嫌垄断行为的调查

（一）调查权

反垄断执法机构依法对涉嫌垄断行为进行调查。反垄断执法机构调查涉嫌垄断行为，可以采取下列措施：

1.进入被调查的经营者的营业场所或者其他有关场所进行检查。

2.询问被调查的经营者、利害关系人或者其他有关单位或者个人，要求其说明有关情况。

3.查阅、复制被调查的经营者、利害关系人或者其他有关单位或者个人的有关单证、协议、会计账簿、业务函电、电子数据等文件、资料。

4.查封、扣押相关证据。

5.查询经营者的银行账户。

反垄断执法机构调查涉嫌垄断行为，执法人员不得少于2人，并应当出示执法证件。执法人员进行询问和调查，应当制作笔录，并由被询问人或者被调查人签字。

反垄断执法机构及其工作人员对执法过程中知悉的商业秘密负有保密义务。

（二）举报权

对涉嫌垄断行为，任何单位和个人有权向反垄断执法机构举报，举报采用书面形式并提供事实和证据的，反垄断执法机构应当进行必要的调查。

（三）陈述权

被调查的经营者、利害关系人有权陈述意见。反垄断执法机构应当对被调查的经营者、利害关系人提出的事实、理由和证据进行核实。

（四）中止权

对反垄断执法机构调查的涉嫌垄断行为，被调查的经营者承诺在反垄断执法机构认可的期限内采取具体措施消除该行为后果的，反垄断执法机构可以决定中止调查。中止调查的决定应当载明被调查的经营者承诺的具体内容。

反垄断执法机构决定中止调查的，应当对经营者履行承诺的情况进行监督。经营者履行承诺的，反垄断执法机构可以决定终止调查。

有下列情形之一的，反垄断执法机构应当恢复调查：

1.经营者未履行承诺的。

2.作出中止调查决定所依据的事实发生重大变化的。

3.中止调查的决定是基于经营者提供的不完整或者不真实的信息作出的。

七、法律责任

（一）经营者的违法责任

1.经营者违法达成并实施垄断协议的，由反垄断执法机构责令停止违法行为，没收违法所得，并处以罚款。

2.经营者违法滥用市场支配地位的，由反垄断执法机构责令停止违法行为，没收违法所得，并处以罚款。

3.经营者违法实施集中的，由国务院反垄断执法机构责令停止实施集中、限期处分股份或者资产、限期转让营业以及采取其他必要措施恢复到集中前的状态，并可以处以罚款。

4.经营者实施垄断行为，给他人造成损失的，依法承担民事责任。

（二）行政机关和相关组织的违法责任

行政机关和法律、法规授权的具有管理公共事务职能的组织滥用行政权力，实施排除、限制竞争行为的，由上级机关责令改正；对直接负责的主管人员和其他直接责任人员依法给予处分。反垄断执法机构可以向有关上级机关提出依法处理的建议。

（三）反垄断执法机构工作人员的违法责任

反垄断执法机构工作人员滥用职权、玩忽职守、徇私舞弊或者泄露执法过程中知悉的商业秘密，构成犯罪的，依法追究刑事责任；尚不构成犯罪的，依法给予处分。

（四）实施审查和调查，个人和单位的违法责任

对反垄断执法机构依法实施的审查和调查，拒绝提供有关材料、信息，或者提供虚假材料、信息，或者隐匿、销毁、转移证据，或者有其他拒绝、阻碍调查行为的，由反垄断执法机构责令改正，对个人、单位可以处以罚款，构成犯罪的，依法追究刑事责任。

第二节　反不正当竞争法

一、反不正当竞争法概述

（一）不正当竞争行为的概念

不正当竞争行为，是指经营者在生产经营活动中，违反法律规定，扰乱市场竞争秩序，损害其他经营者或者消费者的合法权益的行为。

经营者，是指从事商品生产、经营或者提供服务（以下所称商品包括服务）的自然人、法人和非法人组织。

竞争是市场经济的基本特征。在市场经济条件下，经营者从各自的利益出发，为取得较好的产销条件、获得更多的资源要素而竞争，通过竞争，实现优胜劣汰，进而实现资源要素的优化配置。竞争是市场经济活力的源泉，国家鼓励和保护公平竞争。但在市场竞争中，一些经营者为了追逐经济利益，违反自愿、平等、公平、诚信的原则，违反法律和商业道德，采取不正当的方式进行竞争。不正当竞争是对正当竞争行为的违反和侵害，不正当竞争行为会扰乱市场竞争秩序，损害其他的经营者或者消费者的合法权益。不正当竞争的危害是市场、竞争自身难以克服的，需要通过法律形式来排除。

（二）反不正当竞争法的概念

反不正当竞争法，是指调整国家为保护公平竞争，制止不正当竞争行为的过程中所发生的社会关系的法律规范的总称。

为了保障社会主义市场经济健康发展，鼓励和保护公平竞争，制止不正当竞争行为，保护经营者和消费者的合法权益，第八届全国人民代表大会常务委员会第三次会议于1993年9月2日通过了《中华人民共和国反不正当竞争法》（以下简称《反不正当竞争法》），自1993年12月1日起施行。2017年11月4日，第十二届全国人民代表大会常务委员会第三十次会议对其予以修正。2019年4月23日，根据第十三届全国人民代表大会常务委员会第十次会议《关于修改〈中华人民共和国建筑法〉等八部法律的决定》对其进行了修正。

（三）反不正当竞争法的基本原则

《反不正当竞争法》第二条规定，经营者在生产经营活动中，应当遵循自愿、平等、

公平、诚信的原则，遵守法律和商业道德。

自愿、平等、公平、诚信原则适用于《反不正当竞争法》，对经营者有特定约束力。

（1）自愿原则，是指经营者在生产经营活动中的意思自治。经营者有权按照自己的真实意愿独立自主地选择、决定交易对象和交易条件，建立和变更经济法律关系，并同时尊重对方的意愿和社会公共利益，不能将自己的意志强加给对方或任何第三方。只要进行交易或其他经济活动双方的交易等行为不违反法律规定，其他任何组织和个人都不能干涉。

（2）平等原则，是指经营者在生产经营活动中的地位平等。平等原则是市场经济的本质特征和内在要求，身份平等是特权的对立物，是指不论其自然条件和社会处境如何，其法律资格亦即权利能力一律平等。经营者在生产经营活动中平等地享有权利，享有独立、平等的法律人格，其中平等以独立为前提，独立以平等为归宿，在生产经营活动中，互不隶属，独立地表达自己的意志，其合法权益平等地受到法律的保护。

（3）公平原则，是指经营者应当依据社会公认的公平观念从事生产经营活动，以维持当事人之间的利益均衡。公平原则在生产经营活动中以利益均衡作为价值判断标准，在经营者之间发生利益关系摩擦时，以权利和义务是否均衡来平衡双方的利益。公平原则又是一条司法原则，即法官的司法判决要做到公平合理，当法律缺乏规定时，应根据公平原则作出合理的判决。

（4）诚信原则，是指经营者进行生产经营活动必须意图诚实、恪守信用。缔约时，诚实而不欺诈，缔约后，守信并自觉履行，行使权利不侵害他人与社会的利益，诚实信用原则确立了当事人以善意方式行使权利、履行义务的行为规则，要求当事人在进行生产经营活动时遵循基本的交易道德，不仅应使当事人之间的利益得到平衡，而且必须使当事人与社会之间的利益得到平衡。

经营者在生产经营活动中，必须遵守法律，不得有所违反。必须遵守商业道德，不得扰乱市场竞争秩序。随着时代发展，判断商务活动是否符合道德规范的商业道德行为准则也不断外延。

二、不正当竞争行为

（一）混淆行为

《反不正当竞争法》第六条规定，经营者不得实施下列混淆行为，引人误认为是他人商品或者与他人存在特定联系：

1.擅自使用与他人有一定影响的商品名称、包装、装潢等相同或者近似的标识；

2.擅自使用他人有一定影响的企业名称（包括简称、字号等）、社会组织名称（包括简称等）、姓名（包括笔名、艺名、译名等）；

3.擅自使用他人有一定影响的域名主体部分、网站名称、网页等；

4.其他足以引人误认为是他人商品或者与他人存在特定联系的混淆行为。

（二）商业贿赂行为

《反不正当竞争法》第七条规定，经营者不得采用财物或者其他手段贿赂下列单位或者个人，以谋取交易机会或者竞争优势：

1.交易相对方的工作人员；

2.受交易相对方委托办理相关事务的单位或者个人；

3.利用职权或者影响力影响交易的单位或者个人。

经营者在交易活动中，可以以明示方式向交易相对方支付折扣，或者向中间人支付佣金。经营者向交易相对方支付折扣、向中间人支付佣金的，应当如实入账。接受折扣、佣金的经营者也应当如实入账。

经营者的工作人员进行贿赂的，应当认定为经营者的行为；但是，经营者有证据证明该工作人员的行为与为经营者谋取交易机会或者竞争优势无关的除外。

（三）虚假宣传行为

《反不正当竞争法》第八条规定，经营者不得对其商品的性能、功能、质量、销售状况、用户评价、曾获荣誉等作虚假或者引人误解的商业宣传，欺骗、误导消费者。

经营者不得通过组织虚假交易等方式，帮助其他经营者进行虚假或者引人误解的商业宣传。

（四）侵犯商业秘密行为

商业秘密，是指不为公众所知悉、具有商业价值并经权利人采取相应保密措施的技术信息、经营信息等商业信息。

《反不正当竞争法》第九条规定，经营者不得实施下列侵犯商业秘密的行为：

1.以盗窃、贿赂、欺诈、胁迫、电子侵入或者其他不正当手段获取权利人的商业秘密；

2.披露、使用或者允许他人使用以前项手段获取的权利人的商业秘密；

3.违反保密义务或者违反权利人有关保守商业秘密的要求，披露、使用或者允许他人使用其所掌握的商业秘密；

4.教唆、引诱、帮助他人违反保密义务或者违反权利人有关保守商业秘密的要求，获取、披露、使用或者允许他人使用权利人的商业秘密。

经营者以外的其他自然人、法人和非法人组织实施前款所列违法行为的，视为侵犯商业秘密。

第三人明知或者应知商业秘密权利人的员工、前员工或者其他单位、个人实施本条第一款所列违法行为，仍获取、披露、使用或者允许他人使用该商业秘密的，视为侵犯商业秘密。

（五）不正当有奖销售行为

《反不正当竞争法》第十条规定，经营者进行有奖销售不得存在下列情形：

1.所设奖的种类、兑奖条件、奖金金额或者奖品等有奖销售信息不明确，影响兑奖；

2.采用谎称有奖或者故意让内定人员中奖的欺骗方式进行有奖销售；

3.抽奖式的有奖销售，最高奖的金额超过5万元。

（六）损害商誉行为

《反不正当竞争法》第十一条规定，经营者不得编造、传播虚假信息或者误导性信息，损害竞争对手的商业信誉、商品声誉。

商业信誉，是指社会公众对某一经营者的经济能力、信用状况等所给予的社会评价，即该经营者在经济生活中信用、名誉的地位。商品声誉，是指社会公众对一经营者的商品性能、品质所给予的社会评价，即该商品在经济生活中的地位。

损害商业信誉、商品声誉直接侵犯的是他人的商誉权。商誉权属于知识产权范畴，具有人身性和财产性双重属性。

（七）妨碍破坏网络行为

《反不正当竞争法》第十二条规定，经营者利用网络从事生产经营活动，应当遵守本法的各项规定。

经营者不得利用技术手段，通过影响用户选择或者其他方式，实施下列妨碍、破坏其他经营者合法提供的网络产品或者服务正常运行的行为：

1.未经其他经营者同意，在其合法提供的网络产品或者服务中，插入链接、强制进行目标跳转；

2.误导、欺骗、强迫用户修改、关闭、卸载其他经营者合法提供的网络产品或者服务；

3.恶意对其他经营者合法提供的网络产品或者服务实施不兼容；

4.其他妨碍、破坏其他经营者合法提供的网络产品或者服务正常运行的行为。

课堂讨论10-2

当宝洁公司准备在中国互联网上以“WHISPER”为标志注册域名时，却发现某公司已抢先注册了“whisper.com.cn”域名，该域名一直闲置，未开通使用。宝洁公司以“WHISPER/护舒宝”商标已经在中国及国际市场上享有较高知名度和较高信誉、成为驰名商标为由，认为某公司注册的“whisper.com.cn”域名是对宝洁公司驰名商标的抄袭与模仿，某公司的此种行为旨在搭乘和利用宝洁公司的驰名商标所附属的商誉行销自己，使宝洁公司无法在网络媒体上利用自己的驰名商标创造商机，弱化了该驰名商标的广告价值，且导致消费者认识上的混淆，淡化了该驰名商标在网络上的表现力与辨别度，损害了宝洁公司的合法权益。你认为某公司的行为是否构成了不正当竞争并侵害了宝洁公司的商标权？

三、对涉嫌不正当竞争行为的调查

（一）监督检查部门

《反不正当竞争法》第四条规定，县级以上人民政府市场监督管理部门有权力对不正当竞争行为进行查处；法律、行政法规规定由其他部门查处的，依照其规定执行。

各级人民政府应当采取措施，制止不正当竞争行为，为公平竞争创造良好的环境和条件。国务院建立反不正当竞争工作协调机制，研究决定反不正当竞争重大政策，协调处理维护市场竞争秩序的重大问题。国家机关及其工作人员不得支持、包庇不正当竞争行为。

国家鼓励、支持和保护一切组织和个人对不正当竞争行为进行社会监督。

行业组织应当加强行业自律，引导、规范会员依法竞争，维护市场竞争秩序。

（二）监督检查部门的调查措施

《反不正当竞争法》第十三条规定，监督检查部门调查涉嫌不正当竞争行为，可以采取下列措施：

1.进入涉嫌不正当竞争行为的经营场所进行检查；

2.询问被调查的经营者、利害关系人及其他有关单位、个人，要求其说明有关情况或者提供与被调查行为有关的其他资料；

3.查询、复制与涉嫌不正当竞争行为有关的协议、账簿、单据、文件、记录、业务函电和其他资料；

4.查封、扣押与涉嫌不正当竞争行为有关的财物；

5.查询涉嫌不正当竞争行为的经营者的银行账户。

采取上述措施，应当向监督检查部门主要负责人递交书面报告，并经批准。采取查封、扣押与涉嫌不正当竞争行为有关的财物、查询涉嫌不正当竞争行为的经营者的银行账户措施的，应当向设区的市级以上人民政府监督检查部门主要负责人递交书面报告，并经批准。

监督检查部门调查涉嫌不正当竞争行为，应当遵守《中华人民共和国行政强制法》和其他有关法律、行政法规的规定，并应当将查处结果及时向社会公开。监督检查部门及其工作人员对调查过程中知悉的商业秘密负有保密义务。

监督检查部门调查涉嫌不正当竞争行为，被调查的经营者、利害关系人及其他有关单位、个人应当如实提供有关资料或者情况。

对涉嫌不正当竞争行为，任何单位和个人有权向监督检查部门举报，监督检查部门接到举报后应当依法及时处理。监督检查部门应当向社会公开受理举报电话、信箱或者电子邮件地址，并为举报人保密。对实名举报并提供相关事实和证据的，监督检查部门应当将处理结果告知举报人。

四、法律责任

经营者违反法律，从事不正当竞争，应当承担民事责任、行政责任和刑事责任。

（一）民事责任

经营者违反法律规定，给他人造成损害的，应当依法承担民事责任。因不正当竞争行为受到损害的经营者的赔偿数额，按照其因被侵权所受到的实际损失确定；实际损失难以计算的，按照侵权人因侵权所获得的利益确定。经营者恶意实施侵犯商业秘密的行为，情节严重的，可以在按照上述方法确定数额的1倍以上5倍以下确定赔偿数额。赔偿数额还应当包括经营者为制止侵权行为所支付的合理开支。

经营者因实施混淆行为、侵犯商业秘密行为，使权利人因被侵权所受到的实际损失、侵权人因侵权所获得的利益难以确定的，由人民法院根据侵权行为的情节判决给予权利人500万元以下的赔偿。

（二）行政责任

监督检查部门对经营者的不正当竞争行为采取的行政处罚有责令停止违法行为、没收违法所得、罚款，情节严重的，吊销营业执照。

监督检查部门的工作人员滥用职权、玩忽职守、徇私舞弊或者泄露调查过程中知悉的商业秘密的，依法给予行政处分。

（三）刑事责任

违反法律规定，构成犯罪的，依法追究刑事责任。

复习思考题

1.什么是垄断？垄断行为包括哪些？

2.什么是垄断协议？法律禁止的垄断协议是什么？

3.认定经营者具有市场支配地位应当考察哪些因素？

4.《垄断法》所指经营者集中包括哪些情形？

5.不正当竞争行为包括哪些？

第十一章

产品质量法、消费者权益保护法

内容提要

本章主要介绍了产品质量的概念、产品质量法的基本内容、消费者权益的概念、消费者保护法的基本内容；重点阐述了产品质量的监督、产品质量责任的构成要件、生产者及销售者的质量责任和义务；消费者的权利、经营者的义务、消费者权益的保护，并对违反产品质量法、消费者权益保护法的法律责任进行了解释。

导入案例

徐先生以23万元的价格购买一台某品牌汽车，此车在停放某地时发生火灾。发生火灾时由于徐先生不在现场所以邻居报警，消防支队前往现场将火扑灭，但车辆已经被全部烧毁。在进行现场勘察后，技术鉴定中心得出鉴定结果，认定此起火灾系汽车发动机机舱电气故障所致。

思考：

1.车辆火灾属于什么责任事故？

2.徐先生的损失应当由谁承担？

第一节　产品质量法

一、产品质量法概述

（一）产品质量的概念

产品质量包括两个方面的内容，即产品和质量问题。

广义的产品，指凡与自然物相对的一切劳动生产物。法律上所称的产品，其范围则有具体的规定。例如，欧盟指令规定，产品指一切动产，即使被组装在另一动产或者不动产中的动产也包括在内，但农业原产品和猎物除外。《中华人民共和国产品质量法》所称的产品，是指“经过加工、制作，用于销售的产品”，该法同时规定“建设工程不适用本法规定”，说明我国产品质量法不调整农业原产品和不动产。

质量，由产品所具有的特征和特性组成。国际标准化组织颁布的ISO 8402《质量——术语》这一标准，对质量的定义是：“产品和服务规定或者潜在需要的特征和特性的总和。”这一定义中所说的“需要”，往往随时间的变化而变化，与科学技术的不断进步有着更密切的联系。“需要”可以包括使用性能、安全性、可用性、可靠性、可维修性和环保等七项基本目标。它们分别反映产品使用性能和外观性能，可靠、安全、灵活和及时的程度，以及与此相应的用户和消费者所付出的代价。

市场要求实现品种和质量统一，没有符合市场需要的品种不行，没有好的产品质量也不行，两者缺一不可，否则就将被冷落。这一问题的解决首先是依靠市场竞争机制，而国家依法对产品质量的监督管理也是必不可少的。

（二）产品质量法的概念

产品质量法，是指调整因产品质量监督管理所发生的经济关系的法律规范的总称。

为了加强对产品质量的监督管理，明确产品质量责任，保护用户、消费者的合法权益，维护社会经济秩序，第七届全国人民代表大会常务委员会第三十次会议于1993年2月22日通过了《中华人民共和国产品质量法》（以下简称《产品质量法》）；根据2000年7月8日第九届全国人民代表大会常务委员会第十六次会议《关于修改〈中华人民共和国产品质量法〉的决定》对其进行了第一次修正；根据2009年8月27日第十一届全国人民代表大会常务委员会第十次会议《关于修改部分法律的决定》对其进行了第二次修正；根据2018年12月29日第十三届全国人民代表大会常务委员会第七次会议《关于修改〈中华人民共和国产品质量法〉等五部法律的决定》对其进行了第三次修正。

《产品质量法》的调整对象主要有以下两个方面：一是产品质量监督管理关系，主要是指各级产品质量监督管理部门与产品生产者、销售者之间在产品质量监督管理过程中产生的法律关系，这种关系具有行政管理关系性质；二是产品质量责任关系，主要是指产品生产者、销售者与消费者之间在产品质量责任中产生的法律关系，这种关系具有民事关系的性质。

二、产品质量的监督

（一）产品质量监督管理部门

1.产品质量监督主管部门。

《产品质量法》第八条规定，国务院市场监督管理部门主管全国产品质量监督工作。国务院有关部门在各自的职责范围内负责产品质量监督工作。县级以上地方市场监督管理部门主管本行政区域内的产品质量监督工作。县级以上地方人民政府有关部门在各自的职责范围内负责产品质量监督工作。

法律对产品质量的监督部门另有规定的，依照有关法律的规定执行。

国家市场监督管理总局是国务院直属机构，对外保留国家认证认可监督管理委员会、国家标准化管理委员会牌子，管理国家药品监督管理局、国家知识产权局，负责管理全国的标准化、计量、质量监督工作，并对质量管理进行宏观指导。

2.产品质量检验机构。

产品质量检验机构，是指承担产品质量监督检验、仲裁检验等公证检验工作的技术机构。

《产品质量法》第十九条规定，产品质量检验机构必须具备相应的检测条件和能力，经省级以上人民政府市场监督管理部门或者其授权的部门考核合格后，方可承担产品质量检验工作。法律、行政法规对产品质量检验机构另有规定的，依照有关法律、行政法规的规定执行。

从事产品质量检验、认证的社会中介机构必须依法设立，不得与行政机关和其他国家机关存在隶属关系或者其他利益关系。

产品质量检验机构、认证机构必须依法按照有关标准，客观、公正地出具检验结果或者认证证明。

市场监督管理部门或者其他国家机关以及产品质量检验机构不得向社会推荐生产者的产品；不得以对产品进行监制、监销等方式参与产品经营活动。

（二）产品质量监督管理制度

1.产品质量检验制度。

质量检验亦称“技术检验”，即采用一定检验测试手段和检查方法测定产品的质量特性，并把测定结果同规定的质量标准做比较，从而对产品或一批产品作出合格或不合格判断的质量管理方法。

《产品质量法》第十二条规定，产品质量应当检验合格，不得以不合格产品冒充合格产品。

对于可能危及人体健康和人身、财产安全的工业产品，必须符合保障人体健康和人身、财产安全的国家标准、行业标准；未制定国家标准、行业标准的，必须符合保障人体健康和人身、财产安全的要求。国家禁止生产、销售不符合保障人体健康和人身、财产安全的标准和要求的工业产品。

2.企业质量体系认证制度。

《产品质量法》第十四条第一款规定，国家根据国际通用的质量管理标准，推行企业质量体系认证制度。

企业质量体系认证，是指由国际标准化组织（ISO）提出，并为国际社会普遍接受的质量管理措施。企业质量体系认证标准是国际通用的质量管理标准，即国际标准化组织推荐世界各国采用的ISO 9000“质量管理及质量保证”体系国际标准。

企业根据自愿原则可以向国务院市场监督管理部门认可的或者国务院市场监督管理部门授权的部门认可的认证机构申请企业质量体系认证。经认证合格的，由认证机构颁发企业质量体系认证证书。企业质量体系认证，是对企业质量管理水平和质量保证能力的证实，不能与产品质量认证等同。

3.产品质量认证制度。

《产品质量法》第十四条第二款规定，国家参照国际先进的产品标准和技术要求，推行产品质量认证制度。企业根据自愿原则可以向国务院市场监督管理部门认可的或者国务院市场监督管理部门授权的部门认可的认证机构申请产品质量认证，经认证合格的，由认证机构颁发产品质量认证证书，准许企业在产品或者其包装上使用产品质量认证标志。

产品质量认证，是指依据产品标准和相应的技术要求，经过认证机构确认，通过颁发产品质量认证证书和认证标志的方式，证明某一产品符合相应标准和相应技术要求的活动。产品质量认证标志，是由产品质量认证机构设计、按照法定程序批准使用的表明产品质量的信誉标志。

4.产品标准管理制度。

产品标准是为保证产品的适用性，对产品必须达到的某些或全部要求所制定的标准。产品标准是产品生产、检验、验收、使用、维护和洽谈贸易的技术依据，国家要求一切生产企业对于原料、材料和协作件的验收，半成品的检查以及成品的检验，都必须按照标准进行。

我国现行的标准分为国家标准、行业标准、地方标准和经备案的企业标准。凡有国家标准、行业标准的，必须符合该标准；没有国家标准、行业标准的，允许适用其他标准，但必须符合保障人体健康及人身、财产安全的要求。同时，国家鼓励企业赶超国际先进水平。对不符合国家标准、行业标准的产品，不符合保障人体健康和人身、财产安全标准与要求的工业产品，禁止生产和销售。

产品标准是国际性的，国家鼓励企业采用国际标准。

5.产品质量监督检查制度。

《产品质量法》第十五条规定，国家对产品质量实行以抽查为主要方式的监督检查制度，对可能危及人体健康和人身、财产安全的产品，影响国计民生的重要工业产品以及消费者、有关组织反映有质量问题的产品进行抽查。抽查的样品应当在市场上或者企业成品仓库内的待销产品中随机抽取。监督抽查工作由国务院市场监督管理部门规划和组织。县级以上地方市场监督管理部门在本行政区域内也可以组织监督抽查。国家监督抽查的产品，地方不得另行重复抽查；上级监督抽查的产品，下级不得另行重复抽查。

根据监督抽查的需要，可以对产品进行检验。检验抽取样品的数量不得超过检验的合理需要，并不得向被检查人收取检验费用。监督抽查所需检验费用按照国务院规定列支。

生产者、销售者对抽查检验的结果有异议的，可以自收到检验结果之日起十五日内向实施监督抽查的市场监督管理部门或者其上级市场监督管理部门申请复检，由受理复检的市场监督管理部门作出复检结论。

依照本法规定进行监督抽查的产品质量不合格的，由实施监督抽查的市场监督管理部门责令其生产者、销售者限期改正。逾期不改正的，由省级以上人民政府市场监督管理部门予以公告；公告后经复查仍不合格的，责令停业，限期整顿；整顿期满后经复查产品质量仍不合格的，吊销营业执照。监督抽查的产品有严重质量问题，构成犯罪的，依法追究刑事责任。

6.产品质量社会监督。

国务院和省、自治区、直辖市人民政府的市场监督管理部门应当定期发布其监督抽查的产品的质量状况公告。

消费者有权就产品质量问题，向产品的生产者、销售者查询；向市场监督管理部门及有关部门申诉，接受申诉的部门应当负责处理。

保护消费者权益的社会组织可以就消费者反映的产品质量问题建议有关部门处理，支持消费者对因产品质量造成的损害向人民法院起诉。

三、生产者、销售者的产品质量责任和义务

（一）生产者的产品质量责任和义务

1.产品质量的要求。

《产品质量法》第二十六条规定，生产者应当对其生产的产品质量负责。产品质量应当符合下列要求：

（1）不存在危及人身、财产安全的不合理的危险，有保障人体健康和人身、财产安全的国家标准、行业标准的，应当符合该标准。

（2）具备产品应当具备的使用性能，但是，对产品存在使用性能的瑕疵作出说明的除外。

（3）符合在产品或者其包装上注明采用的产品标准，符合以产品说明、实物样品等方式表明的质量状况。

2.产品标志的要求。

《产品质量法》第二十七条规定，产品或者其包装上的标识必须真实，并符合下列要求：

（1）有产品质量检验合格证明。

（2）有中文标明的产品名称、生产厂厂名和厂址。

（3）根据产品的特点和使用要求，需要标明产品规格、等级、所含主要成分的名称和含量的，用中文相应予以标明；需要事先让消费者知晓的，应当在外包装上标明，或者预先向消费者提供有关资料。

（4）限期使用的产品，应当在显著位置清晰地标明生产日期和安全使用期或者失效日期。

（5）使用不当容易造成产品本身损坏或者可能危及人身、财产安全的产品，应当有警示标志或者中文警示说明。

裸装的食品和其他根据产品的特点难以附加标识的裸装产品，可以不附加产品标识。

3.特殊产品的包装要求。

《产品质量法》第二十八条规定，易碎、易燃、易爆、有毒、有腐蚀性、有放射性等危险物品以及储运中不能倒置和其他有特殊要求的产品，其包装质量必须符合相应要求，依照国家有关规定作出警示标志或者中文警示说明，标明储运注意事项。

4.对生产者的禁止性规定。

（1）生产者不得生产国家明令淘汰的产品。

（2）生产者不得伪造产地，不得伪造或者冒用他人的厂名、厂址。

（3）生产者不得伪造或者冒用认证标志等质量标志。

（4）生产者生产产品，不得掺杂、掺假，不得以假充真、以次充好，不得以不合格产品冒充合格产品。

（二）销售者的产品质量责任和义务

1.销售者应当建立并执行进货检查验收制度，验明产品合格证明和其他标识。

2.销售者应当采取措施，保持销售产品的质量。

3.销售者不得销售国家明令淘汰并停止销售的产品和失效、变质的产品。

4.销售者销售的产品的标识应当符合《产品质量法》第二十七条的规定。

5.销售者不得伪造产地，不得伪造或者冒用他人的厂名、厂址。

6.销售者不得伪造或者冒用认证标志等质量标志。

7.销售者销售产品，不得掺杂、掺假，不得以假充真、以次充好，不得以不合格产品冒充合格产品。

四、产品质量责任的构成要件

产品质量责任作为一种特殊的侵权责任，其成立须具备以下几个要件：

（一）产品本身有缺陷

《产品质量法》所称缺陷，是指产品存在危及人身、他人财产安全的不合理的危险；产品有保障人体健康和人身、财产安全的国家标准、行业标准的，是指不符合该标准。所谓“不合理危险”指普通消费者认为仅凭对产品及其特征的一般知识了解不到的危险。

产品缺陷是很复杂的现象，一般可将产品的质量缺陷分为4种类型：

1.设计上的缺陷，即产品本身在结构、功能上的缺陷。

2.制造上的缺陷，即生产时或者装配时的工艺流程或者操作规程处理不当。

3.指示上的缺陷，即对产品的性能、使用方法未作正确的指示说明，对产品的潜在危害性未做必要的警告。

4.发展上的缺陷，即产品的制造虽已符合当时科学技术标准，但由于受当时科技水平限制，仍不免存在的缺陷。

因前3种产品质量缺陷造成损害的，应发生产品责任。因第4种缺陷造成损害的，按《产品质量法》规定不负责任。

（二）生产者与销售者有提供缺陷产品的行为

生产者与销售者违反法律上的义务，提供缺陷产品主要表现为两种情况：一是提供的产品本身不符合法律法规、标准以及合同约定的质量要求；二是生产者和销售者没有履行或没有适当履行向消费者告知的义务。

产品质量是指产品在规定的使用条件下，适合规定用途所具有的各种特性的总和，一般有设计质量和制造质量、内在质量和外观质量、产品本身质量和产品说明质量之分，对于产品质量的要求，主要由国家法律法规、质量标准以及合同加以规定。

（三）存在着造成他人损害的事实

这种损害，不是指产品本身的损坏、毁灭，而是指产品缺陷造成了他人的人身伤害、财产损失。他人，泛指任何受到损害的人，不论是自然人还是法人；也不论是购买人、使用人，还是旁观者，过路人；也不论受害人与产销者之间是否存在合同关系等。

（四）损害事实与提供有缺陷产品行为有因果关系

所谓因果关系，是指损害是由提供有缺陷产品的行为直接造成的，即损害是由于产品自身的原因所致，而不是由于他人把产品作为实施侵权的工具造成的。

判断造成损害事实的产品是否存有缺陷，应当区分两种情况：一是致害产品在损害事故发生后仍然存在原状态的情况；二是致害产品在损害事故发生后不复存在或虽然存在但已面目全非。在第一种情况下，判断致害产品是否存有缺陷较为容易，一般将致害产品送交产品质量检验部门进行检验即可。在第二种情况下，产品质量的因果关系比较难以认定。根据国内外的实践经验，一般可采取以下几种方法推定：第一，从产销者的产品质量违法行为推定其提供的致害产品有缺陷；第二，应用类比方法推定致害产品有缺陷，如果同批产品普遍存在质量问题，可推定同批产品中造成损害的已经不复存在的产品同样存在质量问题；第三，根据“事实本身说明问题”原则，认定致害产品有缺陷。“事实本身说明问题”原则是对疏忽原则的一种补救办法，其目的在于从案情发生的伤害推断出产销者的疏忽或缺陷。

在采用上述3种方法推定产品是否存有缺陷时，必须严格遵守这些方法得以适用的条件：其一，损害事故的原因不明确，且合理地排除了致损的其他原因；其二，被害人经证明确实不存在过错；其三，被告人举不出证据证明质量合格。如果不具备上述任何一种情形，不能采取推定方法认定产品质量存在缺陷。

五、损害赔偿

（一）销售者应当承担的损害赔偿责任

1.《产品质量法》第四十条规定：售出的产品有下列情形之一的，销售者应当负责修理、更换、退货；给购买产品的消费者造成损失的，销售者应当赔偿损失：

（1）不具备产品应当具备的使用性能而事先未作说明的；

（2）不符合在产品或者其包装上注明采用的产品标准的；

（3）不符合以产品说明、实物样品等方式表明的质量状况的。

销售者依照上述规定负责修理、更换、退货、赔偿损失后，属于生产者的责任或者属于向销售者提供产品的其他销售者（以下简称供货者）的责任的，销售者有权向生产者、供货者追偿。生产者之间，销售者之间，生产者与销售者之间订立的买卖合同、承揽合同有不同约定的，合同当事人按照合同约定执行。

销售者未按照上述规定给予修理、更换、退货或者赔偿损失的，由市场监督管理部门责令改正。

2.《产品质量法》第四十二条规定，由于销售者的过错使产品存在缺陷，造成人身、他人财产损害的，销售者应当承担赔偿责任。销售者不能指明缺陷产品的生产者也不能指明缺陷产品的供货者的，销售者应当承担赔偿责任。

（二）生产者应当承担的损害赔偿责任

1.《产品质量法》第四十一条规定，因产品存在缺陷造成人身、缺陷产品以外的其他财产损害的，生产者应当承担赔偿责任。

2.生产者能够证明有下列情形之一的，不承担赔偿责任：

（1）未将产品投入流通的；

（2）产品投入流通时，引起损害的缺陷尚不存在的；

（3）将产品投入流通时的科学技术水平尚不能发现缺陷的存在的。

除此之外，在司法实践中有下列情况者不负质量责任：①损害是由于消费者擅自改变产品性能、用途或者没有按照产品的使用说明使用并且确因改变或使用不当造成的；②损害是由于受害人的故意所为造成的；③损害是由于常识性的危险造成的；④损害是由于使用者自身特殊敏感所致；⑤产品已过有效期限；⑥超过诉讼和赔偿请求时效。

（三）受害人要求赔偿的对象

《产品质量法》第四十三条规定，因产品存在缺陷造成人身、他人财产损害的，受害人可以向产品的生产者要求赔偿，也可以向产品的销售者要求赔偿。属于产品的生产者的责任，产品的销售者赔偿的，产品的销售者有权向产品的生产者追偿。属于产品的销售者的责任，产品的生产者赔偿的，产品的生产者有权向产品的销售者追偿。

（四）受害人要求赔偿的范围

《产品质量法》第四十四条规定，因产品存在缺陷造成受害人人身伤害的，侵害人应当赔偿医疗费、治疗期间的护理费、因误工减少的收入等费用；造成残疾的，还应当支付残疾者生活自助具费、生活补助费、残疾赔偿金以及由其扶养的人所必需的生活费等费用；造成受害人死亡的，并应当支付丧葬费、死亡赔偿金以及由死者生前扶养的人所必需的生活费等费用。

因产品存在缺陷造成受害人财产损失的，侵害人应当恢复原状或者折价赔偿。受害人因此遭受其他重大损失的，侵害人应当赔偿损失。

（五）受害人要求赔偿的时效

《产品质量法》第四十五条规定，因产品存在缺陷造成损害要求赔偿的诉讼时效期间为2年，自当事人知道或者应当知道其权益受到损害时起计算。

因产品存在缺陷造成损害要求赔偿的请求权，在造成损害的缺陷产品交付最初消费者满10年丧失；但是，尚未超过明示的安全使用期的除外。

（六）受害人要求赔偿的方式

《产品质量法》第四十七条规定，当因产品质量发生民事纠纷时，当事人可以通过协商或者调解解决。当事人不愿通过协商、调解解决或者协商、调解不成的，可以根据当事人各方的协议向仲裁机构申请仲裁；当事人各方没有达成仲裁协议或者仲裁协议无效的，可以直接向人民法院起诉。

六、罚则

（一）生产者、销售者的违法处罚

1.生产、销售不符合保障人体健康和人身、财产安全的国家标准、行业标准的产品的，责令停止生产、销售，没收违法生产、销售的产品，并处违法生产、销售产品（包括已售出和未售出的产品，下同）货值金额等值以上3倍以下的罚款；有违法所得的，并处没收违法所得；情节严重的，吊销营业执照；构成犯罪的，依法追究刑事责任。

2.在产品中掺杂、掺假，以假充真，以次充好，或者以不合格产品冒充合格产品的，责令停止生产、销售，没收违法生产、销售的产品，并处违法生产、销售产品货值金额50%以上3倍以下的罚款；有违法所得的，并处没收违法所得；情节严重的，吊销营业执照；构成犯罪的，依法追究刑事责任。

3.生产国家明令淘汰的产品的，销售国家明令淘汰并停止销售的产品的，责令停止生产、销售，没收违法生产、销售的产品，并处违法生产、销售产品货值金额等值以下的罚款；有违法所得的，并处没收违法所得；情节严重的，吊销营业执照。

对生产者专门用于生产有缺陷、生产国家明令淘汰产品或者以假充真产品的原辅材料、包装物、生产工具，应当予以没收。

4.销售失效、变质的产品的，责令停止销售，没收违法销售的产品，并处违法销售产品货值金额2倍以下的罚款；有违法所得的，并处没收违法所得；情节严重的，吊销营业执照；构成犯罪的，依法追究刑事责任。

5.伪造产品产地的，伪造或者冒用他人厂名、厂址的，伪造或者冒用认证标志等质量标志的，责令改正，没收违法生产、销售的产品，并处违法生产、销售产品货值金额等值以下的罚款；有违法所得的，并处没收违法所得；情节严重的，吊销营业执照。

6.产品标识不符合法律法规要求的，责令改正；有包装的产品标识不符合法律法规要求，情节严重的，责令停止生产、销售，并处违法生产、销售产品货值金额30%以下的罚款；有违法所得的，并处没收违法所得。

7.销售者销售法律法规规定禁止销售的产品，有充分证据证明其不知道该产品为禁止销售的产品并如实说明其进货来源的，可以从轻或者减轻处罚。

8.拒绝接受依法进行的产品质量监督检查的，给予警告，责令改正；拒不改正的，责令停业整顿；情节特别严重的，吊销营业执照。

（二）产品质量检验机构、认证机构的违法处罚

1.产品质量检验机构、认证机构出具的检验结果证明不实，造成损失的，应当承担相应的赔偿责任；造成重大损失的，撤销其检验资格、认证资格。

2.产品质量认证机构违反法律规定，对不符合认证标准而使用认证标志的产品，未依法要求其改正或者取消其使用认证标志资格的，对因产品不符合认证标准给消费者造成的损失，与产品的生产者、销售者承担连带责任；情节严重的，撤销其认证资格。

3.社会团体、社会中介机构对产品质量作出承诺、保证，而该产品又不符合其承诺、保证的质量要求，给消费者造成损失的，与产品的生产者、销售者承担连带责任。

（三）政府机关工作人员和市场监督管理部门工作人员的违法处罚

1.各级人民政府工作人员和其他国家机关工作人员有下列情形之一的，依法给予行政处分；构成犯罪的，依法追究刑事责任：

（1）包庇、放纵产品生产、销售中违反本法规定行为的；

（2）向从事违反本法规定的生产、销售活动的当事人通风报信，帮助其逃避查处的；

（3）阻挠、干预市场监督管理部门依法对产品生产、销售中违反本法规定的行为进行查处，造成严重后果的。

2.市场监督管理部门在产品质量监督抽查中超过规定的数量索取样品或者向被检查人收取检验费用的，由上级市场监督管理部门或者监察机关责令退还；情节严重的，对直接负责的主管人员和其他直接责任人员依法给予行政处分。

3.市场监督管理部门或者其他国家机关违反法律规定，向社会推荐生产者的产品或者以监制、监销等方式参与产品经营活动的，由其上级机关或者监察机关责令改正，消除影响，有违法收入的予以没收；情节严重的，对直接负责的主管人员和其他直接责任人员依法给予行政处分。

产品质量检验机构有上述所列违法行为的，由市场监督管理部门责令改正，消除影响，有违法收入的予以没收，可以并处违法收入1倍以下的罚款；情节严重的，撤销其质量检验资格。

4.市场监督管理部门的工作人员滥用职权、玩忽职守、徇私舞弊，构成犯罪的，依法追究刑事责任；尚不构成犯罪的，依法给予行政处分。

课堂讨论11-1

楚姓人家在家中烹饪时，高压锅突然爆炸，某女被锅盖击中头部死亡。经质量检测专家鉴定，高压锅爆炸的直接原因是高压锅的设计问题，导致锅盖上的排气孔堵塞。楚家要求经销此高压锅的商场承担民事赔偿责任。商场声称缺陷不是由自己造成的，而且商场在出售这种高压锅时已与买方签订有一份合同，约定如果产品存在质量问题，商场负责退货，并双倍返还货款，因而商场只承担双倍返还货款的违约责任。你认为应当如何处理此案？

资料来源 根据学法网相关资料整理。

第二节 消费者权益保护法

一、消费者权益保护法概述

（一）消费者的概念

消费，包括生产消费和生活消费，生活消费是人类的基本需要。各国消费者保护法保护的主体，一般是指从事生活消费的消费者。

消费者，是指为了满足生活消费的需要而购买、使用商品或者接受服务的人，是经营者的对象。

消费者权益，是指消费者依法享有的权利及因该权利受到法律保护时带给消费者的利益。消费者权益的核心是消费者权利，而对于消费者权利的实现直接提供法律保障的，则是消费者权益保护法。

（二）消费者权益保护法的概念

消费者权益保护法，是调整在保护消费者权益的过程中发生的经济关系的法律规范的总称。各国为了保障消费者权利，均制定了相应的保护消费者的法律规范。消费者权益保护法的立法体例可以分为两大类：一类是专门立法；另一类是在其他的立法中加入有关消费者保护方面的法律规范，如在民商法等传统法律中作出规定。从总体上说，无论是英美法系还是大陆法系国家，消费者保护法都主要以制定法为主。

为保护消费者的合法权益，维护社会经济秩序，促进社会主义市场经济健康发展，第八届全国人民代表大会第四次会议于1993年10月31日通过了《中华人民共和国消费者权益保护法》（以下简称《消费者权益保护法》），自1994年1月1日起施行，根据2009年8月27日第十一届全国人民代表大会常务委员会第十次会议《关于修改部分法律的决定》对其进行了第一次修正；根据2013年10月25日第十二届全国人民代表大会常务委员会第五次会议《关于修改〈中华人民共和国消费者权益保护法〉的决定》对其进行了第二次修正。

（三）消费者权益保护法的原则

1.依法提供商品或者服务原则。《消费者权益保护法》第三条规定，经营者为消费者提供其生产、销售的商品或者提供服务，应当遵守本法；本法未作出规定的，应当遵守其他有关法律、法规。

2.自愿、平等、公平、诚实信用原则。《消费者权益保护法》第四条规定，经营者与消费者进行交易，应当遵循自愿、平等、公平、诚实信用的原则。

3.国家保护原则。《消费者权益保护法》第五条规定，国家保护消费者的合法权益不受侵害。国家采取措施，保障消费者依法行使权利，维护消费者的合法权益。国家倡导文明、健康、节约资源和保护环境的消费方式，反对浪费。

4.社会监督原则。《消费者权益保护法》第六条规定，保护消费者的合法权益是全社会的共同责任。国家鼓励、支持一切组织和个人对损害消费者合法权益的行为进行社会监督。大众传播媒介应当做好维护消费者合法权益的宣传，对损害消费者合法权益的行为进行舆论监督。

二、消费者的权利

保护消费者权利，经营者、国家、社会均负有相应的义务，其中以经营者义务更直接、更具体。要有效地保护消费者的权利，必须使经营者能够全面地履行其相应的义务，因此，有关消费者权利和经营者义务的内容，历来是《消费者权益保护法》的核心内容。

（一）保障人身、财产安全权

《消费者权益保护法》第七条规定，消费者在购买、使用商品和接受服务时享有人身、财产安全不受损害的权利。消费者有权要求经营者提供的商品和服务符合保障人身、财产安全的要求。

（二）知情权

《消费者权益保护法》第八条规定，消费者享有知悉其购买、使用的商品或者接受的服务的真实情况的权利。消费者有权根据商品或者服务的不同情况，要求经营者提供商品的价格、产地、生产者、用途、性能、规格、等级、主要成分、生产日期、有效期限、检验合格证明、使用方法说明书、售后服务，或者服务的内容、规格、费用等有关情况。

（三）自主选择权

《消费者权益保护法》第九条规定，消费者享有自主选择商品或者服务的权利。消费者有权自主选择提供商品或者服务的经营者，自主选择商品品种或者服务方式，自主决定购买或者不购买任何一种商品、接受或者不接受任何一项服务。消费者在自主选择商品或者服务时，有权进行比较、鉴别和挑选。

（四）公平交易权

《消费者权益保护法》第十条规定，消费者享有公平交易的权利。消费者在购买商品或者接受服务时，有权获得质量保障、价格合理、计量正确等公平交易条件，有权拒绝经营者的强制交易行为。

（五）请求赔偿权

《消费者权益保护法》第十一条规定，消费者因购买、使用商品或者接受服务受到人身、财产损害的，享有依法获得赔偿的权利。

（六）依法结社权

《消费者权益保护法》第十二条规定，消费者享有依法成立维护自身合法权益的社会组织的权利。

（七）获取知识权

《消费者权益保护法》第十三条规定，消费者享有获得有关消费和消费者权益保护方面的知识的权利。消费者应当努力掌握所需商品或者服务的知识和使用技能，正确使用商品，提高自我保护意识。

（八）尊重权

《消费者权益保护法》第十四条规定，消费者在购买、使用商品和接受服务时，享有其人格尊严、民族风俗习惯得到尊重的权利，享有个人信息依法得到保护的权利。

（九）监督权

《消费者权益保护法》第十五条规定，消费者享有对商品和服务以及保护消费者权益工作进行监督的权利。消费者有权检举、控告侵害消费者权益的行为和国家机关及其工作人员在保护消费者权益工作中的违法失职行为，有权对保护消费者权益工作提出批评、建议。

三、经营者的义务

（一）依法履行或者按照约定履行的义务

《消费者权益保护法》第十六条规定，经营者向消费者提供商品或者服务，应当依照《产品质量法》和其他有关法律、法规的规定履行义务。经营者和消费者有约定的，应当按照约定履行义务，但双方的约定不得违背法律、法规的规定。经营者向消费者提供商品或者服务，应当恪守社会公德，诚信经营，保障消费者的合法权益。不得设定不公平、不合理的交易条件，不得强制交易。

（二）听取意见和接受监督的义务

《消费者权益保护法》第十七条规定，经营者应当听取消费者对其提供的商品或者服务的意见，接受消费者的监督。

（三）保障人身、财产安全的义务

《消费者权益保护法》第十八条规定，经营者应当保证其提供的商品或者服务符合保障人身、财产安全的要求。对可能危及人身、财产安全的商品和服务，应当向消费者作出真实的说明和明确的警示，并说明和标明正确使用商品或者接受服务的方法以及防止危害发生的方法。经营者发现其提供的商品或者服务存在严重缺陷，即使正确使用商品或者接受服务仍然可能对人身、财产安全造成危害的，应当立即向有关行政部门报告和告知消费者，并采取防止危害发生的措施。《消费者权益保护法》第十九条规定，经营者发现其提供的商品或者服务存在缺陷，有危及人身、财产安全危险的，应当立即向有关行政部门报告和告知消费者，并采取停止销售、警示、召回、无害化处理、销毁、停止生产或者服务等措施。采取召回措施的，经营者应当承担消费者因商品被召回支出的必要费用。

（四）提供真实信息的义务

《消费者权益保护法》第二十条规定，经营者向消费者提供有关商品或者服务的质量、性能、用途、有效期限等信息，应当真实、全面，不得作虚假或者引人误解的宣传。经营者对消费者就其提供的商品或者服务的质量和使用方法等问题提出的询问，应当作出真实、明确的答复。经营者提供商品或服务应当明码标价。

（五）如实标记的义务

《消费者权益保护法》第二十一条规定，经营者应当标明其真实名称和标记。租赁他人柜台或者场地的经营者，也应当标明其真实名称和标记。

（六）出具购货凭证或者服务单据的义务

《消费者权益保护法》第二十二条规定，经营者提供商品或者服务，应当按照国家有关规定或者商业惯例向消费者出具购货凭证或者服务单据。消费者索要发票等购货凭证或者服务单据的，经营者必须出具。

（七）保证质量的义务

《消费者权益保护法》第二十三条规定，经营者应当保证在正常使用商品或者接受服务的情况下其提供的商品或者服务应当具有的质量、性能、用途和有效期限。但消费者在购买该商品或者接受该服务前已经知道其存在瑕疵，且存在该瑕疵不违反法律强制性规定的除外。

经营者以广告、产品说明、实物样品或者其他方式表明商品或者服务的质量状况的，应当保证其提供的商品或者服务的实际质量与表明的质量状况相符。

经营者提供的机动车、计算机、电视机、电冰箱、空调器、洗衣机等耐用商品或者装饰装修等服务，消费者自接受商品或者服务之日起6个月内发现瑕疵，发生纠纷的，由经营者承担有关瑕疵的举证责任。

（八）履行承诺的义务

《消费者权益保护法》第二十四条规定，经营者提供的商品或者服务不符合质量要求的，消费者可以依照国家规定、当事人约定退货，或者要求经营者履行更换、修理等义务。没有国家规定和当事人约定的，消费者可以自收到商品之日起7日内退货。7日后符合法定解除合同条件的，消费者可以及时退货，不符合法定解除合同条件的，可以要求经营者履行更换、修理等义务。

依照前款规定进行退货、更换、修理的，经营者应当承担运输等必要费用。

（九）无条件退货的义务

《消费者权益保护法》第二十五条规定，经营者采用网络、电视、电话、邮购等方式销售商品，消费者有权自收到商品之日起7日内退货，且无须说明理由，但下列商品除外：

1.消费者定做的。

2.鲜活易腐的。

3.在线下载或者消费者拆封的音像制品、计算机软件等数字化商品。

4.交付的报纸、期刊。

除前款所列商品外，其他根据商品性质并经消费者在购买时确认不宜退货的商品，不适用无理由退货。

消费者退货的商品应当完好。经营者应当自收到退回商品之日起7日内返还消费者支付的商品价款。退回商品的运费由消费者承担。经营者和消费者另有约定的，按照约定执行。

（十）公平合理交易的义务

《消费者权益保护法》第二十六条规定，经营者在经营活动中使用格式条款的，应当以显著方式提请消费者注意商品或者服务的数量和质量、价款或者费用、履行期限和方式、安全注意事项和风险警示、售后服务、民事责任等与消费者有重大利害关系的内容，并按照消费者的要求予以说明。

经营者不得以格式条款、通知、声明、店堂告示等方式，作出排除或者限制消费者权利、减轻或者免除经营者责任、加重消费者责任等对消费者不公平、不合理的规定，不得利用格式条款并借助技术手段强制交易。

格式条款、通知、声明、店堂告示等含有前款所列内容的，其内容无效。

（十一）尊重消费者的义务

《消费者权益保护法》第二十七条规定，经营者不得对消费者进行侮辱、诽谤，不得搜查消费者的身体及其携带的物品，不得侵犯消费者的人身自由。

（十二）保护消费者隐私的义务

《消费者权益保护法》第二十九条规定，经营者收集、使用消费者个人信息，应当遵循合法、正当、必要的原则，明示收集、使用信息的目的、方式和范围，并经消费者同意。经营者收集、使用消费者个人信息，应当公开其收集、使用规则，不得违反法律、法规的规定和双方的约定收集、使用信息。

经营者及其工作人员对收集的消费者个人信息必须严格保密，不得泄露、出售或者非法向他人提供。经营者应当采取技术措施和其他必要措施，确保信息安全，防止消费者个人信息泄露、丢失。当发生或者可能发生信息泄露、丢失的情况时，应当立即采取补救措施。

经营者未经消费者同意或者请求，或者消费者明确表示拒绝的，不得向其发送商业性信息。

（十三）其他义务

《消费者权益保护法》第二十八条规定，采用网络、电视、电话、邮购等方式提供商品或者服务的经营者，以及提供证券、保险、银行等金融服务的经营者，应当向消费者提供经营地址、联系方式、商品或者服务的数量和质量、价款或者费用、履行期限和方式、安全注意事项和风险警示、售后服务、民事责任等信息。

课堂讨论 11-2

韩女士在某商店购买一件纯羊毛大衣，商店标明“换季商品，概不退换”，穿了3天后衣服起满毛球，经市质量监督检验机构检验证明羊毛大衣所用原料为100%腈纶。韩女士到商店要求退货并赔偿因此而造成的损失，商店营业员回答：“当时标明‘换季商品，概不退换’，再说店内该柜台是出租给个体户的，现在他已破产，租借柜台的费用尚未付清，人也找不到，你只好自认倒霉。”你认为应当如何处理此案？

资料来源 根据法律快车网资料改编。

四、消费者权益的保护

在消费者权益的保护方面，不仅经营者负有直接的义务，国家、社会也都负有相应的义务。只有各类主体都有效地承担起相应的保护消费者权益的义务，消费者的各项权益才能得到有效的保障。

（一）国家对消费者权益的保护

为了有效地保护消费者权益，国家应当在立法、执法、司法等各个环节上，加强对消费者权益的整体保护。

首先，在立法方面，国家制定有关保护消费者权益的法律、法规、规章和强制性标准，应当听取消费者和消费者协会等组织的意见。其次，在行政执法方面，各级人民政府应当加强领导，组织、协调、督促有关行政部门做好保护消费者合法权益的工作，落实保护消费者合法权益的职责。各级人民政府应当加强监督，预防危害消费者人身、财产安全行为的发生，及时制止危害消费者人身、财产安全的行为。各级人民政府市场监督管理部门和其他有关行政部门应当依照法律、法规的规定，在各自的职责范围内，采取措施，保护消费者的合法权益。有关行政部门应当听取消费者和消费者协会等组织对经营者交易行为、商品和服务质量问题的意见，及时调查处理。有关行政部门在各自的职责范围内，应当定期或者不定期对经营者提供的商品和服务进行抽查检验，并及时向社会公布抽查检验结果。有关行政部门发现并认定经营者提供的商品或者服务存在缺陷，有危及人身、财产安全危险的，应当立即责令经营者采取停止销售、警示、召回、无害化处理、销毁、停止生产或者服务等措施。有关国家机关应当依照法律、法规的规定，惩处经营者在提供商品和服务中侵害消费者合法权益的违法犯罪行为。最后，在司法方面，人民法院应当采取措施，方便消费者提起诉讼。对符合诉讼案件的消费者权益争议，必须受理，并及时审理。

（二）消费者组织对消费者权益的保护

消费者协会和其他消费者组织是依法成立的对商品和服务进行社会监督的保护消费者合法权益的社会组织。消费者协会履行下列公益性职能：

1.向消费者提供消费信息和咨询服务，提高消费者维护自身合法权益的能力，引导文明、健康、节约资源和保护环境的消费方式。

2.参与制定有关消费者权益的法律、法规、规章和强制性标准。

3.参与有关行政部门对商品和服务的监督、检查。

4.就有关消费者合法权益的问题，向有关部门反映、查询，提出建议。

5.受理消费者的投诉，并对投诉事项进行调查、调解。

6.投诉事项涉及商品和服务质量问题的，可以提请具备资格的鉴定人鉴定，鉴定人应当告知鉴定意见。

7.就损害消费者合法权益的行为，支持受损害的消费者提起诉讼或者依照《消费者权益保护法》提起诉讼。

8.对损害消费者合法权益的行为，通过大众传播媒介予以揭露、批评。

各级人民政府对消费者协会履行职能应当予以必要的经费等方面支持。

消费者协会应当认真履行保护消费者合法权益的职责，听取消费者的意见和建议，接受社会监督。

依法成立的其他消费者组织依照法律、法规及其章程的规定，开展保护消费者合法权益的活动。

消费者组织不得从事商品经营和营利性服务，不得以收取费用或者其他牟取利益的方式向消费者推荐商品和服务。

五、争议的解决

（一）争议的解决途径

《消费者权益保护法》第三十九条规定，消费者和经营者发生消费者权益争议的，可以通过下列途径解决：

1.与经营者协商和解。

2.请求消费者协会或者依法成立的其他调解组织调解。

3.向有关行政部门投诉。消费者向有关行政部门投诉的，该部门应当自收到投诉之日起7个工作日内，予以处理并告知消费者。

4.根据与经营者达成的仲裁协议提请仲裁机构仲裁。

5.向人民法院提起诉讼。对侵害众多消费者合法权益的行为，中国消费者协会以及在省、自治区、直辖市设立的消费者协会，可以向人民法院提起诉讼。

（二）承担损害赔偿责任主体的确认

1.生产者、销售者和服务者。消费者在购买、使用商品时，其合法权益受到损害的，可以向销售者要求赔偿。销售者赔偿后，属于生产者的责任或者属于向销售者提供商品的其他销售者的责任的，销售者有权向生产者或者其他销售者追偿。

消费者或者其他受害人因商品缺陷造成人身、财产损害的，可以向销售者要求赔偿，也可以向生产者要求赔偿。属于生产者责任的，销售者赔偿后，有权向生产者追偿。属于销售者责任的，生产者赔偿后，有权向销售者追偿。

消费者在接受服务时，其合法权益受到损害的，可以向服务者要求赔偿。

消费者在展销会、租赁柜台购买商品或者接受服务，其合法权益受到损害的，可以向销售者或者服务者要求赔偿。展销会结束或者柜台租赁期满后，也可以向展销会的举办者、柜台的出租者要求赔偿。展销会的举办者、柜台的出租者赔偿后，有权向销售者或者服务者追偿。

消费者通过网络交易平台购买商品或者接受服务，其合法权益受到损害的，可以向销售者或者服务者要求赔偿。网络交易平台提供者不能提供销售者或者服务者的真实名称、地址和有效联系方式的，消费者也可以向网络交易平台提供者要求赔偿。网络交易平台提供者作出更有利于消费者的承诺的，应当履行承诺。网络交易平台提供者赔偿后，有权向销售者或者服务者追偿。

网络交易平台提供者明知或者应知销售者或者服务者利用其平台侵害消费者合法权益，未采取必要措施的，依法与该销售者或者服务者承担连带责任。

2.变更后承受其权利义务的企业。消费者在购买、使用商品或者接受服务时，其合法权益受到损害，因原企业分立、合并的，可以向变更后承受其权利义务的企业要求赔偿。

3.营业执照的使用人或者持有人。使用他人营业执照的违法经营者提供商品或者服务，损害消费者合法权益的，消费者可以向其要求赔偿，也可以向营业执照的持有人要求赔偿。

4.利用虚假广告的经营者和广告经营者。消费者因经营者利用虚假广告或者其他虚假宣传方式提供商品或者服务，其合法权益受到损害的，可以向经营者要求赔偿。广告经营者、发布者发布虚假广告的，消费者可以请求行政主管部门予以惩处。广告经营者、发布者不能提供经营者的真实名称、地址和有效联系方式的，应当承担赔偿责任。

广告经营者、发布者设计、制作、发布关系消费者生命健康的商品或者服务的虚假广告，造成消费者损害的，应当与提供该商品或者服务的经营者承担连带责任。

社会团体或者其他组织、个人在关系消费者生命健康的商品或者服务的虚假广告或者其他虚假宣传中向消费者推荐商品或者服务，造成消费者损害的，应当与提供该商品或者服务的经营者承担连带责任。

六、法律责任

侵害消费者权益的行为，造成不同法律后果的，违法者承担不同的法律责任。

（一）造成人身伤害的

经营者提供商品或者服务，造成消费者或者其他受害人人身伤害的，应当赔偿医疗费、护理费、交通费等为治疗和康复支出的合理费用，以及因误工减少的收入。造成残疾的，还应当赔偿残疾生活辅助具费和残疾赔偿金。造成死亡的，还应当赔偿丧葬费和死亡赔偿金。

（二）侵害人格尊严或者侵犯人身自由的

经营者侵害消费者的人格尊严、侵犯消费者人身自由或者侵害消费者个人信息依法得到保护的权利的，应当停止侵害、恢复名誉、消除影响、赔礼道歉，并赔偿损失。

经营者有侮辱诽谤、搜查身体、侵犯人身自由等侵害消费者或者其他受害人人身权益的行为，造成严重精神损害的，受害人可以要求精神损害赔偿。

（三）侵犯财产权的

经营者提供商品或者服务，造成消费者财产损害的，应当依照法律规定或者当事人约定承担修理、重作、更换、退货、补足商品数量、退还货款和服务费用或者赔偿损失等民事责任。

经营者以预收款方式提供商品或者服务的，应当按照约定提供。未按照约定提供的，应当按照消费者的要求履行约定或者退回预付款，并应当承担预付款的利息、消费者必须支付的合理费用。

依法经有关行政部门认定为不合格的商品，消费者要求退货的，经营者应当负责退货。

经营者提供商品或者服务有欺诈行为的，应当按照消费者的要求增加赔偿其受到的损失，增加赔偿的金额为消费者购买商品的价款或者接受服务的费用的3倍。增加赔偿的金额不足500元的，为500元。法律另有规定的，依照其规定执行。

经营者明知商品或者服务存在缺陷，仍然向消费者提供，造成消费者或者其他受害人死亡或者健康严重损害的，受害人有权要求经营者依照《消费者权益保护法》第四十九条、第五十一条等法律规定赔偿损失，并有权要求所受损失2倍以下的惩罚性赔偿。

（四）国家机关工作人员有玩忽职守或者包庇经营者侵害消费者合法权益的行为的

国家机关工作人员有玩忽职守或者包庇经营者侵害消费者合法权益的行为的，由其所在单位或者上级机关给予行政处分。情节严重、构成犯罪的，依法追究刑事责任。

复习思考题

1. 产品质量监督管理的主要制度包括哪几方面？
2. 产品质量责任的构成要件是什么？
3. 生产者的产品质量责任和义务有哪些？
4. 销售者的产品质量责任和义务有哪些？
5. 消费者的权利有哪些？
6. 经营者的义务有哪些？

第十二章

财政税收法

内容提要

本章主要介绍了预算法、税法规定的基本内容；重点阐述了国家预算体系、预算收支范围、国家预算的组织管理、税法构成要素、主要税种、税收征收管理，并对违反预算法和税法的法律责任进行了讲解。

导入案例

2018年7月，王珍在宝康县工商局办理了临时营业执照从事服装经营，但未向税务机关申请办理税务登记。9月，被宝康县税务机关查处，核定应缴纳税款300元，限其于次日缴清税款。王珍在限期内未缴纳税款，对核定的税款提出异议，税务机关不听其申辩，直接扣押了其价值400元的一件服装。扣押后仍未缴纳税款，税务机关将服装以300元的价格销售给内部职工，用以抵缴税款。

思考：

1.对王珍的行为应如何处理？

2.请分析宝康县税务机关的执法行为有无不妥？

资料来源　根据北大律师网相关资料整理。

第一节　预算法

一、预算法的概念和调整对象

国家预算，是指经过一定法定程序规定的国家机关对未来收入和支出的预计方案。换言之，预算是经法定程序批准的国家在一定期间内预定的收支计划。国家预算是国家以年度财政收支计划的形式，对依法征集的部分国民收入进行集中统一分配的活动，是国家职能的一项十分重要和基本的方面。各级各类国家机关履行其职责的活动，国家经济建设、国防建设和教育、科学、文化以及其他各项事业的发展，各项重大改革方案的实施，人民生活的改善，都离不开国家预算资金的保障和支持。

预算法，是调整在国家协调经济运行过程中发生的关于预算的各种经济关系的法律规范的总称。所谓预算关系，是指国家各级财政为了有计划地集中和分配资金，根据国家预算，在各级财政之间、各级财政同各部门预算单位之间，以及各部门预算单位上下级之间发生的组织预算收入、拨付预算资金和进行年终决算的关系。它包括各级编制、审查、批准、执行预算过程中产生的行政组织关系和国家组织预算收入和预算支出过程中所产生的经济权利义务关系两个方面。

中华人民共和国成立后于1951年颁布了《预算决算暂行条例》，1991年10月国务院又发布《国家预算管理条例》。为了规范政府收支行为，强化预算约束，加强对预算的管理和监督，建立健全全面规范、公开透明的预算制度，保障经济社会的健康发展，1994年3月22日第八届全国人民代表大会第二次会议通过《中华人民共和国预算法》（以下简称《预算法》），自1995年1月1日起施行。2014年8月31日第十二届全国人民代表大会常务委员会第十次会议在表决通过了《全国人大常委会关于修改〈预算法〉的决定》，并决议于2015年1月1日起施行。2018年12月29日第十三届全国人民代表大会常务委员会第七次会议通过《关于修改〈中华人民共和国产品质量法〉等五部法律的决定》，对其予以第二次修正。

二、国家预算体系

国家预算体系，是指预算的组成环节及其相互关系。我国的国家预算体系是根据国家的政权结构所确立的各级预算的统一整体。

国家实行一级政府一级预算，设立中央，省、自治区、直辖市，设区的市、自治州，县、自治县、不设区的市、市辖区，乡、民族乡、镇五级预算。

预算分为一般公共预算、政府性基金预算、国有资本经营预算、社会保险基金预算。一般公共预算、政府性基金预算、国有资本经营预算、社会保险基金预算应当保持完整、独立。政府性基金预算、国有资本经营预算、社会保险基金预算应当与一般公共预算相衔接。

中央一般公共预算包括中央各部门（含直属单位，下同）的预算和中央对地方的税收返还、转移支付预算。

中央一般公共预算收入包括中央本级收入和地方向中央的上解收入。中央一般公共预算支出包括中央本级支出、中央对地方的税收返还和转移支付。

地方各级一般公共预算包括本级各部门（含直属单位，下同）的预算和税收返还、转移支付预算。

地方各级一般公共预算收入包括地方本级收入、上级政府对本级政府的税收返还和转移支付、下级政府的上解收入。地方各级一般公共预算支出包括地方本级支出、对上级政府的上解支出、对下级政府的税收返还和转移支付。

各部门预算由本部门及其所属各单位预算组成。

政府性基金预算是对依照法律、行政法规的规定在一定期限内向特定对象征收、收取或者以其他方式筹集的资金，专项用于特定公共事业发展的收支预算。

政府性基金预算应当根据基金项目收入情况和实际支出需要，按基金项目编制，做到以收定支。

国有资本经营预算是对国有资本收益作出支出安排的收支预算。

国有资本经营预算应当按照收支平衡的原则编制，不列赤字，并安排资金调入一般公共预算。

社会保险基金预算是对社会保险缴款、一般公共预算安排和其他方式筹集的资金，专项用于社会保险的收支预算。

社会保险基金预算应当按照统筹层次和社会保险项目分别编制，做到收支平衡。

三、预算管理体制

预算管理体制是划分国家机关之间、中央和地方之间预算管理权限的制度。《预算法》规定各级预算管理权限的内容主要包括以下几个方面：

（一）全国人民代表大会及常务委员会的预算职权

全国人民代表大会审查中央和地方预算草案及预算执行情况报告；批准中央预算和中央预算执行情况报告；改变或者撤销全国人大常委会关于预算、决算的不适当决议。

全国人大常委会监督中央和地方预算执行；审查和批准中央预算的调整方案和中央决算；撤销国务院及省、自治区、直辖市人民代表大会制定的同宪法、法律、行政法规相抵触的关于预算、决算的行政法规、地方性法规、命令和决议。

全国人民代表大会财政经济委员会对中央预算草案及上一年预算执行情况、中央预算调整方案和中央决算草案进行初步审查。

（二）地方各级人民代表大会及常务委员会的预算职权

县级以上地方各级人民代表大会审查本级总预算草案及本级总预算执行情况的报告；批准本级预算和本级预算执行情况的报告；改变或者撤销本级人民代表大会常务委员会关于预算、决算的不适当的决议；撤销本级政府关于预算、决算的不适当的决定和命令。

县级以上地方各级人民代表大会常务委员会监督本级总预算的执行；审查和批准本级预算的调整方案；审查和批准本级政府决算（以下简称本级决算）；撤销本级政府和下一级人民代表大会及其常务委员会关于预算、决算的不适当的决定、命令和决议。

乡、民族乡、镇的人民代表大会审查和批准本级预算和本级预算执行情况的报告；监督本级预算的执行；审查和批准本级预算的调整方案；审查和批准本级决算；撤销本级政府关于预算、决算的不适当的决定和命令。

省、自治区、直辖市人民代表大会有关专门委员会对本级预算草案及上一年预算执行情况、本级预算调整方案和本级决算草案进行初步审查。

设区的市、自治州人民代表大会有关专门委员会对本级预算草案及上一年预算执行情况、本级预算调整方案和本级决算草案进行初步审查，未设立专门委员会的可以由人民代表大会常务委员会的有关工作机构研究提出意见。

县、自治县、不设区的市、市辖区人民代表大会常务委员会对本级预算草案及上一年预算执行情况进行初步审查。

全国人民代表大会常务委员会和省、自治区、直辖市、设区的市、自治州人民代表大会常务委员会的有关工作机构，依照本级人民代表大会常务委员会的决定，协助本级人民代表大会财政经济委员会或者有关专门委员会承担审查预算草案、预算调整方案、决算草案和监督预算执行等方面的具体工作。

（三）各级人民政府的预算职权

县级以上地方各级政府编制本级预算、决算草案；向本级人民代表大会作关于本级总预算草案的报告；将下一级政府报送备案的预算汇总后报本级人民代表大会常务委员会备案；组织本级总预算的执行；决定本级预算预备费的动用；编制本级预算的调整方案；监督本级各部门和下级政府的预算执行；改变或者撤销本级各部门和下级政府关于预算、决算的不适当的决定、命令；向本级人民代表大会、本级人民代表大会常务委员会报告本级总预算的执行情况。

乡、民族乡、镇政府编制本级预算、决算草案；向本级人民代表大会作关于本级预算草案的报告；组织本级预算的执行；决定本级预算预备费的动用；编制本级预算的调整方案；向本级人民代表大会报告本级预算的执行情况。

经省、自治区、直辖市政府批准，乡、民族乡、镇本级预算草案、预算调整方案、决算草案，可以由上一级政府代编，并依照《预算法》第十八条的规定报乡、民族乡、镇的人民代表大会审查和批准。

（四）各级财政部门的预算职权

国务院财政部门具体编制中央预算、决算草案；具体组织中央和地方预算的执行；提出中央预算预备费动用方案；具体编制中央预算的调整方案；定期向国务院报告中央和地方预算的执行情况。

各级财政部门是预算管理的职能部门。其职权是：具体编制本级预算、决算草案；具体组织本级总预算的执行；提出本级预算预备费动用方案；具体编制本级预算的调整方案；定期向本级政府和上一级政府财政部门报告本级总预算的执行情况。

（五）各部门的预算职权

各部门编制本部门预算、决算草案；组织和监督本部门预算的执行；定期向本级政府财政部门报告预算的执行情况。

（六）各单位的预算职权

各单位编制本单位预算、决算草案；按照国家规定上缴预算收入，安排预算支出，并接受国家有关部门的监督。

四、预算收支范围

预算的内容由一般预算收入和一般预算支出组成。

一般公共预算收入包括各项税收收入、行政事业性收费收入、国有资源（资产）有偿使用收入、转移性收入和其他收入。一般公共预算收入应当统筹安排使用。

一般公共预算支出按照其功能分类，包括一般公共服务支出，外交、公共安全、国防支出，农业、环境保护支出，教育、科技、文化、卫生、体育支出，社会保障及就业支出和其他支出。

一般公共预算支出按照其经济性质分类，包括工资福利支出、商品和服务支出、资本性支出和其他支出。政府性基金预算、国有资本经营预算和社会保障预算的收支范围，按照国务院的规定执行。

政府性基金预算、国有资本经营预算和社会保险基金预算的收支范围，按照法律、行政法规和国务院的规定执行。

中央预算与地方预算有关收入和支出项目的划分、地方向中央上解收入、中央对地方税收返还或者转移支付的具体办法，由国务院规定，报全国人民代表大会常务委员会备案。

上级政府不得在预算之外调用下级政府预算的资金。下级政府不得挤占或者截留属于上级政府预算的资金。

五、预算管理的法律规定

国家预算的组织管理，主要包括预算编制、预算审查和批准、预算执行、预算调整、决算的编审和批准、预算和决算的监督等环节。预算法对以上环节都以法律形式确定下来，以保证各级预算组织能够各司其职、各尽其责，保证国家预算的正确贯彻执行。

（一）预算的编制

预算的编制是指制订集中和分配预算资金年度计划的活动，是国家管理预算活动的第一道程序。预算应当根据国民经济和社会发展计划，按照预算管理职权和收支范围，参考上一年预算执行情况和本年预测，按国务院规定的时间进行编制。加强预算法制化管理的前提，就是依法做好预算的编制工作。

1.预算编制的原则。各级预算应当做到收支平衡。各级预算收入的编制，应当与经济和社会发展水平相适应。各级政府、各部门、各单位应当依照《预算法》规定，将所有政府收入全部列入预算，不得隐瞒、少列，也不得将上年的非正常收入作为编制预算收入的依据。

各级政府不得在预算之外，向预算收入征收部门和单位下达收入指标。各级预算支出的编制，应当贯彻厉行节约、勤俭建国的方针。各级预算支出的编制，应当统筹兼顾、确保重点，在保证政府公共支出合理需要的前提下，妥善安排其他各类预算支出。预算中安排必要的资金，用于扶助革命老区、民族地区、边疆地区、贫困地区发展经济社会建设事业。各级公共预算应当按照本级一般公共预算支出额的1%至3%设置预备费，用于当年预算执行中的自然灾害等突发事件处理增加的支出及其他难以预见的开支。各级一般公共预算按照国务院的规定可以设置预算周转金，用于本级政府调剂预算年度内季节性收支差额。各级一般公共预算按照国务院的规定可以设置预算稳定调节基金，用于弥补以后年度预算资金的不足。

2.预算编制的程序。国务院应当及时下达关于编制下一年预算草案的指示。编制预算草案的具体事项由国务院财政部门部署。

各级政府、各部门、各单位应当按照国务院规定的时间编制预算草案。

中央预算和地方各级预算，应当根据年度经济社会发展目标和国家宏观调控总体要求，参考上一年预算执行情况和本年度收支预测，按照规定程序征求各方面意见后，进行编制。

各级政府依据法定权限作出决定或者制定行政措施，凡涉及增加或者减少财政收入或者支出的，应当在预算批准前提出并在预算草案中作出相应安排。各级政府上一年预算的结转资金，应当在下一年用于结转项目的支出；连续两年未用完的结转资金，应当作为结余资金管理。

各部门、各单位应当按照国务院财政部门制定的政府收支分类科目和本级政府制定的预算支出定额标准以及其他预算编制规定，根据其依法履行职能和事业发展的需要，编制本部门、本单位预算草案。各部门、各单位上一年预算的结转、结余资金按照国务院财政部门的规定办理。

省、自治区、直辖市政府应当按照国务院规定的时间，将本级总预算草案报国务院汇总。

（二）预算的审查和批准

预算的审查和批准，是指各级国家权力机关对同级政府所提出的预算草案进行审查与批准的活动。它属于立法程序。国家预算草案一经批准，就成为正式的国家预算，具有法律效力，任何单位和个人都必须严格遵守。各部门应当及时向所属各单位批复预算。地方各级政府应当及时将经本级人民代表大会批准的本级预算报上级政府备案。各级政府应当将下一级政府报备案的预算汇总后，报本级人民代表大会常务委员会备案。

中央预算由全国人民代表大会审查和批准。国务院财政部门应当在每年全国人民代表大会会议举行的45日前，将中央预算草案的初步方案提交全国人民代表大会财政经济委员会进行初步审查。

地方各级政府预算由本级人民代表大会审查和批准。省、自治区、直辖市政府财政部门应当在本级人民代表大会会议举行的30日前，将本级预算草案的初步方案提交本级人民代表大会有关专门委员会进行初步审查。

报送各级人民代表大会审查和批准的预算草案应当细化。本级公共预算一般收支至少编列到款，重点支出至少编列到项。设区的市、自治州政府财政部门应当在本级人民代表大会会议举行的30日前，将本级预算草案的初步方案提交本级人民代表大会有关专门委员会进行初步审查，或者送交本级人民代表大会常务委员会有关工作机构征求意见。县、自治县、不设区的市、市辖区政府应当在本级人民代表大会会议举行的30日前，将本级预算草案的初步方案提交本级人民代表大会常务委员会进行初步审查。县、自治县、不设区的市、市辖区、乡、民族乡、镇的人民代表大会举行会议审查预算草案前，应当采用多种形式，组织本级人民代表大会代表，听取选民和社会各界的意见。

（三）预算的执行

预算执行是指各级财政部门和其他预算主体在组织国家预算收入和实现预算支出中的活动。预算执行也是将国家批准了的、体现国家意志的、具有法律效力的预算付诸实施。

各级预算由本级政府组织执行，具体工作由本级政府财政部门负责。

在预算收入的组织执行方面，预算收入征收部门和单位，必须依照法律、行政法规的规定，及时、足额征收应征的预算收入。不得违反法律、行政法规规定，擅自减征、免征或者缓征应征的预算收入，不得截留、占用或者挪用预算收入。各级政府不得向预算收入征收部门和单位下达收入指标。

在预算支出的组织执行方面，各级政府财政部门必须依照规定，及时、足额地拨付预算支出资金，加强对预算支出的管理和监督。各级政府、各部门、各单位的支出必须按照预算执行。

预算执行的中介环节是国家金库（以下简称国库）。各级国库必须按照国家有关规定，加强对国库业务的管理，及时准确地办理预算收入的收纳、划分、留解、退付和预算支出的拨付。

各级国库库款的支配权属于本级政府财政部门。除法律、行政法规另有规定外，未经本级政府财政部门同意，任何部门、单位和个人都无权冻结、动用国库库款或者以其他方式支配已入国库的库款。

政府的全部收入应当上缴国库，任何部门、单位和个人不得截留、占用、挪用或者拖欠。对于法律有明确规定或者经国务院批准的特定专用资金，可以依照国务院的规定设立财政专户。

各级政府预算预备费的动用方案，由本级政府财政部门提出，报本级政府决定。各级政府预算周转金由本级政府财政部门管理，用于本级政府调剂预算年度内季节性收支差额，不得挪作他用。

各级政府财政部门必须依照法律、行政法规和国务院财政部门的规定，及时、足额地拨付预算支出资金，加强对预算支出的管理和监督。

各级政府、各部门、各单位的支出必须按照预算执行，不得虚假列支。

各级政府、各部门、各单位应当对预算支出情况开展绩效评价。

各级预算的收入和支出实行收付实现制。特定事项按照国务院的规定实行权责发生制的有关情况，应当向本级人民代表大会常务委员会报告。

（四）预算的调整

预算调整是指经全国人民代表大会批准的中央预算和经地方各级人民代表大会批准的地方各级预算，在执行中因特殊情况需要增加支出或者减少收入，使原批准的收支平衡的预算的总支出超过总收入，或者使原批准的预算中举借债务的数额增加。

由于预算是由立法机关批准的，具有法律效力，因而，调整预算实际上就是修正预算法案，为此，预算调整必须经权力机关认可。预算法规定：各级政府对于必须进行的预算调整，应当编制预算调整方案，提请本级人民代表大会常委会审查和批准。未经批准，不得调整预算。

经全国人民代表大会批准的中央预算和经地方各级人民代表大会批准的地方各级预算，在执行中出现下列情况之一的，应当进行预算调整：①需要增加或者减少预算总支出的；②需要调入预算稳定调节基金的；③需要调减预算安排的重点支出数额的；④需要增加举借债务数额的。

（五）决算

决算是年度预算执行情况的总结，是年度国家预算收支的最终反映。认真进行决算的编制、审批工作，有利于总结经验、发现问题、堵塞漏洞、纠正错误、减少损失。

决算草案由各级政府、各部门、各单位，在每一预算年度终了后按照国务院规定的时间编制。编制决算草案的具体事项，由国务院财政部门部署。编制决算草案要做到收支数额准确、内容完整、报送及时。决算草案应当与预算相对应，按预算数、调整预算数、决算数分别列出。一般公共预算支出应当按其功能分类编列到项，按其经济性质分类编列到款。各部门对所属各单位的决算草案，应当严格审核，并汇总编制本部门的决算草案，在规定的期限内报本级政府部门审核。审核后，发现不符合规定的，有权予以纠正。

各级政府财政部门编制本级决算草案，报本级政府审定后，由本级政府提请本级人民代表大会常务委员会审查和批准。各级政府决算经批准后，财政部门应当向本级各部门批复决算。

地方各级政府应将经批准的决算，报上一级政府备案。国务院和县级以上地方各级政府对下一级政府报送备案的决算，认为有同法律、法规相抵触或有其他不适当之处，需要撤销批准该项决算的决议的，应当提请本级人民代表大会常务委员会审议决定；经审议决定撤销的，该下级人民代表大会常务委员会应当责成本级政府依法重新编制决算草案，提请本级人民代表大会常务委员会审查和批准。

（六）预算、决算的监督

全国人民代表大会及其常务委员会对中央和地方预算、决算进行监督。县级以上地方各级人民代表大会及其常务委员会对本级和下级预算、决算进行监督。乡、民族乡、镇人民代表大会对本级预算、决算进行监督。各级人民代表大会和县级以上各级人民代表大会常务委员会有权就预算、决算中的重大事项或者特定问题组织调查，有关的政府、部门、单位和个人应当如实反映情况和提供必要的材料。各级人民代表大会和县级以上人民代表大会常务委员会举行会议时，人民代表大会代表或常务委员会组成人员，依法定程序就预算、决算中的有关问题提出询问或者质询，受询问或者受质询的有关的政府或者财政部门必须及时给予答复。

各级政府监督下级政府的预算执行。下级政府应定期向上一级政府报告预算执行情况。各级政府财政部门负责监督本级各部门及其所属各单位预算管理有关工作，并向本级政府和上一级政府财政部门报告预算执行情况。县级以上政府审计部门依法对预算执行、决算实行审计监督。政府各部门负责监督检查所属各单位的预算执行，及时向本级政府财政部门反映本部门预算执行情况，依法纠正违反预算的行为。

六、法律责任

各级政府及有关部门有下列行为之一的，责令改正，对负有直接责任的主管人员和其他直接责任人员追究行政责任：

1.未依照《预算法》规定，编制、报送预算草案、预算调整方案、决算草案和部门预算、决算以及批复预算、决算的。

2.违反《预算法》规定进行预算调整的。

3.未依照《预算法》规定对有关预算事项进行公开和说明的。

4.违反规定设立政府性基金项目和其他财政收入项目的。

5.违反法律、法规规定使用预算预备费、预算周转金、预算稳定调节基金、超收收入的。

6.违反《预算法》规定开设财政专户的。

各级政府及有关部门、单位有下列行为之一的，责令改正，对负有直接责任的主管人员和其他直接责任人员依法给予降级、撤职、开除的处分：

1.未将所有政府收入和支出列入预算或者虚列收入和支出的。

2.违反法律、行政法规的规定，多征、提前征收或者减征、免征、缓征应征预算收入的。

3.截留、占用、挪用或者拖欠应当上缴国库的预算收入的。

4.违反《预算法》规定，改变预算支出用途的。

5.擅自改变上级政府专项转移支付资金用途的。

6.违反《预算法》规定拨付预算支出资金，办理预算收入收纳、划分、留解、退付，或者违反《预算法》规定冻结、动用国库库款或者以其他方式支配已入国库库款的。

各级政府、各部门、各单位违反《预算法》规定举借债务或者为他人债务提供担保，或者挪用重点支出资金，或者在预算之外及超预算标准建设楼堂馆所的，责令改正，对负有直接责任的主管人员和其他直接责任人员给予撤职、开除的处分。

各级政府有关部门、单位及其工作人员有下列行为之一的，责令改正，追回骗取、使用的资金，有违法所得的没收违法所得，对单位给予警告或者通报批评。对负有直接责任的主管人员和其他直接责任人员依法给予处分：

1.违反法律、法规的规定，改变预算收入上缴方式的。

2.以虚报、冒领等手段骗取预算资金的。

3.违反规定扩大开支范围、提高开支标准的。

4.其他违反财政管理规定的行为。

违反《预算法》规定，构成犯罪的，依法追究刑事责任。

第二节　税法

一、税法的概念

税法，是国家制定的调整税收征纳关系的法律规范的总称。

税收是国家凭借公权力，按照预定标准，强制地、无偿地征收实物或货币而形成的特定的分配关系。税收历来是国家组织财政收入的重要手段，随着商品经济的充分发展，税收已由国家强制参与国民收入分配这个传统领域，成为国家调节社会经济的重要“经济杠杆”。

因职能不同，税法分成税收实体法和税收程序法。税收实体法主要是指确定税种立法，具体规定各税种的纳税主体、征收对象、税目、税率等。《中华人民共和国企业所得税法》就属于税收实体法。税收程序法是指税务管理方面的法律，主要包括税收管理、纳税程序、发票管理、税务机关组织、税务争议处理等法律、行政法规等。《中华人民共和国税收征收管理法》就属于税收程序法。

我国对税收征收管理适用的法律制度，是按照税收管理机关的不同而分别规定的：由税务机关负责征收的税种的征收管理，按照全国人大常委会发布实施的《中华人民共和国税收征收管理法》及各实体税法中的征管规定执行。由海关机关负责征收的税种的征收管理，按照《中华人民共和国海关法》及《进出口关税条例》等有关规定执行。

二、税法的主要内容

（一）税法的构成要素

税法是由一系列单行的税收法规组成的。每个单行的税收法规都是对一定的税种作出的具体规定，内容虽然各有不同，但在结构上都有一些共同的要素。税法的构成要素包括：征税主体、纳税主体、征税对象、税率、纳税环节、纳税期限、纳税地点、减免税、法律责任9项。其中：纳税主体、征税对象、税率是构成税法的3个最基本的要素。

1.征税主体，又叫征税人，是指行使税收征管权，依法进行税款征收行为的一方当事人。税收是以国家为主体的特殊分配形式，所以征税主体只能是国家，而不是其他主体。在我国，征税主体的具体部门有：税务部门，财政部门和海关。

2.纳税主体，亦称纳税人，是指税法规定直接负有纳税义务的社会组织和个人。纳税人是按税种分别确定的。当主体符合这一特定资格，就要依法履行纳税义务。

3.征税对象，是指税法规定的课税目的物，它标明了税种的名称及征税范围。

4.税率，是指应征税额与计税金额之间的比例，是计算税额的尺度。税率的高低直接体现国家的要求，直接关系到国家财政的收入的多少和纳税人的负担程度，是税收法律制度中的核心要素。我国现行税法规定的税率有比例税率、累进税率、定额税率3种基本形式。

比例税率是对同一征税对象不论数额大小，都按同一比例征税的税率。

累进税率是根据征税对象款额的大小不同，规定不同等级的税率。每一等级规定逐级上升的征税比例的税率。累进税率可分为全额累进税率、超额累进税率和超率累进税率3种。目前我国税收法律制度中已不采用全额累进税率。

定额税率，又称固定税额，是对单位征税对象直接规定固定的征税数额的一种税率。

5.纳税环节，是指应税商品在其整个流转过程中，税法规定应当缴纳税款的环节。

6.纳税期限，是指税法规定纳税人缴纳税款的具体期限。纳税期限是税收固定性特点在时间上的体现。

7.纳税地点，是指缴纳税款的场所。纳税地点一般为纳税人的住所地，也有规定在营业地、财产所在地或特定行为发生地的。

8.减免税，是指税法对某些特定的纳税人或征税对象给予的一种免除规定，它包括减免税、税收抵免等多种形式。

9.法律责任，是指税法对特定的纳税人的行为适用的罚则以及相应的处理程序。

（二）现行税制的主要税种

1994年税制改革建立了以增值税为主体，消费税、营业税并行，内外统一的货物和劳务税制，改革企业所得税、个人所得税，大幅度调整其他税收，如扩大了资源税的征收范围，开征了土地增值税，取消了盐税等12个税种，将税种从37个降到25个。随着中国经济市场化程度的加深，税制改革随之全面深化，逐渐形成了税种科学、结构优化、法律健全、规范公平、征管高效的现代税收制度。形成了5大类18个税种的现行税制体系。

1.流转税类，是以商品流转额和非商品流转额为课税对象的税，包括增值税、消费税、关税。

2.所得税，是以各种所得额为课税对象的税，包括企业所得税、个人所得税。

3.财产税类，是以纳税人拥有财产数量或财产价值为课税对象的税，包括房产税、土地增值税、车船税、船舶吨税、车辆购置税、城镇土地使用税。

4.资源税类，是以自然和某些社会资源为课税对象的税种，包括资源税、烟叶税、环境保护税。

5.行为税类，也称为特定行为目的税，包括城市维护建设税、契税、印花税、耕地占用税。

现主要介绍增值税、消费税、资源税、企业所得税、个人所得税。

1.增值税。一般认为，增值税是对纳税人在生产经营过程中实现的增值额征收的一种税。增值税的纳税人为在中国境内销售货物、进口货物和提供加工修理修配劳务，以及提供应税行为的单位和个人。其中单位是指企业、行政单位、事业单位、军事单位、社会团体和其他单位，个人是指个体工商户和其他个人。

为适应社会主义市场经济发展的要求，推进增值税实质性减税，2019年4月1日起降低增值税税率，购进农产品扣除率及出口退税率等也相应调整。

（1）原增值税适用16%的税率降为13%，主要范围有：销售或进口货物，提供加工、修理、修配劳务，提供有形动产租赁服务。其中销售或进口货物中的：粮食、自来水、图书、饲料等从13%降为9%。

（2）原增值税适用10%的税率降为9%，主要范围有：交通运输服务、邮政服务、建筑服务、销售不动产。

（3）原增值税适用6%的税率保持不变，主要范围有：销售无形资产、电信服务、金融服务、生活服务、现代服务。

（4）增值税税率是针对一般纳税人的，也就是说此次降税主要是针对一般纳税人，小规模3%的征收率还是保持不变的。

（5）五档税率合成四档税率。2019年4月1日前增值税税率有5档，分别为：16%、13%、10%、6%、0，降低税率后，变成了4档：13%、9%、6%、0。

2.消费税。消费税是对在中国境内生产、委托加工和进口税法规定的消费品的单位和个人，就其消费品的销售额或销售数量征收的一种税。凡在中国境内生产、委托加工和进口税法规定的消费品的单位和个人，为消费税的纳税义务人。

征收消费税的消费品包括：烟、酒、高档化妆品、贵重首饰及珠宝玉石、鞭炮焰火、成品油、摩托车、小汽车、高尔夫球及球具、高档手表、游艇、木制一次性筷子、实木地板、电池、涂料等15个税目。根据不同的税目或子目确定相应的税率或单位税额。

消费税实行从价定率和从量定额的办法计算应纳税额。对一些供求基本平衡、价格差异不大、计量单位规范的消费品，一般采取固定税率（税额）、从量计征的方法，如黄酒、啤酒、成品油。对一些供求矛盾突出、价格差异较大、计量单位不规范的消费品，一般采取比例税率、从价计征的方法，如高档化妆品、小汽车、手表、游艇等。对于一些利润率较大，大量使用对人体有害的消费品，实行从量计征和从价计征相加的复合计税方法，如卷烟、白酒。

3.资源税。资源税是以各种应税自然资源为课税对象、为了调节资源级差收入并体现国有资源有偿使用而征收的一种税。2019年8月26日《中华人民共和国资源税法》已由第十三届全国人民代表大会常务委员会第十二次会议通过，自2020年9月1日起施行。在中华人民共和国领域和中华人民共和国管辖的其他海域开发应税资源的单位和个人，为资源税的纳税人，应当依照本法规定缴纳资源税。

自然资源是生产资料或生活资料的天然来源，它包括的范围很广，如矿产资源、土地资源、水资源、动植物资源等。目前，我国的资源税征税范围较窄，仅选择了部分级差收入差异较大，资源较为普遍，易于征收管理的矿产品和盐列为征税范围，包括原油、天然气、煤炭、其他非金属矿原矿、黑色金属矿原矿、有色金属矿原矿和盐等七种。随着我国经济的快速发展，对自然资源的合理利用和有效保护将越来越重要，因此，资源税的征税范围应逐步扩大。

4.企业所得税。企业所得税是指对在中国境内的企业和其他取得收入的组织的生产经营所得和其他所得征收的一种税。个人独资企业、合伙企业不适用本法。企业所得税的税率为25%。

企业每一纳税年度的收入总额，减除不征税收入、免税收入、各项扣除以及允许弥补的以前年度亏损后的余额，为应纳税所得额。企业实际发生的与取得收入有关的、合理的支出，包括成本、费用、税金、损失和其他支出，准予在计算应纳税所得额时扣除。企业发生的公益性捐赠支出，在年度利润总额12%以内的部分，准予在计算应纳税所得额时扣除。

企业的应纳税所得额乘以适用税率，减除依照企业所得税法关于税收优惠的规定减免和抵免的税额后的余额，为应纳税额。

国家对重点扶持和鼓励发展的产业和项目，给予企业所得税优惠。符合条件的小型微利企业，减按20%的税率征收企业所得税。国家需要重点扶持的高新技术企业，减按15%的税率征收企业所得税。创业投资企业从事国家需要重点扶持和鼓励的创业投资，可以按投资额的一定比例抵扣应纳税所得额。企业综合利用资源，生产符合国家产业政策规定的产品所取得的收入，可以在计算应纳税所得额时减计收入。企业购置用于环境保护、节能节水、安全生产等专用设备的投资额，可以按一定比例实行税额抵免。

企业的国债利息收入，符合条件的居民企业之间的股息、红利等权益性投资收益，在中国境内设立机构、场所的非居民企业从居民企业取得与该机构、场所有实际联系的股息、红利等权益性投资收益，符合条件的非营利组织的收入为免税收入。

企业的下列所得，可以免征、减征企业所得税：从事农、林、牧、渔业项目的所得；从事国家重点扶持的公共基础设施项目投资经营的所得；从事符合条件的环境保护、节能节水项目的所得；符合条件的技术转让所得；非居民企业在中国境内未设立机构、场所的，或者虽设立机构、场所但取得的所得与其所设机构、场所没有实际联系的，其来源于中国境内的所得。

民族自治地方的自治机关对本民族自治地方的企业应缴纳的企业所得税中属于地方分享的部分，可以决定减征或者免征。自治州、自治县决定减征或者免征的，须报省、自治区、直辖市人民政府批准。

企业在开发新技术、新产品、新工艺发生的研究开发费用，在安置残疾人员及国家鼓励安置的其他就业人员所支付的工资支出，可以在计算应纳税所得额时加计扣除。

5.个人所得税。个人所得税法是指国家制定的用以调整个人所得税征收与缴纳之间权利及义务关系的法律规范。《中华人民共和国个人所得税法》（以下简称《个人所得税法》）自1980年9月10日通过以来，进行了七次修正，目前适用的是2018年8月31日，由第十三届全国人民代表大会常务委员会第五次会议通过的《全国人民代表大会常务委员会关于修改〈中华人民共和国个人所得税法〉的决定》，自2019年1月1日起施行。

个人所得税的纳税人分为居民个人和非居民个人两种。在中国境内有住所，或者无住所而一个纳税年度内在中国境内居住累计满183天的个人，为居民个人。在中国境内无住所又不居住，或者无住所而一个纳税年度内在中国境内居住累计不满183天的个人，为非居民个人。纳税年度，自公历1月1日起至12月31日止。

《个人所得税法》第二条规定，下列各项个人所得，应当缴纳个人所得税：①工资、薪金所得；②劳务报酬所得；③稿酬所得；④特许权使用费所得；⑤经营所得；⑥利息、股息、红利所得；⑦财产租赁所得；⑧财产转让所得；⑨偶然所得。

居民个人取得前款第一项至第四项所得（综合所得），按纳税年度合并计算个人所得税；非居民个人取得前款第一项至第四项所得，按月或者按次分项计算个人所得税。纳税人取得前款第五项至第九项所得，依照本法规定分别计算个人所得税。

个人所得税的税率：综合所得适用3%至45%的超额累进税率；经营所得适用5%至35%的超额累进税率；利息、股息、红利所得，财产租赁所得，财产转让所得和偶然所得，适用比例税率，税率为20%。

2018年10月1日起，国家将工资、薪金的减除费用标准由原来的每人每月2 000元提高到每人每月5 000元，首次增加子女教育支出、继续教育支出、大病医疗支出、住房贷款利息和住房租金等专项附加扣除，大大降低了全国工薪阶层的税收负担。

课堂讨论 12-1

某房地产开发公司，当月取得商品房销售收入2亿元，取得设备租赁收入5万元。

你认为该公司要去税务机关办理哪些事宜？何时办理？该公司当月要缴纳哪些税种？该公司如果不按时去税务机关办理有关事宜，要承担何种法律责任？

三、税收征收管理法

税收征收管理法是有关税收征收管理等方面的法律规范的总称。《中华人民共和国税收征收管理法》（以下简称《税收征收管理法》）由第七届全国人民代表大会常务委员会于1992年9月4日通过，自1993年1月1日起施行。现行《税收征收管理法》由第十二届全国人民代表大会常务委员会于2015年4月24日通过并修正。

（一）立法宗旨和适用范围

《税收征收管理法》的立法宗旨是：加强税收征收管理，规范税收征收和缴纳行为，保障国家税收收入，保护纳税人的合法权益，促进经济和社会发展。

《税收征收管理法》的适用范围：凡依法由税务机关征收的各种税收的征收管理，均适用本法。

（二）税收征收管理部门

国务院税务主管部门主管全国税收征收管理工作。各地税务机关应当按照国务院规定的税收征收管理范围分别进行征收管理。

税收的开征、停征以及减税、免税、退税、补税，依照法律的规定执行；法律授权国务院规定的，依照国务院制定的行政法规的规定执行。任何机关、单位和个人不得违反法律、行政法规的规定，擅自作出税收开征、停征以及减税、免税、退税、补税和其他同税收法律、行政法规相抵触的决定。

纳税人、扣缴义务人必须依照法律、行政法规的规定缴纳税款、代扣代缴、代收代缴税款。

（三）税务管理

1.税务登记。

企业在外地设立的分支机构和从事生产、经营的场所，个体工商户和从事生产、经营的事业单位（以下统称从事生产、经营的纳税人）自领取营业执照之日起30日内，持有关证件，向税务机关申报办理税务登记。税务机关应当于收到申报的当日办理登记并发给税务登记证件。

从事生产、经营的纳税人，税务登记内容发生变化的，自工商行政管理机关办理变更登记之日起30日内或者在向工商行政管理机关申请办理注销登记之前，持有关证件向税务机关申报办理变更或者注销税务登记。

从事生产、经营的纳税人应当按照国家有关规定，持税务登记证件，在银行或者其他金融机构开立基本存款账户和其他存款账户，并将其全部账号向税务机关报告。银行和其他金融机构应当在从事生产、经营的纳税人的账户中登录税务登记证件号码，并在税务登记证件中登录从事生产、经营的纳税人的账户账号。税务机关依法查询从事生产、经营的纳税人开立账户的情况时，有关银行和其他金融机构应当予以协助。

纳税人按照国务院税务主管部门的规定使用税务登记证件。税务登记证件不得转借、涂改、损毁、买卖或者伪造。

2.账簿、凭证管理。

纳税人、扣缴义务人按照有关法律、行政法规和国务院财政、税务主管部门的规定设置账簿，根据合法、有效凭证记账，进行核算。

从事生产、经营的纳税人的财务、会计制度或者财务、会计处理办法和会计核算软件，应当报送税务机关备案。纳税人、扣缴义务人的财务、会计制度或者财务、会计处理办法与国务院或者国务院财政、税务主管部门有关税收的规定抵触的，依照国务院或者国务院财政、税务主管部门有关税收的规定计算应纳税款、代扣代缴和代收代缴税款。

税务机关是发票的主管机关，负责发票印制、领购、开具、取得、保管、缴销的管理和监督。单位、个人在购销商品、提供或者接受经营服务以及从事其他经营活动中，应当按照规定开具、使用、取得发票。发票的管理办法由国务院规定。

增值税专用发票由国务院税务主管部门指定的企业印制；其他发票，按照国务院税务主管部门的规定，分别由省、自治区、直辖市税务机关指定企业印制。未经前款规定的税务机关指定，不得印制发票。

3.纳税申报。

纳税人必须依照法律、行政法规规定或者税务机关依照法律、行政法规的规定确定的申报期限、申报内容如实办理纳税申报，报送纳税申报表、财务会计报表以及税务机关根据实际需要要求纳税人报送的其他纳税资料。扣缴义务人必须依照法律、行政法规规定或者税务机关依照法律、行政法规的规定确定的申报期限、申报内容如实报送代扣代缴、代收代缴税款报告表以及税务机关根据实际需要要求扣缴义务人报送的其他有关资料。纳税人、扣缴义务人不能按期办理纳税申报或者报送代扣代缴，代收代缴税款报告表的，经税务机关核准，可以延期申报。

（四）税款征收

1.税务机关依照法律、行政法规的规定征收税款，不得违反法律、行政法规的规定开征、停征、多征、少征、提前征收、延缓征收或者摊派税款。

2.扣缴义务人依照法律、行政法规的规定履行代扣、代收税款的义务。扣缴义务人依法履行代扣、代收税款义务时，纳税人不得拒绝。

3.纳税人、扣缴义务人按照法律、行政法规规定或者税务机关依照法律、行政法规的规定确定的期限，缴纳或者解缴税款。纳税人因有特殊困难，不能按期缴纳税款的，经省、自治区、直辖市税务机关批准，可以延期缴纳税款，但是最长不得超过3个月。

4.纳税人未按照规定期限缴纳税款的，扣缴义务人未按照规定期限解缴税款的，税务机关除责令限期缴纳外，从滞纳税款之日起，按日加收滞纳税款5‰的滞纳金。

5.纳税人依照法律、行政法规的规定办理减税、免税。地方各级人民政府、各级人民政府主管部门、单位和个人违反法律、行政法规规定，擅自作出的减税、免税决定无效，税务机关不得执行，并向上级税务机关报告。

6.税务机关征收税款时，必须给纳税人开具完税凭证。扣缴义务人代扣、代收税款时，纳税人要求扣缴义务人开具代扣、代收税款凭证的，扣缴义务人应当开具。

7.对未按照规定办理税务登记的从事生产、经营的纳税人以及临时从事经营的纳税人，由税务机关核定其应纳税额，责令缴纳；不缴纳的，税务机关可以扣押其价值相当于应纳税款的商品、货物。扣押后仍不缴纳应纳税款的，经县以上税务局（分局）局长批准，依法拍卖或者变卖所扣押的商品、货物，以拍卖或者变卖所得抵缴税款。

税务机关有根据认为从事生产、经营的纳税人有逃避纳税义务行为的，可以在规定的纳税期之前，责令限期缴纳应纳税款；在限期内发现纳税人有明显的转移、隐匿其应纳税的商品、货物以及其他财产或者应纳税的收入的迹象的，税务机关可以责成纳税人提供纳税担保。如果纳税人不能提供纳税担保，经县以上税务局（分局）局长批准，税务机关可以采取下列税收保全措施：（1）书面通知纳税人开户银行或者其他金融机构冻结纳税人的金额相当于应纳税款的存款；（2）扣押、查封纳税人的价值相当于应纳税款的商品、货物或者其他财产。

纳税人在规定的限期内缴纳税款的，税务机关必须立即解除税收保全措施；限期期满仍未缴纳税款的，经县以上税务局（分局）局长批准，税务机关可以书面通知纳税人开户银行或者其他金融机构从其冻结的存款中扣缴税款，或者依法拍卖或者变卖所扣押、查封的商品、货物或者其他财产，以拍卖或者变卖所得抵缴税款。

个人及其抚养家属维持生活必需的住房和用品，不在税收保全措施的范围之内。

8.税务机关应当按照国家规定的税收征收管理范围和税款入库预算级次，将征收的税款缴入国库。

（五）税务检查

1.税务机关有权进行下列税务检查：

（1）检查纳税人的账簿、记账凭证、报表和有关资料，检查扣缴义务人代扣代缴、代收代缴税款账簿、记账凭证和有关资料。

（2）到纳税人的生产、经营场所和货物存放地检查纳税人应纳税的商品、货物或者其他财产，检查扣缴义务人与代扣代缴、代收代缴税款有关的经营情况。

（3）责成纳税人、扣缴义务人提供与纳税或者代扣代缴、代收代缴税款有关的文件、证明材料和有关资料。

（4）询问纳税人、扣缴义务人与纳税或者代扣代缴、代收代缴税款有关的问题和情况。

（5）到车站、码头、机场、邮政企业及其分支机构检查纳税人托运、邮寄应纳税商品、货物或者其他财产的有关单据、凭证和有关资料。

（6）经县以上税务局（分局）局长批准，凭全国统一格式的检查存款账户许可证明，查询从事生产、经营的纳税人、扣缴义务人在银行或者其他金融机构的存款账户。税务机关在调查税收违法案件时，经设区的市、自治州以上税务局（分局）局长批准，可以查询案件涉嫌人员的储蓄存款。税务机关查询所获得的资料，不得用于税收以外的用途。

2.税务机关对从事生产、经营的纳税人以前纳税期的纳税情况依法进行税务检查时，发现纳税人有逃避纳税义务行为，并有明显的转移、隐匿其应纳税的商品、货物以及其他财产或者应纳税的收入的迹象的，可以按照本法规定的批准权限采取税收保全措施或者强制执行措施。

（六）法律责任

1.违反税法的行为。

（1）违反税务管理规定行为：未按照规定的期限申报办理税务登记、变更或者注销登记的；未按照规定设置、保管账簿或者保管记账凭证和有关资料的；未按照规定将财务、会计制度或者财务、会计处理办法和会计核算软件报送税务机关备查的；未按照规定将其全部银行账号向税务机关报告的；未按照规定安装、使用税控装置，或者损毁或者擅自改动税控装置的。

（2）欠税行为：欠税是纳税人、扣缴义务人超过规定的期限不缴或者少缴应纳或者应解缴税款的行为。

（3）偷税行为：纳税人伪造、变造、隐匿、擅自销毁账簿、记账凭证，或者在账簿上多列支出或者不列、少列收入，或者经税务机关通知申报而拒不申报或者进行虚假的纳税申报，不缴或者少缴应纳税款的。

（4）骗税行为：以假报出口或者其他欺骗手段，骗取国家出口退税款的。

（5）抗税行为：以暴力、威胁方法拒不缴纳税款的。

（6）税务人员徇私舞弊或者玩忽职守，滥用职权的。

2.对违反税法行为的处理。

（1）经济制裁，包括加收滞纳金和罚款。滞纳金是从滞纳税款之日起，按日加收滞纳税款5‱的滞纳金。罚款有两种形式：一是处以一定数额的罚款，一般在1 000元以上50万以下；二是处以若干倍数的罚款，一般在50%以上5倍以下。

（2）行政制裁，包括行政处分或者行政处罚。国家行政机关依照行政隶属关系给予有违法失职行为的直接责任人员和其他责任人员的行政处分，包括：警告；记过；记大过；降级；撤职；留用察看；开除。国家行政机关给予违反行政管理秩序的法人或者其他组织的行政处罚，包括：警告；罚款；没收违法所得、没收非法财物；责令停产停业；暂扣或者吊销许可证、暂扣或者吊销执照；行政拘留；法律、行政法规规定的其他行政处罚。

（3）刑事制裁，对违反税收法律、行政法规的纳税人、扣缴义务人、税务人员，构成犯罪的，依法追究刑事责任。

复习思考题

1.国家预算收入包括哪些？

2.国家预算支出包括哪些？

3.预算、决算监督的法律程序是如何规定的？

4.什么是税法？税法的构成要素包括哪些？

5.现行企业所得税税率是如何规定的？

6.违反税法应当承担什么法律责任？

第十三章

银行法

内容提要

本章主要介绍了《中国人民银行法》《商业银行法》规定的内容；重点阐述了中国人民银行管理体制、人民币、中国人民银行的业务、商业银行的设立和组织机构、商业银行的业务；并对有关银行管理以及违反银行法的法律责任进行了讲解。

导入案例

某市国企A公司与美国B公司达成合资协议，共同组建C公司。根据合资协议规定，A公司须投入价值100万美元的基本生产设备一套。因为A公司资金周转困难，故其希望向设备生产企业D公司分期付款购买该设备。D公司提出必须取得银行担保的要求。A公司无奈之下向市政府求助，市政府指令中国人民银行该市支行予以担保，书面承诺出现问题，由市政府负责，与银行无关。中国人民银行该市支行作为担保人向D公司出具了“不可撤销的经济担保书”。担保书载明：担保人将无条件地承担履行合同义务的连带责任。后来在合同履行中，A公司在两次支付了到期货款40万美元后，其余款项再无力支付。D公司多次催款未果，遂将中国人民银行该市支行诉至法院，要求其承担担保责任。

思考：

1. 中国人民银行能否作为担保人对外承担担保责任？
2. 市政府强令中国人民银行该市支行提供担保应承担何种法律责任？
3. 本案依法应如何处理？

资料来源　摘自2008年7月高等教育自学考试中英合作金融管理专业考试——金融法（二）试题。

第一节　中国人民银行法

一、中国人民银行法的概念

银行，是指经营货币和信用业务的金融机构。银行按其职能划分为中央银行、商业银行和其他银行机构。

中国人民银行（简称央行或人行）是中华人民共和国的中央银行，中华人民共和国国务院组成部门之一，于1948年12月1日组成。中国人民银行是国务院监督管理全国金融事业的职能部门。

中国人民银行法，亦称中央银行法，是指调整中央银行因制定和实施货币政策，行使对金融业的监督管理职能而产生的银行管理关系的法律规范的总称。

为了确立中国人民银行的地位，明确其职责，保证国家货币政策的正确制定和执行，建立和完善中央银行宏观调控体系，维护金融稳定，1995年3月18日第八届全国人民代表大会常务委员会第三次会议通过了《中华人民共和国中国人民银行法》（以下简称《中国人民银行法》）。2003年12月27日第十届全国人民代表大会常务委员会第六次会议对其予以修正。

《中国人民银行法》的主要内容包括银行管理体制、人民币、银行业务、金融监督管理、银行财务会计、法律责任等。

二、中国人民银行管理体制

（一）中国人民银行的法律地位

《中国人民银行法》第二条规定，中国人民银行是中华人民共和国的中央银行。

中国人民银行在国务院的领导下，制定和执行货币政策，防范和化解金融风险，维护金融稳定。

中国人民银行应当向全国人民代表大会常务委员会提出有关货币政策情况和金融监督管理情况的工作报告。

（二）中国人民银行组织机构

中国人民银行法有关中央银行组织机构的规定主要包括行长、货币政策委员会、分支机构的设立等内容。

1.行长。中国人民银行设行长1人，副行长若干人。中国人民银行行长的人选，根据国务院总理的提名，由全国人民代表大会及其常务委员会决定，由中华人民共和国主席任免。副行长由国务院总理任免。

中国人民银行实行行长负责制。行长领导中国人民银行的工作，副行长协助行长工作。

2.货币政策委员会。为了正确地制定和实施货币政策，中国人民银行设立货币政策委员会。有关货币政策委员会的职责、组成和工作程序，由国务院规定，报全国人民代表大会常务委员会备案。

3.中国人民银行分支机构。中国人民银行根据履行职责的需要设立分支机构，作为中国人民银行的派出机构。中国人民银行对分支机构实行集中统一领导和管理。

中国人民银行的分支机构根据中央银行的授权，负责本辖区的金融稳定，承办有关业务。

（三）中国人民银行的职责

《中国人民银行法》第四条规定，中央银行履行下列职责：

1.发布和履行与其职责有关的命令和规章。

2.依法制定和执行货币政策。

3.发行人民币，管理人民币流通。

4.监督管理银行间同业拆借市场和银行间债券市场。

5.实施外汇管理，监督管理银行间外汇市场。

6.监督管理黄金市场。

7.持有、管理、经营国家外汇储备、黄金储备。

8.经理国库。

9.维护支付、清算系统的正常运行。

10.指导、部署金融业反洗钱工作，负责反洗钱的资金监测。

11.负责金融业的统计、调查、分析和预测。

12.作为国家的中央银行，从事有关的国际金融活动。

13.国务院规定的其他职责。

三、人民币

中华人民共和国的法定货币是人民币。以人民币支付中华人民共和国境内一切公共的和私人的债务，任何单位和个人不得拒收。

人民币的单位为元，人民币辅币单位为角、分。

《中国人民银行法》对人民币的印制、发行，残缺、污损人民币的收回、销毁等都作了相应的法律规定。

（一）人民币的印制、发行

中央银行作为发行银行，具有发行货币、管理货币流通的职责。根据《中国人民银行法》有关规定，人民币由中国人民银行统一印制、发行。

中国人民银行发行新版人民币，应当将发行时间、面额、图案、式样、规格予以公告。任何单位和个人不得印制、发售代币票券，以代替人民币在市场上流通。

（二）人民币禁止

《中国人民银行法》第十九条规定，禁止伪造、变造人民币；禁止出售、购买伪造的人民币；禁止运输、持有、使用伪造、变造的人民币；禁止故意毁损人民币；禁止在宣传品、出版物或者其他商品上非法使用人民币图案。

（三）残缺、污损人民币的收回、销毁

残缺、污损的人民币，按照中国人民银行的规定兑换，并由中国人民银行负责收回、销毁。

（四）人民币发行库

中国人民银行设立人民币发行库，在其分支机构设立分支库。分支库调拨人民币发行基金，应当按照上级库的调拨命令办理。任何单位和个人不得违反规定，动用发行基金。

四、中国人民银行的业务

（一）制定和执行货币政策

货币政策，是指国家为了保持货币币值的稳定，促进经济增长而制定的防范和化解金融风险和稳定货币的经济政策。

货币政策的目标与国民经济发展目标基本一致。《中国人民银行法》第三条规定，货币政策目标是保持货币币值的稳定，并以此促进经济增长。

货币政策的执行是在规定的具体条件和程序下，通过货币政策工具的运用实现的。《中国人民银行法》第二十二条规定，中国人民银行为执行货币政策，可以运用以下货币政策工具：

1.要求银行业金融机构按照规定的比例交存存款准备金。

2.确定中央银行基准利率。

3.为在中国人民银行开立账户的银行业金融机构办理再贴现。

4.向商业银行提供贷款。

5.在公开市场上买卖国债、其他政府债券和金融债券及外汇。

6.国务院规定的其他货币政策工具。

（二）经理国库

《中国人民银行法》第二十四条规定，中国人民银行依照法律、行政法规的规定经理国库。

政府的财政收入均由中国人民银行代理，财政存款作为中央银行重要的资金来源，中国银行对财政存款不付利息，因此，中央银行经理国库既为政府提供了服务，同时又增强了中央银行的资金实力。中央银行经理国库的意义在于：沟通财政与金融之间的关系，使国家的财源与金融机构的资金来源相连接，有利于充分发挥货币资金的作用，并为政府资金的融通提供了一个有利的调剂机制。

（三）债券业务

《中国人民银行法》第二十五条规定，中国人民银行可以代理国务院财政部门向各金融机构组织发行、兑付国债和其他政府债券。

中央银行经营债券业务的目的，不在于营利，而是为了调剂金融市场的资金供求，实现货币币值的稳定，并促进经济增长。中央银行不经营企业债券。

（四）清算业务

中央银行作为银行的银行，具有维护支付、清算系统的正常运行的职责。

《中国人民银行法》第二十七条规定，中国人民银行应当组织或者协助组织银行业金融机构相互之间的清算系统，协调银行业金融机构相互之间的清算事项，提供清算服务。

清算，是指为避免现款支付的不便，而以转账方式了结银行之间债权债务关系的结算手段。

银行之间债权债务的结算需要通过一个中枢机构办理，作为银行的银行，中央银行则成为必然的清算中枢机构。

中央银行办理清算业务的首要前提，是金融机构在中国人民银行开立账户。

（五）再贴现和再贷款业务

再贴现是指金融机构因业务上的需要，将其贴现而取得的票据，请求中央银行予以贴现的经济行为。中国人民银行为在其银行开立账户的金融机构开展再贴现业务，即买进金融机构已贴现的票据的目的在于调剂金融市场的资金供求，保持金融市场稳定，促进经济协调稳定增长。

再贷款，是指中央银行对商业银行提供贷款的行为。

《中国人民银行法》第二十八条规定，中国人民银行根据执行货币政策的需要，可以决定对商业银行贷款的数额、期限、利率和方式，但贷款的期限不得超过一年。

中央银行对于贷款期限的限制，目的是加强贷款业务的流动性和安全性，保证贷款资金的灵活运转。

（六）集中存款准备金业务

中国人民银行按照规定的比例集中金融机构交存的存款准备金，目的在于保持银行的清偿力，并通过调整存款准备金比率达到调节、控制商业银行的放款规模的目的。

（七）经营国家外汇储备、黄金储备业务

外汇和黄金是稳定货币币值的重要储备，也是可以用于国际支付的国际储备。国家外汇和黄金自然应当在中央银行储备，外汇和黄金的需要者，可以向中央银行申请购买。中国人民银行持有、管理、经营国家外汇储备、黄金储备的目的在于保持货币币值稳定，保证国际贸易对外汇和黄金的需要，防范和化解金融风险，促进经济增长。

中央银行作为国家管理金融业的特殊金融机构，其业务与商业银行及其他金融机构的业务相比具有明显不同的特点：

一是不以营利为目的。商业银行和其他金融机构以其自有资金自主经营、独立核算，营利是其最终目的。中央银行是制定和实施货币政策，对金融业实施监督管理的特殊金融机构，以保持货币币值的稳定、促进经济增长为己任，绝不能以营利为目的。如果发生亏损，则由中央财政拨款弥补。

二是不经营一般银行业务。中央银行根据法律规定在金融活动中享有各种特权，如果允许其从事一般银行业务，参与竞争，不仅存在法律上的不公平，而且将使中央银行丧失权威，难以实现其职责，所以，中央银行原则上不经营一般银行业务。

中央银行的性质既然不同于其他银行，经营特点也不同于其他银行，因此，中央银行的业务活动需要一定的限制。

《中国人民银行法》第二十九条规定，中国人民银行不得对政府财政透支，不得直接认购、包销国债和其他政府债券。

《中国人民银行法》第三十条规定，中国人民银行不得向地方政府、各级政府部门提供贷款，不得向非银行金融机构以及其他单位和个人提供贷款。但国务院规定中国人民银行可以向特定的非银行金融机构提供贷款的除外。

中国人民银行不得向任何单位和个人提供担保。

五、中国人民银行的金融监督管理

《中国人民银行法》第三十一条规定，中国人民银行依法监测金融市场的运行管理，对金融市场实施监督宏观调控，促进其协调发展。

（一）中国人民银行的检查监督范围

《中国人民银行法》第三十二条规定，中国人民银行有权对金融机构以及其他单位和个人的下列行为进行检查监督：

1.执行有关存款准备金管理规定的行为。

2.与中国人民银行特种贷款有关的行为。

3.执行有关人民币管理规定的行为。

4.执行有关银行间同业拆借市场、银行间债券市场管理规定的行为。

5.执行有关外汇管理规定的行为。

6.执行有关黄金管理规定的行为。

7.代理中国人民银行经理国库的行为。

8.执行有关清算管理规定的行为。

9.执行有关反洗钱规定的行为。

（二）中国人民银行与国务院银行业监督管理机构的关系

为了加强对银行业的监督管理，规范监督管理行为，防范和化解银行业风险，保护存款人和其他客户的合法权益，促进银行业健康发展，2003年12月27日第十届全国人民代表大会常务委员会第六次会议通过了《中华人民共和国银行业监督管理法》（以下简称《银行业监督管理法》），设立国务院银行业监督管理机构，负责对全国银行业金融机构及其业务活动监督管理的工作。

银行业金融机构，是指在中国境内设立的商业银行、城市信用合作社、农村信用合作社等吸收公众存款的金融机构以及政策性银行。在中国境内设立的金融资产管理公司、信托投资公司、财务公司、金融租赁公司以及国务院银行业监督管理机构批准设立的其他金融机构的监督管理，适用银行业监督管理法的规定。

根据《中国人民银行法》和《银行业监督管理法》的规定，中国人民银行有权对所有金融机构以及其他单位和个人的有关金融行为进行检查监督。银行业监督管理机构，负责对全国银行业金融机构及其业务活动监督管理的工作。

《中国人民银行法》第三十五条第二款规定，中国人民银行应当与国务院银行业监督管理机构、国务院其他金融监督管理部门建立监督管理信息共享机制。《银行业监督管理法》第六条也作了相应的规定。

中国人民银行根据执行货币政策和维护金融稳定的需要，可以建议国务院银行业监督管理机构对银行业金融机构进行检查监督。国务院银行业监督管理机构应当自收到建议之日起30日内予以回复。

中国人民银行根据履行职责的需要，有权要求银行业金融机构报送必要的资产负债表、利润表以及其他财务会计、统计报表和资料。

六、中国人民银行的财务会计

（一）中国人民银行实行独立的财务预算制度

中国人民银行的预算经国务院财政部门审核后，纳入中央预算，接受国务院财政部门的预算执行监督。

中国人民银行每一会计年度的收入减除该年度支出，并按照国务院财政部门核定的比例提取总准备金后的净利润，全部上缴中央财政。

中国人民银行的亏损由中央财政拨款弥补。

（二）财政会计报表的编制

中国人民银行应当于每一会计年度结束后的3个月内，编制资产负债表、利润表和相关的财务会计报表，并编制年度报告，按照国家有关规定予以公布。

（三）中国人民银行的会计年度

中国人民银行的会计年度自公历1月1日起至12月31日止。

七、违反《中国人民银行法》的法律责任

（一）违反《中国人民银行法》的行为

《中国人民银行法》规定，违反《中国人民银行法》的行为主要有：

1.伪造、变造人民币，出售伪造、变造的人民币，或者明知是伪造、变造的人民币而运输的。

2.购买伪造、变造的人民币或者明知伪造、变造的人民币而持有、使用的。

3.在宣传品、出版物或者其他商品上非法使用人民币图样的。

4.印制、发售代币票券，以代替人民币在市场上流通的。

5.违反有关金融监督管理规定的。

6.中国人民银行违反规定向地方政府、各级政府部门、非金融机构以及其他单位和个人提供贷款的，或者对单位和个人提供担保的，擅自运用发行基金的，以及地方政府、各级政府部门、社会团体和个人强令中国人民银行及其工作人员违反上述规定的。

7.中国人民银行的工作人员泄露国家秘密或者所知悉的商业秘密的。

8.中国人民银行的工作人员贪污受贿、徇私舞弊、滥用职权、玩忽职守的。

（二）违反《中国人民银行法》的法律责任

根据《中国人民银行法》的有关规定，对于违反《中国人民银行法》的单位，按照有关法律、行政法规给予处罚，没收违法所得，并处以罚款，造成损失的，应当承担赔偿责任。

对于违反《中国人民银行法》负有直接责任的人员，情节轻微的，依法给予行政处分；造成损失的，应当承担赔偿责任，构成犯罪的，依法追究刑事责任。

第二节 商业银行法

一、商业银行法的概念

（一）商业银行的概念

商业银行，是指依照商业银行法和《公司法》设立的吸收公众存款、发放贷款、办理结算等业务的企业法人。

（二）商业银行的业务范围

《中华人民共和国商业银行法》（以下简称《商业银行法》）第三条规定，商业银行可以经营下列部分或者全部业务：

1.吸收公众存款。

2.发放短期、中期和长期的贷款。

3.办理国内外结算。

4.办理票据承兑与贴现。

5.发行金融债券。

6.代理发行、代理兑付、承销政府债券。

7.买卖政府债券、金融债券。

8.从事同业拆借。

9.买卖、代理买卖外汇。

10.从事银行卡业务。

11.提供信用证服务及担保。

12.代理收付款项及代理保险业务。

13.提供保管箱服务。

14.经国务院银行业监督管理机构批准的其他业务。

商业银行经营范围由商业银行章程规定，报国务院银行业监督管理机构批准。

商业银行经中国人民银行批准，可以经营结汇、售汇业务。

商业银行以安全性、流动性、效益性为经营原则，实行自主经营、自担风险、自负盈亏、自我约束，以其全部法人财产独立承担民事责任。商业银行依法开展业务，不受任何单位和个人的干涉。

（三）商业银行法的概念

《商业银行法》是指调整商业银行的组织及其业务经营关系的法律规范的总称。

为了保护商业银行、存款人和其他客户的合法权益，规范商业银行的行为，提高信贷资产质量，加强监督管理，保证商业银行的稳健运行，维护金融秩序，《商业银行法》于1995年5月10日第八届全国人民代表大会常务委员会第十三次会议通过，曾于2003年12月27日第十届全国人民代表大会常务委员会第六次会议予以修正，最新的一次修正于2015年8月29日在中华人民共和国第十二届全国人民代表大会常务委员会第十六次会议通过并公布，自2015年10月1日起施行。

二、商业银行的设立和组织机构

（一）商业银行的设立

《商业银行法》第十一条规定，设立商业银行，应当经国务院银行业监督管理机构审查批准。

未经国务院银行业监督管理机构批准，任何单位和个人不得从事吸收公众存款等商业银行业务，任何单位和个人不得在名称中使用“银行”字样。

设立商业银行，应当具备下列条件：

1.有符合《商业银行法》和《公司法》规定的章程。

2.有符合《商业银行法》规定的注册资本最低限额。

3.有具备任职专业知识和业务工作经验的董事、高级管理人员。

4.有健全的组织机构和管理制度。

5.有符合要求的营业场所、安全防范措施和与业务有关的其他设施。

设立商业银行，还应当符合其他审慎性条件。

设立全国性商业银行的注册资本最低限额为10亿元人民币。设立城市商业银行的注册资本最低限额为1亿元人民币，设立农村商业银行的注册资本最低限额为5 000万元人民币。注册资本应当是实缴资本。

设立商业银行，申请人应当向国务院银行业监督管理机构提交载明拟设立的商业银行的名称、所在地、注册资本、业务范围等事项的申请书、可行性研究报告等文件、资料。经审查符合规定的，申请人应当填写正式申请表，并提交下列文件、资料：

1.章程草案。

2.拟任职的董事、高级管理人员的资格证明。

3.法定验资机构出具的验资证明。

4.股东名册及其出资额、股份。

5.持有注册资本5%以上的股东的资信证明和有关资料。

6.经营方针和计划。

7.营业场所、安全防范措施和与业务有关的其他设施的资料。

8.国务院银行业监督管理机构规定的其他文件、资料。

经批准设立的商业银行，由国务院银行业监督管理机构颁发经营许可证，并凭该许可证向市场监督管理部门办理登记，领取营业执照。

（二）商业银行的组织机构

《商业银行法》第十七条规定，商业银行的组织形式、组织机构适用《公司法》的规定。

商业银行根据业务的需要还可以在中国境内外设立分支机构。设立分支机构必须经国务院银行业监督管理机构审查批准。

商业银行在中国境内设立分支机构，应当按照规定拨付与其规模相适应的营运资金额。拨付各分支机构营运资金额的总和，不得超过总行资本总额的60%。

商业银行分支机构不具有法人资格，在总行授权范围内依法开展业务，其民事责任由总行承担。

（三）商业银行的变更

《商业银行法》第二十四条规定，商业银行有下列变更事项之一，应当经国务院银行业监督管理机构批准：①变更名称；②变更注册资本；③变更总行或者分支行所在地。④调整业务范围；⑤变更持有资本总额或者股份总额5%以上的股东；⑥修改章程；⑦国务院银行业监督管理机构规定的其他变更事项。

商业银行的分立、合并，适用《公司法》的规定，并应当经国务院银行业监督管理机构审查批准。

（四）商业银行董事、高级管理人员任职的资格

《商业银行法》第二十七条规定，有下列情形之一的，不得担任商业银行的董事、高级管理人员：①因犯有贪污、贿赂、侵占财产、挪用财产罪或者破坏社会经济秩序罪，被判处刑罚，或者因犯罪被剥夺政治权利的；②担任因经营不善破产清算的公司、企业的董事或者厂长、经理，并对该公司、企业的破产负有个人责任的；③担任因违法被吊销营业执照的公司、企业的法定代表人，并负有个人责任的；④个人所负数额较大的债务到期未清偿的。

三、对存款人的保护

为切实加强对存款人权利的保护，《商业银行法》具体作出了如下规定：

1.商业银行办理个人储蓄存款业务，应当遵循存款自愿、取款自由、存款有息、为存款人保密的原则。对个人储蓄存款，商业银行有权拒绝任何单位或者个人查询、冻结、扣划，但法律另有规定的除外。

2.对单位存款，商业银行有权拒绝任何单位或者个人查询，但法律、行政法规另有规定的除外；有权拒绝任何单位或者个人冻结、扣划，但法律另有规定的除外。

3.商业银行应当按照中国人民银行规定的存款利率的上下限，确定存款利率，并予以公告。

4.商业银行应当按照中国人民银行的规定，向中国人民银行交存存款准备金，留足备付金。

5.商业银行应当保证存款本金和利息的支付，不得拖延、拒绝支付存款本金和

利息。

四、贷款和其他业务的基本原则

(一) 贷款业务的基本规则

1.商业银行根据国民经济和社会发展的需要，在国家产业政策指导下开展贷款业务。

2.商业银行贷款，应当对借款人的借款用途、偿还能力、还款方式等情况进行严格审查。商业银行贷款，应当实行审贷分离、分级审批的制度。

3.商业银行贷款，借款人应当提供担保。商业银行应当对保证人的偿还能力，抵押物、质物的权属和价值以及实现抵押权、质权的可行性进行严格审查。

4.商业银行贷款，应当与借款人订立书面合同。合同应当约定贷款种类、借款用途、金额、利率、还款期限、还款方式、违约责任和双方认为需要约定的其他事项。

5.商业银行应当按照中国人民银行规定的贷款利率的上下限，确定贷款利率。

6.商业银行贷款，应当遵守下列资产负债比例管理的若干规定：①资本充足率不得低于8%；②贷款余额与存款余额的比例不得超过75%；③流动性资产余额与流动性负债余额的比例不得低于25%；④对同一借款人的贷款余额与商业银行资本余额的比例不得超过10%；⑤国务院银行业监督管理机构对资产负债比例管理的其他事宜。

7.商业银行不得向关系人发放信用贷款。向关系人发放担保贷款的条件不得优于其他借款人同类贷款的条件。这里所称的关系人是指：商业银行的董事、监事、管理人员、信贷业务人员及其近亲属，以及他们投资或者担任高级管理职务的公司、企业和其他经济组织。

8.任何单位和个人不得强令商业银行发放贷款或者提供担保。商业银行有权拒绝任何单位和个人强令要求其发放贷款或者提供担保。

借款人应当按期归还贷款本金和利息。

借款人到期不归还担保贷款的，商业银行依法享有要求保证人归还贷款本金和利息或者就该担保物优先受偿的权利。商业银行因行使抵押、质权而取得的不动产或者股权，应当自取得之日起2年内予以处分。

借款人到期不归还信用贷款的，应当按照合同约定承担责任。

(二) 其他业务的规则

1.商业银行在中国境内不得从事信托投资和证券经营业务，不得向非自用不动产投资或者向非银行金融机构和企业投资，但国家另有规定的除外。

2.商业银行办理票据承兑、汇兑、委托收款等结算业务，应当按照规定的期限兑现，收付入账，不得压单、压票或者违反规定退票。有关兑现、收付入账期限的规定应当公布。

3.商业银行发行金融债券或者到境外借款，应当依照法律、行政法规的规定报经批准。

4.同业拆借，应当遵守中国人民银行的规定。禁止利用拆入资金发放固定资产贷款或者用于投资。

5.商业银行不得违反规定提高或者降低利率以及采用其他不正当手段吸收存款、发放贷款。

6.商业银行的营业时间应当方便客户，并予以公告。

7.商业银行办理业务、提供服务，按照规定收取手续费。

8.商业银行应当按照国家有关规定保存财务会计报表、业务合同以及其他资料。

五、商业银行的财务会计

商业银行应当依照法律和国家统一的会计制度以及国务院银行业监督管理机构的有关规定，建立、健全本行的财务、会计制度。

商业银行应当按照国家有关规定，真实记录并全面反映其业务活动和财务状况，编制年度财务会计报告，及时向国务院银行业监督管理机构、中国人民银行和国务院财政部门报送。商业银行不得在法定的会计账册外另立会计账册。

商业银行应当于每一会计年度终了3个月内，按照国务院银行业监督管理机构的有关规定，公布其上一年度的经营业绩和审计报告。

商业银行应当按照国家有关规定，提取呆账准备金，冲销呆账。

商业银行的会计年度自公历1月1日起至12月31日止。

六、商业银行的监督管理

（一）商业银行内部的监督管理

1.商业银行应当按照有关的规定，制定本行的业务规则，建立、健全本行的风险管理和内部控制制度。

2.商业银行应当建立、健全本行对存款、贷款、结算、呆账等各项情况的稽核、检查制度，对分支机构应当进行经常性的稽核和检查监督。

（二）商业银行外部的监督管理

1.商业银行应当定期向国务院银行业监督管理机构、中国人民银行报送资产负债表、利润表及其他财务会计报表和资料。

2.国务院银行业监督管理机构有权依照法律规定，随时对商业银行的存款、贷款、结算、呆账等情况进行检查监督。商业银行应当按照国务院银行业监督管理机构的要求，提供财务会计资料、业务合同和有关经营管理方面的其他信息。

中国人民银行有权依照法律规定对商业银行法进行检查监督。

3.商业银行应当依法接受审计监督。

七、接管和终止

（一）接管

《商业银行法》第六十四条规定，当商业银行已经或者可能发生信用危机，严重影响存款人的利益时，国务院银行业监督管理机构可以对该银行实行接管。

接管的目的是对被接管的商业银行采取必要措施，以保护存款人的利益，恢复商业银行的正常经营能力。被接管的商业银行的债权债务关系并不因接管而变化。

接管由国务院银行业监督管理机构决定，并组织实施。国务院银行业监督管理机构的接管决定应当载明下列内容：被接管的商业银行名称、接管理由、接管组织、接管期限。

自接管开始之日，由接管组织行使商业银行的经营管理权力。

接管期限届满，国务院银行业监督管理机构可以决定延期，但接管期限最长不得超过两年。

有下列情形之一的，接管终止：

1.接管决定规定的期限届满或者国务院银行业监督管理机构决定的接管延期届满。

2.接管期限届满前，该商业银行已恢复正常经营能力。

3.接管期限届满前，该商业银行被合并或者被依法宣告破产。

（二）终止

《商业银行法》第七十二条规定，商业银行因解散、被撤销和被宣告破产而终止。

商业银行因分立、合并或者出现公司章程规定的解散事由需要解散的，应当向国务院银行业监督管理机构提出申请，并附解散理由和支付存款本金和利息等债务清偿计划。经国务院银行业监督管理机构批准后解散。

商业银行解散的，应当依法成立清算组，进行清算，国务院银行业监督管理机构监督清算过程。

商业银行因吊销经营许可证被撤销的，国务院银行业监督管理机构应当及时成立清算组，进行清算，按照清偿计划及时偿还存款本金和利息等债务。

商业银行不能支付到期债务的，经国务院银行业监督管理机构同意，由人民法院依法宣告其破产。商业银行被宣告破产的，由人民法院组织国务院银行业监督管理机构等有关部门和有关人员成立清算组，进行清算。

商业银行破产清算时，在支付清算费用、所欠职工工资和劳动保险费用后，应当优先支付个人储蓄存款的本金和利息。

八、中国商业银行体系

目前，我国在金融体制改革中逐步形成和发展了商业银行组织体系，形成了由国有独资商业银行、新型的全国性或区域性的商业银行、城乡合作银行和外资性商业银行构成的比较完整的银行体系。

（一）国有商业银行

1.中国工商银行。根据1983年9月国务院发布的《关于中国人民银行专门行使中央银行职能的决定》，自1984年起中国人民银行不再办理具体的金融业务，原来兼办的工商信贷和储蓄业务由新成立的中国工商银行办理。1984年1月1日中国工商银行成立。经国务院批准，中国工商银行于2005年10月28日整体改制为股份有限公司，股份有限公司完整承继中国工商银行的所有资产和负债。

2.中国建设银行。中国建设银行原名为中国人民建设银行，1996年更名为中国建设银行，成立于1954年10月，其前身是经过改组的交通银行。自1979年起，我国的基本建设投资由财政拨款逐步改由建设银行贷款，从1983年起，中国建设银行接受原由中国人民银行办理的基本建设贷款业务，交出一般性技术改造的贷款业务。从1995年起，所有基本建设拨款全部改为贷款，由中国建设银行办理。2004年中国建设银行改制为国家控股的股份制商业银行后，名称改为中国建设银行股份有限公司，简称中国建设银行。

3.中国农业银行。中国农业银行成立于1953年，1957年被撤销，业务归入中国人民银行。1963年重新建立，1965年并入中国人民银行，1979年2月经国务院批准再次恢复。该银行是统一管理国家支农资金，集中办理农村信贷，领导农村信用合作社，发展农村经济的专业商业银行。根据中华人民共和国国务院于2008年10月21日批准的《中国农业银行股份制改革实施总体方案》，中国农业银行于2009年1月15日改制为中国农业银行股份有限公司。

4.中国银行。中国银行成立于1912年2月，中华人民共和国成立后由人民政府接管。1953年按照国务院核准颁布的《中国银行条例》，确定其为特许的公私合营性质的外汇专业银行。1966年9月以后，并入中国人民银行。1979年3月，从中国人民银行重新分设出来，中国银行是统一经营国家的外汇资金和与之有关的人民币业务及代表政府从事国际金融活动的专业银行。2004年8月26日，中国银行整体改制为股份制商业银行，股份有限公司完整承继中国银行的资产和负债。

5.交通银行。交通银行成立于1908年，以前是中国的四大银行之一。中华人民共和国成立后，中国人民银行对其进行改造和整顿，使之一度成为公私合营的银行。从1958年起，其业务分别并入当时的中国银行和中国人民建设银行，其内地业务中断，只有香港分行一直在中国香港经营金融业务。1986年7月24日，国务院决定重新组建交通银行，实行股份制。

（二）新型商业银行

在我国金融体制的改革发展中，相继成立了一批新型的商业银行，总数已达十多家。

1.中信银行。中信实业银行是中国国际信托投资公司所属的国有商业银行，成立于1987年。其总行设在北京，可以在国内外设分支机构。其业务以经营批发银行业务为主，兼营部分零售业务；以外汇业务为主，兼营人民币业务。2005年8月2日，为贯彻逐步向零售银行与公司银行业务并行发展的战略，名称由中信实业银行变更为中信银行。

2.中国光大银行。它是由光大集团创办的，成立于1992年，1997年进行了股份制改造，成为股份制银行。

3.中国民生银行。中国民生银行是由中华全国工商业联合会牵头组建，采取发起方式设立的股份有限公司形式的商业银行。它是重点服务于民营工商企业的银行，总行设在北京，可在国内外设立分支机构。

4.招商银行。招商银行成立于1986年，是由深圳经济特区在蛇口工业区的招商局集团有限公司及所属企业投资创办的区域性股份制商业银行，具有独立的法人资格。其分支机构也由深圳扩展到全国各地，开展综合性的银行业务。

5.平安银行。平安银行原名深圳发展银行，成立于1987年，是在吸收深圳经济特区内6家农村信用合作社资金的基础上，由深圳市投资管理公司、深圳市国际信托投资公司等11个单位和中国公民入股组建的区域性的股份制商业银行，是我国第一家公开发行股票并挂牌上市的商业银行。

6.广发银行。其成立于1988年9月，是拥有广东省各专业银行、香港粤海企业（集团）有限公司、香港中国银行集团等股东的区域性股份制商业银行，具有独立法人资格。

7.兴业银行。兴业银行成立于1988年，是在福建省福兴财务公司的基础上成立的区域性股份制商业银行，具有独立法人资格。

8.上海浦东发展银行。上海浦东发展银行成立于1992年，是区域性股份制商业银行，具有独立的法人资格。其成立目的是为上海、长江沿岸和各“三角洲”的经济服务，为地方经济建设服务。

9.华夏银行。华夏银行由首都钢铁公司创办，成立于1993年，是股份有限公司形式的股份制商业银行。

10.渤海银行。其全称为渤海银行股份有限公司，是一家全国性的股份制银行，总部在天津市。

11.恒丰银行。恒丰银行是经中国人民银行批准成立的第11家全国性股份制商业银行，总部设在中国烟台。

12.浙商银行。浙商银行是经中国银监会批准设立的全国第12家股份制商业银行，全称为“浙商银行股份有限公司”。

（三）城市商业银行和农村商业银行

1.城市商业银行。它是在城市信用合作社的基础上，由城市企业、居民和地方财政投资入股组成的股份制商业银行，主要任务是融通资金，为本地区的经济发展，尤其是为城市中小企业的发展提供金融服务。

2.农村商业银行。它的性质是股份制的商业银行，与城市商业银行一样，按照《商业银行法》的要求设立，其主要任务是为农业、农产品加工业及其他农村各类企业服务。

九、违反商业银行法的法律责任

（一）商业银行的法律责任

1.商业银行有违反有关存款业务规定的，对存款人或者其他客户造成财产损害的，应当承担支付迟延履行的利息以及其他民事责任，并由国务院银行业监督管理机构责令改正，有违法所得的，没收违法所得，违法所得5万元以上的，并处违法所得1倍以上5倍以下罚款；没有违法所得或者违法所得不足5万元的，处5万元以上50万元以下罚款。

2. 商业银行有违反其他有关规定的，由国务院银行业监督管理机构责令改正，有违法所得的，没收违法所得，并处罚款；情节特别严重或者逾期不改正的，可以责令停业整顿或者吊销其经营许可证；构成犯罪的，依法追究刑事责任。

（二）商业银行的工作人员的法律责任

1. 商业银行工作人员利用职务上的便利，索取、收受贿赂或者违反国家规定收受各种名义的回扣、手续费，构成犯罪的，依法追究刑事责任；尚未构成犯罪的，应当给予纪律处分。

2. 商业银行工作人员利用职务上的便利，贪污、挪用、侵占本行或者客户资金，构成犯罪的，依法追究刑事责任；尚未构成犯罪的，应当给予纪律处分。

3. 商业银行工作人员违反商业银行法的规定玩忽职守造成损失的，应当给予纪律处分；构成犯罪的，依法追究刑事责任。违反规定徇私向亲戚、朋友发放贷款或者提供担保造成损失的，应当承担全部或者部分赔偿责任。

4. 商业银行工作人员泄露在任职期间知悉的国家秘密、商业秘密的，应当给予纪律处分；构成犯罪的，依法追究刑事责任。

5. 单位或者个人强令商业银行发放贷款或者提供担保的，应当对直接负责的主管人员和其他责任人员或者个人给予纪律处分；造成损失的，应当承担全部或者部分赔偿责任。

商业银行工作人员对单位和个人强令其发放贷款或者提供担保未予拒绝的，应当给予纪律处分；造成损失的，应当承担相应的赔偿责任。

商业银行违反法律规定，国务院银行业监督管理机构可以区别不同情形，取消其直接负责的董事、高级管理人员一定期限直至终身的任职资格；禁止直接负责的董事、高级管理人员和其他直接人员一定期限直至终身从事银行业工作。

商业银行的行为尚不构成犯罪的，对直接负责的董事、高级管理人员和其他直接责任人员，给予警告，处5万元以上50万元以下罚款。

商业银行及其工作人员对国务院银行业监督管理机构、中国人民银行的处罚决定不服的，可以依照《中华人民共和国行政诉讼法》的规定向人民法院提起诉讼。

课堂讨论 13-1

某储户在某商业银行存储1年定期存款10万元，并加设了密码。某日该储户的10万元存单在家中被盗，发现时因已过银行营业时间，且考虑到存单设有密码，于是储户便于次日上午来到储蓄所挂失，储蓄所告知：昨日某女持储户的定期储蓄存单及身份证到储蓄所办理提前取款手续，因无法准确输入密码，要求密码挂失。银行业务员根据当地银行《个人金融业务若干管理办法》有关密码挂失的规定，让其填写储蓄存单挂失止付申请书，并验证其所持身份证及存单与储户存款时所留内容相同，该身份证与储户身份证号码一致、所载照片与申请人相符。据此，由该女子重新输入密码，同时为其办理了提前支取存款手续。由储蓄所的监控录像显示、经办业务员辨认，取款人并非储户。而储户称自己的身份证保存完好，并未丢失。你认为储户和银行谁应承担责任？

资料来源 根据法律快车网资料改编。

复习思考题

1.《中国人民银行法》对于人民币管理做了哪些法律规定？

2.中国人民银行可以运用哪些货币政策工具？

3.哪些行为属于违反《中国人民银行法》的行为？

4.设立商业银行应当具备哪些条件？

5.哪些人员不得担任商业银行的董事、高级管理人员？

6.商业银行贷款应当遵守的资产负债比例是什么？

第十四章

票据法

内容提要

本章主要介绍了票据的概念及票据法的内容；重点阐述了票据行为，票据权利，汇票的出票、背书、承兑、保证、付款、追索；并对本票、支票的相关内容以及违反票据法的法律责任进行了讲解。

导入案例

A公司对B公司负有500万元债务，债务履行期限为2012年12月31日，C公司是该债务的保证人。2012年11月，A公司与C公司合谋，伪造了购销合同一份，C公司向A公司开出即期商业汇票一张，金额500万元，C公司持汇票和购销合同向某银行申请承兑。银行审查C公司账户后，发现账户资金充足，故对该汇票予以承兑。A公司于2012年12月11日将该汇票背书转让给B公司。B公司随后向银行提示付款，银行发现A公司经营不力且账户资金不足，拒绝承兑汇票。B公司遂诉至法院，要求银行兑付该汇票。

思考：

1.C公司的出票行为是否有效？

2.B公司持有的汇票能否承兑？

资料来源　根据华律网的相关资料改编。

第一节　票据法概述

一、票据的概念

票据，是指由出票人依法签发的，约定自己或者委托付款人于到期日或者见票时，无条件支付票据金额给收款人或者持票人的有价证券。

票据有广义、狭义之分。广义上的票据包括各种有价证券和凭证，如股票、国库券、企业债券、发票、提单、仓单等；狭义上的票据则是指票据法上的汇票、本票和支票。我国票据法所称的票据，是指汇票、本票和支票。

票据具有以下基本特征：

（一）票据是有价证券

出票人依法签发的票据，具有票据记载的财产价值，是有价证券。票据具有完全的有价证券之称。完全的有价证券是指票据权利的发生、转移、行使都为要式行为，即票据权利的发生必须做成票据；票据权利的转移必须背书；票据权利的行使必须提示票据。

（二）票据是设权证券

票据所表示的一定金额是因票据行为而设立的。设权是指票据权利的发生必须制成证券。票据不是证明已经存在的权利，而是通过票据行为设立票据权利，票据制成发行之后，则设立了一种新的权利，即票据权利。

（三）票据是无因证券

票据权利的行使只以持有票据为必要，持票人无须证明其取得证券的原因。占有票据的当事人就是票据债权人，就可以对票据债务人行使票据上的权利。至于票据权利人取得票据的原因、票据权利发生的原因均可不问。票据的无因性是保证票据流通的必要条件。

（四）票据是金钱证券

票据的特点之一在于票据上记载的财产权仅限于金钱给付，票据的签发、转让以支付票据上的金额为最终目的。

（五）票据是要式证券

票据的发出必须依照法定的程序进行，票据才能产生效力。《中华人民共和国票据法》第二十二条规定汇票的要式；第七十六条规定本票的要式；第八十五条规定支票的要式。欠缺上述要式的票据无效。

（六）票据是文义证券

票据上的权利必须依据票据上记载的文字为准，不得脱离票据上记载的文字，以其他因素确定票据上的权利，也不允许票据债务人提出其他事项推翻票据上的记载事项。

（七）票据是流通证券

票据的重要机能在于流通，《中华人民共和国票据法》规定，持票人可以将票据权利转让给他人或者将一定的票据权利授予他人行使，并应当背书并交付票据。

（八）票据是提示证券

票据持票人行使票据上的权利时，必须作出请求票据债务人付款的提示，票据债务人才能知道票据的内容而履行票据义务。

（九）票据是债权证券

票据的出票人在票据上记载一定的金额，使自己成为债务人，持有票据的持票人具有向特定的债务人行使票据金额的请求权。

（十）票据是返还证券

票据持票人向票据债务人行使票据权利，受领了票据金额之后，必须将票据返还给票据债务人，才能消灭票据上的权利和义务。

二、票据法的概念

票据法，是指调整有关票据的种类、形式、内容以及各当事人之间权利义务关系的法律规范的总称。

为了规范票据行为，保障票据活动中当事人的合法权益，维护社会经济秩序，促进社会主义市场经济的发展，1995年5月10日第八届全国人民代表大会常务委员会第十三次会议通过了《中华人民共和国票据法》(以下简称《票据法》)，自1996年1月1日起施行。2004年8月28日第十届全国人民代表大会常务委员会第十一次会议对其进行了修正。

三、票据行为

（一）票据行为的概念

票据行为，是指票据关系的当事人之间以发生、变更或者终止票据关系为目的而进行的法律行为。

票据当事人是指在票据上签章并承担责任的人和享有票据权利的人，包括基本当事人和非基本当事人。基本当事人是指在票据发行时就已经存在于票据上的当事人。汇票和本票的基本当事人有出票人、收款人和付款人。支票的基本当事人有出票人和收款人。基本当事人是构成票据法律关系的必要主体，其不存在或者不完全，票据法律关系就不能成立，票据也就无效。非基本关系人是在票据发出后，通过各种票据行为而加入票据关系中成为票据当事人，包括背书人、被背书人、承兑人、保证人和其他当事人。

票据关系是一种权利义务关系，享有票据权利的主体称为票据债权人，承担票据义务的主体称为票据债务人。在票据关系中，票据的债权人为票据的持票人。持票人持有票据有两种情况：一是出票人签发票据给相对人，相对人持票而成为持票人；二是通过背书行为，被背书人为持票人。票据的债务人是与票据的债权人相对立的，在票据上除了持票人外，其他票据上当事人都可以相对前手为债权人，相对后手为债务人，第二债务人又叫从债务人。

（二）票据行为的构成要件

票据行为属要式法律行为，必须具备一定的构成要件才能有效成立。票据行为的构成要件可以分为实质要件和形式要件。

1.票据行为的实质要件。票据行为的实质要件是指实施票据行为人的主体资格。主体资格表现为票据当事人的票据权利能力和票据行为能力。票据权利能力，是指能够成为票据关系的当事人，享有票据权利和承担票据义务的资格。票据行为能力，是指票据关系的当事人能够以独立的意思表示事实票据行为的资格。

实施票据行为的自然人必须是具有完全民事行为能力的人，无民事行为能力或者限制行为能力人在票据上签章的，其签章无效，但是不影响其他签章的效力。

实施票据行为的票据关系的当事人的意思表示必须真实并且无缺陷。意思表示真实指行为人的内心意思与外在表示一致，意思表示无缺陷即意思表示不存在法律上的障碍或者欠缺。《票据法》第十二条规定，以欺诈、偷盗或者胁迫等手段取得票据的，或者明知有前列情形，出于恶意取得票据的，不得享有票据权利。

除以上情形之外，《民法通则》第五十八条规定，行为人之间恶意串通损害国家、集体或者第三人利益的，其行为无效。这亦适用于票据行为。

2.票据行为的形式要件。票据行为是一种要式的法律行为，必须符合法律、法规规定的形式。

（1）签章。《票据法》第七条规定，票据上的签章，为签名、盖章或者签名加盖章。法人和其他使用票据的单位在票据上的签章，为该法人或者该单位的盖章加其法定代表人或者其授权的代理人的签章。在票据上签名，应当为该当事人的本名。

（2）票据记载事项。票据记载事项一般分为绝对记载事项、相对记载事项、任意记载事项等。绝对记载事项是指票据法明文规定必须记载的，如无记载，票据即为无效的事项；相对记载事项是指某些应该记载而未记载，适用法律的有关规定而不使票据失效的事项；任意记载事项是指票据法规定由当事人任意记载的事项。

《票据法》规定，各类票据绝对记载事项分为：

第一，表明票据的文字。票据种类的记载，即汇票、本票、支票的记载。

第二，表明无条件支付的委托。

第三，表明票据的金额。票据金额以中文大写和数码同时记载，二者必须一致，二者不一致的，票据无效。

第四，表明票据日期。

第五，表明出票人签章。

（三）票据行为的代理

票据代理，是指代理人根据被代理人的授权，在票据上载明被代理人的名称，并在票据上签章的行为。

《票据法》第五条规定，票据当事人可以委托其代理人在票据上签章，并应当在票据上表明其代理关系。没有代理权而以代理人名义在票据上签章的，应当由签章人承担票据责任；代理人超越代理权限的，应当就其超越权限的部分承担票据责任。

无权代理是代理人未经被代理人的授权而以被代理人名义所进行的代理行为。越权代理是指代理人超越代理权限所进行的代理行为。

票据责任是指票据债务人向持票人支付票据金额的义务。如果没有代理权以代理人名义在票据上签章，签章人应当承担向持票人支付票据金额的义务。如果代理人超越代理权限，签章人应当承担向持票人支付越权部分票据金额的义务。

四、票据权利

（一）票据权利的概念

《票据法》第四条规定，本法所称票据权利，是指持票人向票据债务人请求支付票据金额的权利，包括付款请求权和追索权。

票据权利是以获得一定金钱为目的的债权。债权是一种请求权，即请求他人为一定行为或不为一定行为的权利。票据权利作为一种金钱债权，表现为请求支付一定数额货币的权利。但票据权利的内容与一般金钱债权不同。一般的金钱债权是一种简单的一次性的请求权，而票据权利则体现为二次请求权。第一次请求权是付款请求权，这是票据上的主票据权利；第二次请求权为追索权，这是指第一次请求权得不到满足时，向付款人以外的票据债务人要求清偿票据金额及有关费用的权利，故该权利又称偿还请求权。由于追索权是一种附条件的权利，即有赖于第一次请求权不能实现才得以行使的权利，故又叫从票据权利。

（二）票据权利的取得

票据权利是以持有票据为依据，因此，行为人合法取得票据，即取得了票据权利。当事人取得票据主要有以下几种情况：第一，出票人签发取得；第二，持票人转让所得；第三，税收、继承、赠与所得。

票据的取得，必须给付对价，即应当给付票据双方当事人认可的相对应的代价。因税收、继承、赠与可以依法无偿取得票据的，不受给付对价之限制。但是，所享有的票据权利不得优于前手的权利。

因欺诈、偷盗或者胁迫等手段取得票据的，或者明知有前列情形，出于恶意取得票据，不得享有票据权利。

持票人因有重大过失取得不符合票据法规定的票据时，也不得享有票据权利。

（三）票据权利的行使与保全

票据权利的行使是指票据的持票人，即票据的权利人请求票据债务人履行票据债务的行为。狭义的票据权利行使仅包括行使付款请求权和行使追索权。广义的票据权利还包括请求承兑、提示票据请求定期付款等。

无论是票据权利的行使还是保全，都涉及一个在何地进行的问题。《票据法》第十六条规定：持票人对票据债务人行使票据权利，或者保全票据权利，应当在票据当事人的营业场所和营业时间内进行，票据当事人无营业场所的，应当在其住所进行。

（四）票据权利的补救

票据权利与票据是紧密相连的。如果票据丧失，票据权利的实现就会受到影响。《票据法》第十条规定了票据丧失后的补救措施。该补救措施主要有3种形式，即挂失止付、公示催告、诉讼。无论采取哪一种补救措施，均必须符合以下几个条件：第一，必须有丧失票据的事实；第二，失票人必须是真正的票据权利人；第三，丧失的票据必须是未获付款的有效票据。

（五）票据权利的消灭

票据权利的消灭是指因发生一定的法律事实而使票据权利不复存在。票据权利消灭之后，票据上的债权、债务关系也随之消灭。

1.因付款造成的票据权利的消灭。票据债务人向票据债权人履行了支付票据上记载金额的义务，从而原持票人的票据权利消灭。

2.因时效造成的票据权利的消灭。消灭时效，是指权利人在法律规定的时效期间内不行使权利，即引起权利丧失的一种制度。《票据法》第十七条规定，票据权利因在一定期限内不行使而消灭的情形有4种：第一，持票人对票据的出票人和承兑人的权利，时效为自票据到期日起2年；第二，持票人对支票出票人的权利，时效为自出票日起6个月；第三，持票人对前手的追索权，时效为在被拒绝承兑或者被拒绝付款之日起6个月；第四，持票人对前手的再追索权，时效为自清偿或者被提起诉讼之日起3个月。

五、票据抗辩

票据抗辩，是指票据债务人根据《票据法》，对票据债权人拒绝履行义务的行为。

票据债务人行使抗辩权的情形较为复杂。根据抗辩事由不同，票据抗辩可分为对物抗辩和对人抗辩两种。

1.对物抗辩，是指基于票据本身发生的事由所进行的抗辩，主要包括：票据为欠缺《票据法》规定的绝对记载事项的无效票据；票据未至到期日；票据因法院作出除权判决而被宣告无效；票据权利行使或保全手续欠缺；票据上有伪造、变造情形。

2.对人抗辩，是指票据债务人对特定债权人所进行的抗辩。《票据法》第十三条第二款规定，票据债务人可以对不履行约定义务的与自己有直接债权债务关系的持票人进行抗辩。

票据抗辩是有限制的。《票据法》第十三条第一款规定，票据债务人不得以自己与出票人或者与持票人的前手之间的抗辩事由，对抗持票人。但是，持票人明知存在抗辩事由而取得票据的除外。

六、票据的伪造、变造

《票据法》第十四条规定，票据上的记载事项应当真实，不得伪造、变造。伪造、变造票据上的签章和其他记载事项的，应当承担法律责任。

票据的伪造，是指假冒他人名义在票据上签章的票据欺诈行为。票据的变造，是指对票据上的记载事项无更改权的人，对票据上记载事项加以更改的票据欺诈行为。

票据的伪造、变造是一种损害票据活动中当事人的合法权益、扰乱社会经济秩序的票据欺诈行为。伪造、变造票据，给他人造成经济损失的，依法承担赔偿责任；情节轻微，不构成犯罪的，依照国家有关规定给予行政处罚；构成犯罪的，依法追究刑事责任。

根据《票据法》的规定，票据上有伪造、变造的签章的，不影响票据上其他真实签章的效力。票据上其他记载事项被变造的，在变造之前签章的人，对原记载事项负责；

在变造之后签章的人，对变造之后的记载事项负责；不能辨别是在票据被变造之前或者之后签章的，视同在变造之前签章。

第二节 汇票

一、汇票的概念

汇票，是指出票人签发的，委托付款人在见票时或者在指定日期无条件支付确定的金额给收款人或者持票人的票据。

在汇票法律关系中享有权利和承担义务的人，叫汇票当事人。享有汇票权利的人叫汇票权利人，承担付款义务的人叫汇票债务人。

汇票按照不同的标准可以作出不同分类。以付款期限的长短为标准，汇票可分为即期汇票和远期汇票。即期汇票，是指见票即付的汇票。远期汇票，是指记载汇票到期日的汇票，包括定期汇票、计期汇票、注期汇票。以记载收款人的形式为标准，汇票可分为记名汇票和无记名汇票。以出票地和付款地为标准，汇票可分为国内汇票和国际汇票。国内汇票是指汇票的出票地和付款地均在一个国家的汇票。国际汇票是指汇票的出票地和付款地均在国外或者其中一方在国外的汇票。以是否附具有关单据为标准，汇票可分为光票和跟单汇票。光票是指不需附具任何单据即可获得承兑、付款的汇票，跟单汇票是必须附具与商务有关的一切单据才能获得承兑、付款的汇票。以出票人的主体为标准，汇票可分为银行汇票和商业汇票。银行汇票，是指银行汇款人将款项交存当地银行，由银行签发给汇款人持往异地办理转账结算或者支取现金的汇票。商业汇票，是指收款人或者付款人签发的，由承兑人承兑，并于到期日向收款人或者持票人支付款项的票据。商业汇票又分为商业承兑汇票和银行承兑汇票，前者是指由收款人签发并经付款人承兑，或者由付款人签发并承兑的票据；后者是指由收款人或者付款人签发，由付款人向其开户银行提出承兑申请，经银行承兑的票据。

二、出票

（一）出票的概念

出票，是指出票人签发票据并将其交付给收款人的票据行为。出票实际包括两个行为：一是出票人依照票据法的规定做成票据，即原始票据上记载法定事项并签章；二是交付票据，即将做成的票据交付他人占有。

汇票的出票人必须与付款人具有真实的委托付款关系，并且具有支付汇票金额的可靠资金来源。汇票的出票人不得签发无对价的汇票用以骗取银行或者其他票据当事人的资金。

出票是以设立票据关系为目的的最基本的票据行为，票据出票人必须制作票据，按照法定条件在票据上签章，并按照所记载事项承担票据责任。

《票据法》第一百零九条规定，汇票、本票、支票的格式应当统一。票据凭证和格式应当统一。

（二）汇票出票必须记载的事项

汇票是一种要式证券，汇票出票的记载事项必须符合《票据法》的规定。依照不同记载事项对汇票效力的影响程度，汇票出票的记载事项可分为绝对应记载事项、相对应记载事项和任意记载事项。

1.汇票的绝对应记载事项。汇票的绝对应记载事项，是指《票据法》规定必须在票据上记载的事项，若欠缺记载，汇票无效。

《票据法》第二十二条规定，汇票必须记载下列事项，汇票上未记载下列事项之一的，汇票无效：①表明“汇票”的字样；②无条件支付的委托；③确定的金额；④付款人名称；⑤收款人名称；⑥出票日期；⑦出票人签章。

2.汇票的相对应记载事项。汇票的相对应记载事项，是指《票据法》规定应当记载的事项，若未在汇票上记载，并不影响汇票本身的效力，汇票仍然有效。

《票据法》第二十三条规定，汇票上记载付款日期、付款地、出票地等事项的，应当清楚、明确。

汇票上未记载付款日期的，为见票即付。

汇票上未记载付款地的，付款人的营业所、住所或者经常居住地为付款地。

汇票上未记载出票地的，出票人的营业所、住所或者经常居住地为出票地。

《票据法》第二十五条规定了付款日期的记载形式，即见票即付、定日付款、出票后定期付款、见票后定期付款，并规定上述形式的付款日期为汇票到期日。

3.汇票的任意记载事项。汇票的任意记载事项，是指汇票上可以记载的《票据法》规定事项以外的其他出票事项，但是该记载事项不具有汇票上的效力。

（三）出票的效力

出票人签发汇票后，即承担保证该汇票承兑和付款的责任。出票人在汇票得不到承兑或者付款时，应当向持票人清偿票据规定的金额和费用。

三、背书

（一）背书的概念

背书，是指在票据背面或者粘单上记载有关事项并签章的票据行为。在票据背面或者粘单上签章并注明年月日以转让汇票权利的人，叫背书人。根据背书取得汇票权利的人，叫被背书人，也叫受让人。

汇票是流通证券，持票人可以将汇票权利转让给他人，或者将一定的汇票权利授予他人行使。持票人行使上述权利时，应当背书并交付汇票。

票据凭证不能满足背书人记载事项的需要，可以加附粘单，粘附于票据凭证上。粘单上的第一记载人，应当在汇票和粘单的粘接处签章。

以背书转让的汇票，后手应当对其直接前手背书的真实性负责。后手是指在票据签章人之后签章的其他票据债务人。

出票人在汇票上记载“不得转让”字样的，汇票不得转让。这是有关出票人的禁止背书的规定。

（二）背书的记载事项

在汇票的转让流通中，背书必须按照票据法的规定记载有关事项后，才能产生背书的法律效力。

1.背书人签章和背书日期。《票据法》第二十九条规定，背书由背书人签章并记载背书日期。背书未记载日期的，视为在汇票到期日前背书。

背书人签章，属绝对应记载事项。背书日期，属相对应记载事项。

2.被背书人名称。《票据法》第三十条规定，汇票以背书转让或者以背书将一定的汇票权利授予他人行使时，必须记载被背书人名称。

被背书人名称，属绝对应记载事项。

3.禁止背书。背书人不愿意对其后手以后的当事人承担票据责任，可以在背书时记载禁止背书。

《票据法》第三十四条规定，背书人在汇票上记载“不得转让”字样，其后手再背书转让的，原背书人对后手不承担保证责任。

（三）背书连续

背书连续，是指在票据转让中，转让汇票的背书人与受让汇票的被背书人在汇票上的签章依次前后衔接。

《票据法》第三十一条规定，以背书转让的汇票，背书应当连续。持票人以背书的连续证明其汇票权利。

（四）背书的禁止和无效

《票据法》第三十三条第一款规定，背书不得附有条件。背书时附有条件的，所附条件不具有汇票上的效力。

据此，尽管背书时附有条件，但并不影响背书行为本身的效力，被背书人仍可以依据该背书取得票据权利。

《票据法》第三十三条第二款规定，将汇票金额的一部分转让的背书或者将汇票金额分别转让给两人以上的背书无效。

因为将汇票金额部分转让或者将汇票金额分别转让，将导致汇票金额的另一部分权利人或者数个权利人对同一背书的汇票金额无从行使票据权利。

（五）委托收款背书和质押背书

委托收款背书，是指背书人以行使汇票权利为目的，而授予被背书人代理行使被委托的汇票权利的背书。委托收款背书不以转让汇票权利为目的，而以授予他人一定的代理权为目的，其确立的法律关系不属于票据法上的权利转让与被转让关系，而是背书人与被背书人之间在民法上的代理关系。被背书人只是代理人，而未取得票据权利，背书人仍是票据权利人，因此，被背书人不得再以背书转让汇票权利。

质押背书，是指背书人以汇票权利设定质押为目的，而在汇票记载“质押”字样的背书。背书人是原持票人，也是出质人，被背书人是质权人。质押背书确立的是一种担保关系，是在背书人与被背书人之间产生的一种质押关系，而不是一种票据权利的转让与被转让关系。因此，质押背书成立后，背书人仍然是票据权利人，被背书人并不因此而取得票据权利。但是，被背书人取得质权后，在背书人不履行其债务的情况下，可以依法实现其质权，行使票据权利。

（六）背书的效力

《票据法》第三十七条规定，背书人以背书转让汇票后，即承担保证其后手所持汇票承兑和付款的责任。背书人在汇票得不到承兑或者付款时，应当向持票人清偿《票据法》规定的金额和费用。

课堂讨论 14-1

某商场在2019年1月15日为了购买一批商品而向一生产企业签发了一张金额为50万元的支票，支票上载明下列字样："现金支票""人民币伍拾万圆""500,000元""出票日期：2019年1月15日"。另外还有商场董事长（法定代表人）的签名，但未盖有任何印章。该生产企业取得支票后，又将支票背书转让给了一个公司。你认为该支票及支票的转让行为存在哪些问题？

资料来源　摘自中国会计职称考试网。

四、承兑

（一）承兑的概念

承兑，是指汇票付款人承诺在汇票到期日支付汇票金额的票据行为。

承兑是汇票所特有的一种法律制度，仅适用于汇票。承兑是付款人所为的票据行为，由于在承兑前付款人仅是可能意义上的票据债务人，而付款人一经承兑付款，即成为现实的票据债务人。付款人承兑汇票后，应当承担到期付款的责任。

（二）提示承兑

提示承兑，是指持票人向付款人出示汇票，并要求付款人承诺付款的行为。

《票据法》规定，定日付款或者出票后定期付款的汇票，持票人应当在汇票到期日前向付款人提示承兑。见票后定期付款的汇票，持票人应当自出票起1个月内向付款人提示承兑。见票即付的汇票无须提示承兑。

付款人对向其提示承兑的汇票，应当自收到提示承兑的汇票之日起3日内承兑或者拒绝承兑。付款人收到持票人提示承兑的汇票时，应当向持票人签发收到汇票的回单。回单上应当记明汇票承兑日期并签章。

（三）承兑的记载事项

《票据法》第四十二条规定，付款人承兑汇票的，应当在汇票正面记载"承兑"字样和承兑日期并签章。见票后定期付款的汇票，应当在承兑时记载付款日期。

汇票上未记载承兑日期的，以收款人收到提示承兑的汇票之日起的第三日为记载付款日期。

"承兑"字样、付款人签章属绝对应记载事项，承兑日期属相对应记载事项。

（四）承兑的禁止

《票据法》第四十三条规定，付款人承兑汇票，不得附有条件。承兑附有条件的，视为拒绝承兑。

五、保证

票据保证，是指票据债务人以外的第三人以担保特定票据债务人履行票据债务为目的，而在票据上所为的一种附属票据行为。担保票据债务履行的人叫票据保证人，被担保的特定票据债务人叫被保证人。

票据保证是要式法律行为，保证人应于《票据法》规定的位置记载保证的有关事项，否则不产生票据保证的效力。

《票据法》第四十六条规定，保证人必须在汇票或者粘单上记载下列事项：①表明“保证”的字样；②保证人名称和住所；③被保证人的名称；④保证日期；⑤保证人签章。

保证人在汇票或者粘单上未记载被保证人的名称的，已承兑的汇票，承兑人为被保证人；未承兑的汇票，出票人为被保证人。保证人在汇票或者粘单上未记载保证日期的，出票日期为保证日期。

票据保证从性质上认定，属于债务担保范畴，因此应该受到《担保法》的调整，但是与合同担保相比，它又存在着鲜明的特点，主要表现在两个方面：一是被保证的汇票，保证人应当与被保证人对持票人承担连带责任。这就意味着保证人的加入，使其成为票据流通链条中的一个环节。在责任承担上，保证人已突破了为特定债权人负责的局限。同时保证人向持票人清偿债务后，取得票据而成为持票人，享有票据上的权利，有权对被保证人及其前手行使追索权。二是在保证责任免除的问题上，如果被保证人的债务因形式要件欠缺而无效，保证人的保证责任归于无效；如果被保证人的债务是因实质原因导致无效，保证人的保证责任则不能免除。

六、付款

付款，是指汇票付款人及其代理付款人支付汇票金额以消灭票据关系的行为。

《票据法》第六十条规定，付款人依法足额付款后，全体汇票债务人的责任解除。因此，这里所指付款行为的主体只能是付款人及其付款代理人。参加付款人、背书人、保证人等票据债务人虽然也能向票据权利人支付汇票金额，但并不能绝对地消灭票据关系。

汇票系流通证券，具有极强的流通性，往往在到期日前经数次流通转让，且在转让过程中无须通知付款人及其代理人。在票据到期日后，如持票人不提示票据，付款人便无法知道票据权利人是谁，从而无法履行其付款义务，因此，《票据法》第五十三条规定，持票人应当按照下列期限提示付款：

1. 见票即付的汇票，自出票日起1个月内向付款人提示付款。

2. 定日付款、出票后定期付款或者见票后定期付款的汇票，自到期日起10日内向承兑人提示付款。

付款的提示是票据权利的保全和行使，如果持票人未按照规定期限提示付款，则丧失对其前手的追索权，但作出说明后，承兑人或者付款人仍应当继续对持票人承担付款责任。持票人在规定期限内提示付款的，付款人必须在到期当日足额付款。

持票人获得付款的，应当在汇票上签收，并将汇票交付给付款人。付款人及其代理付款人付款时，应当审查汇票背书的连续，并审查提示付款人的合法身份证明或者有效证件。付款人及其代理付款人以恶意或者有重大过失付款的，应当自行承担责任。

七、追索权

追索权，是指汇票到期前未获承兑或者到期未获付款或者有其他法定原因影响汇票信用时，持票人在行使或者在保全其票据上权利的行为后，对其前手请求偿还票据金额、利息及其他法定金额的一种票据权利。

票据上的权利主要有付款请求权和追索权两种，付款请求权为持票人的第一次请求权，在第一次请求权得不到实现时，持票人可以行使第二次请求权，即追索权。因此，追索权具有补充和加强付款请求权的作用。

在追索法律关系中，追索权人包括基本追索权人即最后持票人和被追索权人即已经清偿的票据债务人。被追索人包括出票人、背书人、承兑人和保证人。

追索权只有在法定原因事由发生时才能行使。《票据法》第六十一条规定：汇票到期被拒绝付款的，持票人可以对背书人、出票人以及汇票的其他债务人行使追索权。

在汇票到期日前，有下列情形之一的，持票人也可以行使追索权：①汇票被拒绝承兑的；②承兑人或者付款人死亡、逃匿的；③承兑人或者付款人被依法宣告破产的，或者因违法被责令终止业务活动的。

持票人行使追索权时，应当提供被拒绝承兑或者被拒绝付款的有关证明。持票人不能出示拒绝证明、退票理由书或者未按照规定期限提供其他合法证明的，丧失对其前手的追索权。但是，承兑人或者付款人仍应对持票人承担责任。

持票人行使追索权时可以不按照汇票债务人的先后顺序，对其中任何一人、数人或者全体行使追索权。持票人为出票人的，对其前手无追索权；持票人为背书人的，对其后手无追索权。

《票据法》第七十条规定，持票人行使追索权，可以请求被追索人支付下列金额和费用：①被拒绝付款的汇票金额；②汇票金额自到期日或者提示付款日起至清偿日止，按照中国人民银行规定的利率计算的利息；③取得有关拒绝证明和发出通知书的费用。

第三节　本票

一、本票的概念

本票，是出票人签发的，承诺自己在见票时无条件支付确定的金额给收款人或者持票人的票据。我国《票据法》所称本票，是指银行本票，分为不定额和定额两种，只限见票即付。

按照我国《票据法》总则中的内容，汇票中关于本票的出票、背书、保证、付款行为和追索权的行使，除法律有明确规定外，适用本票。

二、本票的出票

本票出票，是指出票人签发票据并将其支付给收款人的票据行为。本票的出票人必须具有支付本票金额的可靠资金来源，并保证支付。

（一）本票出票绝对应记载事项

《票据法》第七十五条规定，本票必须记载下列事项：①表明“本票”的字样；②无条件支付的承诺；③确定的金额；④收款人名称；⑤出票日期；⑥出票人签章。

（二）本票出票相对应记载事项

1.付款地。本票上未记载付款地的，出票人的营业场所为付款地。

2.出票地。本票上未记载出票地的，出票人的营业场所为出票地。

三、本票的付款

《票据法》第七十八条规定，本票自出票之日起，付款期限最长不得超过两个月。

本票的出票人在持票人提示见票时，必须承担付款的责任。本票的持票人未按规定期限提示见票的，丧失对出票人以外的前手的追索权。

第四节　支票

一、支票的概念

支票，是出票人签发的，委托办理支票存款业务的银行或者其他金融机构在见票时无条件支付确定的金额给收款人或者持票人的票据。

支票的基本当事人有3个：出票人、付款人和收款人。其中，出票人为在经中国人民银行当地分行批准办理支票业务的银行机构开立可以使用支票的存款账户的单位和个人。我国支票可以分为普通支票、现金支票和转账支票。

按照现行立法体例的《票据法》总则中的内容，汇票中关于出票、背书、保证、付款行为和追索权的行使，除法律有明确规定外，适用支票。

二、支票的出票

支票出票，是指出票人签发票据并将其交付给收款人的票据行为。在支票出票之前，出票人必须与银行或者其他金融机构有资金关系和支票签发的合同关系，在银行或者其他金融机构开立支票存款账户。开立支票存款账户，申请人必须使用其本名、提交证明其身份的合法证件，并预留其本名的签名式样和印鉴。开立支票存款账号和领用支票，应当有可靠资信，并存入一定的资金。

（一）支票出票绝对应记载事项

《票据法》第八十四条规定，支票必须记载下列事项：①表明“支票”的字样；②无条件支付的委托；③确定的金额；④付款人名称；⑤出票日期；⑥出票人签章。

支票上未记载前款规定事项之一的，支票无效。

支票上的金额可以由出票人授权补记。未补记前的支票，不得使用。

（二）支票出票相对应记载事项

1.收款人名称。支票上未记载收款人名称的，经出票人授权，可以补记。

2.付款地。支票上未记载付款地的，付款人的营业场所为付款地。

3.出票地。支票上未记载出票地的，出票人的营业场所、住所或者经常居住地为出票地。

我国《票据法》禁止签发空头支票、与其预留本名的签名式样或者印鉴不符的支票。

三、支票的付款

出票人必须按照签发的支票金额承担保证向该持票人付款的责任。出票人在付款人处的存款足以支付支票金额时，付款人应当在当日足额付款。

支票限于见票即付，不得另行记载付款日期。支票的持票人应当自出票日起10日内提示付款；异地使用的支票，其提示付款的期限由中国人民银行另行规定。超过提示付款期限的，付款人可以不予付款；付款人不予付款的，出票人仍应当对持票人承担票据责任。

复习思考题

1.各类票据的绝对记载事项包括什么？

2.取得票据的合法方式有哪些？

3.票据债务人行使对物抗辩权的事由有哪些？

4.汇票持有人在什么情形下可以行使追索权？

5.汇票持有人行使追索权可以请求追索人支付哪些金额和费用？

第十五章

保险法

内容提要

本章主要介绍了保险合同的基本概念，保险法的原则，保险公司的设立、变更和终止等法律规定的内容；重点阐述了保险人承担保险责任的义务、保险公司的保险经营规则、保险代理人、保险经纪人、保险业监督管理，并对保险公司管理人员的规制进行了解释。

导入案例

杨某儿子杨甲为杨某办理了人寿保险，杨某指定受益人为其妻赵某。保险合同约定杨某死亡后保险公司一次性向赵某支付保险金5万元。后杨某病逝，赵某向杨甲索要保险单，杨甲告诉赵某：他向同事钱某借款3万元，将保险单质押给了钱某。赵某遂向钱某索要，钱某称，只要杨甲还他3万元，才能将保险单交出。杨甲则认为，是他为杨某投的人寿保险，保险费也是他交的，5万元的保险金应属杨某的遗产，他有权继承其中的3万元用于还债。

思考：

1.赵某能否要回保险单？

2.杨甲的主张是否成立？

资料来源　根据百度文库资料改编。

第一节　保险法概述

一、保险的概念

保险，是指投保人根据合同的约定，向保险人支付保险费，保险人对于合同约定的可能发生的事故所造成的财产损失承担赔偿保险金责任，或者当被保险人发生死亡、伤残、疾病或者达到合同约定的年龄、期限等条件时承担给付保险金责任的商业保险行为。

保险包括人身保险、财产保险。

人身保险是以人的寿命和身体为保险标的的保险。人身保险业务，包括人寿保险、健康保险、意外伤害保险等保险业务。

财产保险是以财产及其有关利益为保险标的的保险。财产保险业务，包括财产损失保险、责任保险、信用保险、保证保险等保险业务。

二、保险法的概念

保险法，是指调整保险关系的法律规范的总称，包括《中华人民共和国保险合同法》和《中华人民共和国保险业法》。

为了规范保险活动，保护保险活动当事人的合法权益，加强对保险业的监督管理，维护社会经济秩序和社会公共利益，促进保险事业的健康发展，第八届全国人民代表大会常务委员会第十四次会议于1995年6月30日通过了《中华人民共和国保险法》（以下简称《保险法》），在中华人民共和国境内从事保险活动，适用本法。《保险法》于2002年、2009年、2014年、2015年先后四次修订。

三、保险法的原则

（一）依法保险原则

《保险法》第四条规定，从事保险活动必须遵守法律、行政法规，尊重社会公德，不得损害社会公共利益。

（二）诚实信用原则

《保险法》第五条规定，保险活动当事人行使权利、履行义务应当遵循诚实信用原则。

（三）保险专营原则

《保险法》第六条规定，保险业务由依照本法设立的保险公司以及法律、行政法规规定的其他保险组织经营，其他单位和个人不得经营保险业务。

（四）境内投保原则

《保险法》第七条规定，在中华人民共和国境内的法人和其他组织需要办理境内保险的，应当向中华人民共和国境内的保险公司投保。

（五）保险分业经营原则

《保险法》第八条规定，保险业和银行业、证券业、信托业实行分业经营、分业管理，保险公司与银行、证券、信托业务机构分别设立。国家另有规定的除外。

第二节　保险合同

一、保险合同的一般规定

（一）保险合同的概念

保险合同，是指投保人与保险人约定保险权利义务关系的协议。投保人，是指与保险人订立保险合同，并按照合同约定负有支付保险费义务的人。保险人，是指与投保人订立保险合同，并按照合同约定承担赔偿或者给付保险金责任的保险公司。

（二）订立保险合同的原则

1.协商一致原则。协商一致原则，是指在保险合同订立过程中，合同双方当事人在法律、行政法规允许的范围内，在充分协商、真实表达意思表示的前提下，就合同内容达成一致，订立协议。

2.公平原则。公平原则，是指合同双方当事人享有的权利和承担的义务是对等的。

3.自愿订立原则。自愿订立原则，是指在保险合同订立时，合同双方当事人的意志完全独立，不受任何单位和个人干涉，在法律、行政法规允许的范围内自主订立合同。但国家出于社会公共利益的考虑，依法推行的强制保险，又称法定保险除外。

（三）保险利益

保险利益，是指投保人或者被保险人对保险标的具有的法律上承认的利益。被保险人，是指其财产或者人身受保险合同保障，享有保险金请求权的人。投保人可以为被保险人。

人身保险的投保人在保险合同订立时，对被保险人应当具有保险利益。财产保险的被保险人在保险事故发生时，对保险标的应当具有保险利益。

（四）保险合同的生效

依法成立的保险合同，自成立时生效。投保人和保险人可以对合同的效力约定附条件或者附期限。除《保险法》另有规定或者保险合同另有约定外，保险合同成立后，投保人可以解除合同，保险人不得解除合同。

（五）保险合同的内容

订立保险合同，采用保险人提供的格式条款的，保险人向投保人提供的投保单应当附格式条款，保险人应当向投保人说明合同的内容。保险合同应当包括下列事项：

1.保险人的名称和住所。

2.投保人、被保险人的姓名或者名称、住所，以及人身保险的受益人的姓名或者名称、住所。

3.保险标的。

4.保险责任和责任免除。

5.保险期间和保险责任开始时间。

6.保险金额。

7.保险费以及支付办法。

8.保险金赔偿或者给付办法。

9.违约责任和争议处理。

10.订立合同的年、月、日。

投保人和保险人可以约定与保险有关的其他事项。

受益人，是指人身保险合同中由被保险人或者投保人指定的享有保险金请求权的人。投保人、被保险人可以为受益人。

保险金额，是指保险人承担赔偿或者给付保险金责任的最高限额。

（六）保险合同的变更

投保人和保险人可以协商变更合同内容。变更保险合同的，应当由保险人在保险单或者其他保险凭证上批注或者附贴批单，或者由投保人和保险人订立变更的书面协议。

（七）保险事故发生后投保人、被保险人或者受益人的义务

1.通知的义务。投保人、被保险人或者受益人知道保险事故发生后，应当及时通知保险人。故意或者因重大过失未及时通知，致使保险事故的性质、原因、损失程度等难以确定的，保险人对无法确定的部分，不承担赔偿或者给付保险金的责任，但保险人通过其他途径已经及时知道或者应当及时知道保险事故发生的除外。

2.提供证明和材料的义务。保险事故发生后，按照保险合同请求保险人赔偿或者给付保险金时，投保人、被保险人或者受益人应当向保险人提供其所能提供的与确认保险事故的性质、原因、损失程度等有关的证明和资料。

保险人按照合同的约定，认为有关的证明和资料不完整的，应当及时一次性通知投保人、被保险人或者受益人补充提供。

（八）保险人承担保险责任的义务

1.及时核定义务。保险人收到被保险人或者受益人的赔偿或者给付保险金的请求后，应当及时作出核定。情形复杂的，应当在30日内作出核定，但合同另有约定的除外。保险人应当将核定结果通知被保险人或者受益人。

2.履行赔偿或者给付保险金的义务。对属于保险责任的，应当在与被保险人或者受益人达成赔偿或者给付保险金的协议后10日内，履行赔偿或者给付保险金义务。保险合同对赔偿或者给付保险金的期限有约定的，保险人应当按照约定履行赔偿或者给付保险金义务。

3.拒赔或者拒付理由说明的义务。对不属于保险责任的，应当自作出核定之日起3日内向被保险人或者受益人发出拒绝赔偿或者拒绝给付保险金通知书，并说明理由。

4.先予赔付的义务。保险人自收到赔偿或者给付保险金的请求和有关证明、资料之日起60日内，对其赔偿或者给付保险金的数额不能确定的，应当对根据已有证明和资料可以确定的数额先予支付。保险人最终确定赔偿或者给付保险金的数额后，应当支付相应的差额。

（九）索赔时效

人寿保险以外的其他保险的被保险人或者受益人，向保险人请求赔偿或者给付保险金的诉讼时效期间为2年，自其知道或者应当知道保险事故发生之日起计算。人寿保险的被保险人或者受益人向保险人请求给付保险金的诉讼时效期间为5年，自其知道或者应当知道保险事故发生之日起计算。

（十）保险诈骗行为及民事责任

1.未发生保险事故，被保险人或者受益人谎称发生了保险事故，向保险人提出赔偿或者给付保险金请求的，保险人有权解除合同，并不退还保险费。

2.投保人、被保险人故意制造保险事故的，保险人有权解除合同，不承担赔偿或者

给付保险金的责任。投保人未交足2年以上保险费的，不退还保险费。

3.保险事故发生后，投保人、被保险人或者受益人以伪造、变造的有关证明、资料或者其他证据，编造虚假的事故原因或者夸大损失程度的，保险人对其虚报的部分不承担赔偿或者给付保险金的责任。

二、人身保险合同

（一）人身保险的保险利益

投保人对下列人员具有保险利益：

1.本人。

2.配偶、子女、父母。

3.前项以外与投保人有抚养、赡养或者扶养关系的家庭其他成员、近亲属。

4.与投保人有劳动关系的劳动者。

除以上规定外，被保险人同意投保人为其订立合同的，视为投保人对被保险人具有保险利益。订立合同时，投保人对被保险人不具有保险利益的，合同无效。

（二）死亡保险合同的限制

1.投保人不得为无民事行为能力人投保以死亡为给付保险金条件的人身保险，保险人也不得承保。父母为其未成年子女投保的人身保险，不受规定限制。

2.以死亡为给付保险金条件的合同，未经被保险人同意并认可保险金额的，合同无效。父母为其未成年子女投保的人身保险，不受规定限制。

以上规定旨在保护幼弱，防范道德危险。父母为其未成年子女投保，视为不会有损他们的利益，因此法律予以例外。

（三）受益人的指定

人身保险的受益人由被保险人或者投保人指定。投保人指定受益人时须经被保险人同意。投保人为与其有劳动关系的劳动者投保人身保险，不得指定被保险人及其近亲属以外的人为受益人。被保险人为无民事行为能力人或者限制民事行为能力人的，可以由其监护人指定受益人。

被保险人或者投保人可以指定1人或者数人为受益人。受益人为数人的，被保险人或者投保人可以确定受益顺序和受益份额；未确定受益份额的，受益人按照相等份额享有受益权。

被保险人或者投保人可以变更受益人并书面通知保险人。投保人变更受益人时须经被保险人同意。

未指定受益人，或者受益人先于被保险人死亡，或者受益人依法丧失或者放弃受益权，没有其他受益人，被保险人死亡后，保险金作为被保险人的遗产，由保险人依照《民法典》的规定履行给付保险金的义务。

（四）被保险人自杀免责

以被保险人死亡为给付保险金条件的合同，自合同成立或者合同效力恢复之日起两年内，被保险人自杀的，保险人不承担给付保险金的责任，但被保险人自杀时为无民事行为能力人的除外。

保险人依照以上规定不承担给付保险金责任的，应当按照合同约定退还保险单的现金价值。

（五）人身保险保险人代位追偿的禁止

被保险人因第三者的行为而发生死亡、伤残或者疾病等保险事故的，保险人向被保险人或者受益人给付保险金后，不享有向第三者追偿的权利，但被保险人或者受益人仍有权向第三者请求赔偿。

三、财产保险合同

（一）保险标的转让

保险标的转让的，保险标的的受让人承继被保险人的权利和义务。保险标的转让的，被保险人或者受让人应当及时通知保险人。

因保险标的转让导致危险程度显著增加的，保险人自收到通知之日起30日内，可以按照合同约定增加保险费或者解除合同。保险人解除合同的，应当将已收取的保险费，按照合同约定扣除自保险责任开始之日起至合同解除之日止应收的部分后，退还投保人。

被保险人、受让人未履行通知义务的，因转让导致保险标的危险程度显著增加而发生的保险事故，保险人不承担赔偿保险金的责任。

货物运输保险合同和运输工具航程保险合同，保险责任开始后，合同当事人不得解除合同。

（二）保险费率的厘定

有下列情形之一的，除合同另有约定外，保险人应当降低保险费，并按日计算退还相应的保险费：据以确定保险费率的有关情况发生变化，保险标的的危险程度明显减少的；保险标的的保险价值明显减少的。

（三）保险金额与保险价值的关系

1.保险金额。被保险人因保险事故发生而遭受损害的，有可以按照其保险利益的性质计算其价值的，也有无法以金钱价值计算的，但无论是何种损害，保险合同双方当事人都可以约定一定金额作为保险赔偿的最高额，即保险金额。既然是约定，当事人原则上可以自由任意约定或者在约定后变更，作为计算保险费的基础。

2.保险价值。保险价值的概念与保险制度的本质有密不可分的关系，保险制度的主要目的在于补偿被保险人的损害。被保险人的损害可分为可以用货币价值计算的具体损害和不能用货币价值计算的抽象损害。补偿具体损害属于损害保险的范围，在计算损害范围时，先计算保险利益即保险标的的价值。如果被保险人通过保险获得的补偿超过其遭受的损害，则属于不当得利。但抽象损害既然无法以货币价值计算，被保险人即使获得无数的保险赔偿，也无不当得利之嫌。因此，保险价值的概念只适用于损害保险的范围。

保险人在保险事故发生后赔偿范围不得超过被保险人实际遭受的损害，损害范围又只限于保险价值之内，因此，保险价值为保险人赔偿的最高额，与保险金额为保险人依法约定赔偿的最高额不同的是，即使保险金额高于保险价值，保险人也只在保险价值范围内负保险赔偿责任。因此，计算保险人最后应赔偿数额的依据是保险价值，而不是保险金额。

《保险法》第五十五条规定，投保人和保险人约定保险标的的保险价值并在合同中载明的，保险标的发生损失时，以约定的保险价值为赔偿计算标准。投保人和保险人未约定保险标的的保险价值的，保险标的发生损失时，以保险事故发生时保险标的的实际价值为赔偿计算标准。保险金额不得超过保险价值。超过保险价值的，超过部分无效，保险人应当退还相应的保险费。保险金额低于保险价值的，除合同另有约定外，保险人按照保险金额与保险价值的比例承担赔偿保险金的责任。

（四）投保人、被保险人施救止损的义务

保险事故发生时，被保险人应当尽力采取必要的措施，防止或者减少损失。

保险事故发生后，被保险人为防止或者减少保险标的的损失所支付的必要的、合理的费用，由保险人承担；保险人所承担的费用数额在保险标的损失赔偿金额以外另行计算，最高不超过保险金额的数额。

（五）代位求偿权

因第三者对保险标的的损害而造成保险事故的，保险人自向被保险人赔偿保险金之日起，在赔偿金额范围内代位行使被保险人对第三者请求赔偿的权利。被保险人已经从第三者处取得损害赔偿的，保险人赔偿保险金时，可以相应扣减被保险人从第三者已取得的赔偿金额。

保险人行使代位请求赔偿的权利，不影响被保险人就未取得赔偿的部分向第三者请求赔偿的权利。

保险标的物因第三人的故意或者过失而损害，被保险人此时将拥有两种请求权：一是向第三人请求赔偿；二是向保险人请求给付赔偿保险金。如果两项请求权都能由被保险人任意行使，可能使被保险人因保险标的物的损害而获得双倍的利益，明显违背财产保险的补偿原则。因此，财产保险领域保险人可以行使代位求偿权。

（六）责任保险

责任保险，是指以被保险人对第三者依法应负的赔偿责任为保险标的的保险。

保险人对责任保险的被保险人给第三者造成的损害，可以依照法律的规定或者合同的约定，直接向该第三者赔偿保险金。

责任保险的被保险人给第三者造成损害，被保险人对第三者应负的赔偿责任确定的，根据被保险人的请求，保险人应当直接向该第三者赔偿保险金。被保险人怠于请求的，第三者有权就其应获赔偿部分直接向保险人请求赔偿保险金。

责任保险的被保险人给第三者造成损害，被保险人未向该第三者赔偿的，保险人不得向被保险人赔偿保险金。

责任保险的被保险人因给第三者造成损害的保险事故而被提起仲裁或者诉讼的，被保险人支付的仲裁或者诉讼费用及其他必要的、合理的费用，除合同另有约定外，由保险人承担。

课堂讨论15-1

某出租车因避让道路右侧的摩托车而往左驾方向过渡，碰撞了相对方向的大客车。经交通事故责任认定书认定，出租车全损，并负事故全部责任。出租车主曾向中国平安保险公司某分公司投保了车辆损失险，为此，出租车主向保险公司提出索赔，保险公司赔付20 687.5元（55 000（当年新车购置价）×（1+10%）（附加费）×（1-5年/8年）（折旧率）-2 000（残值）×（1-20%））。出租车主周某不接受保险公司的赔款处理，认为保险公司未按合同约定赔付，称保险公司应以合同为赔偿依据，按保险金额8万元计赔，扣去20%免赔部分，即1.6万元，应赔6.4万元。保险公司辩称，原告投保的车辆已使用5年，应按出险当时实际价值计算赔偿。你认为应当如何处理此案？

资料来源　佚名. 保险车辆损失是按保险价值还是按实际价值赔偿？[EB/OL]. [2015-01-09]. http://www.cn357.com/a23950_20150109_1_1.

第三节　保险公司

一、保险公司的设立、变更和终止

（一）保险公司的设立

1.设立保险公司的条件。《保险法》第六十八条规定，设立保险公司应当具备下列条件：①主要股东具有持续盈利能力，信誉良好，最近3年内无重大违法违规记录，净资产不低于人民币2亿元；②有符合本法和《公司法》规定的章程；③有符合本法规定的注册资本；④有具备任职专业知识和业务工作经验的董事、监事和高级管理人员；⑤有健全的组织机构和管理制度；⑥有符合要求的营业场所和与经营业务有关的其他设施；⑦法律、行政法规和国务院保险监督管理机构规定的其他条件。

《保险法》第六十九条规定：设立保险公司，其注册资本的最低限额为人民币2亿元。

2.申请设立保险公司应当提交的文件。《保险法》第七十条规定，申请设立保险公司，应当向国务院保险监督管理机构提出书面申请，并提交下列材料：①设立申请书，申请书应当载明拟设立的保险公司的名称、注册资本、业务范围等；②可行性研究报告；③筹建方案；④投资人的营业执照或者其他背景资料，经会计师事务所审计的上一年度财务会计报告；⑤投资人认可的筹备组负责人和拟任董事长、经理名单及本人认可证明；⑥国务院保险监督管理机构规定的其他材料。

3.审查与批准。设立保险公司应当经国务院保险监督管理机构批准。

国务院保险监督管理机构应当对设立保险公司的申请进行审查，自受理之日起6个月内作出批准或者不批准筹建的决定，并书面通知申请人。

申请人应当自收到批准筹建通知之日起1年内完成筹建工作；筹建期间不得从事保

险经营活动。筹建工作完成后，申请人具备设立条件的，可以向国务院保险监督管理机构提出开业申请。

国务院保险监督管理机构应当自受理开业申请之日起60日内，作出批准或者不批准开业的决定。决定批准的，颁发经营保险业务许可证。

（二）保险公司的变更

《保险法》第八十四条规定，保险公司有下列情形之一的，应当经保险监督管理机构批准：

1.变更名称。

2.变更注册资本。

3.变更公司或者分支机构的营业场所。

4.撤销分支机构。

5.公司分立或者合并。

6.修改公司章程。

7.变更出资额占有限责任公司资本总额5%以上的股东，或者变更持有股份有限公司股份5%以上的股东。

8.国务院保险监督管理机构规定的其他情形。

（三）保险公司的终止

1.保险公司解散。保险公司因分立、合并需要解散，或者股东会、股东大会决议解散，或者公司章程规定的解散事由出现，经国务院保险监督管理机构批准后解散。

经营有人寿保险业务的保险公司，除因分立、合并或者被依法撤销外，不得解散。

保险公司解散，应当依法成立清算组进行清算。

2.保险公司破产。保险公司有《破产法》规定破产原因的，经国务院保险监督管理机构同意，保险公司或者其债权人可以依法向人民法院申请重整、和解或者破产清算。国务院保险监督管理机构也可以依法向人民法院申请对该保险公司进行重整或者破产清算。

3.保险公司依法终止其业务活动，应当注销其经营保险业务许可证。

二、保险公司的董事、监事和高级管理人员

（一）保险公司的董事、监事和高级管理人员的任职资格

保险公司的董事、监事和高级管理人员，应当品行良好，熟悉与保险相关的法律、行政法规，具有履行职责所需的经营管理能力，并在任职前取得保险监督管理机构核准的任职资格。

担任保险公司董事长、总经理、副总经理、总经理助理应当具备下列条件：大学本科以上学历；从事金融工作5年以上，或者从事经济工作8年以上；具有在企事业单位或者国家机关担任领导或者管理职务的任职经历。

担任保险公司独立董事应当具有独立性，能够对保险公司经营活动进行独立客观的判断。担任保险公司其他董事应当具有5年以上金融、法律、财会等与其履行职责相适

应的工作经历。

担任保险公司董事会秘书应当具备下列条件：大学本科以上学历；5年以上与其履行职责相适应的工作经历。

（二）保险公司的董事、监事和高级管理人员的任职限制

有《公司法》规定的情形或者下列情形之一的，不得担任保险公司的董事、监事、高级管理人员：

1.因违法行为或者违纪行为被金融监督管理机构取消任职资格的金融机构的董事、监事、高级管理人员，自被取消任职资格之日起未逾5年的。

2.因违法行为或者违纪行为被吊销执业资格的律师、注册会计师，或者资产评估机构、验证机构等机构的专业人员，自被吊销执业资格之日起未逾5年的。

（三）保险公司的董事、监事和高级管理人员的义务

保险公司的控股股东、实际控制人、董事、监事、高级管理人员不得利用关联交易损害公司的利益。

保险公司的董事、监事和高级管理人员在执行公司职务时违反法律、行政法规或者公司章程的规定，给公司造成损失的，应当承担赔偿责任。

三、保险经营规则

（一）保证金的提取

保险业务具有负债性，即保险公司通过收取保险费而建立起来的保险基金，是全体投保人的财富，保险公司一旦倒闭，将直接损害投保人、被保险人和受益人的利益。因此，为保护保险活动当事人的合法权益，保险公司应当按照其注册资本总额的20%提取保证金，存入国务院保险监督管理机构指定的银行，除公司清算时用于清偿债务外，不得动用。

（二）责任准备金的提取

保险公司应当根据保障被保险人利益、保证偿付能力的原则，提取各项责任准备金。责任准备金，是指保险人为了履行未来的赔偿或者给付责任而在每一会计年度提存的资金准备，主要有未到期责任准备金、未决赔偿准备金、寿险责任准备金等。

（三）公积金的提取

保险公司应当依法提取公积金。公积金是保险公司的一种附加资本，公积金的增加也意味着公司财产的增加。

（四）保险保障基金的缴纳

保险保障基金是为保障保险活动当事人的权益而设立的行业公共基金，属于风险救济基金。保险公司应当缴纳保险保障基金。保险保障基金应当集中管理，并在下列情形下统筹使用：

1.在保险公司被撤销或者被宣告破产时，向投保人、被保险人或者受益人提供救济。

2.在保险公司被撤销或者被宣告破产时，向依法接受其人寿保险合同的保险公司提

供救济。

3.国务院规定的其他情形。

（五）最低偿付能力

保险公司只有具备必需的最低偿付能力，能够履行其赔付保险金义务，才可以生存和经营。保险公司应当具有与其业务规模和风险程度相适应的最低偿付能力。保险公司的认可资产减去认可负债的差额不得低于国务院保险监督管理机构规定的数额。低于规定数额的，应当按照国务院保险监督管理机构的要求采取相应措施达到规定的数额。

（六）自留保险费的限制

经营财产保险业务的保险公司当年自留保险费，不得超过其实有资本金加公积金总和的4倍。保险公司的自留保险费确切地反映其保险收入的实际情况，也反映其承担的保险责任范围，或者是其承保额度的大小。将保险公司的资本与自留保险费相比较，是要求保险公司所承担的保险责任与其实有资本保持一定比例，即保持必要的偿付能力。

（七）危险单位的风险管理

保险公司对每一危险单位，即对1次保险事故可能造成的最大损失范围所承担的责任，不得超过其实有资本金加公积金总和的10%，超过的部分应当办理再保险。保险公司对危险单位的划分方法和巨灾风险安排方案，应当报国务院保险监督管理机构备案。

（八）再保险

再保险属于分散保险责任，共同承担风险，扩大承保能力的保险机制。保险公司应当按照国务院保险监督管理机构的规定办理再保险，并审慎选择再保险接受人。

（九）保险公司的资金运用

保险公司的资金运用必须稳健，遵循安全性原则。保险公司的资金运用限于下列形式：

1.银行存款。

2.买卖债券、股票、证券投资基金份额等有价证券。

3.投资不动产。

4.国务院规定的其他资金运用形式。

（十）信息披露制度

保险公司应当按照国务院保险监督管理机构的规定，建立信息披露制度。

保险公司应当按照国务院保险监督管理机构的规定，真实、准确、完整地披露财务会计报告、风险管理状况、保险产品经营情况等重大事项。

保险公司应当按照保险监督管理机构的规定，报送有关报告、报表、文件和资料。保险公司的偿付能力报告、财务会计报告、精算报告、合规报告及其他有关报告、报表、文件和资料必须如实记录保险业务事项，不得有虚假记载、误导性陈述和重大遗漏。

（十一）保险公司及其工作人员的职业规则

保险公司从事保险销售的人员应当符合国务院保险监督管理机构规定的资格条件，取得保险监督管理机构颁发的资格证书。

保险公司及其工作人员在保险业务活动中不得有下列行为：

1.欺骗投保人、被保险人或者受益人。

2.对投保人隐瞒与保险合同有关的重要情况。

3.阻碍投保人履行《保险法》规定的如实告知义务，或者诱导其不履行《保险法》规定的如实告知义务。

4.给予或者承诺给予投保人、被保险人、受益人保险合同约定以外的保险费回扣或者其他利益。

5.拒不依法履行保险合同约定的赔偿或者给付保险金义务。

6.故意编造未曾发生的保险事故、虚构保险合同或者故意夸大已经发生的保险事故的损失程度，进行虚假理赔，骗取保险金或者牟取其他不正当利益。

7.挪用、截留、侵占保险费。

8.委托未取得合法资格的机构或者个人从事保险销售活动。

9.利用开展保险业务为其他机构或者个人牟取不正当利益。

10.利用保险代理人、保险经纪人或者保险评估机构，从事以虚构保险中介业务或者编造退保等方式套取费用等违法活动。

11.以捏造、散布虚假事实等方式损害竞争对手的商业信誉，或者以其他不正当竞争行为扰乱保险市场秩序。

12.泄露在业务活动中知悉的投保人、被保险人的商业秘密。

13.违反法律、行政法规和国务院保险监督管理机构规定的其他行为。

第四节　保险代理人和保险经纪人

一、保险代理人和保险经纪人的含义

（一）保险代理人

保险代理人，是指根据保险人的委托，向保险人收取佣金，并在保险人授权的范围内代为办理保险业务的机构或者个人。

保险代理机构包括专门从事保险代理业务的保险专业代理机构和兼营保险代理业务的保险兼业代理机构。

（二）保险经纪人

保险经纪人，是指基于投保人的利益，为投保人与保险人订立保险合同提供中介服务，并依法收取佣金的机构，包括保险经纪公司及其分支机构。

二、保险代理机构、保险经纪人的设立

（一）许可证制度

保险代理机构、保险经纪人应当具备国务院保险监督管理机构规定的条件，取得保险监督管理机构颁发的经营保险代理业务许可证、保险经纪业务许可证。

（二）注册资本

以公司形式设立保险专业代理机构、保险经纪人，其注册资本最低限额适用《公司法》的规定。

三、保险代理行为

（一）签订委托代理协议

保险人委托保险代理人代为办理保险业务，应当与保险代理人签订委托代理协议，依法约定双方的权利和义务。

（二）保险代理行为效果

保险代理人根据保险人的授权代为办理保险业务的行为，由保险人承担责任。

保险代理人没有代理权、超越代理权或者代理权终止后以保险人名义订立合同，使投保人有理由相信其有代理权的，该代理行为有效。保险人可以依法追究越权的保险代理人的责任。

保险经纪人因过错给投保人、被保险人造成损失的，依法承担赔偿责任。

第五节　保险业监督管理

一、保险监督管理机构

《保险法》第九条规定，国务院保险监督管理机构依法对保险业实施监督管理。

国务院保险监督管理机构根据履行职责的需要设立派出机构。派出机构按照国务院保险监督管理机构的授权履行监督管理职责。

保险监督管理机构依照《保险法》和国务院规定的职责，遵循依法、公开、公正的原则，对保险业实施监督管理，维护保险市场秩序，保护投保人、被保险人和受益人的合法权益。

二、监督管理的主要内容

（一）对保险条款和保险费率的监管

关系社会公众利益的保险险种、依法实行强制保险的险种和新开发的人寿保险险种等的保险条款和保险费率，应当报国务院保险监督管理机构批准。国务院保险监督管理机构审批时，应当遵循保护社会公众利益和防止不正当竞争的原则。

保险公司使用的保险条款和保险费率违反法律、行政法规或者国务院保险监督管理机构的有关规定的，由保险监督管理机构责令停止使用，限期修改；情节严重的，可以在一定期限内禁止申报新的保险条款和保险费率。

（二）对保险公司偿付能力的监管

国务院保险监督管理机构应当建立、健全保险公司偿付能力监管体系，对保险公司的偿付能力实施监控。对偿付能力不足的保险公司，国务院保险监督管理机构应当将其列为重点监管对象，并可以根据具体情况采取下列措施：

1.责令增加资本金、办理再保险。

2.限制业务范围。

3.限制向股东分红。

4.限制固定资产购置或者经营费用规模。

5.限制资金运用的形式、比例。

6.限制增设分支机构。

7.责令拍卖不良资产、转让保险业务。

8.限制董事、监事、高级管理人员的薪酬水平。

9.限制商业性广告。

10.责令停止接受新业务。

（三）对责任准备金、再保险和资金运用的监管

保险公司未依照《保险法》的规定提取或者结转各项责任准备金，或者未依照《保险法》的规定办理再保险，或者严重违反《保险法》关于资金运用规定的，由保险监督管理机构责令限期改正，并可以责令调整负责人及有关管理人员。

保险监督管理机构作出限期改正的决定后，保险公司逾期未改正的，国务院保险监督管理机构可以决定选派保险专业人员和指定该保险公司的有关人员组成整顿组，对公司进行整顿。

（四）接管

保险公司有下列情形之一的，国务院保险监督管理机构可以对其实行接管：

1.公司的偿付能力严重不足的。

2.违反《保险法》规定，损害社会公共利益，可能严重危及或者已经严重危及公司的偿付能力的。

接管是政府对偿付能力严重不足或者严重危及偿付能力的保险公司，采取的直接干预保险公司经营的行政强制措施。在接管期间，被接管的保险公司仍继续营业，其债权债务关系不因接管而变化。接管期限届满，被接管的保险公司已恢复正常经营能力的，由国务院保险监督管理机构决定终止接管。

（五）申请重整或者破产清算

被整顿、被接管的保险公司达到《破产法》规定的破产界限的，国务院保险监督管理机构可以依法向人民法院申请对该保险公司进行重整或者破产清算。

（六）撤销并清算

保险公司因违法经营被依法吊销经营保险业务许可证的，或者偿付能力低于国务院保险监督管理机构规定标准，不予撤销将严重危害保险市场秩序、损害公共利益的，由国务院保险监督管理机构予以撤销并公告，依法及时组织清算组进行清算。

（七）对保险公司股东、实际控制人的监管

国务院保险监督管理机构有权要求保险公司股东、实际控制人在指定的期限内提供有关信息和资料。

保险公司的股东利用关联交易严重损害公司利益，危及公司偿付能力的，由国务院保险监督管理机构责令改正。在按照要求改正前，国务院保险监督管理机构可以限制其股东权利；拒不改正的，可以责令其转让所持的保险公司股权。

（八）对保险公司高管人员的强制措施

保险公司在整顿、接管、撤销清算期间，或者出现重大风险时，国务院保险监督管理机构可以对该公司直接负责的董事、监事、高级管理人员和其他直接责任人员采取以下措施：

1.通知出境管理机关依法阻止其出境。

2.申请司法机关禁止其转移、转让或者以其他方式处分财产，或者在财产上设定其他权利。

（九）保险监督管理机构有权采取的其他强制措施

保险监督管理机构依法履行职责，可以采取下列措施：

1.对保险公司、保险代理人、保险经纪人、保险资产管理公司、外国保险机构的代表机构进行现场检查。

2.进入涉嫌违法行为发生场所调查取证。

3.询问当事人及与被调查事件有关的单位和个人，要求其对与被调查事件有关的事项作出说明。

4.查阅、复制与被调查事件有关的财产权登记等资料。

5.查阅、复制保险公司、保险代理人、保险经纪人、保险资产管理公司、外国保险机构的代表机构以及与被调查事件有关的单位和个人的财务会计资料及其他相关文件和资料；对可能被转移、隐匿或者毁损的文件和资料予以封存。

6.查询涉嫌违法经营的保险公司、保险代理人、保险经纪人、保险资产管理公司、外国保险机构的代表机构以及与涉嫌违法事项有关的单位和个人的银行账户。

7.对有证据证明已经或者可能转移、隐匿违法资金等涉案财产或者隐匿、伪造、毁损重要证据的，经保险监督管理机构主要负责人批准，申请人民法院予以冻结或者查封。

（十）保险监督管理机构工作人员的职业规则

保险监督管理机构工作人员应当忠于职守，依法办事，公正廉洁，不得利用职务便利牟取不正当利益，不得泄露所知悉的有关单位和个人的商业秘密。

复习思考题

1.什么是保险？保险有哪些种类？

2.《保险法》的基本原则是什么？

3.保险合同的主要内容有哪些？

4.保险公司的资金运用限于哪些形式？

5.保险代理行为的法律后果是什么？

第十六章

证券法

内容提要

本章主要介绍了证券的概念及证券法规定的内容；重点阐述了证券的发行、证券交易的一般规则、证券上市、禁止的交易行为、上市公司收购、证券机构，并对证券监督管理以及违反证券法的法律责任进行了讲解。

导入案例

某股份有限公司于2017年6月在上海证券交易所上市。2018年以来，公司发生了下列事项：2018年5月，董事A将所持公司股份20万股中的2万股卖出。2012年3月，董事B将所持公司股份10万股中的2.5万股卖出。董事C因出国定居，于2018年7月辞去董事职务，并于2019年3月将其所持公司股份5万股全部卖出。监事D于2018年4月9日以均价每股8元价格购买5万股公司股票，并于2018年9月10日以均价每股16元价格将上述股票全部卖出。2018年5月12日，公司发布年度报告。为该公司年报出具审计报告的注册会计师E于同年5月20日购买该公司股票1万股。公司股东大会于2018年5月8日通过决议，由公司收购本公司股票900万股，即公司已发行股份总额的3%，用于奖励本公司职工。

思考：

1.董事A、B和C卖出所持公司股票的行为是否符合法律规定？

2.监事D买卖公司股票的行为是否符合法律规定？

3.注册会计师E买入公司股票的行为是否符合法律规定？

4.公司收购用于奖励职工的本公司股票数额是否符合法律规定？

资料来源　根据注册会计师考试《经济法》试题改编。

第一节 证券法概述

一、证券的概念

证券，是指以证明或者设定权利为目的而做成的一种具有一定票面金额的书面凭证。

证券是一种凭证，证券持有人可以据此取得相应的权益，如果不持有凭证，又没有其他证明，则难以向他人请求权利，要求他人履行义务。证券是一种确定证券的出具人和持有人之间的权利义务关系的证明。

证券以证明或者设定权利为目的，据此证券可分为凭证证券和有价证券。凭证证券，是指证明一定事实的文件，如借据、收据等，该证券在一般情况下是不能流通的。有价证券，是指表示一定财产的证书或者文件，是一种为了设定某项权利而设置的证券，它既可以起到证明作用，又可以流通。

有价证券分为商品证券、货币证券和资本证券。商品证券，是指具有领取商品权利的证券，如提货单、运货单等。货币证券，是指用于商业上的对货物有请求权的证券，可以代替货币使用，如本票、汇票、支票等。资本证券，是指证明投资者对收益的请求权利的证券，如股票、公司债券等。

证券法中证券的概念是指资本证券，它具有以下特点：

（一）证券的收益性

证券投资者进行证券投资的目的是要得到一定的收益，否则，不会以资本证券的形式进行投资。

（二）证券的风险性

任何证券投资均具有风险，任何一项证券投资均有可能因证券经营者的经营不善或者证券市场的跌落而不能达到预期收益。

（三）证券的变现性

证券持有人可以依法将自己持有的证券转让以收回自己的本金。

（四）证券的参与性

对反映股权关系的股票持有人，可以以其持有的证券参与发行人的生产经营活动。

（五）证券的价悖性

证券的票面价格和证券市场上的价格并不完全一致。

二、证券活动和证券管理原则

（一）保护投资者合法权益原则

《中华人民共和国证券法》（以下简称《证券法》）将保护投资者的合法权益作为立法宗旨，凡损害投资者合法权益的，依照证券法有关规定处理并追究法律责任。

（二）公开、公平、公正原则

《证券法》第三条规定，证券的发行、交易活动，必须遵循公开、公平、公正的原则。

公开原则的核心是要求实现市场信息的公开化，通常包括两个方面，即证券信息的初期披露和持续披露。公开原则要求公开的信息在内容和形式上都应符合法律的要求，保证及时、完整、真实、准确。

公平原则要求证券发行、证券交易活动中的所有参加者都有平等的法律地位，各自的合法权益能够得到公平的保护。按照公平原则，发行人有公平的筹资机会，证券经营机构在证券市场有公平的权利和责任，投资者享有公平的交易机会。

公正原则是针对证券监督管理机构的监管行为而言的，它要求证券监督管理部门在公开、公平的基础上，对一切被监管对象给予公正待遇。要在法律的基础上，对一切证券市场参与者给予公正的待遇，对证券违法行为的处罚、对证券纠纷事件和争议的处理，都应当公正进行。

（三）自愿、有偿、诚实信用原则

《证券法》第四条规定，证券发行、交易活动的当事人具有平等的法律地位，应当遵守自愿、有偿、诚实信用的原则。

自愿原则是指在遵守国家法律、法规和不得损害国家、集体和其他公民合法权益的前提下，当事人按照自己的意愿参与证券发行和交易活动，依法行使自己的民事权利，任何人不得干涉，也不得采取欺诈、威吓或者胁迫等手段影响当事人决策。

有偿原则是指在证券发行和交易活动中，一方当事人不得无偿占有他方当事人的财产和劳动。

诚实原则是指要客观真实，不欺人、不骗人。信用原则是指遵守承诺，并及时全面地履行承诺。

（四）守法原则

《证券法》第五条规定，证券的发行、交易活动，必须遵守法律、行政法规；禁止欺诈、内幕交易和操纵证券市场的行为。

守法原则不仅强调证券发行、交易活动必须遵守法律、行政法规，还明确提出了法律禁止的三种证券违法行为。

（五）分业经营、分业管理原则

《证券法》第六条规定，证券业和银行业、信托业、保险业实行分业经营、分业管理，证券公司与银行、信托、保险业务机构分别设立。国家另有规定的除外。

（六）政府统一监管与行业自律原则

《证券法》第七条规定，国务院证券监督管理机构依法对全国证券市场实行集中统一监督管理。国务院证券监督管理机构根据需要可以设立派出机构，按照授权履行监督管理职责。

三、证券法的概念

证券法，是指调整证券发行与交易活动中发生的各种社会关系的法律规范的总称。

《证券法》自1998年12月29日第九届全国人民代表大会常务委员会第六次会议通过以来，经历了2004年、2013年、2014年三次修正，2005年一次修订，2019年12月28日第十三届全国人民代表大会常务委员会第十五次会议进行了第二次修订，自2020年3月1日起施行。

《证券法》第二条规定，在中华人民共和国境内，股票、公司债券、存托凭证和国务院依法认定的其他证券的发行和交易，适用《证券法》；《证券法》未规定的，适用《公司法》和其他法律、行政法规的规定。政府债券、证券投资基金份额的上市交易，适用《证券法》；其他法律、行政法规另有规定的，适用其规定。资产支持证券、资产管理产品发行、交易的管理办法，由国务院依照《证券法》的原则规定。

第二节 证券的发行

一、证券发行的概念

证券发行，是指证券的发行人将自己所发行的证券出售给投资者的行为。

证券发行市场又称证券的初级市场、证券的一级市场，是发行人向投资者出售证券的市场。根据发行证券的特定对象，证券发行可以分为公开发行和非公开发行。根据发行证券是否需要承销机构，证券发行可以分为直接发行和间接发行。直接发行一般涉及两个主体，即证券发行人和投资人。间接发行一般涉及三个主体，即发行人、承销机构和投资人。根据证券的发行时间，证券发行可以分为初次发行和再次发行。初次发行为设立发行，即为了设立股份有限公司而发行股份。再次发行又称为新股发行，是指公司成立以后再次发行股份。

二、证券发行的制度

（一）注册制度

《证券法》第九条规定，公开发行证券，必须符合法律、行政法规规定的条件，并依法报经国务院证券监督管理机构或者国务院授权的部门注册。未经依法注册，任何单位和个人不得公开发行证券。

有下列情形之一的，为公开发行：

1.向不特定对象发行证券；

2.向特定对象发行证券累计超过200人，但依法实施员工持股计划的员工人数不计算在内；

3.法律、行政法规规定的其他发行行为。

非公开发行证券，不得采用广告、公开劝诱和变相公开方式。

必须符合法定条件和必须经过依法注册是公开发行证券的原则性规定，适用于股票、公司债券和国务院依法认定的其他证券的发行和交易。《公司法》《企业债券管理条例》《证券投资基金管理暂行办法》等有关法律、行政法规中均有具体的规定。

（二）保荐制度

《证券法》第十条规定，发行人申请公开发行股票、可转换为股票的公司债券，依法采取承销方式的，或者公开发行法律、行政法规规定实行保荐制度的其他证券的，应当聘请证券公司担任保荐人。

所谓证券发行上市保荐制度，是指由保荐人（sponsors，或称保荐机构）负责对发行人的发行上市进行推荐和辅导，核实发行文件与上市文件中所载资料是否真实、完整；协助发行人严格履行信息披露义务，健全公司治理结构，并在发行人证券发行上市后一定期间内对其推荐行为承担风险防范的法律责任。简言之，保荐人制度中的保荐人既是发行人的推荐人，又是其担保人。这就使得保荐人在推荐证券发行上市时既要承担推荐责任，又要承担连带担保责任，这实际上是将证券市场的政府监管职责部分转移给了原来作为上市推荐人的证券公司。通过法定的推荐责任和连带担保责任，让保荐人对其所推荐的发行人和上市公司形成持续性监督机制。

保荐人应当遵守业务规则和行业规范，诚实守信，勤勉尽责，对发行人的申请文件和信息披露资料进行审慎核查，督导发行人规范运作。

三、证券发行的条件和申请文件

（一）设立发行

1.设立发行的条件。设立股份有限公司公开发行股票，应当符合《公司法》规定的条件和经国务院批准的国务院证券监督管理机构规定的其他条件。

2.设立发行的申请文件。设立股份有限公司公开发行股票，应当向国务院证券监督管理机构报送募股申请和下列文件：①公司章程；②发起人协议；③发起人姓名或者名称，发起人认购的股份数、出资种类及验资证明；④招股说明书；⑤代收股款银行的名称及地址；⑥承销机构名称及有关的协议。

依照证券法规定聘请保荐人的，还应当报送保荐人出具的发行保荐书。

法律、行政法规规定设立公司必须报经批准的，还应当提交相应的批准文件。

（二）新股发行

1.新股发行的条件。《证券法》第十二条规定，公司首次公开发行新股，应当符合下列条件：①具备健全且运行良好的组织机构；②具有持续经营能力；③最近三年财务会计报告被出具无保留意见审计报告；④发行人及其控股股东、实际控制人最近三年不存在贪污、贿赂、侵占财产、挪用财产或者破坏社会主义市场经济秩序的刑事犯罪；⑤经国务院批准的国务院证券监督管理机构规定的其他条件。

上市公司发行新股，应当符合经国务院批准的国务院证券监督管理机构规定的条件，具体管理办法由国务院证券监督管理机构规定。

公开发行存托凭证的，应当符合首次公开发行新股的条件以及国务院证券监督管理机构规定的其他条件。

2.新股发行的申请文件。《证券法》第十三条规定，公司公开发行新股，应当报送募股申请和下列文件：①公司营业执照；②公司章程；③股东大会决议；④招股说明书或者其他公开发行募集文件；⑤财务会计报告；⑥代收股款银行的名称及地址。

依照《证券法》规定聘请保荐人的，还应当报送保荐人出具的发行保荐书。依照《证券法》规定实行承销的，还应当报送承销机构名称及有关的协议。

《证券法》第十四条规定，公司对公开发行股票所募集资金，必须按照招股说明书或者其他公开发行募集文件所列资金用途使用；改变资金用途，必须经股东大会作出决议。擅自改变用途，未作纠正的，或者未经股东大会认可的，不得公开发行新股。

（三）公司债券发行

1.公司债券发行的条件。《证券法》第十五条规定，公开发行公司债券，应当符合下列条件：①具备健全且运行良好的组织机构；②最近三年平均可分配利润足以支付公司债券一年的利息；③国务院规定的其他条件。

公开发行公司债券筹集的资金，必须按照公司债券募集办法所列资金用途使用；改变资金用途，必须经债券持有人会议作出决议。公开发行公司债券筹集的资金，不得用于弥补亏损和非生产性支出。上市公司发行可转换为股票的公司债券，除应当符合前述规定的条件外，还应当符合《证券法》关于公开发行新股的条件。但是，按照公司债券募集办法，上市公司通过收购本公司股份的方式进行公司债券转换的除外。

2.公司债券发行的申请文件。《证券法》第十六条规定，申请公开发行公司债券，应当向国务院授权的部门或者国务院证券监督管理机构报送下列文件：①公司营业执照；②公司章程；③公司债券募集办法；④国务院授权的部门或者国务院证券监督管理机构规定的其他文件。

依照《证券法》规定聘请保荐人的，还应当报送保荐人出具的发行保荐书。

3.公司债券发行的禁止。《证券法》第十七条规定，有下列情形之一的，不得再次公开发行公司债券：①对已公开发行的公司债券或者其他债务有违约或者延迟支付本息的事实，仍处于继续状态；②违反《证券法》规定，改变公开发行公司债券所募资金的用途。

《证券法》第十八条规定，发行人依法申请核准发行证券所报送的申请文件的格式、报送方式，由依法负责注册的机构或者部门规定。

《证券法》第十九条规定，发行人报送的证券发行申请文件，应当充分披露投资者作出价值判断和投资决策所必需的信息，内容应当真实、准确、完整。为证券发行出具有关文件的证券服务机构和人员，必须严格履行法定职责，保证所出具文件的真实性、准确性和完整性。

《证券法》第二十条规定，发行人申请首次公开发行股票的，在提交申请文件后，应当按照国务院证券监督管理机构的规定预先披露有关申请文件。

四、证券发行的注册

国务院证券监督管理机构或者国务院授权的部门依照法定条件负责证券发行申请的注册。证券公开发行注册的具体办法由国务院规定。

按照国务院的规定，证券交易所等可以审核公开发行证券申请，判断发行人是否符合发行条件、信息披露要求，督促发行人完善信息披露内容。

依照上述规定参与证券发行申请注册的人员，不得与发行申请人有利害关系，不得直接或者间接接受发行申请人的馈赠，不得持有所注册的发行申请的证券，不得私下与发行申请人进行接触。

国务院证券监督管理机构或者国务院授权的部门应当自受理证券发行申请文件之日起三个月内，依照法定条件和法定程序作出予以注册或者不予注册的决定，发行人根据要求补充、修改发行申请文件的时间不计算在内。不予注册的，应当说明理由。

证券发行申请经注册后，发行人应当依照法律、行政法规的规定，在证券公开发行前公告公开发行募集文件，并将该文件置备于指定场所供公众查阅。发行证券的信息依法公开前，任何知情人不得公开或者泄露该信息。

发行人不得在公告公开发行募集文件前发行证券。

国务院证券监督管理机构或有国务院授权的部门对已作出的证券发行注册的决定，发现不符合法定条件或者法定程序，尚未发行证券的，应当予以撤销，停止发行。已经发行尚未上市的，撤销发行注册决定，发行人应当按照发行价并加算银行同期存款利息返还证券持有人；发行人的控股股东、实际控制人以及保荐人，应当与发行人承担连带责任，但是能够证明自己没有过错的除外。

股票的发行人在招股说明书等证券发行文件中隐瞒重要事实或者编造重大虚假内容，已经发行并上市的，国务院证券监督管理机构可以责令发行人回购证券，或者责令负有责任的控股股东、实际控制人买回证券。

股票依法发行后，发行人经营与收益的变化，由发行人自行负责；由此变化引致的投资风险，由投资者自行负责。

五、证券承销

（一）证券承销的概念

证券承销，是指证券公司与证券的发行人订立合同，由证券公司帮助证券发行人发行证券的一种法律行为。证券公司为承销人，证券发行人为被承销人。

《证券法》第二十六条规定，发行人向不特定对象发行的证券，法律、行政法规规定应当由证券公司承销的，发行人应当同证券公司签订承销协议。证券承销业务采取代销或者包销方式。

证券代销是指证券公司代发行人发售证券，在承销期结束时，将未售出的证券全部退还给发行人的承销方式。证券包销是指证券公司将发行人的证券按照协议全部购入或者在承销期结束时将售后剩余证券全部自行购入的承销方式。

公开发行证券的发行人有权依法自主选择承销的证券公司。

（二）证券承销协议

《证券法》第二十八条规定，证券公司承销证券，应当同发行人签订代销或者包销协议，载明下列事项：

1.当事人的名称、住所及法定代表人姓名；

2.代销、包销证券的种类、数量、金额及发行价格；

3.代销、包销的期限及起止日期；

4.代销、包销的付款方式及日期；

5.代销、包销的费用和结算办法；

6.违约责任；

7.国务院证券监督管理机构规定的其他事项。

（三）证券承销禁止

《证券法》第二十九条规定，证券公司承销证券，应当对公开发行募集文件的真实性、准确性、完整性进行核查。发现有虚假记载、误导性陈述或者重大遗漏的，不得进行销售活动；已经销售的，必须立即停止销售活动，并采取纠正措施。

证券公司承销证券，不得有下列行为：

1.进行虚假的或者误导投资者的广告宣传或者其他宣传推介活动；

2.以不正当竞争手段招揽承销业务；

3.其他违反证券承销业务规定的行为。

证券公司有上述所列行为，给其他证券承销机构或者投资者造成损失的，应当依法承担赔偿责任。

证券的代销、包销期限最长不得超过九十日。证券公司在代销、包销期内，对所代销、包销的证券应当保证先行出售给认购人，证券公司不得为本公司预留所代销的证券和预先购入并留存所包销的证券。

股票发行采取溢价发行的，其发行价格由发行人与承销的证券公司协商确定。

股票发行采用代销方式，代销期限届满，向投资者出售的股票数量未达到拟公开发行股票数量百分之七十的，为发行失败。发行人应当按照发行价并加算银行同期存款利息返还股票认购人。

第三节 证券的交易

一、证券交易的一般规定

证券交易的一般规定，是指证券交易的原则性、纲领性的规定。

（一）证券买卖

证券交易当事人依法买卖的证券，必须是依法发行并交付的证券。非依法发行的证券，不得买卖。

依法发行的证券，《公司法》和其他法律对其转让期限有限制性规定的，在限定的期限内不得转让。

上市公司持有百分之五以上股份的股东、实际控制人、董事、监事、高级管理人员，以及其他持有发行人首次公开发行前发行的股份或者上市公司向特定对象发行的股份的股东，转让其持有的本公司股份的，不得违反法律、行政法规和国务院证券监督管理机构关于持有期限、卖出时间、卖出数量、卖出方式、信息披露等规定，并应当遵守证券交易所的业务规则。

（二）证券交易场所

公开发行的证券，应当在依法设立的证券交易所上市交易或者在国务院批准的其他全国性证券交易场所交易。

非公开发行的证券，可以在证券交易所、国务院批准的其他全国性证券交易场所、按照国务院规定设立的区域性股权市场转让。

（三）证券交易方式

证券在证券交易所上市交易，应当采用公开的集中交易方式或者国务院证券监督管理机构批准的其他方式。

（四）证券交易形式

证券交易当事人买卖的证券可以采用纸面形式或者国务院证券监督管理机构规定的其他形式。

（五）禁止参与股票交易的证券从业人员及其他有关人员

证券交易场所、证券公司和证券登记结算机构的从业人员，证券监督管理机构的工作人员以及法律、行政法规规定禁止参与股票交易的其他人员，在任期或者法定限期内，不得直接或者以化名、借他人名义持有、买卖股票或者其他具有股权性质的证券，也不得收受他人赠送的股票或者其他具有股权性质的证券。

任何人在成为上述所列人员时，其原已持有的股票或者其他具有股权性质的证券，必须依法转让。

实施股权激励计划或者员工持股计划的证券公司的从业人员，可以按照国务院证券监督管理机构的规定持有、卖出本公司股票或者其他具有股权性质的证券。

（六）对证券服务机构和人员证券交易的限制

为证券发行出具审计报告或者法律意见书等文件的证券服务机构和人员，在该证券承销期内和期满后6个月内，不得买卖该证券。

除上述规定外，为发行人及其控股股东、实际控制人，或者收购人、重大资产交易方出具审计报告或者法律意见书等文件的证券服务机构和人员，自接受委托之日起至上述文件公开后5日内，不得买卖该证券。实际开展上述有关工作之日早于接受委托之日的，自实际开展上述有关工作之日起至上述文件公开后五日内，不得买卖该证券。

（七）对公司股东、董事、监事、高级管理人员短线交易的限制

上市公司、股票在国务院批准的其他全国性证券交易场所交易的公司持有5%以

上股份的股东、董事、监事、高级管理人员，将其持有的该公司的股票或者其他具有股权性质的证券（包括其配偶、父母、子女持有的及利用他人账户持有的股票或者其他具有股权性质的证券）在买入后6个月内卖出，或者在卖出后6个月内又买入，由此所得收益归该公司所有，公司董事会应当收回其所得收益。但是，证券公司因购入包销售后剩余股票而持有5%以上股份，以及有国务院证券监督管理机构规定的其他情形的除外。

公司董事会不按照上述规定执行的，股东有权要求董事会在30日内执行。公司董事会未在上述期限内执行的，股东有权为了公司的利益以自己的名义直接向人民法院提起诉讼。公司董事会不按照规定执行的，负有责任的董事依法承担连带责任。

（八）为投资者保密

证券交易所、证券公司、证券登记结算机构、证券服务机构及其工作人员应当依法为投资者的信息保密，不得非法买卖、提供或者公开投资者的信息，不得泄露所知悉的商业秘密。

（九）证券交易的收费

证券交易的收费必须合理，并公开收费项目、收费标准和管理办法。

（十）程度化交易

通过计算机程序自动生成或者下达交易指令进行程序化交易的，应当符合国务院证券监督管理机构的规定，并向证券交易所报告，不得影响证券交易所系统安全或者正常交易秩序。

二、证券上市

（一）证券上市的申请

《证券法》第四十六条规定，申请证券上市交易，应当向证券交易所提出申请，由证券交易所依法审核同意，并由双方签订上市协议。证券交易所根据国务院授权的部门的决定安排政府债券上市交易。

申请证券上市交易，应当符合证券交易所上市规则规定的上市条件。

证券交易所上市规则规定的上市条件，应当对发行人的经营年限、财务状况、最低公开发行比例和公司治理、诚信记录等提出要求。

（二）证券上市交易的终止

《证券法》第四十八条规定，上市交易的证券，有证券交易所规定的终止上市情形的，由证券交易所按照业务规则终止其上市交易。

证券交易所决定终止证券上市交易的，应当及时公告，并报国务院证券监督管理机构备案。

对证券交易所作出的不予上市交易、终止上市交易决定不服的，可以向证券交易所设立的复核机构申请复核。

三、禁止的交易行为

（一）内幕交易行为

《证券法》第五十条规定，禁止证券交易内幕信息的知情人和非法获取内幕信息的人利用内幕信息从事证券交易活动。

1.内幕信息的知情人

《证券法》第五十一条规定，证券交易内幕信息的知情人包括：①发行人及其董事、监事、高级管理人员；②持有公司5%以上股份的股东及其董事、监事、高级管理人员，公司的实际控制人及其董事、监事、高级管理人员；③发行人控股或者实际控制的公司及其董事、监事、高级管理人员；④由于所任公司职务或者因与公司业务往来可以获取公司有关内幕信息的人员；⑤上市公司收购人或者重大资产交易方及其控股股东、实际控制人、董事、监事和高级管理人员；⑥因职务、工作可以获取内幕信息的证券交易场所、证券公司、证券登记结算机构、证券服务机构的有关人员；⑦因职责、工作可以获取内幕信息的证券监督管理机构工作人员；⑧因法定职责对证券的发行、交易或者对上市公司及其收购、重大资产交易进行管理可以获取内幕信息的有关主管部门、监管机构的工作人员；⑨国务院证券监督管理机构规定的可以获取内幕信息的其他人员。

2.内幕信息

《证券法》第五十二条规定，证券交易活动中，涉及公司的经营、财务或者对该发行人证券的市场价格有重大影响的尚未公开的信息，为内幕信息。

（1）可能对上市公司、股票在国务院批准的其他全国性证券交易场所交易的公司的股票交易价格产生较大影响的重大事件包括：①公司的经营方针和经营范围的重大变化；②公司的重大投资行为，公司在1年内购买、出售重大资产超过公司资产总额30%，或者公司营业用主要资产的抵押、质押、出售或者报废一次超过该资产的30%；③公司订立重要合同、提供重大担保或者从事关联交易，可能对公司的资产、负债、权益和经营成果产生重要影响；④公司发生重大债务和未能清偿到期重大债务的违约情况；⑤公司发生重大亏损或者重大损失；⑥公司生产经营的外部条件发生的重大变化；⑦公司的董事、1/3以上监事或者经理发生变动，董事长或者经理无法履行职责；⑧持有公司5%以上股份的股东或者实际控制人持有股份或者控制公司的情况发生较大变化，公司的实际控制人及其控制的其他企业从事与公司相同或者相似业务的情况发生较大变化；⑨公司分配股利、增资的计划，公司股权结构的重要变化，公司减资、合并、分立、解散及申请破产的决定，或者依法进入破产程序、被责令关闭；⑩涉及公司的重大诉讼、仲裁，股东大会、董事会决议被依法撤销或者宣告无效；⑪公司涉嫌犯罪被依法立案调查，公司的控股股东、实际控制人、董事、监事、高级管理人员涉嫌犯罪被依法采取强制措施；⑫国务院证券监督管理机构规定的其他事项。

（2）可能对上市交易公司债券的交易价格产生较大影响的重大事件包括：①公司股

权结构或者生产经营状况发生重大变化；②公司债券信用评级发生变化；③公司重大资产抵押、质押、出售、转让、报废；④公司发生未能清偿到期债务的情况；⑤公司新增借款或者对外提供担保超过上年末净资产的20%；⑥公司放弃债权或者财产超过上年末净资产的10%；⑦公司发生超过上年末净资产10%的重大损失；⑧公司分配股利，作出减资、合并、分立、解散及申请破产的决定，或者依法进入破产程序、被责令关闭；⑨涉及公司的重大诉讼、仲裁；⑩公司涉嫌犯罪被依法立案调查，公司的控股股东、实际控制人、董事、监事、高级管理人员涉嫌犯罪被依法采取强制措施；⑪国务院证券监督管理机构规定的其他事项。

3.内幕交易行为的禁止

《证券法》第五十三条规定，证券交易内幕信息的知情人和非法获取内幕信息的人，在内幕信息公开前，不得买卖该公司的证券，或者泄露该信息，或者建议他人买卖该证券。

持有或者通过协议、其他安排与他人共同持有公司5%以上股份的自然人、法人、非法人组织收购上市公司的股份，《证券法》另有规定的，适用其规定。

内幕交易行为给投资者造成损失的，行为人应当依法承担赔偿责任。

《证券法》第五十四条规定，禁止证券交易场所、证券公司、证券登记结算机构、证券服务机构和其他金融机构的从业人员、有关监管部门或者行业协会的工作人员，利用因职务便利获取的内幕信息以外的其他未公开的信息，违反规定，从事与该信息相关的证券交易活动，或者明示、暗示他人从事相关交易活动。

利用未公开信息进行交易给投资者造成损失的，应当依法承担赔偿责任。

（二）操纵证券市场行为

《证券法》第五十五条规定，禁止任何人以下列手段操纵证券市场，影响或者意图影响证券交易价格或者证券交易量：

1.单独或者通过合谋，集中资金优势、持股优势或者利用信息优势联合或者连续买卖；

2.与他人串通，以事先约定的时间、价格和方式相互进行证券交易；

3.在自己实际控制的账户之间进行证券交易；

4.不以成交为目的，频繁或者大量申报并撤销申报；

5.利用虚假或者不确定的重大信息，诱导投资者进行证券交易；

6.对证券、发行人公开作出评价、预测或者投资建议，并进行反向证券交易；

7.利用在其他相关市场的活动操纵证券市场；

8.操纵证券市场的其他手段。

操纵证券市场行为给投资者造成损失的，应当依法承担赔偿责任。

（三）编造、传播虚假信息或者误导性信息，扰乱证券市场行为

《证券法》第五十六条规定，禁止任何单位和个人编造、传播虚假信息或者误导性信息，扰乱证券市场。

禁止证券交易所、证券公司、证券登记结算机构、证券服务机构及其从业人员，证

券业协会、证券监督管理机构及其工作人员，在证券交易活动中作出虚假陈述或者信息误导。

各种传播媒介传播证券市场信息必须真实、客观，禁止误导。传播媒介及其从事证券市场信息报道的工作人员不得从事与其工作职责发生利益冲突的证券买卖。

编造、传播虚假信息或者误导性信息，扰乱证券市场，给投资者造成损失的，应当依法承担赔偿责任。

（四）损害客户利益的行为

《证券法》第五十七条规定，禁止证券公司及其从业人员从事下列损害客户利益的行为：

1.违背客户的委托为其买卖证券；

2.不在规定时间内向客户提供交易的确认文件；

3.未经客户的委托，擅自为客户买卖证券，或者假借客户的名义买卖证券；

4.为牟取佣金收入，诱使客户进行不必要的证券买卖；

5.其他违背客户真实意思表示，损害客户利益的行为。

违反上述规定给客户造成损失的，应当依法承担赔偿责任。

（五）其他禁止的交易行为

任何单位和个人不得违反规定，出借自己的证券账户或者借用他人的证券账户从事证券交易。

依法拓宽资金入市渠道，禁止资金违规流入股市。禁止投资者违规利用财政资金、银行信贷资金买卖证券。

国有独资企业、国有独资公司、国有资本控股公司买卖上市交易的股票，必须遵守国家有关规定。

证券交易场所、证券公司、证券登记结算机构、证券服务机构及其从业人员对证券交易中发现的禁止的交易行为，应当及时向证券监督管理机构报告。

课堂讨论 16-1

张某在某证券公司营业部开立账户，从事证券投资。某日，张某发出以10万元价格卖出本账户A公司股票1 000股的指令，但由于该营业部内交易员王某操作不慎，将卖出指令敲成买入，以每股10元的价格为张某购入A公司股票1 000股，当日该股票收盘价是10.20元，并且由于张某账面资金不足，王某向营业部经理汇报后，给张某透支了营业部其他客户的保证金3 000元。次日，该股即下跌，开盘价为9.8元，交易员王某在9.75元卖出张某2 000股A公司股票后，将透支的3 000元归还。当日，张某发现这一事件，即提出索赔。你认为交易员王某违反了《证券法》的哪些规定？王某应直接承担相应的责任吗？张某应向谁索赔？

资料来源　根据百度文库资料整理。

第四节　上市公司收购

一、上市公司收购的概念

上市公司收购，是指投资者通过证券交易所的证券交易，采取要约收购、协议收购或其他合法方式收购上市公司已发行的股份，以达到对该公司控股或者兼并目的的行为。

《证券法》第六十二条规定，投资者可以采取要约收购、协议收购及其他合法方式收购上市公司。

二、投资者报告和公告义务

《证券法》第六十三条规定，通过证券交易所的证券交易，投资者持有或者通过协议、其他安排与他人共同持有一个上市公司已发行的有表决权股份达到5%时，应当在该事实发生之日起3日内，向国务院证券监督管理机构、证券交易所作出书面报告，通知该上市公司，并予公告，在上述期限内不得再行买卖该上市公司的股票，但国务院证券监督管理机构规定的情形除外。

投资者持有或者通过协议、其他安排与他人共同持有一个上市公司已发行的有表决权股份达到5%后，其所持该上市公司已发行的有表决权股份比例每增加或者减少5%，应当依照上述规定进行报告和公告，在该事实发生之日起至公告后3日内，不得再行买卖该上市公司的股票，但国务院证券监督管理机构规定的情形除外。

投资者持有或者通过协议、其他安排与他人共同持有一个上市公司已发行的有表决权股份达到5%后，其所持该上市公司已发行的有表决权股份比例每增加或者减少1%，应当在该事实发生的次日通知该上市公司，并予公告。

违反上述规定买入上市公司有表决权的股份的，在买入后的36个月内，对该超过规定比例部分的股份不得行使表决权。

《证券法》第六十四条规定，投资者依照规定所作的公告，应当包括下列内容：

1.持股人的名称、住所；

2.持有的股票的名称、数额；

3.持股达到法定比例或者持股增减变化达到法定比例的日期、增持股份的资金来源；

4.在上市公司中拥有有表决权的股份变动的时间及方式。

三、要约收购

（一）要约收购的概念

要约收购，是指在投资者持有一个上市公司已发行的有表决权股份的达到一定比例时，继续进行收购的，收购人依法向该上市公司所有股东发出收购上市公司全部或者部分股份的要约，而进行收购的一种方式。

《证券法》第六十五条规定，通过证券交易所的证券交易，投资者持有或者通过协议、其他安排与他人共同持有一个上市公司已发行的有表决权股份达到30%时，继续进行收购的，应当依法向该上市公司所有股东发出收购上市公司全部或者部分股份的要约。

收购上市公司部分股份的要约应当约定，被收购公司股东承诺出售的股份数额超过预定收购的股份数额的，收购人按比例进行收购。

收购要约提出的各项收购条件，适用于被收购公司的所有股东。上市公司发行不同种类股份的，收购人可以针对不同种类股份提出不同的收购条件。

（二）上市公司收购报告书

《证券法》第六十六条规定，依照规定发出收购要约，收购人必须公告上市公司收购报告书，并载明下列事项：

1.收购人的名称、住所；

2.收购人关于收购的决定；

3.被收购的上市公司名称；

4.收购目的；

5.收购股份的详细名称和预定收购的股份数额；

6.收购期限、收购价格；

7.收购所需资金额及资金保证；

8.公告上市公司收购报告书时持有被收购公司股份数占该公司已发行的股份总数的比例。

（三）收购要约的期限

《证券法》第六十七条规定，收购要约约定的收购期限不得少于30日，并不得超过60日。

采取要约收购方式的，收购人在收购期限内，不得卖出被收购公司的股票，也不得采取要约规定以外的形式和超出要约的条件买入被收购公司的股票。

（四）收购要约的撤销和变更

《证券法》第六十八条规定，在收购要约确定的承诺期限内，收购人不得撤销其收购要约。收购人需要变更收购要约的，应当及时公告，载明具体变更事项，且不得存在下列情形：

1.降低收购价格；

2.减少预定收购股份数额；

3.缩短收购期限；

4.国务院证券监督管理机构规定的其他情形。

四、协议收购

（一）协议收购的概念

协议收购，是指收购人依照法律、行政法规的规定同被收购公司的股东以协议形式进行股份转让，完成收购的一种方式。

（二）协议收购必须遵守的事项

1.以协议方式收购上市公司时，达成协议后，收购人必须在3日内将该收购协议向国务院证券监督管理机构及证券交易所作出书面报告，并予公告。在公告前不得履行收购协议。

2.采取协议收购方式的，协议双方可以临时委托证券登记结算机构保管协议转让的股票，并将资金存放于指定的银行。

3.采取协议收购方式的，收购人收购或者通过协议、其他安排与他人共同收购一个上市公司已发行的股份达到30%时，继续进行收购的，应当依法向该上市公司所有股东发出收购上市公司全部或者部分股份的要约。但是，按照国务院证券监督管理机构的规定免除发出要约的除外。收购人以要约方式收购上市公司股份，应当遵守《证券法》关于要约收购的各项规定。

五、上市公司收购的法律后果

1.收购期限届满，被收购公司股权分布不符合上市条件的，该上市公司的股票应当由证券交易所依法终止上市交易；其余仍持有被收购公司股票的股东，有权向收购人以收购要约的同等条件出售其股票，收购人应当收购。

收购行为完成后，被收购公司不再具备股份有限公司条件的，应当依法变更企业形式。

2.在上市公司收购中，收购人持有的被收购的上市公司的股票，在收购行为完成后的18个月内不得转让。

3.收购行为完成后，收购人与被收购公司合并，并将该公司解散的，被解散公司的原有股票由收购人依法更换。

收购行为完成后，收购人应当在15日内将收购情况报告国务院证券监督管理机构和证券交易所，并予公告。

第五节 信息披露

一、信息披露的概念

信息披露，是指发行人及法律、行政法规和国务院证券监督管理机构规定的其他信息披露义务人，依法将有关信息置备于指定场所供向公众公开发布的行为。

二、信息披露的原则

1.发行人及法律、行政法规和国务院证券监督管理机构规定的其他信息披露义务人，应当及时依法履行信息披露义务。

2.信息披露义务人披露的信息，应当真实、准确、完整，简明清晰，通俗易懂，不得有虚假记载、误导性陈述或者重大遗漏。

3.证券同时在境内境外公开发行、交易的，其信息披露义务人在境外披露的信息，应当在境内同时披露。

三、信息披露的内容

1.报送和公告的证券发行文件。

2.报送和公告的定期报告。

上市公司、公司债券上市交易的公司、股票在国务院批准的其他全国性证券交易场所交易的公司，应当按照国务院证券监督管理机构和证券交易场所规定的内容和格式编制定期报告，并按照以下规定报送和公告：

（1）在每一会计年度结束之日起4个月内，报送并公告年度报告，其中的年度财务会计报告应当经符合《证券法》规定的会计师事务所审计；

（2）在每一会计年度的上半年结束之日起2个月内，报送并公告中期报告。

3.报送和公告的临时报告。

（1）发生可能对上市公司、股票在国务院批准的其他全国性证券交易场所交易的公司的股票交易价格产生较大影响的重大事件。

（2）发生可能对上市交易公司债券的交易价格产生较大影响的重大事件。

上述两类重大事件，已在前面内幕信息内容中分别列举，投资者尚未得知时，公司应当立即将有关该重大事件的情况向国务院证券监督管理机构和证券交易场所报送临时报告，并予公告，说明事件的起因、目前的状态和可能产生的法律后果。

公司的控股股东或者实际控制人对重大事件的发生、进展产生较大影响的，应当及时将其知悉的有关情况书面告知公司，并配合公司履行信息披露义务。

（3）《证券法》还对上市公司收购中信息披露提出了新要求，明确上市公司收购人应当披露“增持股份的资金来源”以及“在上市公司中拥有有表决权的股份变动的时间及方式”的内容。

四、信息披露的责任

《证券法》第八十二条规定，发行人的董事、高级管理人员应当对证券发行文件和定期报告签署书面确认意见。

发行人的监事会应当对董事会编制的证券发行文件和定期报告进行审核并提出书面审核意见。监事应当签署书面确认意见。

发行人的董事、监事和高级管理人员应当保证发行人及时、公平地披露信息，所披露的信息真实、准确、完整。

董事、监事和高级管理人员无法保证证券发行文件和定期报告内容的真实性、准确性、完整性或者有异议的，应当在书面确认意见中发表意见并陈述理由，发行人应当披露。发行人不予披露的，董事、监事和高级管理人员可以直接申请披露。

《证券法》第八十三条规定，信息披露义务人披露的信息应当同时向所有投资者披露，不得提前向任何单位和个人泄露。但是，法律、行政法规另有规定的除外。

任何单位和个人不得非法要求信息披露义务人提供依法需要披露但尚未披露的信

息。任何单位和个人提前获知的上述信息，在依法披露前应当保密。

《证券法》第八十四条规定，除依法需要披露的信息之外，信息披露义务人可以自愿披露与投资者作出价值判断和投资决策有关的信息，但不得与依法披露的信息相冲突，不得误导投资者。

发行人及其控股股东、实际控制人、董事、监事、高级管理人员等作出公开承诺的，应当披露。不履行承诺给投资者造成损失的，应当依法承担赔偿责任。

《证券法》第八十五条规定，信息披露义务人未按照规定披露信息，或者公告的证券发行文件、定期报告、临时报告及其他信息披露资料存在虚假记载、误导性陈述或者重大遗漏，致使投资者在证券交易中遭受损失的，信息披露义务人应当承担赔偿责任；发行人的控股股东、实际控制人、董事、监事、高级管理人员和其他直接责任人员以及保荐人、承销的证券公司及其直接责任人员，应当与发行人承担连带赔偿责任，但是能够证明自己没有过错的除外。

《证券法》第八十六条规定，依法披露的信息，应当在证券交易场所的网站和符合国务院证券监督管理机构规定条件的媒体发布，同时将其置备于公司住所、证券交易场所，供社会公众查阅。

《证券法》第八十七条规定，国务院证券监督管理机构对信息披露义务人的信息披露行为进行监督管理。

证券交易场所应当对其组织交易的证券的信息披露义务人的信息披露行为进行监督，督促其依法及时、准确地披露信息。

第六节 投资者保护

为保护投资者的合法权益，《证券法》确立了投资者适当性、征集股东权利、上市公司现金分红、债券持有人会议和债券受托管理人、先行赔付、普通投资者与证券公司纠纷的强制调解、证券民事诉讼等投资者保护制度。

一、投资者适当性制度

根据财产状况、金融资产状况、投资知识和经验、专业能力等因素，投资者可以分为普通投资者和专业投资者。

将投资者分为普通投资者和专业投资者的意义在于确定投资者适当性，目的是要求证券公司根据投资者状况不同，投资风险不同，销售、提供相匹配的证券、服务，并履行差异化的适当性义务。

《证券法》第八十八条规定，证券公司向投资者销售证券、提供服务时，应当按照规定充分了解投资者的基本情况、财产状况、金融资产状况、投资知识和经验、专业能力等相关信息；如实说明证券、服务的重要内容，充分揭示投资风险；销售、提供与投资者上述状况相匹配的证券、服务。

《证券法》并未限制投资者交易自由，只是强调普通投资者在信息告知、风险警示、适当性匹配等方面有针对性地作出投资者权益保护安排，专业投资者可以购买或接受所有风险等级的证券、服务，而普通投资者，则应购买和接受符合其风险承受能力的证券或者服务，让合适的投资者购买适当的产品。

证券公司违反规定导致投资者损失的，应当承担相应的赔偿责任。

普通投资者与证券公司发生纠纷的，证券公司应当证明其行为符合法律、行政法规以及国务院证券监督管理机构的规定，不存在误导、欺诈等情形。证券公司不能证明的，应当承担相应的赔偿责任。

二、征集股东权利制度

上市公司董事会、独立董事、持有1%以上有表决权股份的股东或者依照法律、行政法规或者国务院证券监督管理机构的规定设立的投资者保护机构，可以作为征集人，自行或者委托证券公司、证券服务机构，公开请求上市公司股东委托其代为出席股东大会，并代为行使提案权、表决权等股东权利。

依照规定征集股东权利的，征集人应当披露征集文件，上市公司应当予以配合。禁止以有偿或者变相有偿的方式公开征集股东权利。

公开征集股东权利违反法律、行政法规或者国务院证券监督管理机构有关规定，导致上市公司或者其股东遭受损失的，应当依法承担赔偿责任。

三、上市公司现金分红制度

上市公司应当在章程中明确分配现金股利的具体安排和决策程序，依法保障股东的资产收益权。

上市公司当年税后利润，在弥补亏损及提取法定公积金后有盈余的，应当按照公司章程的规定分配现金股利。

四、债券持有人会议和债券受托管理人制度

公开发行公司债券的，应当设立债券持有人会议，并应当在募集说明书中说明债券持有人会议的召集程序、会议规则和其他重要事项。

公开发行公司债券的，发行人应当为债券持有人聘请债券受托管理人，并订立债券受托管理协议。受托管理人应当由本次发行的承销机构或者其他经国务院证券监督管理机构认可的机构担任，债券持有人会议可以决议变更债券受托管理人。债券受托管理人应当勤勉尽责，公正履行受托管理职责，不得损害债券持有人利益。

债券发行人未能按期兑付债券本息的，债券受托管理人可以接受全部或者部分债券持有人的委托，以自己名义代表债券持有人提起、参加民事诉讼或者清算程序。

五、先行赔付制度

发行人因欺诈发行、虚假陈述或者其他重大违法行为给投资者造成损失的，发行人的控股股东、实际控制人、相关的证券公司可以委托投资者保护机构，就赔偿事宜与受到损失的投资者达成协议，予以先行赔付。先行赔付后，可以依法向发行人以及其他连带责任人追偿。

六、普通投资者与证券公司纠纷的强制调解制度

投资者与发行人、证券公司等发生纠纷的，双方可以向投资者保护机构申请调解。普通投资者与证券公司发生证券业务纠纷，普通投资者提出调解请求的，证券公司不得拒绝。

投资者保护机构对损害投资者利益的行为，可以依法支持投资者向人民法院提起诉讼。

发行人的董事、监事、高级管理人员执行公司职务时违反法律、行政法规或者公司章程的规定给公司造成损失，发行人的控股股东、实际控制人等侵犯公司合法权益给公司造成损失，投资者保护机构持有该公司股份的，可以为公司的利益以自己的名义向人民法院提起诉讼，持股比例和持股期限不受《公司法》规定的限制。

七、证券民事诉讼制度

投资者提起虚假陈述等证券民事赔偿诉讼时，诉讼标的是同一种类，且当事人一方人数众多的，可以依法推选代表人进行诉讼。

对按照规定提起的诉讼，可能存在有相同诉讼请求的其他众多投资者的，人民法院可以发出公告，说明该诉讼请求的案件情况，通知投资者在一定期间向人民法院登记。人民法院作出的判决、裁定，对参加登记的投资者发生效力。

投资者保护机构受50名以上投资者委托，可以作为代表人参加诉讼，并为经证券登记结算机构确认的权利人依照上述规定向人民法院登记，但投资者明确表示不愿意参加该诉讼的除外。

《证券法》确立的“默示加入”“明示退出”的诉讼机制，为投资者维护自身合法权益提供方便的制度安排。

第七节 证券机构

一、证券交易所

（一）证券交易场所的分类

证券交易场所分为证券交易所、国务院批准的其他全国性证券交易场所、按照国务院规定设立的区域性股权市场三个层次。

证券交易所、国务院批准的其他全国性证券交易场所的设立、变更和解散由国务院决定。国务院批准的其他全国性证券交易场所的组织机构、管理办法等，由国务院规定。

证券交易所、国务院批准的其他全国性证券交易场所可以根据证券品种、行业特点、公司规模等因素设立不同的市场层次。

按照国务院规定设立的区域性股权市场为非公开发行证券的发行、转让提供场所和

设施，具体管理办法由国务院规定。

（二）证券交易所

1.证券交易所的概念。

证券交易所，是指为证券集中交易提供场所和设施，组织和监督证券交易，实行自律管理，依法登记的法人。

2.证券交易所的设立。

证券交易所履行自律管理职能，应当遵守社会公共利益优先原则，维护市场的公平、有序、透明。设立证券交易所必须制定章程。证券交易所章程的制定和修改，必须经国务院证券监督管理机构批准。

证券交易所必须在其名称中标明证券交易所字样。其他任何单位或者个人不得使用证券交易所或者近似的名称。

证券交易所可以自行支配的各项费用收入，应当首先用于保证其证券交易场所和设施的正常运行并逐步改善。实行会员制的证券交易所的财产积累归会员所有，其权益由会员共同享有，在其存续期间，不得将其财产积累分配给会员。

从世界范围来看，证券交易所的组织形式主要有会员制和公司制两种，大多数国家的证券交易所均实行会员制，目前我国的上海、深圳证券交易所实行会员制。

实行会员制的证券交易所设理事会、监事会。

证券交易所设总经理一人，由国务院证券监督管理机构任免。

《证券法》第一百零三条规定，有《公司法》第一百四十六条规定的情形或者下列情形之一的，不得担任证券交易所的负责人：

（1）因违法行为或者违纪行为被解除职务的证券交易场所、证券登记结算机构的负责人或者证券公司的董事、监事、高级管理人员，自被解除职务之日起未逾五年；

（2）因违法行为或者违纪行为被吊销执业证书或者被取消资格的律师、注册会计师或者其他证券服务机构的专业人员，自被吊销执业证书或者被取消资格之日起未逾五年。

因违法行为或者违纪行为被开除的证券交易场所、证券公司、证券登记结算机构、证券服务机构的从业人员和被开除的国家机关工作人员，不得招聘为证券交易所的从业人员。

3.证券交易所的交易规则

（1）进入实行会员制的证券交易所参与集中交易的，必须是证券交易所的会员。证券交易所不得允许非会员直接参与股票的集中交易。

（2）投资者应当与证券公司签订证券交易委托协议，并在证券公司实名开立账户，以书面、电话、自助终端、网络等方式，委托该证券公司代其买卖证券。

（3）证券公司为投资者开立账户，应当按照规定对投资者提供的身份信息进行核对。证券公司不得将投资者的账户提供给他人使用。投资者应当使用实名开立的账户进行交易。

（4）证券公司根据投资者的委托，按照证券交易规则提出交易申报，参与证券交易所场内的集中交易，并根据成交结果承担相应的清算交收责任。证券登记结算机构根据成交结果，按照清算交收规则，与证券公司进行证券和资金的清算交收，并为证券公司客户办理证券的登记过户手续。

4.证券交易所的职责

（1）证券交易所应当为组织公平的集中交易提供保障，实时公布证券交易即时行情，并按交易日制作证券市场行情表，予以公布。证券交易即时行情的权益由证券交易所依法享有。未经证券交易所许可，任何单位和个人不得发布证券交易即时行情。

（2）上市公司可以向证券交易所申请其上市交易股票的停牌或者复牌，但不得滥用停牌或者复牌损害投资者的合法权益。

证券交易所可以按照业务规则的规定，决定上市交易股票的停牌或者复牌。

（3）因不可抗力、意外事件、重大技术故障、重大人为差错等突发性事件而影响证券交易正常进行时，为维护证券交易正常秩序和市场公平，证券交易所可以按照业务规则采取技术性停牌、临时停市等处置措施，并应当及时向国务院证券监督管理机构报告。

因上述规定的突发性事件导致证券交易结果出现重大异常，按交易结果进行交收将对证券交易正常秩序和市场公平造成重大影响的，证券交易所按照业务规则可以采取取消交易、通知证券登记结算机构暂缓交收等措施，并应当及时向国务院证券监督管理机构报告并公告。

证券交易所对其依照《证券法》规定采取措施造成的损失，不承担民事赔偿责任，但存在重大过错的除外。

（4）证券交易所对证券交易实行实时监控，并按照国务院证券监督管理机构的要求，对异常的交易情况提出报告。证券交易所根据需要，可以按照业务规则对出现重大异常交易情况的证券账户的投资者限制交易，并及时报告国务院证券监督管理机构。

（5）证券交易所应当加强对证券交易的风险监测，出现重大异常波动的，证券交易所可以按照业务规则采取限制交易、强制停牌等处置措施，并向国务院证券监督管理机构报告；严重影响证券市场稳定的，证券交易所可以按照业务规则采取临时停市等处置措施并公告。

证券交易所对其依照《证券法》规定采取措施造成的损失，不承担民事赔偿责任，但存在重大过错的除外。

（6）证券交易所应当从其收取的交易费用和会员费、席位费中提取一定比例的金额设立风险基金。风险基金由证券交易所理事会管理。风险基金提取的具体比例和使用办法，由国务院证券监督管理机构会同国务院财政部门规定。

证券交易所应当将收存的风险基金存入开户银行专门账户，不得擅自使用。

（7）证券交易所依照证券法律、行政法规和国务院证券监督管理机构的规定，制定上市规则、交易规则、会员管理规则和其他有关业务规则，并报国务院证券监督管理机构批准。

在证券交易所从事证券交易，应当遵守证券交易所依法制定的业务规则。违反业务规则的，由证券交易所给予纪律处分或者采取其他自律管理措施。

(8) 证券交易所的负责人和其他从业人员执行与证券交易有关的职务时，与其本人或者其亲属有利害关系的，应当回避。

(9) 按照依法制定的交易规则进行的交易，不得改变其交易结果，但《证券法》第一百一十一条规定的除外。对交易中违规交易者应负的民事责任不得免除；在违规交易中所获利益，依照有关规定处理。

二、证券公司

(一) 证券公司的概念

证券公司，是指经国务院证券监督管理机构批准，取得经营证券业务许可证，专门经营证券业务的有限责任公司或者股份有限公司。

(二) 证券公司的设立

设立证券公司，应当具备下列条件，并经国务院证券监督管理机构批准：

1.有符合法律、行政法规规定的公司章程；

2.主要股东及公司的实际控制人具有良好的财务状况和诚信记录，最近三年无重大违法违规记录；

3.有符合《证券法》规定的公司注册资本；

4.董事、监事、高级管理人员、从业人员符合《证券法》规定的条件；

5.有完善的风险管理与内部控制制度；

6.有合格的经营场所、业务设施和信息技术系统；

7.法律、行政法规和经国务院批准的国务院证券监督管理机构规定的其他条件。

未经国务院证券监督管理机构批准，任何单位和个人不得以证券公司名义开展证券业务活动。

国务院证券监督管理机构应当自受理证券公司设立申请之日起6个月内，依照法定条件和法定程序并根据审慎监管原则进行审查，作出批准或者不予批准的决定，并通知申请人；不予批准的，应当说明理由。

证券公司设立申请获得批准的，申请人应当在规定的期限内向公司登记机关申请设立登记，领取营业执照。

证券公司应当自领取营业执照之日起15日内，向国务院证券监督管理机构申请经营证券业务许可证。未取得经营证券业务许可证，证券公司不得经营证券业务。

(三) 证券公司的经营范围

经国务院证券监督管理机构核准，取得经营证券业务许可证，证券公司可以经营下列部分或者全部证券业务：

1.证券经纪；

2.证券投资咨询；

3.与证券交易、证券投资活动有关的财务顾问；

4.证券承销与保荐；

5. 证券融资融券；

6. 证券做市交易；

7. 证券自营；

8. 其他证券业务。

国务院证券监督管理机构应当自受理上述规定事项申请之日起3个月内，依照法定条件和程序进行审查，作出核准或者不予核准的决定，并通知申请人；不予核准的，应当说明理由。

证券公司经营证券资产管理业务的，应当符合《中华人民共和国证券投资基金法》等法律、行政法规的规定。

除证券公司外，任何单位和个人不得从事证券承销、证券保荐、证券经纪和证券融资融券业务。

证券公司从事证券融资融券业务，应当采取措施，严格防范和控制风险，不得违反规定向客户出借资金或者证券。

证券公司除依照规定为其客户提供融资融券外，不得为其股东或者股东的关联人提供融资或者担保。

证券公司变更证券业务范围，变更主要股东或者公司的实际控制人，合并、分立、停业、解散、破产，应当经国务院证券监督管理机构核准。

（四）证券公司的注册资本

证券公司经营证券经纪、证券投资咨询、与证券交易及证券投资活动有关的财务顾问业务的，注册资本最低限额为人民币五千万元。

经营证券承销与保荐、证券融资融券、证券做市交易、证券自营、其他证券业务之一的，注册资本最低限额为人民币一亿元；经营两项以上的，注册资本最低限额为人民币五亿元。

证券公司的注册资本应当是实缴资本。

国务院证券监督管理机构根据审慎监管原则和各项业务的风险程度，可以调整注册资本最低限额，但不得少于上述规定的限额。

国务院证券监督管理机构应当对证券公司净资本和其他风险控制指标作出规定。

（五）证券公司的董事、监事、高级管理人员从业资格

证券公司的董事、监事、高级管理人员，应当正直诚实、品行良好，熟悉证券法律、行政法规，具有履行职责所需的经营管理能力。证券公司任免董事、监事、高级管理人员，应当报国务院证券监督管理机构备案。

有《公司法》第一百四十六条规定的情形或者下列情形之一的，不得担任证券公司的董事、监事、高级管理人员：

1. 因违法行为或者违纪行为被解除职务的证券交易场所、证券登记结算机构的负责人或者证券公司的董事、监事、高级管理人员，自被解除职务之日起未逾五年；

2. 因违法行为或者违纪行为被吊销执业证书或者被取消资格的律师、注册会计师或者其他证券服务机构的专业人员，自被吊销执业证书或者被取消资格之日起未逾五年。

证券公司从事证券业务的人员应当品行良好，具备从事证券业务所需的专业能力。因违法行为或者违纪行为被开除的证券交易场所、证券公司、证券登记结算机构、证券服务机构的从业人员和被开除的国家机关工作人员，不得招聘为证券公司的从业人员。

国家机关工作人员和法律、行政法规规定的禁止在公司中兼职的其他人员，不得在证券公司中兼任职务。

（六）证券公司的内部控制制度

1.证券公司应当建立健全内部控制制度，采取有效隔离措施，防范公司与客户之间、不同客户之间的利益冲突。证券公司必须将其证券经纪业务、证券承销业务、证券自营业务、证券做市业务和证券资产管理业务分开办理，不得混合操作。

2.证券公司的自营业务必须以自己的名义进行，不得假借他人名义或者以个人名义进行。证券公司的自营业务必须使用自有资金和依法筹集的资金。证券公司不得将其自营账户借给他人使用。

3.证券公司应当依法审慎经营，勤勉尽责，诚实守信。

证券公司的业务活动，应当与其治理结构、内部控制、合规管理、风险管理以及风险控制指标、从业人员构成等情况相适应，符合审慎监管和保护投资者合法权益的要求。

4.证券公司客户的交易结算资金应当存放在商业银行，以每个客户的名义单独立户管理。证券公司不得将客户的交易结算资金和证券归入其自有财产。禁止任何单位或者个人以任何形式挪用客户的交易结算资金和证券。证券公司破产或者清算时，客户的交易结算资金和证券不属于其破产财产或者清算财产。非因客户本身的债务或者法律规定的其他情形，不得查封、冻结、扣划或者强制执行客户的交易结算资金和证券。

5.证券公司办理经纪业务，应当置备统一制定的证券买卖委托书，供委托人使用。采取其他委托方式的，必须作出委托记录。客户的证券买卖委托，不论是否成交，其委托记录应当按照规定的期限，保存于证券公司。

6.证券公司接受证券买卖的委托，应当根据委托书载明的证券名称、买卖数量、出价方式、价格幅度等，按照交易规则代理买卖证券，如实进行交易记录；买卖成交后，应当按照规定制作买卖成交报告单交付客户。证券交易中确认交易行为及其交易结果的对账单必须真实，保证账面证券余额与实际持有的证券相一致。

7.证券公司办理经纪业务，不得接受客户的全权委托而决定证券买卖、选择证券种类、决定买卖数量或者买卖价格。证券公司不得允许他人以证券公司的名义直接参与证券的集中交易。

8.证券公司不得对客户证券买卖的收益或者赔偿证券买卖的损失作出承诺。

9.证券公司的从业人员在证券交易活动中，执行所属的证券公司的指令或者利用职务违反交易规则的，由所属的证券公司承担全部责任。证券公司的从业人员不得私下接受客户委托买卖证券。

10.证券公司应当建立客户信息查询制度，确保客户能够查询其账户信息、委托记录、交易记录以及其他与接受服务或者购买产品有关的重要信息。证券公司应当妥善保存客户开户资料、委托记录、交易记录和与内部管理、业务经营有关的各项信息，任何人不得隐匿、伪造、篡改或者毁损。上述信息的保存期限不得少于20年。

11.证券公司应当按照规定向国务院证券监督管理机构报送业务、财务等经营管理信息和资料。国务院证券监督管理机构有权要求证券公司及其主要股东、实际控制人在指定的期限内提供有关信息、资料。证券公司及其主要股东、实际控制人向国务院证券监督管理机构报送或者提供的信息、资料，必须真实、准确、完整。

三、证券登记结算机构

证券登记结算机构，是指为证券交易提供集中登记、存管与结算服务，不以营利为目的，依法登记的法人。

设立证券登记结算机构必须经国务院证券监督管理机构批准。

证券登记结算机构履行下列职能：

1.证券账户、结算账户的设立；

2.证券的存管和过户；

3.证券持有人名册登记；

4.证券交易的清算和交收；

5.受发行人的委托派发证券权益；

6.办理与上述业务有关的查询、信息服务；

7.国务院证券监督管理机构批准的其他业务。

《证券法》第一百四十八条规定，在证券交易所和国务院批准的其他全国性证券交易场所交易的证券的登记结算，应当采取全国集中统一的运营方式。

上述规定以外的证券，其登记、结算可以委托证券登记结算机构或者其他依法从事证券登记、结算业务的机构办理。

四、证券服务机构

证券服务机构，包括会计师事务所、律师事务所以及从事证券投资咨询、资产评估、资信评级、财务顾问、信息技术系统服务的机构。

从事证券投资咨询服务业务，应当经国务院证券监督管理机构核准；未经核准，不得为证券的交易及相关活动提供服务。从事其他证券服务业务，应当报国务院证券监督管理机构和国务院有关主管部门备案。

证券投资咨询机构及其从业人员从事证券服务业务不得有下列行为：

1.代理委托人从事证券投资；

2.与委托人约定分享证券投资收益或者分担证券投资损失；

3.买卖本证券投资咨询机构提供服务的证券；

4.法律、行政法规禁止的其他行为。

有上述所列行为之一，给投资者造成损失的，应当依法承担赔偿责任。

证券服务机构应当妥善保存客户委托文件、核查和验证资料、工作底稿以及与质量控制、内部管理、业务经营有关的信息和资料，任何人不得泄露、隐匿、伪造、篡改或者毁损。上述信息和资料的保存期限不得少于10年，自业务委托结束之日起算。

证券服务机构为证券的发行、上市、交易等证券业务活动制作、出具审计报告及其他鉴证报告、资产评估报告、财务顾问报告、资信评级报告或者法律意见书等文件，应当勤勉尽责，对所依据的文件资料内容的真实性、准确性、完整性进行核查和验证。其制作、出具的文件有虚假记载、误导性陈述或者重大遗漏，给他人造成损失的，应当与委托人承担连带赔偿责任，但是能够证明自己没有过错的除外。

五、证券业协会

证券业协会是证券业的自律性组织，是社会团体法人。

证券公司应当加入证券业协会。证券业协会的权力机构为全体会员组成的会员大会。证券业协会章程由会员大会制定，并报国务院证券监督管理机构备案。

证券业协会履行下列职责：

1.教育和组织会员及其从业人员遵守证券法律、行政法规，组织开展证券行业诚信建设，督促证券行业履行社会责任；

2.依法维护会员的合法权益，向证券监督管理机构反映会员的建议和要求；

3.督促会员开展投资者教育和保护活动，维护投资者合法权益；

4.制定和实施证券行业自律规则，监督、检查会员及其从业人员行为，对违反法律、行政法规、自律规则或者协会章程的，按照规定给予纪律处分或者实施其他自律管理措施；

5.制定证券行业业务规范，组织从业人员的业务培训；

6.组织会员就证券行业的发展、运作及有关内容进行研究，收集整理、发布证券相关信息，提供会员服务，组织行业交流，引导行业创新发展；

7.对会员之间、会员与客户之间发生的证券业务纠纷进行调解；

8.证券业协会章程规定的其他职责。

证券业协会设理事会。理事会成员依章程的规定由选举产生。

六、证券监督管理机构

国务院证券监督管理机构依法对证券市场实行监督管理，维护证券市场公开、公平、公正，防范系统性风险，维护投资者合法权益，促进证券市场健康发展。

国务院证券监督管理机构在对证券市场实施监督管理中履行下列职责：

1.依法制定有关证券市场监督管理的规章、规则，并依法进行审批、核准、注册，办理备案；

2.依法对证券的发行、上市、交易、登记、存管、结算等行为，进行监督管理；

3.依法对证券发行人、证券公司、证券服务机构、证券交易场所、证券登记结算机构的证券业务活动，进行监督管理；

4.依法制定从事证券业务人员的行为准则，并监督实施；

5.依法监督检查证券发行、上市、交易的信息披露；

6.依法对证券业协会的自律管理活动进行指导和监督；

7.依法监测并防范、处置证券市场风险；

8.依法开展投资者教育；

9.依法对证券违法行为进行查处；

10.法律、行政法规规定的其他职责。

《证券法》第一百七十条规定，国务院证券监督管理机构依法履行职责，有权采取下列措施：

1.对证券发行人、证券公司、证券服务机构、证券交易场所、证券登记结算机构进行现场检查。

2.进入涉嫌违法行为发生场所调查取证。

3.询问当事人和与被调查事件有关的单位和个人，要求其对与被调查事件有关的事项作出说明；或者要求其按照指定的方式报送与被调查事件有关的文件和资料。

4.查阅、复制与被调查事件有关的财产权登记、通讯记录等文件和资料。

5.查阅、复制当事人和与被调查事件有关的单位和个人的证券交易记录、登记过户记录、财务会计资料及其他相关文件和资料；对可能被转移、隐匿或者毁损的文件和资料，可以予以封存、扣押。

6.查询当事人和与被调查事件有关的单位和个人的资金账户、证券账户、银行账户以及其他具有支付、托管、结算等功能的账户信息，可以对有关文件和资料进行复制；对有证据证明已经或者可能转移或者隐匿违法资金、证券等涉案财产或者隐匿、伪造、毁损重要证据的，经国务院证券监督管理机构主要负责人或者其授权的其他负责人批准，可以冻结或者查封，期限为6个月；因特殊原因需要延长的，每次延长期限不得超过3个月，冻结、查封期限最长不得超过2年。

7.在调查操纵证券市场、内幕交易等重大证券违法行为时，经国务院证券监督管理机构主要负责人或者其授权的其他负责人批准，可以限制被调查的当事人的证券买卖，但限制的期限不得超过3个月；案情复杂的，可以延长3个月。

8.通知出境入境管理机关依法阻止涉嫌违法人员、涉嫌违法单位的主管人员和其他直接责任人员出境。

为防范证券市场风险，维护市场秩序，国务院证券监督管理机构可以采取责令改正、监管谈话、出具警示函等措施。

国务院证券监督管理机构依法履行职责，发现证券违法行为涉嫌犯罪的，应当依法将案件移送司法机关处理；发现公职人员涉嫌职务违法或者职务犯罪的，应当依法移送监察机关处理。

国务院证券监督管理机构工作人员必须忠于职守、依法办事、公正廉洁，不得利用职务便利牟取不正当利益，不得泄露所知悉的有关单位和个人的商业秘密。

国务院证券监督管理机构工作人员在任职期间，或者离职后在《中华人民共和国公务员法》规定的期限内，不得到与原工作业务直接相关的企业或者其他营利性组织任职，不得从事与原工作业务直接相关的营利性活动。

第八节 法律责任

一、违反证券发行的法律责任

1.违反《证券法》规定，擅自公开或者变相公开发行证券的，责令停止发行，退还所募资金并加算银行同期存款利息，处以非法所募资金金额5%以上50%以下的罚款；对擅自公开或者变相公开发行证券设立的公司，由依法履行监督管理职责的机构或者部门会同县级以上地方人民政府予以取缔。对直接负责的主管人员和其他直接责任人员给予警告，并处以50万元以上500万元以下的罚款。

发行人在其公告的证券发行文件中隐瞒重要事实或者编造重大虚假内容，尚未发行证券的，处以200万元以上2 000万元以下的罚款；已经发行证券的，处以非法所募资金金额10%以上1倍以下的罚款。对直接负责的主管人员和其他直接责任人员，处以100万元以上1 000万元以下的罚款。

发行人的控股股东、实际控制人组织、指使从事前款违法行为的，没收违法所得，并处以违法所得10%以上1倍以下的罚款；没有违法所得或者违法所得不足2 000万元的，处以200万元以上2 000万元以下的罚款。对直接负责的主管人员和其他直接责任人员，处以100万元以上1 000万元以下的罚款。

2.保荐人出具有虚假记载、误导性陈述或者重大遗漏的保荐书，或者不履行其他法定职责的，责令改正，给予警告，没收业务收入，并处以业务收入1倍以上10倍以下的罚款；没有业务收入或者业务收入不足100万元的，处以100万元以上1 000万元以下的罚款；情节严重的，并处暂停或者撤销保荐业务许可。对直接负责的主管人员和其他直接责任人员给予警告，并处以50万元以上500万元以下的罚款。

3.证券公司承销或者销售擅自公开发行或者变相公开发行的证券的，责令停止承销或者销售，没收违法所得，并处以违法所得1倍以上10倍以下的罚款；没有违法所得或者违法所得不足100万元的，处以100万元以上1 000万元以下的罚款；情节严重的，并处暂停或者撤销相关业务许可。给投资者造成损失的，应当与发行人承担连带赔偿责任。对直接负责的主管人员和其他直接责任人员给予警告，并处以50万元以上500万元以下的罚款。

证券公司承销证券违反《证券法》规定的，责令改正，给予警告，没收违法所得，可以并处50万元以上500万元以下的罚款；情节严重的，暂停或者撤销相关业务许可。对直接负责的主管人员和其他直接责任人员给予警告，可以并处20万元以上200万元以下的罚款；情节严重的，并处以50万元以上500万元以下的罚款。

二、违反证券交易的法律责任

1.违反《证券法》规定，在限制转让期内转让证券，或者转让股票不符合法律、行政法规和国务院证券监督管理机构规定的，责令改正，给予警告，没收违法所得，并处以买卖证券等值以下的罚款。

2.法律、行政法规规定禁止参与股票交易的人员，违反《证券法》规定，直接或者以化名、借他人名义持有、买卖股票或者其他具有股权性质的证券的，责令依法处理非法持有的股票、其他具有股权性质的证券，没收违法所得，并处以买卖证券等值以下的罚款；属于国家工作人员的，还应当依法给予处分。

3.证券服务机构及其从业人员，违反《证券法》规定买卖证券的，责令依法处理非法持有的证券，没收违法所得，并处以买卖证券等值以下的罚款。

4.证券交易内幕信息的知情人或者非法获取内幕信息的人违反《证券法》规定从事内幕交易的，责令依法处理非法持有的证券，没收违法所得，并处以违法所得1倍以上10倍以下的罚款；没有违法所得或者违法所得不足50万元的，处以50万元以上500万元以下的罚款。单位从事内幕交易的，还应当对直接负责的主管人员和其他直接责任人员给予警告，并处以20万元以上200万元以下的罚款。国务院证券监督管理机构工作人员从事内幕交易的，从重处罚。

违反《证券法》规定，利用未公开信息进行交易的，依照上述的规定处罚。

5.违反《证券法》规定，操纵证券市场的，责令依法处理其非法持有的证券，没收违法所得，并处以违法所得1倍以上10倍以下的罚款；没有违法所得或者违法所得不足100万元的，处以100万元以上1 000万元以下的罚款。单位操纵证券市场的，还应当对直接负责的主管人员和其他直接责任人员给予警告，并处以50万元以上500万元以下的罚款。

6.违反《证券法》规定，编造、传播虚假信息或者误导性信息，扰乱证券市场的，没收违法所得，并处以违法所得1倍以上10倍以下的罚款；没有违法所得或者违法所得不足20万元的，处以20万元以上200万元以下的罚款。

在证券交易活动中作出虚假陈述或者信息误导的，责令改正，处以20万元以上200万元以下的罚款；属于国家工作人员的，还应当依法给予处分。

7.证券公司及其从业人员违反《证券法》规定，有损害客户利益的行为的，给予警告，没收违法所得，并处以违法所得1倍以上10倍以下的罚款；没有违法所得或者违法所得不足10万元的，处以10万元以上100万元以下的罚款；情节严重的，暂停或者撤销相关业务许可。

三、违反上市公司收购的法律责任

收购人未按照本法规定履行上市公司收购的公告、发出收购要约义务的，责令改正，给予警告，并处以50万元以上500万元以下的罚款。对直接负责的主管人员和其他直接责任人员给予警告，并处以20万元以上200万元以下的罚款。

收购人及其控股股东、实际控制人利用上市公司收购，给被收购公司及其股东造成损失的，应当依法承担赔偿责任。

四、违反信息披露的法律责任

1.信息披露义务人未按照本法规定报送有关报告或者履行信息披露义务的，责令改正，给予警告，并处以50万元以上500万元以下的罚款；对直接负责的主管人员和其他直接责任人员给予警告，并处以20万元以上200万元以下的罚款。发行人的控股股东、实际控制人组织、指使从事上述违法行为，或者隐瞒相关事项导致发生上述情形的，处以50万元以上500万元以下的罚款；对直接负责的主管人员和其他直接责任人员，处以20万元以上200万元以下的罚款。

2.信息披露义务人报送的报告或者披露的信息有虚假记载、误导性陈述或者重大遗漏的，责令改正，给予警告，并处以100万元以上1000万元以下的罚款；对直接负责的主管人员和其他直接责任人员给予警告，并处以50万元以上500万元以下的罚款。发行人的控股股东、实际控制人组织、指使从事上述违法行为，或者隐瞒相关事项导致发生上述情形的，处以100万元以上1000万元以下的罚款；对直接负责的主管人员和其他直接责任人员，处以50万元以上500万元以下的罚款。

五、违反投资者保护的法律责任

1.证券公司违反法律规定未履行或者未按照规定履行投资者适当性管理义务的，责令改正，给予警告，并处以10万元以上100万元以下的罚款。对直接负责的主管人员和其他直接责任人员给予警告，并处以20万元以下的罚款。

2.违反《证券法》规定征集股东权利的，责令改正，给予警告，可以处50万元以下的罚款。

六、证券公司及从业人员的法律责任

1.证券公司违反《证券法》规定，未对投资者开立账户提供的身份信息进行核对的，责令改正，给予警告，并处以5万元以上50万元以下的罚款。对直接负责的主管人员和其他直接责任人员给予警告，并处以10万元以下的罚款。证券公司违反《证券法》规定，将投资者的账户提供给他人使用的，责令改正，给予警告，并处以10万元以上100万元以下的罚款。对直接负责的主管人员和其他直接责任人员给予警告，并处以20万元以下的罚款。

2.证券公司违反《证券法》规定提供证券融资融券服务的，没收违法所得，并处以融资融券等值以下的罚款；情节严重的，禁止其在一定期限内从事证券融资融券业务。对直接负责的主管人员和其他直接责任人员给予警告，并处以20万元以上200万元以下的罚款。

3.证券公司违反《证券法》规定从事证券自营业务的，责令改正，给予警告，没收违法所得，并处以违法所得1倍以上10倍以下的罚款；没有违法所得或者违法所得不足50万元的，处以50万元以上500万元以下的罚款；情节严重的，并处撤销相关业务许可或者责令关闭。对直接负责的主管人员和其他直接责任人员给予警告，并处以20万元以上200万元以下的罚款。

4.证券公司违反《证券法》规定，将客户的资金和证券归入自有财产，或者挪用客户的资金和证券的，责令改正，给予警告，没收违法所得，并处以违法所得1倍以上10倍以下的罚款；没有违法所得或者违法所得不足100万元的，处以100万元以上1 000万元以下的罚款；情节严重的，并处撤销相关业务许可或者责令关闭。对直接负责的主管人员和其他直接责任人员给予警告，并处以50万元以上500万元以下的罚款。

5.证券公司违反《证券法》规定接受客户的全权委托买卖证券的，或者对客户的收益或者赔偿客户的损失作出承诺的，责令改正，给予警告，没收违法所得，并处以违法所得1倍以上10倍以下的罚款；没有违法所得或者违法所得不足50万元的，处以50万元以上500万元以下的罚款；情节严重的，并处撤销相关业务许可。对直接负责的主管人员和其他直接责任人员给予警告，并处以20万元以上200万元以下的罚款。

6.证券公司的从业人员违反《证券法》规定，私下接受客户委托买卖证券的，责令改正，给予警告，没收违法所得，并处以违法所得1倍以上10倍以下的罚款；没有违法所得的，处以50万元以下的罚款。

7.证券公司及其主要股东、实际控制人违反《证券法》规定，未报送、提供信息和资料，或者报送、提供的信息和资料有虚假记载、误导性陈述或者重大遗漏的，责令改正，给予警告，并处以100万元以下的罚款；情节严重的，并处撤销相关业务许可。对直接负责的主管人员和其他直接责任人员，给予警告，并处以50万元以下的罚款。

复习思考题

1.什么是证券？其基本特征是什么？

2.证券活动和证券管理的原则是什么？

3.新股发行的条件是什么？

4.公司债券发行的条件是什么？

5.股票在什么情形下将被证券交易所决定终止上市交易？

6.操纵证券市场的手段有哪些？

第十七章

会计法、审计法、统计法

内容提要

本章主要介绍了会计法、审计法、统计法规定的内容；重点阐述了会计机构和会计人员、会计核算和会计监督、审计机关和审计人员、审计机关的职责与权限、统计机构和统计人员、统计调查与统计资料管理，并对违反有关法律的法律责任进行了解释。

导入案例

某公司财务室被盗，共计12万元现金全部丢失，两个星期后出纳携60万元公款外逃（包括库存现金10万元、临时支取20万元、未入现金账销售收入30万元）。本案引起主管部门高度注意，通过调查发现，公司为了便于结算，会计和出纳岗位没有分设，由财务部经理兼任出纳，并负责保管支票等各种票据（发票）、银行所有预留印鉴，公司有大量现金收入没有及时存放银行，而是直接保存在保险柜或者由出纳自行保管，公司业务量较大，现金流量较大，因此会计、出纳、银行三方每月末进行一次详细核对。

思考：该公司财务管理出现了哪些问题？

资料来源 摘编自会计从业资格证考试习题资料。

第一节 会计法

一、会计法概述

（一）会计法的概念

会计法，是指调整因国家管理会计工作和会计机构、会计人员在办理会计事务过程中所产生的会计关系的法律规范的总称。

国务院财政部门主管全国的会计工作。县级以上地方各级人民政府财政部门管理本行政区域内的会计工作。国家实行统一的会计制度，由国务院财政部门根据会计法制定并公布。

为了规范会计行为，保证会计资料真实、完整，加强经济管理和财务管理，提高经济效益，维护社会主义市场经济秩序，1985年1月21日第六届全国人民代表大会常务委员会第九次会议通过了《中华人民共和国会计法》（以下简称《会计法》），1993年12月29日第八届全国人民代表大会常务委员会第五次会议对其予以部分修正，1999年10月31日第九届全国人民代表大会常务委员会第十二次会议对其进行了全面的修正，2017年11月4日第十二届全国人民代表大会常务委员会第三十次会议《关于修改〈中华人民共和国会计法〉等十一部法律的决定》对其进行了第二次修正，于2017年11月5日正式实施。

国家机关、社会团体、公司、企业、事业单位和其他组织（以下统称单位）办理会计事务，适用《会计法》。个体工商户会计管理的具体办法，由国务院财政部门根据本法的原则另行规定。

（二）会计法的基本原则

1.依法办理会计事务原则。国家机关、社会团体、公司、企业、事业单位和其他组织必须依照《会计法》办理会计事务。任何单位或者个人不得以任何方式授意、指使、强令会计机构、会计人员伪造、变造会计凭证、会计账簿和其他会计资料，提供虚假财务会计报告。违反者要承担相应的法律责任。

2.真实、完整原则。保证会计资料真实、完整，是对会计工作的基本要求。各单位必须依法设置会计账簿，并保证其真实、完整。单位负责人对本单位的会计工作和会计资料的真实性、完整性负责。

二、会计机构和会计人员

（一）会计机构

1.会计机构的设置。《会计法》第三十六条规定，各单位应当根据会计业务的需要，设置会计机构，或者在有关机构中设置会计人员并指定会计主管人员；不具备设置条件的，应当委托经批准设立从事会计代理记账业务的中介机构代理记账。国有的和国有资产占控股地位或者主导地位的大、中型企业必须设置总会计师。总会计师的任职资格、任免程序、职责权限由国务院规定。

2.会计机构的稽核制度。稽核是稽查和复核的简称，会计稽核是会计机构对会计核算工作进行的一种自我检查或审核工作。

《会计法》第三十七条规定，会计机构内部应当建立稽核制度。出纳人员不得兼任稽核、会计档案保管和收入、支出、费用、债权债务账目的登记工作。

（二）会计人员

1.会计从业资格。《会计法》第三十八条规定，会计人员应当具备从事会计工作所需要的专业能力。

担任单位会计机构负责人（会计主管人员）的，应当具备会计师以上专业技术职务资格或者从事会计工作3年以上经历。

会计人员应当遵守职业道德，提高业务素质，对会计人员的教育和培训工作应当加强。

因有提供虚假财务会计报告，做假账，隐匿或者故意销毁会计凭证、会计账簿、财务会计报告，贪污，挪用公款，职务侵占等与会计职务有关的违法行为被依法追究刑事责任的人员，不得再从事会计工作。

2.会计人员工作交接。会计人员调动工作或者离职，必须与接管人员办清交接手续。一般会计人员办理交接手续，由会计机构负责人（会计主管人员）监交；会计机构负责人（会计主管人员）办理交接手续，由单位负责人监交，必要时主管单位可以派人会同监交。

三、会计核算

会计核算，是指以货币为主要计量单位，对企业、事业、机关团体等单位的经济业务进行及时的、连续的、系统的记录、计算、分析，如实反映财务状况和经营成果，并据以编制会计报表等活动。会计核算是会计的基本职能之一。

（一）会计核算的内容

《会计法》第十条规定，下列经济业务，应当办理会计手续，进行会计核算：①款项和有价证券的收付；②财物的收发、增减和使用；③债权债务的发生和结算；④资本、基金的增减；⑤收入、支出、费用、成本的计算；⑥财务成果的计算和处理；⑦需要办理会计手续、进行会计核算的其他事项。

（二）会计年度和记账本位币

会计年度自公历1月1日起至12月31日止。会计核算以人民币为记账本位币。业务收支以人民币以外的货币为主的单位，可以选定其中一种货币作为记账本位币，但是编报的财务会计报告应当折算为人民币。

（三）会计核算的要求

《会计法》第十三条规定，会计凭证、会计账簿、财务会计报告和其他会计资料，必须符合国家统一的会计制度的规定。使用电子计算机进行会计核算的，其软件及其生成的会计凭证、会计账簿、财务会计报告和其他会计资料，也必须符合国家统一的会计制度的规定。任何单位和个人不得伪造、变造会计凭证、会计账簿及其他会计资料，不得提供虚假的财务会计报告。

1.会计凭证。其包括原始凭证和记账凭证。办理经济业务事项，必须填制或者取得原始凭证并及时送交会计机构。会计机构、会计人员必须按照国家统一的会计制度的规定对原始凭证进行审核，对不真实、不合法的原始凭证有权不予接受，并向单位负责人报告；对记载不准确、不完整的原始凭证予以退回，并要求按规定更正、补充。原始凭证记载的各项内容均不得涂改；原始凭证有错误的，应当由出具单位重开或者更正，更正处应当加盖出具单位印章。原始凭证金额有错误的，应当由出具单位重开，不得在原始凭证上更正。然后根据经过审核的原始凭证及有关资料编制记账凭证。

2.会计账簿。会计账簿登记，必须以经过审核的会计凭证为依据，并符合有关法律、行政法规和国家统一的会计制度的规定。会计账簿包括总账、明细账、日记账和其他辅助性账簿。会计账簿应当按照连续编号的页码顺序登记。会计账簿记录发生错误或者隔页、缺号、跳行的，应按国家统一的会计制度规定的方法更正，并由会计人员和会计机构负责人在更正处盖章。

各单位发生的各项经济业务事项应当统一在依法设置的会计账簿上登记核算，不得违反规定私设会计账簿登记、核算。

各单位应当定期将会计账簿记录与实物、款项及有关资料相互核对，保证会计账簿记录与实物及款项的实有数额相符、会计账簿记录与会计凭证的有关内容相符、会计账簿之间相对应的记录相符、会计账簿记录与会计报表的有关内容相符。

3.财务会计报告。其应当根据经过审核的会计账簿记录和有关资料编制，并符合《会计法》和国家统一的会计制度关于财务会计报告的编制要求、提供对象和提供期限的规定。财务会计报告由会计报表、会计报表附注和财务情况说明书组成。向不同的会计资料使用者提供的财务会计报告，其编制依据应当一致。有关法律、行政法规规定会计报表、会计报表附注和财务情况说明书须经注册会计师审计的，注册会计师及其所在的会计师事务所出具的审计报告应当随同财务会计报告一并提供。

财务会计报告应当由单位负责人和主管会计工作的负责人、会计机构负责人（会计主管人员）签名并盖章；设置总会计师的单位，还须由总会计师签名并盖章。单位负责人应当保证财务会计报告真实、完整。

4.会计记录的文字及档案。会计记录的文字应当使用中文，民族自治地方的会计记录可以同时使用当地通用的一种民族文字。我国境内的外商投资企业、外国企业和其他外国组织的会计记录可以同时使用一种外国文字。

各单位对会计凭证、会计账簿、财务会计报告和其他会计资料应当建立档案，妥善保管。会计档案的保管期限和销毁办法，由国务院财政部门会同有关部门制定。

（四）公司、企业会计核算的特别规定

《会计法》第二十五条规定，公司、企业必须根据实际发生的经济业务事项，按国家统一的会计制度的规定确认、计量和记录资产、负债、所有者权益、收入、费用、成本和利润。

公司、企业进行会计核算不得有下列行为：

1.随意改变资产、负债、所有者权益的确认标准或者计量方法，虚列、多列、不列或者少列资产、负债、所有者权益。

2.虚列或者隐瞒收入，推迟或者提前确认收入。

3.随意改变费用、成本的确认标准或者计量方法，虚列、多列、不列或者少列费用、成本。

4.随意调整利润的计算、分配方法，编造虚假利润或者隐瞒利润。

5.违反国家统一的会计制度规定的其他行为。

四、会计监督

会计监督是会计的基本职能之一。会计监督包括单位内部监督、国家监督和社会监督。单位内部监督是会计监督的基础。

（一）单位内部监督

《会计法》第二十七条规定，各单位应当建立、健全本单位内部会计监督制度。单位内部会计监督制度应当符合下列要求：

1.记账人员与经济业务事项和会计事项的审批人员、经办人员、财物保管人员的职责权限应当明确，并相互分离、相互制约。

2.重大对外投资、资产处置、资金调度和其他重要经济业务事项的决策和执行的相互监督、相互制约程序应当明确。

3.财产清查的范围、期限和组织程序应当明确。

4.对会计资料定期进行内部审计的办法和程序应当明确。

单位负责人应当保证会计机构、会计人员依法履行职责，不得授意、指使、强令会计机构、会计人员违法办理会计事项。

会计机构、会计人员对违反会计法和国家统一的会计制度规定的会计事项，有权拒绝办理或者按照职权予以纠正。会计机构、会计人员发现会计账簿记录与实物、款项及有关资料不相符的，按照国家统一的会计制度的规定有权自行处理的，应当及时处理；无权处理的，应当立即向单位负责人报告，请求查明原因，作出处理。

任何单位和个人对违反《会计法》和国家统一的会计制度规定的行为，有权检举。收到检举的部门有权处理的，应当依法按照职责分工及时处理；无权处理的，应当及时移送有权处理的部门处理。收到检举的部门、负责处理的部门应当为检举人保密，不得将检举人姓名和检举材料转给被检举单位和被检举人个人。

有关法律、行政法规规定，须经注册会计师进行审计的单位，应当向受委托的会计师事务所如实提供会计凭证、会计账簿、财务会计报告和其他会计资料以及有关情况。任何单位或者个人不得以任何方式要求或者示意注册会计师及其所在的会计师事务所出具不实或者不当的审计报告。财政部门有权对会计师事务所出具审计报告的程序和内容进行监督。

（二）国家监督和社会监督

《会计法》第三十二条规定，财政部门对各单位的下列情况实施监督：

1.是否依法设置会计账簿。

2.会计凭证、会计账簿、财务会计报告和其他会计资料是否真实、完整。

3.会计核算是否符合本法和国家统一的会计制度的规定。

4.从事会计工作的人员是否具备专业能力、遵守职业道德。

财政、审计、税务、人民银行、证券监管、保险监管等部门应当依照有关法律、行政法规规定的职责，对有关单位的会计资料实施监督检查。

各单位必须依照有关法律、行政法规的规定，接受有关监督检查部门依法实施的监督检查，如实提供会计凭证、会计账簿、财务会计报告和其他会计资料以及有关情况，不得拒绝、隐匿、谎报。

课堂讨论17-1

某企业会计主管离任，由李某接任。李某接任后安排其女儿任出纳。因财务人员较少，企业未设立会计档案机构，李某要求出纳兼管会计档案。一天，反贪局到企业调查上任会计主管的经济问题，会计档案保管人员得到李某同意后，将部分记账凭证和数本账册借给反贪局。

资料来源　摘编自会计从业资格证考试习题资料。

请问：

（1）李某能否安排其女儿任出纳？为什么？

（2）出纳能否兼管会计档案？

（3）会计档案能否借给反贪局？

思考：该公司财务管理出现了哪些问题？

五、法律责任

违反《会计法》规定的，由县级以上人民政府财政部门责令限期改正，可以对单位并处3 000元以上5万元以下的罚款；对其直接负责的主管人员和其他直接责任人员，可以处2 000元以上2万元以下的罚款；属于国家工作人员的，还应当由其所在单位或者有关单位依法给予行政处分。构成犯罪的，依法追究刑事责任。

会计人员违反《会计法》规定情节严重的，五年内不得从事会计工作。

授意、指使、强令会计机构、会计人员及其他人员伪造、变造会计凭证、会计账簿，编制虚假财务会计报告或者隐匿、故意销毁依法应当保存的会计凭证、会计账簿、财务会计报告，构成犯罪的，依法追究刑事责任；尚不构成犯罪的，可以处5 000元以上5万元以下的罚款；属于国家工作人员的，还应当由其所在单位或者有关单位依法给予降级、撤职、开除的行政处分。

单位负责人对依法履行职责、抵制违反《会计法》规定行为的会计人员以降级、撤职、调离工作岗位、解聘或者开除等方式实行打击报复，构成犯罪的，依法追究刑事责任；尚不构成犯罪的，由其所在单位或者有关单位依法给予行政处分。对受打击报复的会计人员，应当恢复其名誉和原有职务、级别。

财政部门及有关行政部门的工作人员在实施监督管理中滥用职权、玩忽职守、徇私舞弊或者泄露国家秘密、商业秘密，构成犯罪的，依法追究刑事责任；尚不构成犯罪的，依法给予行政处分。

将检举人姓名和检举材料转给被检举单位和被检举人个人的，由所在单位或者有关单位依法给予行政处分。

第二节 审计法

一、审计法概述

（一）审计法的概念

审计法，是指调整因国家实行审计监督和审计机关、审计人员在进行审计过程中所产生的审计关系的法律规范的总称。

国家实行审计监督制度。国务院和县级以上地方人民政府设立审计机关。对国务院各部门和地方各级人民政府及其各部门的财政收支，国有的金融机构和企业事业组织的财务收支，以及其他依照审计法规定应当接受审计的财政收支、财务收支的真实、合法和效益，依法进行审计监督。

为了加强国家的审计监督，维护国家财政经济秩序，提高财政资金使用效益，促进廉政建设，保障国民经济和社会健康发展，1994年8月31日第八届全国人民代表大会常务委员会第九次会议通过了《中华人民共和国审计法》（以下简称《审计法》），2006年2月28日第十届全国人民代表大会常务委员会第二十次会议对其进行修正，自2006年6月1日起施行。

（二）审计法的基本原则

1.依法审计原则。审计机关依照法律规定的职权和程序，进行审计监督。审计机关依据有关财政收支、财务收支的法律、法规和国家其他有关规定进行审计评价，在法定职权范围内作出审计决定。国务院和县级以上地方人民政府应当每年向本级人民代表大会常务委员会提出审计机关对预算执行和其他财政收支的审计工作报告。审计工作报告应当重点报告对预算执行的审计情况。必要时，人民代表大会常务委员会可以对审计工作报告作出决议。国务院和县级以上地方人民政府应当将审计工作报告中指出的问题的纠正情况和处理结果向本级人民代表大会常务委员会报告。

2.独立审计原则。审计机关依照法律规定独立行使审计监督权，不受其他行政机关、社会团体和个人的干涉。

3.客观公正、实事求是、廉洁奉公、保守秘密原则。审计机关和审计人员办理审计事项，应当客观公正、实事求是、廉洁奉公、保守秘密。

二、审计机关和审计人员

（一）审计机关

1.审计署。国务院设立审计署，在国务院总理领导下，主管全国的审计工作。审计长是审计署的行政首长。

2.地方审计机关。省、自治区、直辖市、设区的市、自治州、县、自治县、不设区的市、市辖区的人民政府的审计机关，分别在省长、自治区主席、市长、州长、县长、区长和上一级审计机关的领导下，负责本行政区域内的审计工作。

地方各级审计机关对本级人民政府和上一级审计机关负责并报告工作，审计业务以上级审计机关领导为主。

3.派出机构。审计机关根据工作需要，经本级人民政府批准，可以在其审计管辖范围内设立派出机构。派出机构根据审计机关的授权，依法进行审计工作。

（二）审计人员

审计人员是审计机关或者其他审计机构中从事审计工作的专门人员，应当具备与其从事的审计工作相适应的专业知识和业务能力。

审计人员在执行职务时应当遵守回避和保密原则。审计人员办理审计事项，与被审计单位或者审计事项有利害关系的，应当回避；审计人员对其在执行职务中知悉的国家秘密和被审计单位的商业秘密，负有保密的义务。

审计人员依法执行职务，受法律保护。任何组织和个人不得拒绝、阻碍审计人员依法执行职务，不得打击报复审计人员。

审计机关负责人依照法定程序任免。审计机关负责人没有违法失职或者其他不符合任职条件的情况的，不得随意撤换。地方各级审计机关负责人的任免，应当事先征求上一级审计机关的意见。

三、审计机关的职责

《审计法》第十六条至二十七条规定了审计机关的职责：

1.审计机关对本级各部门（含直属单位）和下级政府预算的执行情况和决算以及其他财政收支情况，进行审计监督。审计署在国务院总理领导下，对中央预算执行情况和其他财政收支情况进行审计监督，向国务院总理提出审计结果报告。地方各级审计机关分别在省长、自治区主席、市长、州长、县长、区长和上一级审计机关的领导下，对本级预算执行情况和其他财政收支情况进行审计监督，向本级人民政府和上一级审计机关提出审计结果报告。

2.审计署对中央银行的财务收支，进行审计监督。

3.审计机关对国有金融机构的资产、负债、损益，进行审计监督。

4.审计机关对国家的事业组织和使用财政资金的其他事业组织的财务收支，进行审计监督。

5.审计机关对国有企业的资产、负债、损益，进行审计监督。对国有资本占控股地位或者主导地位的企业、金融机构的审计监督，由国务院规定。

6.审计机关对政府投资和以政府投资为主的建设项目的预算执行情况和决算，进行审计监督。

7.审计机关对政府部门管理的和其他单位受政府委托管理的社会保障基金、社会捐赠资金，以及其他有关基金、资金的财务收支，进行审计监督。

8.审计机关对国际组织和外国政府援助、贷款项目的财务收支，进行审计监督。

9.审计机关按照国家有关规定，对国家机关和依法属于审计机关审计监督对象的其他单位的主要负责人，在任职期间对本地区、本部门或者本单位的财政收支、财务收支，以及有关经济活动应负经济责任的履行情况，进行审计监督。

10.除本法规定的审计事项外，审计机关对其他法律、行政法规规定应当由审计机关进行审计的事项，依照本法和有关法律、行政法规的规定进行审计监督。

此外，审计机关有权对与国家财政收支有关的特定事项，向有关地方、部门、单位进行专项审计调查。

四、审计机关的权限

《审计法》第三十一条至三十七条规定了审计机关的权限：

1.审计机关有权要求被审计单位按照审计机关的规定提供预算或者财务收支计划、预算执行情况、决算、财务会计报告，运用电子计算机储存、处理的财政收支、财务收支电子数据和必要的电子计算机技术文档，在金融机构开立账户的情况，社会审计机构出具的审计报告，以及其他与财政收支或者财务收支有关的资料，被审计单位不得拒绝、拖延、谎报。被审计单位负责人对本单位提供的财务会计资料的真实性和完整性负责。

2.审计机关进行审计时，有权检查被审计单位的会计凭证、会计账簿、财务会计报告和运用电子计算机管理财政收支、财务收支电子数据的系统，以及其他与财政收支、财务收支有关的资料和资产，被审计单位不得拒绝。

3.审计机关进行审计时，有权就审计事项的有关问题向有关单位和个人进行调查，并取得有关证明材料。有关单位和个人应当支持、协助审计机关工作，如实向审计机关反映情况，提供有关证明材料。审计机关经县级以上人民政府审计机关负责人批准，有权查询被审计单位在金融机构的账户。审计机关有证据证明被审计单位以个人名义存储公款的，经县级以上人民政府审计机关主要负责人批准，有权查询被审计单位以个人名义在金融机构的存款。

4.审计机关进行审计时，被审计单位不得转移、隐匿、篡改、毁弃会计凭证、会计账簿、财务会计报告以及其他与财政收支或者财务收支有关的资料，不得转移、隐匿所持有的违反国家规定取得的资产。审计机关对被审计单位违反上述规定的行为，有权予以制止；必要时，经县级以上人民政府审计机关负责人批准，有权封存有关资料和违反国家规定取得的资产；对其中在金融机构的有关存款需要予以冻结的，应当向人民法院提出申请。审计机关对被审计单位正在进行的违反国家规定的财政收支、财务收支行为，有权予以制止；制止无效的，经县级以上人民政府审计机关负责人批准，通知财政部门和有关主管部门暂停拨付与违反国家规定的财政收支、财务收支行为直接有关的款项，已经拨付的，暂停使用。

5.审计机关认为被审计单位所执行的上级主管部门有关财政收支、财务收支的规定与法律、行政法规相抵触的，应当建议有关主管部门纠正；有关主管部门不予纠正的，审计机关应当提请有权处理的机关依法处理。

6.审计机关可以向政府有关部门通报或者向社会公布审计结果。审计机关通报或者公布审计结果，应当依法保守国家秘密和被审计单位的商业秘密，遵守国务院的有关规定。

7.审计机关履行审计监督职责，可以提请公安、监察、财政、税务、海关、价格、市场监督管理等机关予以协助。

五、审计程序

审计程序，是指审计机关和审计人员对审计项目实施审计的工作步骤。

（一）送达审计通知书

审计机关根据审计项目计划确定的审计事项组成审计组，并应当在实施审计3日前，向被审计单位送达审计通知书；遇有特殊情况，经本级人民政府批准，审计机关可以直接持审计通知书实施审计。被审计单位应当配合审计机关的工作，并提供必要的工作条件。

（二）实施审计

审计人员通过审查会计凭证、会计账簿、财务会计报告，查阅与审计事项有关的文件、资料，检查现金、实物、有价证券，向有关单位和个人调查等方式进行审计，并取得证明材料。

（三）提出审计报告

审计组对审计事项实施审计后，应当向审计机关提出审计组的审计报告。审计组的审计报告报送审计机关前，应当征求被审计对象的意见。被审计对象应当自接到审计组的审计报告之日起10日内，将其书面意见送交审计组。审计组应当将被审计对象的书面意见一并报送审计机关。

（四）作出审计决定

审计机关按照审计署规定的程序对审计组的审计报告进行审议，并对被审计对象对审计组的审计报告提出的意见一并研究后，提出审计机关的审计报告；对违反国家规定的财政收支、财务收支行为，依法应当给予处理、处罚的，在法定职权范围内作出审计决定或者向有关主管机关提出处理、处罚的意见。

（五）送达审计决定

审计机关应当将审计机关的审计报告和审计决定送达被审计单位和有关主管机关、单位。审计决定自送达之日起生效。

上级审计机关认为下级审计机关作出的审计决定违反国家有关规定的，可以责成下级审计机关予以变更或者撤销，必要时也可以直接作出变更或者撤销的决定。

六、法律责任

（一）被审计单位的违法责任

1.被审计单位违反审计法规定，拒绝或者拖延提供与审计事项有关的资料的，或者提供的资料不真实、不完整的，或者拒绝、阻碍检查的，由审计机关责令改正，可以通报批评，给予警告；拒不改正的，依法追究责任。

2.被审计单位违反《审计法》规定，转移、隐匿、篡改、毁弃会计凭证、会计账簿、财务会计报告以及其他与财政收支、财务收支有关的资料，或者转移、隐匿所持有的违反国家规定取得的资产，审计机关认为对直接负责的主管人员和其他直接责任人员依法应当给予处分的，应当提出给予处分的建议，被审计单位或者其上级机关、监察机关应当依法及时作出决定，并将结果书面通知审计机关；构成犯罪的，依法追究刑事责任。

3.对本级各部门（含直属单位）和下级政府违反预算的行为或者其他违反国家规定的财政收支行为，审计机关、人民政府或者有关主管部门在法定职权范围内，依照法律、行政法规的规定，区别情况采取下列处理措施：责令限期缴纳应当上缴的款项；责令限期退还被侵占的国有资产；责令限期退还违法所得；责令按照国家统一的会计制度的有关规定进行处理；其他处理措施。

4.对被审计单位违反国家规定的财务收支行为，审计机关、人民政府或者有关主管部门在法定职权范围内，依照法律、行政法规的规定，区别情况采取前条规定的处理措施，并可以依法给予处罚。

5.被审计单位的财政收支、财务收支违反国家规定，审计机关认为对直接负责的主管人员和其他直接责任人员依法应当给予处分的，应当提出给予处分的建议，被审计单位或者其上级机关、监察机关应当依法及时作出决定，并将结果书面通知审计机关。

6.被审计单位的财政收支、财务收支违反法律、行政法规的规定，构成犯罪的，依法追究刑事责任。

7.报复陷害审计人员的，依法给予处分；构成犯罪的，依法追究刑事责任。

（二）审计人员的违法责任

审计人员滥用职权、徇私舞弊、玩忽职守或者泄露所知悉的国家秘密、商业秘密的，依法给予处分；构成犯罪的，依法追究刑事责任。

第三节　统计法

一、统计法概述

（一）统计法的概念

统计法，是指调整因统计机关和统计人员行使统计职能而产生的统计关系的法律规范的总称。

统计的基本任务是对国民经济和社会发展情况进行统计调查、统计分析，提供统计资料和统计咨询意见，实行统计监督。为了有效地、科学地组织统计工作，保障统计资料的准确性和及时性，发挥统计在了解国情国力、指导国民经济和社会发展中的重要作用，促进社会主义现代化建设事业的顺利发展，1983年12月8日，第六届全国人民代表大会常务委员会第三次会议通过了《中华人民共和国统计法》（以下简称《统计法》），1996年5月15日第八届全国人民代表大会常务委员会第十九次会议对其进行了修正，2009年6月27日《统计法》再次经第十一届全国人民代表大会常务委员会第九次会议修订通过，于2010年1月1日起施行。

（二）统计法的基本原则

1.科学、真实原则。国家加强对统计指标体系的科学研究，不断改进统计调查方法，提高统计的科学性、真实性。各地方、各部门、各单位的领导人对统计机构和统计人员依照《统计法》和统计制度提供的统计资料，不得自行修改，不得强令或者授意统计机构、统计人员篡改统计资料或者编造虚假数据。

2.保守秘密原则。统计机构和统计人员实行工作责任制，依照《统计法》和统计制度的规定，如实提供统计资料，准确及时完成统计工作任务，保守国家秘密。

3.独立统计原则。统计机构和统计人员依照《统计法》的规定独立行使统计调查、统计报告、统计监督的职权，不受侵犯。

二、统计机构和统计人员

国家建立集中统一的统计关系，实行统一领导、分级负责的统计管理体制。

（一）统计机构

1.国家统计局。国务院设立国家统计局，国家统计局是国家最高统计机关，负责组织领导和协调全国统计工作。

2.地方统计机构。县级以上地方各级人民政府设立独立的统计机构，乡、镇人民政府设置专职或者兼职的统计员，负责组织领导和协调本行政区域内的统计工作。地方各级统计机关接受本级人民政府和上一级统计机关的双重领导，统计业务以上级统计机关的领导为主。

3.部门和企业事业组织统计机构。国务院和地方各级人民政府主管部门，根据统计任务的需要设立统计机构，或者在有关的机构中设置统计人员，并指定统计负责人。企业事业组织，根据统计任务的需要设立统计机构，或者在有关的机构中设置统计人员，并指定统计负责人。统计机构的统计人员执行国家统计调查和地方统计调查任务，接受统计机关的业务指导和监督。

（二）统计人员

统计人员是统计机关或者其他统计机构中从事统计工作的专门人员。统计人员应当具有执行统计任务所需要的专业知识。根据《统计法》的有关规定，统计人员有权要求有关单位依照国家规定提供资料；有权检查统计资料的准确性；有权揭发和检举统计调查中的违法行为。

三、统计调查计划和统计制度

（一）统计调查计划

统计调查，是指统计机构、统计人员为了特定目的按照统计调查项目进行的专门调查。统计调查项目，是指国家通过统计调查所要了解和掌握的事情和问题。

统计调查必须按照经过批准的计划进行。统计调查计划按照统计调查项目编制。按照统计调查级别的不同、组织统计调查的机构的不同，统计调查分为国家统计调查、部门统计调查和地方统计调查。

1.国家统计调查。国家统计调查是指国家统计调查项目，由国家统计局制定，或者由国家统计局和国务院共同制定，报国务院审批的统计调查。

2.部门统计调查。部门统计调查是指部门统计调查项目，调查对象属于本部门管辖系统内的统计调查。部门统计调查项目由该部门制定，报国家统计局或者本级地方人民政府统计机关备案；调查对象超出本部门管辖系统的，由该部门制定，报国家统计局或者本级地方人民政府统计机关审批，其中重要的，报国务院或者本级地方人民政府审批。

3.地方统计调查。地方统计调查是指地方统计调查项目，由县级以上地方人民政府统计机关制定，或者由县级以上地方人民政府统计机关和有关部门共同制定，报本级地方人民政府审批的统计调查。

为了提高统计工作效率，各级统计调查必须明确分工，互相衔接，不得重复。

（二）统计制度

统计制度，是指根据《统计法》确定的各项原则制定的进行统计工作的标准和准则。为了保证统计数据的科学性和准确性，必须建立统计工作的标准和准则。《统计法》规定：国家制定统一的统计标准，以保障统计调查中采用的指标含义、计算方法、分类目录、调查表式和统计编码等方面的标准化。国务院各部门可以在国家统计标准的基础上，制定补充性的部门统计标准，但不得同国家统计标准相抵触。

四、统计资料的管理和公布

统计资料是统计调查的结果，是国家的重要档案资料，具有长期保存的价值，因此，必须加强对统计资料的管理。

（一）统计资料的管理

统计资料实行分级管理。国家统计调查和地方统计调查范围内的统计资料，分别由国家统计局、县级以上地方各级人民政府统计机构或者乡、镇统计员统一管理。部门统计调查范围内的统计资料，由主管部门的统计机构或者统计负责人统一管理。企业事业组织的统计资料，由企业事业组织的统计机构或者统计负责人统一管理。

（二）统计资料的公布

为了加强统计服务和统计监督的作用，各级、各部门的统计机构除应向政府和有关方面及时提供统计资料外，还应当依法定期公布统计资料。

国家统计局和省、自治区、直辖市的人民政府统计机构应当依照国家规定，定期公布统计资料。

各地方、各部门、各单位根据统计资料统一管理的范围公布统计资料，必须经有关统计机构或者统计负责人核定，并依照国家规定的程序报请审批。

公布统计资料，必须建立严格的保密制度，属于国家机密的统计资料，必须保密。属于私人、家庭的单项调查资料，非经本人同意，不得泄露。

五、违反统计法的法律责任

《统计法》规定，有下列违法行为之一、情节较重的，可以对有关领导人或者直接责任人员给予行政处分：

1.虚报、瞒报统计资料的。

2.伪造、篡改统计资料的。

3.拒报或者屡次迟报统计资料的。

《统计法》同时规定，对违反本法、构成犯罪的人员，由司法机关依法追究刑事责任。

复习思考题

1.会计机构应当如何设置？

2.《会计法》对会计核算有哪几方面的要求？

3.《会计法》对于单位内部会计监督有什么要求？

4.如何理解《审计法》的基本原则？

5.《审计法》对审计程序的规定是什么？

6.简述统计机构的设置。

第十八章

劳动法、劳动合同法

内容提要

本章主要介绍了劳动法、劳动合同法规定的内容；重点阐述了劳动者的权利义务，用人单位应当遵守的劳动法律规范，劳动合同的订立原则、内容和无效，劳动合同的履行、变更、解除和终止，并解释了劳动合同法的特别规定。

导入案例

56岁的王某在一家公司已经任职17年。他的合同于2019年1月31日到期。由于他工龄太长，所以单位无论如何也不愿意再与他续签劳动合同了，于是单位在2019年1月1日正式通知他合同到期后，终止双方之间的劳动合同。王某认为自己已经工作17年了，而且马上就快退休，现在单位提出终止合同，是不应该而且也没有人情味的一种做法。

思考：

1.该公司是否有权终止王某的合同？

2.王某应该怎样保护自己的权利？

资料来源　根据豆丁网有关试题资料改编。

第一节　劳动法

一、劳动法概述

（一）劳动法的概念

劳动法，是指调整劳动关系以及与劳动关系密切联系的其他社会关系的法律规范的总称。

劳动关系，是指人们在从事劳动过程中发生的社会关系，具体表现为劳动者与用人单位之间发生的权利义务关系。劳动法是调整劳动关系的基本法，包括劳动关系当事人的基本权利义务、劳动就业、劳动合同、工时与休假、工资、劳动保护、女职工与未成年工的特殊保护、职业培训、社会保险、劳动争议解决、劳动监察等一系列内容。

（二）劳动法的适用范围

为了保护劳动者的合法权益，调整劳动关系，建立和维护适应社会主义市场经济的劳动制度，促进经济发展和社会进步，《中华人民共和国劳动法》（以下简称《劳动法》）于1994年7月5日由第八届全国人民代表大会常务委员会第八次会议通过，自1995年1月1日起施行。2009年8月27日第十一届全国人民代表大会常务委员会第十次会议、2018年12月29日第十三届全国人民代表大会常务委员会第七次会议分别对《中华人民共和国劳动法》作出修改。

《劳动法》的适用范围包括：中华人民共和国境内的企业、个体经济组织（以下统称用人单位）和与之形成劳动关系的劳动者；国家机关、事业组织、社会团体和与之建立劳动合同关系的劳动者，包括：①国家机关、事业组织、社会团体的工勤人员；②实行企业化管理的事业组织的非工勤人员；③其他通过劳动合同（包括聘用合同）与国家机关、事业单位、社会团体建立劳动关系的劳动者。

《劳动法》不适用于公务员和比照实行公务员制度的事业组织和社会团体的工作人员，以及农业劳动者（乡镇企业职工和进城务工、经商的农民除外）、现役军人和家庭保姆等。

二、劳动者的权利和义务

（一）劳动者的权利

1.基本劳动权利。《劳动法》第三条规定，劳动者享有平等就业和选择职业的权利、取得劳动报酬的权利、休息休假的权利、获得劳动安全卫生保护的权利、接受职业技能培训的权利、享受社会保险和福利的权利、提请劳动争议处理的权利，以及法律规定的其他劳动权利。

劳动者就业，不因民族、种族、性别、宗教信仰不同而受歧视。妇女享有与男子平等的就业权利。在录用职工时，除国家规定的不适合妇女的工种或者岗位外，不得以性别为由拒绝录用妇女或者提高对妇女的录用标准。

《劳动法》禁止用人单位招用未满十六周岁的未成年人。

2.参加工会的权利。《劳动法》第七条规定，劳动者有权依法参加和组织工会。

3.参与民主管理的权利。《劳动法》第八条规定，劳动者依照法律规定，通过职工大会、职工代表大会或者其他形式，参与民主管理或者就保护劳动者合法权益与用人单位进行平等协商。

（二）劳动者的义务

《劳动法》第三条第二款规定，劳动者应当完成劳动任务，提高职业技能，执行劳动安全卫生规程，遵守劳动纪律和职业道德。

用人单位应当依法建立和完善规章制度，保障劳动者享有劳动权利和履行劳动义务。

三、工作时间和休息休假

（一）工作时间

工作时间分为日工作时间、周工作时间和缩短工作时间。

日工作时间，国家实行标准工作日的时间为8小时。

周工作时间，国家实行标准工作周的时间为40小时。

缩短工作时间，指法律规定的少于标准工作日和工作周的工作时间，适用于在特殊条件下从事劳动和有特殊情况的下列职工：从事矿山井下、高山、有毒有害，特别繁重或者过度紧张等作业的职工；从事夜班工作的职工；哺乳期内的女职工。延长工作时间，指超过标准工作时间的工作时间。不定时工作时间，适用于工作时间和职责不受工作时间限制的职工。综合计算工作时间，指以一定时间为周期，集中安排工作和休息，平均工作时间与标准工作时间基本相同的工作时间，适用于工作性质特殊，需连续作业的职工，如交通、渔业、旅游、建筑、地质及资源勘探等行业中的有关人员。

（二）休息休假

休息分为工作日内间歇时间、工作日间的休息时间、公休日。

休假分为法定节日、带薪年休假。

（三）延长劳动者工作时间的限制

《劳动法》第四十三条规定，用人单位不得违反本法规定延长劳动者的工作时间。

有下列特殊情形和紧急任务之一，可以延长工作时间：发生自然灾害、事故或者因其他原因，使人民的安全健康和国家资财遭到严重威胁，需要紧急处理的；生产设备、交通运输线路、公共设施发生故障，影响生产和公共利益，必须及时抢修的；必须利用法定节日或公休假日的停产期间进行设备检修、保养的；为完成国防紧急任务，或者完成上级在国家计划外安排的其他紧急生产任务，以及商业、供销企业在旺季完成的收购、运输、加工农副产品紧急任务的。

用人单位由于生产经营需要，经与工会和劳动者协商后可以延长工作时间，一般每日不得超过1小时；因特殊原因需要延长工作时间的，在保障劳动者身体健康的条件下延长工作时间每日不得超过3小时，但是每月不得超过36小时。

用人单位应当按照下列标准支付高于劳动者正常工作时间工资的工资报酬：安排劳动者延长工作时间的，支付不低于工资的150%的工资报酬；休息日安排劳动者工作又不能安排补休的，支付不低于工资的200%的工资报酬；法定休假日安排劳动者工作的，支付不低于工资的300%的工资报酬。

四、工资

工资分配应当遵循按劳分配原则，实行同工同酬。

用人单位根据本单位生产经营特点和经济效益，依法自主确定本企业劳动者的工资分配方式和工资水平。用人单位应当以货币形式按月支付给劳动者本人，不得克扣或者无故拖欠劳动者的工资。

国家实行最低工资保障制度。最低工资的具体标准由省、自治区、直辖市人民政府规定，报国务院备案。用人单位支付劳动者的工资不得低于当地最低工资标准。

五、劳动安全卫生

（一）劳动安全卫生制度

《劳动法》第五十二条规定，用人单位必须建立、健全劳动安全卫生制度，严格执行国家劳动安全卫生规程和标准，对劳动者进行劳动安全卫生教育，防止劳动过程中的事故，减少职业危害。

（二）劳动安全卫生设施

《劳动法》第五十三条规定，劳动安全卫生设施必须符合国家规定的标准。新建、改建、扩建工程的劳动安全卫生设施必须与主体工程同时设计、同时施工、同时投入生产和使用。

（三）劳动安全卫生防护

《劳动法》第五十四条规定，用人单位必须为劳动者提供符合国家规定的劳动安全卫生条件和必要的劳动防护用品，对从事有职业危害作业的劳动者应当定期进行健康检查。劳动安全卫生设施必须符合国家规定的标准。新建、改建、扩建工程的劳动安全卫生设施必须与主体工程同时设计、同时施工、同时投入生产和使用。

（四）安全操作规程

《劳动法》第五十六条规定，劳动者在劳动过程中必须严格遵守安全操作规程。劳动者对用人单位管理人员违章指挥、强令冒险作业，有权拒绝执行；对危害生命安全和身体健康的行为，有权提出批评、检举和控告。

（五）安全事故报告制度

国家建立伤亡事故和职业病统计报告和处理制度。负有安全生产监督管理职责的部门和有关地方人民政府对事故情况不得隐瞒不报、谎报或者拖延不报。特大安全事故发生后，有关县（市、区）、市（地、州）和省、自治区、直辖市人民政府及有关部门应当按照国家规定的程序和时限立即上报，不得隐瞒不报、谎报或者拖延报告。

六、女职工和未成年工特殊保护

（一）女职工特殊劳动保护

1.女职工禁忌劳动。《劳动法》第五十九条规定，禁止安排女职工从事矿山井下、国家规定的第四级体力劳动强度的劳动和其他禁忌从事的劳动。其他禁忌从事的劳动包括：森林业伐木、归楞及流放作业；建筑业脚手架的组装和拆除作业，以及电力、电信行业的高处架线作业；连续负重（指每小时负重次数在6次以上）且每次负重超过20千克，间断负重且每次负重超过25千克的作业；已婚待孕女职工禁忌从事铅、汞、苯、镉作业场所属于有毒作业分级标准中第三、第四级的作业。

2.女职工在经期、孕期、生育期和哺乳期的保护。《劳动法》规定，不得安排女职工在经期从事高处、低温、冷水作业和国家规定的第三级体力劳动强度的劳动，不得安排女职工在怀孕期间从事国家规定的第三级体力劳动强度的劳动和孕期禁忌从事的劳动。对怀孕7个月以上的女职工，不得安排其延长工作时间和夜班劳动，女职工生育享受不少于90天的产假，不得安排女职工在哺乳未满1周岁的婴儿期间从事国家规定的第三级体力劳动强度的劳动和哺乳期禁忌从事的其他劳动，不得安排其延长工作时间和夜班劳动。

（二）未成年工特殊劳动保护

未成年工，是指已满16周岁、未满18周岁的劳动者。

《劳动法》第六十四条规定，不得安排未成年工从事矿山井下、有毒有害、国家规定的第四级体力劳动强度的劳动和其他禁忌从事的劳动。

《劳动法》第六十五条规定，用人单位应当对未成年工定期进行健康检查。

课堂讨论18-1

某女工进入某公司从事美编设计，与公司签订了一份为期2年的劳动合同。第二年该女工怀孕。公司在明知她已经怀孕的情况下，还多次找她谈话，想安排她长期驻外出差。该女工觉得怀孕不便长期驻外，遂婉言拒绝了公司的安排。公司竟以此为由，将该女工辞退。你认为公司的做法对吗？

资料来源　根据腾讯大楚网资料整理。

七、社会保险

社会保险，是指国家通过立法设立社会保险基金，使劳动者在暂时或者永久丧失劳动能力以及失业时获得物质帮助和补偿的一种社会保障制度。社会保险项目包括养老保险、医疗保险、工伤保险、失业保险和生育保险等。

《劳动法》第七十二条规定，用人单位和劳动者必须依法参加社会保险，缴纳社会保险费。

劳动者在下列情形下，依法享受社会保险待遇：退休；患病、负伤；因工伤残或者患职业病；失业；生育等。

八、劳动争议

劳动争议又称劳动纠纷，包括：因开除、除名、辞退职工和职工辞职、自动离职发生的争议；因执行国家有关工时、工资、保险、福利、培训、劳动保护的规定发生的争议；因履行劳动合同、集体合同发生的争议；以及法律、法规规定的其他劳动争议。

《劳动法》第七十七条规定，用人单位与劳动者发生劳动争议，当事人可以依法申请调解、仲裁，提起诉讼，也可以协商解决。

第二节　劳动合同法

一、劳动合同法概述

（一）劳动合同法的概念

劳动合同法，是指调整用人单位与劳动者之间因劳动合同的订立、履行、变更、解除和终止而产生的合同关系的法律规范的总称。

劳动合同，是指用人单位与劳动者之间为确立劳动关系，明确双方权利和义务的协议。劳动合同除具有一般合同的共同特征外，还有自己的特点即合同主体的特定性，劳动合同一方是劳动者，另一方是用人单位，两者都是特定的，而且对于合同当事人的主体身份有特别的要求，订立劳动合同的劳动者，必须具有劳动权利能力和劳动行为能力，一个公民达到法定劳动年龄（一般是16周岁）才有资格签订劳动合同。

（二）劳动合同法的适用范围

为了完善劳动合同制度，明确劳动合同双方当事人的权利和义务，保护劳动者的合法权益，构建和发展和谐稳定的劳动关系，《中华人民共和国劳动合同法》（以下简称《劳动合同法》）于2007年6月29日由第十届全国人民代表大会常务委员会第二十八次会议通过，自2008年1月1日起正式施行。2012年12月28日全国人民代表大会常务委员会通过了《劳动合同法》的修订方案，自2013年7月1日起施行。我国境内的企业、个体经济组织、民办非企业单位等组织（以下称用人单位）与劳动者建立劳动关系，订立、履行、变更、解除或者终止劳动合同均适用本法。国家机关、事业单位、社会团体和与其建立劳动关系的劳动者，订立、履行、变更、解除或者终止劳动合同，依照本法执行。

二、劳动合同的订立

（一）订立劳动合同的原则

《劳动合同法》第三条规定，订立劳动合同，应当遵循合法、公平、平等自愿、协商一致、诚实信用的原则。

合法原则，是指订立劳动合同的行为和程序必须符合法律、行政法规和相关劳动政策的规定。

公平原则，是指订立劳动合同时应以社会公认的公平和正义的观念，确立双方的权利和义务，以维持当事人之间利益的相对均衡。

平等自愿原则，是指签订劳动合同时，劳动双方缔约意思表示的真实和自愿，是契约自由原则的具体体现。平等，是指主体地位上的平等；自愿，是指缔约当事人能够自由地体现自己的意志。任何一方不得将自己的意愿强加给对方，任何第三者不得非法干预。

协商一致原则，是指签订劳动合同的双方在订立过程中，依法对劳动合同各项条款在充分表达自己意愿的基础上经过充分协商，达成一致。

诚实信用原则，是指在劳动合同订立过程中，缔约当事人应当以诚实的态度保证不对对方进行隐瞒和欺诈，当事人不能仅强调维护自己的利益而任意损害他方的利益。

（二）劳动关系的确立

《劳动合同法》第七条规定，用人单位自用工之日起即与劳动者建立劳动关系。

建立劳动关系，应当订立书面劳动合同。已建立劳动关系，未同时订立书面劳动合同的，应当自用工之日起1个月内订立书面劳动合同。用人单位与劳动者在用工前订立劳动合同的，劳动关系自用工之日起建立。

劳动合同由用人单位与劳动者协商一致，并经用人单位与劳动者在劳动合同文本上签字或者盖章生效。劳动合同文本由用人单位和劳动者各执1份。

（三）劳动合同的期限

《劳动合同法》第十二条规定，劳动合同分为固定期限劳动合同、无固定期限劳动合同和以完成一定工作任务为期限的劳动合同。

1.固定期限劳动合同，又称定期劳动合同，是指用人单位与劳动者约定合同终止时间的劳动合同。用人单位与劳动者协商一致，可以订立固定期限劳动合同。

2.无固定期限劳动合同，又称不定期劳动合同，是指用人单位与劳动者约定无确定终止时间的劳动合同。用人单位与劳动者协商一致，可以订立无固定期限劳动合同。有下列情形之一，劳动者提出或者同意续订、订立劳动合同的，除劳动者提出订立固定期限劳动合同外，应当订立无固定期限劳动合同：劳动者在该用人单位连续工作满10年的；用人单位初次实行劳动合同制度或者国有企业改制重新订立劳动合同时，劳动者在该用人单位连续工作满10年的且距法定退休年龄不足10年的；连续订立2次固定期限劳动合同，且劳动者没有《劳动合同法》第三十九条和第四十条第一项、第二项规定的情形，续订劳动合同的。用人单位自用工之日起满1年不与劳动者订立书面劳动合同的，视为用人单位与劳动者已订立无固定期限劳动合同。

3.以完成一定工作任务为期限的劳动合同，是指用人单位与劳动者约定以某项工作的完成为合同期限的劳动合同。用人单位与劳动者协商一致，可以订立以完成一定工作任务为期限的劳动合同。

（四）劳动合同的内容

1.劳动合同的法定条款。

《劳动合同法》第十七条规定，劳动合同应当具备以下必备条款：①用人单位的名称、住所和法定代表人或者主要负责人；②劳动者的姓名、住址和居民身份证或者其他有效身份证件号码；③劳动合同期限；④工作内容和工作地点；⑤工作时间和休息休假；⑥劳动报酬；⑦社会保险；⑧劳动保护、劳动条件和职业危害防护；⑨法律、法规规定应当纳入劳动合同的其他事项。

2.劳动合同的约定条款。

《劳动合同法》第十七条还规定了劳动合同的约定事项，劳动合同除以上规定的必备条款外，用人单位与劳动者可约定试用期、培训、保守秘密、补充保险和福利待遇等其他事项。

《劳动合同法》第十九条规定了劳动合同的试用期：劳动合同期限3个月以上不满1年的，试用期不得超过1个月；劳动合同期限1年以上不满3年的，试用期不得超过2个月；3年以上固定期限和无固定期限的劳动合同，试用期不得超过6个月。以完成一定工作任务为期限的劳动合同或者劳动合同期限不满3个月的，不得约定试用期。同一用人单位与同一劳动者只能约定1次试用期。

（五）劳动合同的无效

《劳动合同法》第二十六条规定，下列劳动合同无效或者部分无效：

1.以欺诈、胁迫的手段或者乘人之危，使对方在违背真实意思的情况下订立或者变更劳动合同的。

2.用人单位免除自己的法定责任、排除劳动者权利的。

3.违反法律、行政法规强制性规定的。

劳动合同的无效分为部分无效和全部无效。部分无效的劳动合同，是指合同的某些条款虽然违反法律规定，但并不影响其他条款的法律效力，其他部分仍然有效。对劳动合同的无效或者部分无效有争议的，由劳动争议仲裁机构或者人民法院确认。

课堂讨论 18-2

某公司招聘销售人员，规定先试用2个月，暂不签订劳动合同，2个月后合格并录用，再签劳动合同，同时第一天上班要交200元的工作服押金，并表示在员工与公司解除劳动关系时工作服完好退回公司，则公司会退回押金。你认为公司的做法对吗？

资料来源 根据法律快车网资料整理。

三、劳动合同的履行和变更

（一）劳动合同的全面履行

《劳动合同法》第二十九条规定，用人单位与劳动者应当按照劳动合同的约定，全面履行各自的义务。

“约定优先”是一项重要的合同原则。只要双方约定不违反法律法规，就具有法律约束力。用人单位与劳动者应当按照劳动合同的“约定”履行各自义务。

（二）劳动合同的变更

《劳动合同法》第三十五条规定，用人单位与劳动者协商一致，可以变更劳动合同约定的内容。变更劳动合同，应当采用书面形式。

用人单位变更名称、法定代表人、主要负责人或者投资人等事项，不影响劳动合同的履行。用人单位发生合并或者分立等情况，原劳动合同继续有效，劳动合同由承继其权利和义务的用人单位继续履行。

四、劳动合同的解除和终止

（一）劳动合同的解除

《劳动合同法》第三十六条规定，用人单位与劳动者协商一致，可以解除劳动合同。

劳动者提前30日以书面形式通知用人单位，可以解除劳动合同。劳动者在试用期内提前3日通知用人单位，可以解除劳动合同。

用人单位有下列情形之一的，劳动者可以解除劳动合同：

1.未按照劳动合同约定提供劳动保护或者劳动条件的。

2.未及时足额支付劳动报酬的。

3.未依法为劳动者缴纳社会保险费的。

4.用人单位的规章制度违反法律、法规的规定，损害劳动者权益的。

5.因《劳动合同法》第二十六条第一款规定的情形致使劳动合同无效的。

6.法律、行政法规规定劳动者可以解除劳动合同的其他情形。

用人单位以暴力、威胁或者非法限制人身自由的手段强迫劳动者劳动的，或者用人单位违章指挥、强令冒险作业危及劳动者人身安全的，劳动者可以立即解除劳动合同，不需要事先告知用人单位。

劳动者有下列情形之一的，用人单位可以解除劳动合同：

1.在试用期间被证明不符合录用条件的。

2.严重违反用人单位的规章制度的。

3.严重失职，营私舞弊，给用人单位造成重大损害的。

4.劳动者同时与其他用人单位建立劳动关系，对完成本单位的工作任务造成严重影响，或者经用人单位提出，拒不改正的。

5.因《劳动合同法》第二十六条第一款第一项规定的情形致使劳动合同无效的。

6.被依法追究刑事责任的。

《劳动合同法》第四十条还规定了用人单位可以对劳动者实行无过失性辞退，有下列情形之一的，用人单位提前30日以书面形式通知劳动者本人或者额外支付劳动者1个月工资后，可以解除劳动合同：

1.劳动者患病或者非因工负伤，在规定的医疗期满后不能从事原工作，也不能从事由用人单位另行安排的工作的。

2.劳动者不能胜任工作，经过培训或者调整工作岗位，仍不能胜任工作的。

3.劳动合同订立时所依据的客观情况发生重大变化，致使劳动合同无法履行，经用人单位与劳动者协商，未能就变更劳动合同内容达成协议的。

《劳动合同法》第四十二条规定了用人单位不得解除劳动合同的情形：

1.从事接触职业病危害作业的劳动者未进行离岗前职业健康检查，或者疑似职业病病人在诊断或者医学观察期间的。

2.在本单位患职业病或者因工负伤并被确认丧失或者部分丧失劳动能力的。

3.患病或者非因工负伤，在规定的医疗期内的。

4.女职工在孕期、产期、哺乳期的。

5.在本单位连续工作满15年且距法定退休年龄不足5年的。

6.法律、行政法规规定的其他情形。

用人单位单方面解除劳动合同，应当事先将理由通知工会。用人单位出现符合法定情况，需要裁减人员20人以上或者裁减不足20人但占企业总人数10%以上的，用人单位在听取工会或者职工的意见后，裁减人员方案经向劳动部门报告，可以裁减人员。

（二）劳动合同的终止

《劳动合同法》第四十四条规定，有下列情形之一的，劳动合同终止：

1.劳动合同期满的。

2.劳动者开始依法享受基本养老保险待遇的。

3.劳动者死亡，或者被人民法院宣告死亡或者宣告失踪的。

4.用人单位被依法宣告破产的。

5.用人单位被依法吊销营业执照、责令关闭、撤销或者用人单位决定提前解散的。

6.法律、行政法规规定的其他情形。

劳动合同期满，有符合用人单位不得解除劳动合同的情形的，劳动合同应当延续到相应的情形消失时再终止。但丧失或者部分丧失劳动能力的劳动者的劳动合同的终止，按照国家有关工伤保险的规定执行。

用人单位解除或者终止劳动合同，符合法律规定情形的，应当向劳动者支付经济补偿。

五、《劳动合同法》的特别规定

《劳动合同法》的特别规定主要包括集体合同、劳务派遣、非全日制用工3种情形。

（一）集体合同

集体合同，是指工会代表企业职工一方与用人单位通过平等协商，就劳动报酬、工作时间、休息休假、劳动安全卫生、保险福利、女职工权益保护、工资调整机制等事项达成的协议。

集体合同由工会代表企业职工一方与用人单位订立，但集体合同草案应当提交职工代表大会或者全体职工讨论通过。在县级以下区域内，建筑业、采矿业、餐饮服务业等行业可以由工会与企业方面代表订立行业性集体合同，或者订立区域性集体合同。集体合同订立后，应当报送劳动行政部门，劳动行政部门自收到合同文本之日起15日内未提出异议的，集体合同即行生效。依法订立的集体合同对用人单位和劳动者均具有约束力。

（二）劳务派遣

劳务派遣，是指劳务派遣单位根据用工单位的需要，招聘人员，并将所聘人员派遣到用工单位的一种用工形式。劳务派遣涉及劳务派遣单位、用工单位、劳动者三者之间的法律关系。劳务派遣单位是依照《公司法》有关规定设立的，从事劳务派遣业务及其他劳动力交易行为的中介组织。劳务派遣单位是《劳动合同法》所称的用人单位，应当履行用人单位对劳动者的义务。劳务派遣单位与被派遣劳动者之间订立的劳动合同，除应载明一般劳动合同内容外，还应当载明被派遣劳动者的用工单位以及派遣期限、工作岗位等情况。劳务派遣单位跨地区派遣劳动者的，被派遣劳动者享有的劳动报酬和劳动条件按照用工单位所在地的标准执行。劳务派遣单位和用工单位不得向被派遣劳动者收取费用。用工单位应当履行以下义务：执行国家劳动标准，提供相应的劳动条件和劳动保护；告知被派遣劳动者的工作要求和劳动报酬；支付加班费、绩效奖金，提供与工作岗位相关的福利待遇；对在岗被派遣劳动者进行工作岗位所必需的培训；连续用工的，实行正常的工资调整机制。用工单位不得将被派遣劳动者再派遣到其他用人单位。

（三）非全日制用工

非全日制用工，是指以小时计酬为主，劳动者在同一用人单位一般平均每日工作时间不超过4小时，每周工作时间累计不超过24小时的用工形式。

非全日制用工双方当事人可以订立口头协议。从事非全日制用工的劳动者可以与1个或者1个以上用人单位订立劳动合同；但是，后订立的劳动合同不得影响先订立的劳动合同的履行。非全日制用工双方当事人不得约定试用期。非全日制用工双方当事人任何一方都可以随时通知对方终止用工。终止用工，用人单位不向劳动者支付经济补偿。非全日制用工小时计酬标准不得低于用人单位所在地人民政府规定的最低小时工资标准。其劳动报酬结算支付周期最长不得超过15日。

六、监督检查

国务院劳动行政部门负责全国劳动合同制度实施的监督管理。县级以上地方人民政府劳动行政部门负责本行政区域内劳动合同制度实施的监督管理。县级以上各级人民政府劳动行政部门在劳动合同制度实施的监督管理工作中，应当听取工会、企业方面代表以及有关行业主管部门的意见。县级以上地方人民政府劳动行政部门依法对下列实施劳动合同制度的情况进行监督检查：用人单位制定直接涉及劳动者切身利益的规章制度及其执行的情况；用人单位与劳动者订立和解除劳动合同的情况；劳务派遣单位和用工单位遵守劳务派遣有关规定的情况；用人单位遵守国家关于劳动者工作时间和休息休假规定的情况；用人单位支付劳动合同约定的劳动报酬和执行最低工资标准的情况；用人单位参加各项社会保险和缴纳社会保险费的情况；法律、法规规定的其他劳动监察事项。

劳动者合法权益受到侵害的，有权要求有关部门依法处理，或者依法申请仲裁、提起诉讼。

工会依法维护劳动者的合法权益，对用人单位履行劳动合同、集体合同的情况进行监督。用人单位违反劳动法律、法规和劳动合同、集体合同的，工会有权提出意见或者要求纠正，劳动者申请仲裁、提起诉讼的，工会依法给予支持和帮助。

任何组织或者个人对违反《劳动合同法》的行为都有权举报，县级以上人民政府劳动行政部门应当及时核实、处理，并对举报有功人员给予奖励。

复习思考题

1. 什么是劳动法？劳动法调整劳动关系的主要内容包括哪些？
2. 什么是社会保险？社会保险包括哪些项目？
3. 订立劳动合同的原则是什么？
4. 劳动合同必备的条款有哪些？
5. 在什么情形下用人单位可以解除劳动合同？
6. 在什么情形下用人单位不得解除劳动合同？

第十九章

仲裁与民事诉讼

内容提要

本章主要介绍作为解决经济纠纷主要途径的仲裁及民事诉讼的有关法律规定的内容；重点阐述了仲裁的基本制度、仲裁程序、仲裁执行、民事诉讼的基本概念、民事诉讼程序，并对仲裁与民事诉讼的相关内容进行了讲解。

导入案例

某公司与某商场签订了一份长期供货合同。在最初阶段，公司都能够按照合同的约定交付货物。后因受到外部环境的冲击，公司效益下滑，设备老化，产品质量下降，供给商场许多次品，导致消费者大量投诉，给该商场造成的直接经济损失大约为15万元。商场多次与该公司交涉，但是均未能就损害赔偿的具体数额达成一致意见，后双方商定，将该合同纠纷提交某市仲裁委员会仲裁，并且签署了仲裁协议。

思考：

1.如果在签订了仲裁协议后，商场认为该仲裁协议不发生法律效力，双方当事人就此发生争议，此时有关的当事人应当向何机构寻求解决？

2.如果在仲裁的过程中，仲裁委员会认为双方当事人之间的买卖合同无效，此时仲裁委员会能否根据双方当事人就合同纠纷达成的仲裁协议继续进行仲裁？

3.如果仲裁委员会作出了仲裁裁决后，公司对仲裁裁决不服，是否可以向人民法院提起诉讼？

第一节　仲裁

一、仲裁法概述

仲裁，亦称公断，是指双方当事人在对某一事件或者问题发生争议时，提请第三者对争议事实进行审理，居中调解或者作出裁决。

仲裁是解决经济纠纷的重要途径之一，经济仲裁通常是指在经济活动中，双方当事人因经济纠纷和其他财产权益纠纷而进行的审理、居中调解或者作出裁决。

经济纠纷是多种多样的，如合同纠纷、商标纠纷、专利纠纷、税务纠纷、涉外经济纠纷等。根据《中华人民共和国仲裁法》第三条规定，下列纠纷不能仲裁：

1.婚姻、收养、监护、抚养、继承纠纷。

2.依法应当由行政机关处理的行政争议。

仲裁作为解决争议的方式，有着悠久的历史，在古罗马时代就采用过。英国在1347年就有关于仲裁的记载，1697年正式制定了第一个仲裁法案。瑞典在14世纪中叶，有些地方就承认仲裁是解决纠纷的一种合法形式，并于1887年制定了有关仲裁的正式法律。早期的仲裁，主要是用来解决国内有关债权、债务方面的民事纠纷。后来，随着资本主义商品生产的发展和国际贸易的发展，仲裁作为解决国际经济争议的一种方式，已经在国际上得到普遍的承认和广泛的采用。许多国家都制定了有关仲裁的法律，承认仲裁机关的法律地位。

通过仲裁方式解决经济纠纷既有利于保护当事人的合法权益，保障社会主义市场经济健康发展，又有利于增强当事人之间的团结，巩固双方的协作关系，促进生产和经营活动的正常开展。当事人之间发生了经济纠纷，不能协商解决，但又不愿直接向法院起诉的，就可申请仲裁解决。在我国，由于旧的传统和习惯，当事人之间发生了纠纷，非不得已，是不大愿意把纠纷提到法院解决的，他们顾虑打官司伤害感情，影响彼此之间的协作关系。此外，仲裁一般比法院诉讼花费的时间短、费用少，因此，目前国际上（包括中国在内）的企业，发生争议时都倾向于申请仲裁。

1994年8月31日，第八届全国人民代表大会常务委员会第九次会议通过了《中华人民共和国仲裁法》（以下简称《仲裁法》）。2009年8月27日第十一届全国人民代表大会常务委员会第十次会议通过《关于修改部分法律的决定》，对其进行第一次修正；2017年9月1日第十二届全国人民代表大会常务委员会第二十九次会议通过《关于修改〈中华人民共和国法官法〉等八部法律的决定》，对其进行第二次修正。

二、仲裁的基本制度

（一）协议仲裁制度

《仲裁法》第四条规定，当事人采用仲裁方式解决纠纷，应当双方自愿，达成仲裁协议。没有仲裁协议，一方申请仲裁的，仲裁委员会不予受理。

仲裁协议包括合同中订立的仲裁条款和以其他书面方式在纠纷发生前或者纠纷发生后达成的请求仲裁的协议。仲裁协议应当包括请求仲裁的意思表示、仲裁事项、选定的仲裁委员会3项内容。

有下列情形之一的，仲裁协议无效：

1.约定的仲裁事项超出法律规定的仲裁范围的。

2.无民事行为能力人或者限制民事行为能力人订立的仲裁协议。

3.一方采取胁迫手段，迫使对方订立仲裁协议的。

仲裁协议独立存在，合同的变更、解除、终止或者无效，不影响仲裁协议的效力。仲裁庭有权确认合同的效力。当事人对仲裁协议的效力有异议的，可以请求仲裁委员会作出决定或者请求人民法院作出裁定。一方请求仲裁委员会作出决定，另一方请求人民法院作出裁定的，由人民法院裁定。当事人对仲裁协议的效力有异议，应当在仲裁庭首次开庭前提出。

当事人达成仲裁协议，一方向人民法院起诉的，人民法院不予受理，但仲裁协议无效的除外。当事人达成仲裁协议，一方向人民法院起诉未声明有仲裁协议，人民法院受理后，另一方在首次开庭前提交仲裁协议的，人民法院应当驳回起诉，但仲裁协议无效的除外；另一方在首次开庭前未对人民法院受理该案提出异议的，视为放弃仲裁协议，人民法院应当继续审理。

（二）一裁终局制度

《仲裁法》第九条规定，仲裁实行一裁终局制度。裁决作出后，当事人就同一纠纷再申请仲裁或者向人民法院起诉，仲裁委员会或者人民法院不予受理。

任何一级仲裁机关对经济合同所作出的裁决，都是终局裁决。当事人必须服从裁决，即应自动履行。当仲裁被人民法院依法裁定撤销或者不予执行时，当事人就该纠纷可以根据双方重新达成的仲裁协议申请仲裁，也可以向人民法院起诉。过去我国实行两级仲裁制度，即纠纷的当事人对第一次仲裁不服的，可向上级仲裁机关申报复议；对复议不服的，再向人民法院起诉。这种做法环节层次多，既影响纠纷的及时处理，也不利于树立仲裁机关的权威。

（三）财产保全制度

《仲裁法》第二十八条规定，一方当事人因另一方当事人的行为或者其他原因，可能使裁决不能执行或者难以执行的，可以申请财产保全。

当事人申请财产保全的，仲裁委员会应当将当事人的申请依照《中华人民共和国民事诉讼法》（以下简称《民事诉讼法》）的有关规定提交人民法院。申请有错误的，申请人应当赔偿被申请人因财产保全所遭受的损失。

（四）委托代理制度

《仲裁法》第二十九条规定，当事人、法定代理人可以委托律师和其他代理人进行仲裁活动，委托律师和其他代理人进行仲裁活动的，应当向仲裁委员会提交授权委托书。

（五）仲裁回避制度

当事人有申请仲裁庭的组成人员回避对该案仲裁的权利。仲裁回避制度的目的是确保仲裁机关能够公正地处理纠纷，保证当事人的合法权益。当事人提出回避申请，应当说明理由，在首次开庭前提出。回避事由在首次开庭后知道的，可以在最后一次开庭终结前提出。仲裁是否回避，由仲裁委员会决定；仲裁委员会主任担任仲裁员时，由仲裁委员会集体决定。

（六）先行调解制度

《仲裁法》第五十一条规定，仲裁庭在作出裁决前，可以先行调解，当事人自愿调解的，仲裁庭应当调解。调解不成的，应当及时作出裁决。

仲裁机关在处理案件时，应当先行调解。调解工作应当在查明事实、分清责任的基础上进行。实践证明，调解的过程是向当事人进行政策、法律宣传教育的过程，通过法制宣传和说服教育，促使当事人消除思想隔阂，改变不合理的要求，互相谅解，依法达成协议。这是我国社会主义条件下解决人民内部纠纷的一个行之有效的办法。

（七）仲裁时效制度

《仲裁法》第七十四条规定，法律对仲裁时效有规定的，适用该规定。法律对仲裁时效没有规定的，适用诉讼时效的规定。

仲裁除应遵守上述制度外，还必须遵守以事实为根据、以法律为准绳的原则，当事人在适用法律上一律平等的原则等；要严格执法，公平裁决。

课堂讨论 19-1

A公司与B公司签订了一份加工承揽合同，合同约定6个月后，A公司将成品交给B公司，B公司收货后1个月内付清款项。6个月后，A公司按期将成品交付B公司，但B公司迟迟不付货款，拖欠近4个月。A公司多次找B公司请求其支付货款，并赔偿损失。B公司认为A公司加工的成品质量不合格，坚持不予支付。后双方经协商达成书面仲裁协议。一周后，A公司向协议书约定的仲裁委员会申请仲裁，B公司却向合同履行地人民法院提起诉讼。你认为本案中谁应受理此案？双方在纠纷发生后达成的书面仲裁协议是否成立？如果B公司提出仲裁协议无效，应由谁来裁定？

资料来源　根据汇法网相关资料改编。

三、仲裁委员会和仲裁庭的组成

《仲裁法》第十条规定，仲裁委员会可以在直辖市和省、自治区人民政府所在地的市设立，也可以根据需要在其他设区的市设立，不按行政区划层层设立。

设立仲裁委员会，应当经省、自治区、直辖市的司法部门登记。

仲裁委员会是常设性经济仲裁机构，独立于行政机关，与行政机关没有隶属关系。仲裁委员会之间也没有隶属关系。仲裁委员会应当具备下列条件：①有自己的名称、住所和章程；②有必要的财产；③有该委员会的组成人员；④有聘任的仲裁员。

仲裁委员会由主任1人、副主任2～4人和委员7～11人组成。仲裁委员会的主任、副主任和委员由法律、经济贸易专家和有实际工作经验的人员担任。仲裁委员会的组成人员中，法律、经济贸易专家不得少于2/3。仲裁委员会应当从公道正派的人员中聘任仲裁员。仲裁员应当符合下列条件之一：①通过国家统一法律职业资格考试，取得法律职业资格，从事仲裁工作满8年的；②从事律师工作满8年的；③曾任法官满8年的；④从事法律研究、教学工作并具有高级职称的；⑤具有法律知识、从事经济贸易等专业工作并具有高级职称或者具有同等专业水平的。仲裁委员会按照不同专业设仲裁员名册。

《仲裁法》第三十条规定，仲裁庭可以由3名仲裁员或者1名仲裁员组成。由3名仲裁员组成的，设首席仲裁员。

当事人约定由3名仲裁员组成仲裁庭的，应当各自选定或者各自委托仲裁委员会主任指定1名仲裁员，第三名仲裁员由当事人共同选定或者共同委托仲裁委员会主任指定。第三名仲裁员是首席仲裁员。

当事人约定由1名仲裁员成立仲裁庭的，应当由当事人共同选定或者共同委托仲裁委员会主任指定仲裁员。

当事人没有在仲裁规则规定的期限内约定仲裁庭的组成方式或者选定仲裁员的，由仲裁委员会主任指定。

仲裁庭组成后，仲裁委员会应当将仲裁庭的组成情况书面通知当事人。仲裁员有下列情形之一的，必须回避，当事人也有权提出回避申请：①是本案当事人或者当事人、代理人的近亲属；②与本案有利害关系；③与本案当事人、代理人有其他关系，可能影响公正仲裁的；④私自会见当事人、代理人，或者接受当事人、代理人的请客送礼的。

四、仲裁程序

为了保证仲裁活动的正确、合法、有效，当事人申请仲裁和仲裁委员机构进行仲裁必须执行法定的仲裁程序。

（一）仲裁申请

经济纠纷发生后，任何一方当事人均有权在法律规定的时效内向仲裁委员会申请仲裁。当事人申请仲裁应当符合下列条件：（1）有仲裁协议；（2）有具体的仲裁请求和事实、理由；（3）属于仲裁委员会的受理范围。

当事人申请仲裁，应当向仲裁委员会递交仲裁协议、仲裁申请书及副本。仲裁申请书应当载明下列事项：当事人的姓名、性别、年龄、职业、工作单位和住所，法人或者其他组织的名称、住所和法定代表人或者主要负责人的姓名、职务；仲裁请求和所根据的事实、理由；证据和证据来源、证人姓名和住所。

（二）受理

仲裁委员会收到仲裁申请书之日起5日内，认为符合受理条件的，应当受理，并通知当事人；认为不符合受理条件的，应当书面通知当事人不予受理，并说明理由。

仲裁委员会受理仲裁申请后，应当在仲裁规则规定的期限内将仲裁规则和仲裁员名册送达申请人，并将仲裁申请书副本和仲裁规则、仲裁员名册送达被申请人。

被申请人收到仲裁申请书副本后，应当在仲裁规则规定的期限内向仲裁委员会提交答辩书。仲裁委员会收到答辩书后，应当在仲裁规则规定的期限内将答辩书副本送达申请人。被申请人未提交答辩书的，不影响仲裁程序的进行。

（三）开庭

仲裁应当开庭进行。仲裁不公开进行。当事人协议公开的，可以公开进行，但涉及国家机密的除外。仲裁委员会应当在仲裁规则规定的期限内将开庭日期通知双方当事人。当事人有正当理由的，可以在仲裁规则规定的期限内请求延期开庭。是否延期，由仲裁庭决定。

（四）和解

当事人申请仲裁后，可以自行和解。达成和解协议的，可以请求仲裁庭根据和解协议作出裁决书，也可以撤回仲裁申请。当事人达成和解协议，撤回仲裁申请后反悔的，可以根据仲裁协议申请仲裁。

（五）调解

仲裁庭作出裁决前，可以先行调解。当事人自愿调解的，仲裁庭应当调解。调解不成的，应当及时作出裁决。

调解达成协议的，仲裁庭应当制作调解书或者根据协议的结果制作裁决书。调解书与裁决书具有同等法律效力。

调解书经双方当事人签收之前当事人反悔的，仲裁庭应当及时作出裁决。

（六）裁决

裁决应当按照多数仲裁员的意见作出，少数仲裁员的不同意见可以记入笔录。

仲裁庭不能形成多数意见时，裁决应当按照首席仲裁员的意见作出。

裁决书应当写明仲裁请求、争议事实、裁决理由、裁决结果、仲裁费用的负担和裁决日期。当事人协议不愿写明争议事实和裁决理由的，可以不写。

仲裁庭仲裁纠纷时，其中一部分事实已经清楚，可以就该部分先行裁决。

裁决书自作出之日起发生法律效力。

当事人提出证据证明裁决有问题的，可以向仲裁委员会所在地的中级人民法院申请撤销裁决。

五、执行

当事人应当履行裁决。一方当事人不履行的，另一方当事人可以依照《民事诉讼法》的有关规定向人民法院申请执行。受申请的人民法院应当执行。

被申请人提出证据证明裁决有下列情形之一的，经人民法院组成合议庭审查核实，裁定不予执行：

1.当事人在合同中没有订有仲裁条款或者事后没有达成书面仲裁协议的。

2.裁决的事项不属于仲裁协议的范围或者仲裁机构无权仲裁的。

3.仲裁庭的组成或者仲裁的程序违反法定程序的。

4.认定事实的主要证据不足的。

5.适用法律确有错误的。

6.仲裁员在仲裁该案时有贪污受贿、徇私舞弊、枉法裁决行为的。

一方当事人申请执行裁决，另一方当事人申请撤销裁决的，人民法院应当裁定中止执行。

人民法院裁定撤销裁决的，应当裁定终结执行。撤销裁决的申请被裁定驳回的，人民法院应当裁定恢复执行。

六、涉外仲裁的特别规定

涉外仲裁，是指涉外仲裁机构根据当事人之间订立的仲裁协议，对涉外经济贸易、运输和海事中发生的纠纷进行的仲裁。涉外仲裁遵循独立自主、平等互利、参考国际惯例的原则。

涉外仲裁委员会可以由中国国际商会组织设立。

涉外经济仲裁机构受理涉外经济纠纷案件，要求同时具备两个条件：一是要有争议双方在争议前或者争议发生后所达成的书面协议；二是要有一方当事人的书面申请。

涉外仲裁机构的裁决是终局裁决，双方当事人应当履行裁决。一方当事人不履行的，另一方可以向仲裁机构所在地或者财产所在地的中级人民法院申请执行。对于被执行人或者其财产不在我国领域内，而需要在外国执行的，则应当由当事人直接向有管辖权的外国法院申请承认和执行。

第二节　民事诉讼

一、民事诉讼的概念

民事诉讼是解决经济纠纷的另一重要途径。民事诉讼指人民法院为解决纠纷，在当事人和其他诉讼参与人的参加下，所进行的各种诉讼活动以及由此而产生的诉讼法律关系的总和。

民事诉讼的任务，是保护当事人行使诉讼权利，保证人民法院查明事实，分清是非，正确适用法律，及时审理民事案件，确认民事权利义务关系，制裁民事违法行为，保护当事人的合法权益，教育公民自觉遵守法律，维护社会秩序、经济秩序，保障社会主义建设事业顺利进行。

二、诉讼的原则

（一）调解和合法的原则

调解，是指人民法院审理案件时，在自愿和合法的前提下，对当事人进行说服劝告，使其互相谅解、达成协议、解决经济纠纷的一种结案方式。经人民法院调解达成协议，制作的调解书具有与判决同等的法律效力。对于调解未达成协议或者调解书送达时当事人一方或者双方反悔的，人民法院应当及时判决。

（二）诚实信用原则与处分原则

应当遵循诚实信用原则。处分，是指当事人有权在法律规定的范围内主张、变更或者放弃其享有的民事权利和民事诉讼权利。当事人的处分行为不能超出法律允许的范围，不得损害国家、集体或者他人的合法权益。

（三）支持起诉原则

支持起诉，是指机关、社会团体、企业事业单位对损害国家、集体或者个人经济权益的行为，可以支持受损害的单位和个人向人民法院起诉。支持起诉者限于单位，不包括个人，且支持起诉者不能以自己的名义起诉。

（四）当事人诉讼权利平等原则，《民事诉讼法》第八条规定：民事诉讼当事人有平等的诉讼权利。人民法院审理民事案件，应当保障和便利当事人行使诉讼权利，对当事人在适用法律上一律平等。

（五）双方当事人有平等地行使诉讼权利的手段，同时，人民法院平等地保障双方当事人行使诉讼权利。行使诉讼权利的手段，是实现诉讼权利的具体形式，没有同等地行使诉讼权利的手段，平等的诉讼权利也只是纸上谈兵，得不到实现。行使诉讼权利的具体形式，有口头的和书面的。

（六）对当事人在适用法律上一律平等。对一切诉讼当事人，不分民族、种族、性别、职业、社会出身、宗教信仰、受教育的程度、财产状况、居住期限，在适用法律上一律平等。任何公民，都应毫无例外地遵守法律，享受法律规定的权利，履行法律规定的义务。

（七）同等原则和对等原则。《民事诉讼法》第五条第一款规定：外国人、无国籍人、外国企业和组织在人民法院起诉、应诉，同中华人民共和国公民、法人和其他组织有同等的诉讼权利义务。

（八）辩论原则。《民事诉讼法》第十二条规定，民事诉讼当事人有权对争议的问题进行辩论。辩论原则是指在人民法院主持下，当事人有权就案件事实和争议问题，各自陈述自己的主张和根据，互相进行反驳和答辩，以维护自己的合法权益。

（九）人民检察院有权对民事诉讼实行法律监督。

三、诉讼参加人

（一）当事人

当事人，是指因经济或者民事纠纷以自己的名义起诉、应诉，受人民法院裁判拘束的人。当事人在第一审程序中称为原告和被告；在第二审程序中称为上诉人和被上诉人；在执行程序中称为申请执行人和被执行人。

（二）代理人

代理人，是指在民事诉讼中，根据法律规定或者当事人的授权，代理当事人一方，以被代理人的名义进行诉讼的人。代理人分为法定代理人和委托代理人。法定代理人是指依照法律规定代无诉讼行为能力的当事人行使诉讼权利、承担诉讼义务的人。委托代理人是指受当事人、法定代表人、法定代理人和诉讼代表人的委托，代为实施诉讼行为的人。

（三）第三人

第三人，是指对他人之间的诉讼标的有独立的请求权或者虽无独立的请求权但案件的处理结果与其有法律上的利害关系，而参加到已经开始的诉讼中以维护自己合法权益的人。第三人分为有独立请求权的第三人和无独立请求权的第三人。人民法院判决承担民事责任的第三人，有当事人的诉讼权利和义务。

四、受案范围和管辖

（一）受案范围

受案范围，是指人民法院受理民事纠纷案件的范围。受案范围可以明确人民法院与仲裁机构和行政机关之间对受理民事案件的分工和权限。依照法律规定：人民法院受理平等主体的法人、其他经济组织、公民相互之间因财产关系及人身关系发生的民事纠纷案件，主要包括合同纠纷案件和经济损害赔偿纠纷案件等。

（二）管辖

管辖，是指人民法院系统内，各级人民法院之间以及同级人民法院之间受理第一审民事纠纷案件的分工和权限。管辖分为级别管辖、地域管辖、移送管辖和指定管辖。

1.级别管辖。级别管辖，是指不同级别的人民法院受理第一审民事纠纷案件的分工和权限。

人民法院分为四级，基层人民法院管辖第一审民事案件，但另有规定的除外。中级人民法院管辖的第一审案件有：重大涉外案件；在本辖区有重大影响的案件；最高人民法院确定由中级人民法院管辖的案件，诸如海事案件、海商案件、专利纠纷案件、涉外经济纠纷案件。高级人民法院管辖本辖区内有重大影响的案件。最高人民法院管辖全国有重大影响的案件以及认为应当由其审理的案件。

2.地域管辖。地域管辖，是指同级人民法院之间受理第一审民事纠纷案件在辖区之间的分工。

地域管辖分为一般地域管辖、特殊地域管辖、协议管辖和专属管辖。一般地域管辖是指按照当事人所在地与法院辖区之间的隶属关系确定的管辖。通常适用“原告就被告”的原则。特殊地域管辖是指以诉讼标的所在地、法律事实所在地及被告所在地为标准确定的管辖。协议管辖是指当事人以协议方式约定经济纠纷案件的管辖法院。专属管辖是指法律规定某些经济纠纷案件必须由特定的人民法院管辖，其他法院无权管辖，当事人也不能以协议变更管辖。

3.移送管辖。移送管辖，是指人民法院发现受理的案件本院没有管辖权的，将案件移送给有管辖权的人民法院审理。

4.指定管辖。指定管辖，是指在特殊情况下或者在管辖权发生争议时，上级人民法院指定下级人民法院对某一具体案件行使管辖权。

五、诉讼程序

基层人民法院和它派出的法庭审理事实清楚、权利义务关系明确、争议不大的简单的民事案件，适用简易程序。基层人民法院和它派出的法庭审理前款规定以外的民事案件，当事人双方也可以约定适用简易程序。人民法院适用简易程序审理案件，应当在立案之日起3个月内审结。法院在审理过程中，发现案件不宜适用简易程序的，裁定转为普通程序。

（一）第一审普通程序

第一审普通程序，是指人民法院审理第一审民事纠纷案件所适用的程序。

1.起诉和受理。起诉，是指原告向人民法院提起诉讼，请求司法保护的诉讼行为。起诉必须符合下列条件：①原告是与本案有直接利害关系的公民、法人和其他组织；②有明确的被告；③有具体的诉讼请求和事实、理由；④属于人民法院受理民事诉讼的范围和受诉人民法院管辖。起诉应当向人民法院递交诉状，并按照被告人数提交副本。

人民法院接到起诉状后，经审查认为符合起诉条件的，应当在7日内立案，并通知当事人；认为不符合起诉条件的，应当在7日内裁定不予受理，并说明理由；原告对裁定不服的，可以提起上诉。

2.审理前准备。人民法院受理案件后，应当将起诉状副本发送至被告，被告可在收到之日起15日内提出答辩状。被告不提出答辩状的，不影响人民法院对案件的审理。被告在答辩的同时，有权提起反诉。

人民法院在受理案件通知书和应诉通知书中，应当向当事人告知有关的诉讼权利和义务。在合议庭确定后3日内告知当事人。

人民法院对受理的案件，分别情形，予以处理：①当事人没有争议，符合督促程序规定条件的，可以转入督促程序；②开庭前可以调解的，采取调解方式及时解决纠纷；③根据案件情况，确定适用简易程序或者普通程序；④需要开庭审理的，通过要求当事人交换证据等方式，明确争议焦点。

3.开庭审理。开庭审理，是指人民法院在当事人和其他诉讼参与人的参加下，当庭对案件进行实体审理的诉讼活动。人民法院审理民事纠纷案件，除涉及国家机密、个人隐私或者法律另有规定的，应当公开进行。涉及商业秘密的案件，当事人申请不公开审理的，可以不公开审理。

开庭审理按照预备、法庭调查、法庭辩论、评议和宣判的程序进行。审理经济纠纷案件，判决前能够调解的，应当进行调解，调解达成协议，应制作调解书，调解书一经送达，即发生法律效力。

宣告判决一律公开进行。当庭宣判的，应当在10日内发送判决书；定期宣判的，宣判后立即发给判决书。宣告判决时，必须告知当事人上诉权利、上诉期限和上诉法院。

（二）第二审程序

第二审程序，是指当事人不服第一审人民法院的未生效的判决或者裁定，在法定的期间内向上一级人民法院提出上诉，上级人民法院对案件进行审理所适用的程序。我国民事诉讼实行两审终审制度，第二审程序又称上诉审程序或者终审程序。

上诉必须在法定的上诉期限内提起。对判决提起上诉的期限为15日，对裁定提起上诉的期限为10日。上诉应当通过原审人民法院提出。当事人直接向第二审人民法院提交上诉状的，二审法院应当接受，并在5日内将收到的上诉状及其副本发交原审人民法院。原审人民法院收到上诉状后，应当在5日内将上诉状副本送达对方当事人，并告知其在15日内提出答辩状。原审人民法院收到上诉状、答辩状，应当在5日内连同全部案卷和证据报送第二审人民法院。

第二审人民法院对上诉案件，应当组成合议庭，开庭审理。合议庭认为不需要开庭审理的，也可以径行判决、裁定。第二审人民法院应当对上诉请求的有关事实和适用法律进行审查。第二审人民法院对不服第一审人民法院裁定的上诉案件的处理，一律使用裁定。

第二审人民法院对上诉案件审理后，按照下列情形分别处理：原判决认定事实清楚，适用法律正确的，判决驳回上诉，维持原判；原判决适用法律错误的，依法改判；原判决认定事实错误的，或者原判决认定事实不清、证据不足的，裁定撤销原判决，发回原审人民法院重审，或者查清事实后改判；原判决违反法定程序，可能影响案件正确判决的，裁定撤销原判决，发回原审人民法院重审。当事人对重审案件的判决、裁定不服的，仍然可以上诉。第二审人民法院的判决、裁定，是终审判决、裁定。

人民法院审理对判决的上诉案件，应当在第二审立案之日起3个月内审结。有特殊情况需要延长的，由本院院长批准。人民法院审理对裁定的上诉案件，应当在第二审立案之日起30日内作出终审裁定。

（三）审判监督程序

审判监督程序，又称再审程序，是指人民检察院、人民法院、诉讼当事人对已经发生法律效力的判决、裁定、调解书，认为确有错误，申请或者提起再审，由人民法院对案件再次审理的程序。再审程序是人民法院为纠正已经发生法律效力的判决、裁定、调解所适用的一种补救程序。

当事人对已经发生法律效力的判决、裁定，认为有错误的，可以向上一级人民法院申请再审；当事人一方人数众多或者当事人双方为公民的案件，也可以向原审人民法院申请再审。当事人申请再审的，不停止判决、裁定的执行。

再审案件，原来是第一审法院审结的，按照第一审程序审理，所作判决、裁定，当事人仍可上诉。原来是第二审法院审结的，按照第二审程序审理，所作判决、裁定，当事人不得上诉。最高人民法院或者上级人民法院提审的再审案件，无论原来是第一审还是第二审，一律适用第二审程序审理，所作判决、裁定，当事人不得上诉。

（四）执行程序

执行程序，是指人民法院的执行组织依法对负有义务的当事人不履行生效法律文书确定的义务，采取措施，强制其履行义务所适用的程序。

人民法院执行组织采取的强制执行措施主要有：查询、冻结、划拨被执行人的存款；扣留、提取被执行人的收入；查封、扣押、拍卖、变卖被执行人的财产；搜查被执行人隐匿的财产；强制被执行人交付法律文书指定的财物或者票证；强制被执行人完成法律文书指定的行为；强制被执行人迁出房屋或者退出土地；强制被执行人支付迟延履行期间的债务利息或者迟延履行金。

复习思考题

1.仲裁的基本制度是什么?
2.在什么情况下仲裁协议无效?
3.在什么情况下仲裁员必须回避?
4.在什么情况下裁决可以不予执行?
5.人民法院受理案件的范围是什么?
6.人民法院受理案件的管辖是如何规定的?